CW01674017

BUR
Rizzoli

L'Autore e l'Editore desiderano ringraziare Lynne Meyer-Gay
per la preziosa collaborazioneprestata durante la stesura
del presente volume.

Published by arrangement with Da Capo Press, a subsidiary of Perseus Books LLC.
Pubblicato su concessione di Da Capo Press, una compagnia di Perseus Books LLC.

I Edizione Manuali Fabbri 2003

ISBN 978-88-17-09490-0

Titolo originale dell'opera:
Touchpoints - Birth to 3

Prima edizione Manuali Fabbri 2003
Prima edizione Rizzoli 2009
Prima edizione BUR maggio 2017

Per l'edizione italiana:
Traduzione a cura Prof. Giuseppe Ferrari
con la collaborazione di Manuela Muliello
Supervisione a cura Dott. Gherardo Rapisardi

Redazione Cristina Pradella
Impaginazione Grande forEdit, Monza

T. Berry Brazelton

IL BAMBINO
DA 0 A 3 ANNI

Guida allo sviluppo fisico, emotivo e comportamentale del bambino

BUR Rizzoli parenting

Ad Alfred, Rosalis e alla loro nonna

sommario

Due Le problematiche dello sviluppo

Tre Supporti affettivi

prefazione

La pubblicazione dell'edizione italiana di *Touchpoints* colma una lacuna durata fin troppo: da 10 anni in Italia si parla di questo testo di Berry Brazelton, se ne discute in convegni e seminari, ma la sua lettura è limitata a coloro che conoscono l'inglese.

Brazelton scrive libri sullo sviluppo del bambino e sul suo accudimento, rivolti a genitori e operatori, da più di 40 anni. In *Touchpoints*, un vero best-seller negli Stati Uniti, propone una nuova chiave di lettura, comprensione e promozione dello sviluppo del bambino nei primi anni, maturata negli ultimi 15 anni della sua professione.

Ciò che immediatamente colpisce il lettore è la capacità di usare un linguaggio che consente una facile lettura ai genitori e agli operatori e permette loro di trovare risposte alle diverse curiosità ed esigenze. Il testo, fondato sulla straordinaria esperienza di un pediatra e psichiatra infantile di riconosciuta fama internazionale, riesce a essere allo stesso tempo semplice, di facile lettura e mai banale, e descrive processi generali dello sviluppo infantile la cui lettura può essere fatta a vari livelli di profondità: non è troppo difficile per il genitore, né superficiale per gli operatori. Chi ha conosciuto personalmente Berry Brazelton sa che questa capacità di leggere il comportamento infantile è parte integrante della sua personalità: vederlo al lavoro con i bambini è affascinante per tutti, dai genitori che si sentono non giudicati e sostenuti con empatia, ai bambini che sono facilmente catturati da un grande uomo simpatico che usa con naturalezza il loro linguaggio, agli operatori che hanno un'opportunità unica per avere stimoli e insegnamenti per migliorarsi. Brazelton si propone come guida per i genitori, un ruolo anche da noi sempre più necessario per i nuovi genitori spesso privi della trasmissione transgenerazionale delle competenze di accudimento dei neonati e dei bambini e sempre più lontani dalle famiglie di origine.

Promuovere lo sviluppo e la relazione tra genitori e bambini usando il linguaggio del comportamento infantile: una ricetta apparentemente semplice, che a volte risulta magica nell'aprire finestre che permettono di scoprire i segreti dei bambini. Brazelton è maestro nel descrivere in modo semplice aspetti anche complessi della psicologia infantile, aiutando a guardare il mondo con gli occhi e dalla parte dei bambini. In questo senso *Touchpoints* costituisce un significativo aiuto alla comprensione dello sviluppo a un'età in cui è facile, per preconcetti diffusi o interpretazioni superficiali, non comprendere ciò che sta accadendo dal punto di vista del bambino e trovarsi in difficoltà nell'accudirlo.

Essere genitori è oggi un compito difficile, in particolare quando la propria solidità è minata dall'aumento dell'isolamento sociale, dal senso di solitudine, dal dover affidare presto i bambini all'accudimento da parte di persone non conosciute, dal rapido cambiamento dei valori sociali e morali. La comprensione dei *Touchpoints* dello sviluppo secondo Brazelton fa parte integrante di quella rete di sostegno di cui i nuovi genitori sembrano oggi avere ancora più bisogno di un tempo. Venire aiutati a comprendere i comportamenti del proprio bambino e allo stesso tempo i propri istinti, emozioni, incertezze, frustrazioni e disorientamenti verso di essi aiuta a entrare in contatto con il magico mondo della crescita e dello sviluppo infantile aumentando la confidenza e il senso di competenza che si prova in questo difficile ruolo. Un contributo significativo anche alla prevenzione di possibili disturbi dello sviluppo affettivo e relazionale. Raccomando vivamente la lettura di questo libro, che mi è stata di grande aiuto come professionista, ma che ancor più mi dispiace non aver potuto leggere come genitore dei miei tre figli ormai già cresciuti.

dott. Gherardo Rapisardi
Pediatra e Neonatologo, Responsabile del *Centro Brazelton* -
Ospedale Pediatrico Anna Meyer di Firenze

introduzione

Dopo quarant'anni di professione pediatrica svolta a Cambridge, in Massachussets, durante i quali ho preso parte alla crescita di 25.000 piccoli pazienti, ho disegnato la mappa dello sviluppo neonatale e della prima infanzia del bambino delineata in questo libro. Questa mappa dello sviluppo comportamentale ed emotivo è ideata per aiutare i genitori a orientarsi tra gli straordinari e prevedibili impulsi che sono presenti nel bambino durante il periodo della sua crescita e gli ugualmente prevedibili problemi che ne derivano e che interessano praticamente tutte le famiglie.

Diversamente dai parametri dello sviluppo fisico (l'altezza, per esempio, il cui aumento i genitori segnano con tanto orgoglio sui montanti delle porte), questa mappa ha diverse dimensioni. Si segnalano regressioni oltre che spinte in avanti. La crescita psicologica avviene in molte direzioni, e non tutta nello stesso tempo. Il costo di ogni nuova conquista può temporaneamente interrompere i progressi del bambino, e persino quelli dell'intera famiglia.

Alla base della mappa, e dell'intero libro, è il concetto di "tappa", *Touchpoints*, che ho perfezionato in anni di ricerche al Children's Hospital di Boston e in altre sedi in altre parti del mondo. I *Touchpoints*, che sono universali, sono quei periodi prevedibili, che si verificano proprio prima delle impennate dello sviluppo del bambino nei suoi vari aspetti – motorio, cognitivo o emotivo – in cui, per breve tempo, il comportamento del bambino mostra delle crepe. I genitori non possono fare più affidamento su quanto è stato precedentemente realizzato dal bambino. Il bambino spesso presenta uno stato regressivo che interessa più aspetti del suo sviluppo e diventa difficile comprenderlo. I genitori rimangono disorientati e si allarmano. Nel corso degli anni ho scoperto che questi periodi prevedibili di regressione mi offrono l'opportunità di aiutare i genitori a comprendere i figli. I *Touchpoints* diventano una finestra attraverso cui i genitori possono osservare la grande energia che spinge il bambino ad apprendere. Ogni conquista realizzata porta a una nuova sensazione di autonomia. Se considerati nella loro normalità e prevedibilità, questi periodi di comportamento regressivo offrono delle opportunità per comprendere più profondamente il bambino e per sostenerlo nella crescita, piuttosto che per rimanerne intrappolati nelle loro problematiche. I particolari punti di forza e di vulnerabilità del bambino, come pure la sua indole e la sua capacità imitativa, emergeranno tutti proprio in questi momenti. Che grande opportunità per comprendere il bambino nella sua individualità!

La *Parte 1* di questo libro è organizzata attorno ai *Touchpoints* che interessano i settori dello sviluppo comportamentale ed emotivo, mostrando come ciò influenzi le decisioni relative a ogni situazione – il sonno, l'alimentazione, l'indipendenza che deriva dall'imparare a camminare, la comunicazione, la disciplina o l'abitudine all'uso del vasino. I vari aspetti vengono affrontati con i genitori proprio mentre emergono durante le visite nel mio studio, dalla visita prenatale con la madre in attesa e il padre, ai controlli periodici del bambino fino alla visita al compimento del primo anno di età. Le domande dei genitori cadono in periodi prevedibili. Le loro preoccupazioni su come affrontare tali regressioni costituiscono l'argomento principale del nostro incontro. Se riesco ad aiutare i genitori a comprendere quali sono i meccanismi che il bambino utilizza per mettere in atto il suo comportamento problematico, ogni visita acquisisce maggiore valore. Un professionista attento e interessato può approfittare di questi momenti per acquisire maggiori nozioni sull'organizzazione familiare, offrire sostegno e prevenire problemi futuri.

La *Parte 2* solleva quelle questioni specifiche dell'educazione del bambino durante i primi sei anni che possono costituire una sfida al normale sviluppo. "Problemi" quali quelli relativi alla rivalità tra fratelli, al pianto, ai capricci, ai risvegli notturni, alle paure, alle manipolazioni emotive, alle bugie o all'enuresi cominciano quando i genitori tentano di controllare situazioni che appartengono di fatto al bambino. Cerco di mostrare ai genitori come fare per considerare questi diversi comportamenti come aspetti normali della lotta per l'autonomia, e come fare per tenersi fuori da tutti questi contrasti e in tal modo disinnescarli più facilmente.

Nell'approntare la Parte 2 ho attinto ad articoli che avevo scritto per i genitori, sempre sugli stessi argomenti, in *Family Circle* e ancora prima in *Redbook*. Questi temi sono ricorrenti, e vengono sempre sollevati dai genitori con tono incalzante nel mio ambulatorio o tutte le volte che parlo a gruppi di genitori. Nella Parte 2 questi argomenti vengono inseriti nel contesto del mio concetto personale di tappa evolutiva. I capitoli che ne fanno parte, scritti per genitori che vedono se stessi o il proprio bambino bloccati senza via di uscita su una determinata questione, mirano non soltanto ad aiutarli a evitare di farsi coinvolgere in schemi negativi o in stati d'ansia che li renderebbero incapaci di agire, ma anche a capire quando ricorrere ad aiuto esterno se i loro sforzi non risultano efficaci. Alcuni capitoli, come quelli sulla depressione, sui deficit evolutivi o su problemi uditivi o di linguaggio, non intendono essere esaustivi. Vogliono solo aiutare i genitori a distinguere la normalità, sia pure nelle sue variazioni fisiologiche, dai problemi veri che richiedono l'intervento di una persona esperta.

La *Parte 3* esamina i modi in cui lo sviluppo del bambino viene influenzato dalle persone che lo circondano. Ogni relazione intima – con il padre e la madre, i nonni, gli amici, altri adulti che si prendono cura di lui, e lo stesso medico – contribuisce alla crescita emotiva e comportamentale del bambino. Più i genitori riescono ad assicurare simili contributi, più alleati avrà il bambino nel viaggio verso l'autonomia.

Nella mia esperienza, nessun aspetto dello sviluppo avanza secondo una linea ascendente continua. Ogni singolo settore evolutivo – che si tratti di quello motorio, cognitivo o emozionale – sembra procedere secondo una linea frastagliata, con picchi, vallate e altopiani. Ogni nuovo compito da apprendere risulta impegnativo per il bambino – richiede tutta la sua energia, come pure quella degli altri membri della famiglia. Per esempio, quando un bambino di un anno impara a camminare, tutti ne pagano il prezzo. Il bambino salta tutta la notte su e giù appoggiato alla sponda del lettino, si sveglia completamente a ogni ciclo di sonno leggero, strilla per ottenere aiuto ogni tre-quattro ore durante la notte. Il sonno di tutta la famiglia viene disturbato. Il pediatra ne sarà sicuramente informato. Durante il giorno il bambino piange a causa della delusione ogni volta che un genitore o un fratellino gli passano accanto. Infatti quando il genitore si allontana il bambino deluso si rattrista. Il periodo in cui un bambino impara a camminare è faticoso per la tranquillità di tutti. Quando ha finalmente imparato a camminare il bambino diventa un'altra persona, e la felicità gli si legge in volto. Tutta la famiglia si tranquillizza per un poco. La fase successiva dello sviluppo sarà impiegata a consolidare e arricchire quest'ultima conquista. Un lattante imparerà a camminare tenendo un giocattolo, voltandosi mentre cammina, accovacciandosi sulle gambe, arrampicandosi sulle sedie. In questa fase il bambino non manifesterà imprevedibili sbalzi d'umore. La pressione al momento si è allentata – almeno fino al successivo salto evolutivo.

Ciascuno di questi balzi in avanti e le regressioni relative sono per me momenti fondamentali, dato il mio interesse a svolgere un ruolo attivo nell'organizzazione familiare. Quando i genitori manifestano le loro preoccupazioni nel mio ambulatorio, posso farli partecipi delle mie osservazioni sul comportamento del bambino aspettandomi di essere ascoltato e compreso. Le reciproche intuizioni sul suo comportamento diventano il nostro linguaggio comune. Posso utilizzare la mia esperienza per aiutare la famiglia a fare emergere le ansie di fondo. Mettendo in rilievo i motivi dell'irrequietezza e le prevedibili conseguenze nello sviluppo, riesco a condividere le loro preoccupazioni in modo positivo e utile. È probabile che i genitori affronteranno la regressione del bambino con ansia e tentando di controllarne il comportamento. In un periodo in cui il bambino è alla ricerca di nuove sensazioni di autonomia, i genitori aggiungono pressione per adeguarsi. Ciò può consolidare il comportamento deviante trasformandolo in schema comportamentale abituale. Questi *Touchpoints* costituiscono quindi delle opportunità per evitare di rimanere bloccati in simili difficoltà. In tali momenti, penso di potere offrire ai genitori delle scelte comportamentali. Se le loro strategie sono state fallimentari o hanno prodotto ansia, desiderano cercare alternative. Qualcuno esterno alla situazione può essere in grado di proporre alternative prima che la famiglia rimanga bloccata su schemi fallimentari.

Comunque, né consentire lo sviluppo dell'autonomia del bambino né abbandonare abitudini non efficaci di educazione sono questioni semplici e razionali. Siamo tutti soggetti a rimanere impantanati in situazioni che richiamano fantasmi, o esperienze importanti, dalla nostra infanzia. Gli schemi educativi appresi dai nostri genitori incombono su di noi, spingendoci a rispondere in modo irrazionale. Come ho messo in evidenza nel mio libro *The Earliest Relationship*, scritto con Bertrand Cramer, dando un volto a questi fantasmi siamo in grado di privarli del loro potere. Noi, in qualità di genitori, possiamo fare delle scelte più razionali su come gestire il comportamento difficile del bambino.

I genitori non commettono errori per mancanza di interesse, ma al contrario perché si interessano troppo. Occuparsi del bambino può resuscitare problemi del passato. La passione sviluppa una volontà di determinazione che può prendere il posto del buon senso. Se i genitori riescono a comprendere la potente necessità del bambino di stabilire schemi autonomi personali, potranno interrompere il circolo vizioso della reazione eccessiva e del conflitto.

Il mestiere di genitori si apprende dagli errori fatti, non dai successi ottenuti. Quando qualcosa va male, un genitore deve riorganizzarsi per porre rimedio alla situazione. Gli errori e le scelte sbagliate sono sempre più evidenti; i successi no. Le ricompense conseguenti alle "scelte giuste" sono intense e serene: stringere il bambino tra le braccia per canticchiargli sommessamente una canzoncina, oppure potere dichiarare orgogliosamente "Guardate, questo è merito mio!" In ogni caso, quello che i genitori fanno nel singolo momento non è così cruciale quanto l'emotività che circonda la loro azione.

Negli ultimi anni abbiamo appreso sempre più cose sull'importanza delle differenze individuali nei bambini. Come ho scritto nel mio libro *Infants and Mothers*, l'indole dei singoli bambini, o la loro personale attitudine a integrarsi con il mondo esterno e a recepirne il significato, possono influenzare significativamente il modo in cui i piccoli prestano attenzione e assorbono la guida fornita dai genitori. L'indole dei bambini influenza profondamente anche le reazioni dei genitori nei loro confronti sin dal momento della nascita. Non si può affermare che un bambino è nato con quel determinato temperamento, né che l'ambiente è il solo responsabile della formazione di un bambino. Queste differenze individuali naturali indicano che la successione cronologica degli eventi che caratterizzano lo sviluppo di un bambino, come indicato dalla successione degli argomenti dei vari capitoli, non è tassativa, ma ogni fase dello sviluppo deve essere valutata e adattata a ogni singolo bambino.

Bisogna inoltre rispettare lo stile personale e il temperamento di ogni genitore. Non ci si può aspettare che due genitori reagiscano allo stesso modo e nello stesso momento con lo stesso bambino – né dovrebbero farlo. Se i genitori sono sinceri con se stessi, le loro differenze di carattere e di esperienze devono differenziare le loro reazioni. Di conseguenza ogni situazione richiede una decisione su misura, dato che deve trattarsi di "scelta giusta" – cioè giusta per il bambino e giusta per ogni genitore.

L'essere genitori oggi può essere un'esperienza piena di solitudine. La maggior parte dei neo-genitori è insicura e si chiede se sta facendo del suo meglio con il bambino. Come pediatra, ho sempre sentito la responsabilità di anticipare i problemi imminenti, e di aiutare i genitori a scoprire delle opportunità per imparare a comprendere il proprio bambino. Voglio essere parte attiva di ogni famiglia, intesa come un sistema con le sue capacità di interazione e adattamento allo stress nonché a ogni nuovo passo in avanti e a ogni nuovo livello di apprendimento raggiunto da ciascuno dei suoi membri.

Quando cominciai a esercitare la professione, scoprii che la routine delle vaccinazioni, del controllo del peso e dell'altezza, degli esami fisici mi annoiava. La parte più interessante per me era rappresentata dai problemi evolutivi che il bambino presentava e che i genitori sollevavano con profonda preoccupazione a ogni visita. Preoccupazioni tipo quelle relative al sonno ininterrotto per tutta la notte, ai contrasti relativi al cibo, o all'enuresi, erano predominanti nei pensieri dei genitori quando portavano il bambino al controllo periodico. Se ero pronto a sondare e a condividere le idee con loro, i genitori si mostravano desiderosi e grati di discutere il loro punto di vista della questione. Mentre parlavamo, osservavo il modo in cui il bambino giocava e reagiva alla mia visita. Attraverso molte di queste osservazioni imparavo a farmi un'idea del carattere e dello stadio evolutivo di ogni bambino. Potevo successivamente predire ai genitori le questioni che potevano sorgere in ciascuno dei settori via via discussi – l'alimentazione, il sonno, l'abitudine di succhiarsi il pollice, l'abitudine all'uso del vasino, e via di seguito. Quando riuscivo a preannunciare i loro conflitti, e quando riuscivo ad aiutarli a comprendere i problemi del bambino, il nostro rapporto si approfondiva. Ogni visita diventava più eccitante per me e più gratificante per loro.

La condivisione di esperienze come queste è estremamente preziosa sia per i genitori sia per il medico. Ogni volta che i genitori portano il bambino a una nuova visita, si apre sia per loro sia per il medico la possibilità di riconsiderare le precedenti previsioni. Se le previsioni si sono verificate, sanno tutti di essere sulla strada giusta. Anche le conseguenze imprevedibili sono rivelatorie. I genitori e il medico possono allora esaminare (1) in primo luogo, i pregiudizi che avevano caratterizzato le previsioni; (2) la forza difensiva della famiglia, che può avere celato certe vulnerabilità e problemi di fondo; e (3) la forza relativa del rapporto medico-famiglia, che determina quanto una famiglia può fidarsi del medico e manifestargli apertamente le proprie preoccupazioni. A ogni tappa successiva la situazione sarà sempre più chiara e la capacità predittiva aumenterà.

Quando discuto il concetto di *Touchpoints* con i genitori e descrivo il ruolo che un pediatra, un infermiere professionista o un medico di famiglia possono rivestire nell'interpretazione delle regressioni e delle spinte evolutive molti mi dicono che i loro medici manifestano maggiore interesse nella valutazione della crescita fisica e nel trattamento delle malattie. Questo problema, che affronto nel capitolo finale, è dovuto alla natura stessa della formazione del pediatra. In tale formazione, basata principalmente sul modello strettamente medico con un interesse esagerato per le malattie fisiche, ci sono due grandi lacune. Una è la scarsa importanza che si dà all'analisi e al consolidamento delle relazioni. I pediatri sono i soli ad avere l'opportunità di ascoltare i neo-genitori e di sostenere la formazione di nuove famiglie. Nel nostro programma formativo al Children's Hospital di Boston cerchiamo di colmare simili lacune. Una gran parte delle ore di formazione è dedicata all'esame dei metodi di intervista, a come condividere le osservazioni sui bambini e sullo sviluppo di ognuno di loro, a come incoraggiare i genitori a condividere i sentimenti legati ai modi di imparare ad accudire e assistere il bambino.

La seconda lacuna nella formazione pediatrica è la conoscenza dello sviluppo del bambino. Questo settore è cresciuto sensibilmente, con nuove ricerche nell'ambito dello sviluppo cognitivo, del rapporto genitore-bambino, delle potenzialità dei neonati, delle influenze genetiche e del temperamento del bambino. La formazione pediatrica è rimasta indietro nell'acquisizione di questi nuovi aspetti della crescita del bambino. Comprendere i problemi e le sfide che interessano tutti i bambini nelle varie età offre ai pediatri un prezioso scorcio sulla unicità di *ogni* bambino. I medici diventano allora più capaci di trasmettere queste osservazioni ai genitori, nel "linguaggio" condiviso che consolida il rapporto genitore-medico. Ho scoperto che i genitori che sanno che io capisco il loro bambino riescono a perdonarmi ogni possibile ritardo o delusione nel nostro lavoro comune. Mi vedono come loro alleato nel fornire al bambino il migliore ambiente possibile. Possono condividere con me i loro errori, le loro preoccupazioni. Insieme formiamo una squadra.

La conoscenza della mappa dello sviluppo sotto tutti i suoi aspetti evolutivi – motorio, cognitivo, ed emozionale – rende completa la professionalità del pediatra. Per un pediatra che riesce a comprendere e apprezzare le potenti forze naturali che stanno alla base dello sforzo per imparare a camminare, o l'appassionato conflitto tra il "si" e il "no" del secondo anno, che determina i capricci, esercitare la pediatria diventa un vero diletto. Ogni visita in studio è una finestra che offre l'eccitazione di osservare ogni bambino crescere e impadronirsi di tutte le sue grandi potenziali e capacità nei primissimi anni. I pediatri non sono ancora abbastanza formati per comprendere e apprezzare questo aspetto della loro professione. Attraverso il nostro lavoro di modifica della formazione al Children's Hospital e attraverso questo libro spero di trasmettere queste gioie condivise; sarebbe la giusta ricompensa per una vita di affetto verso genitori e figli.

uno

LO SVILUPPO EMOTIVO E COMPORTAMENTALE

1

LA GRAVIDANZA: IL PRIMO TOUCHPOINT

Solo negli ultimi mesi della gravidanza i genitori in attesa prendono davvero coscienza della realtà della gestazione, della vita già attiva del nascituro e degli enormi cambiamenti che li attendono. Per questo motivo il settimo mese pare il momento ideale per un primo incontro con il medico che prenderà in cura il bambino dopo la nascita. È in questo periodo infatti che i genitori cominciano a rendersi conto che avranno bisogno di un pediatra, vogliono proteggere il loro bambino e desiderano condividere le proprie ansie, aspettative e speranze. Più avanti, quando il parto diverrà imminente, la futura madre concentrerà le sue preoccupazioni su se stessa e sarà meno disponibile a parlare del bambino. I padri generalmente vengono coinvolti nei corsi di preparazione al parto intorno all'ottavo mese, e da quel momento il loro pensiero predominante riguarda il ruolo nel processo della nascita.

Invece al settimo mese l'attenzione dei futuri genitori è ancora rivolta al bambino che nascerà: lo immaginano e si chiedono chi sarà e come sarà questo loro figlio. A me, come pediatra, non risulta difficile intuire il loro stato d'animo e capire profondamente le loro più che naturali ansie. Questo primo incontro costituisce un *Touchpoint* fondamentale, un'opportunità unica per stabilire un rapporto con entrambi i genitori che durerà nel tempo. Dopo, ci sarà il bambino a frapporsi tra noi. Ho notato che, quando riesco a incontrare il futuro padre in questo periodo, posso contare sulla sua presenza a ogni visita del bambino, per tutto il primo anno di vita, almeno nel 50% dei casi. L'80% verrà ad almeno quattro visite. Quando un padre ha la sensazione che la sua presenza sia gradita nell'ambulatorio di un pediatra, gli riesce più facile percepire l'importanza del suo ruolo per il benessere del bambino. "Fino a oggi nessun altro ha parlato con me di tutto questo. Parlano tutti solo con mia moglie. Ma il bambino è anche mio", mi dicono i papà. "Quando Lei mi ha chiesto di venire e partecipare all'incontro, ho capito che Lei se ne era reso conto." La vulnerabilità del futuro padre, il suo desiderio di essere reso partecipe, rende questo incontro prezioso per entrambi.

Quando le future mamme telefonano per un primo appuntamento durante la gravidanza, alcune tra quelle che hanno più impegni chiedono: "Il mio ginecologo dice che dovrei incontrarLa *prima* del parto. È proprio necessario?" Questa domanda cela spesso tante ansie, che interferiscono con l'interesse a conoscere il pediatra in anticipo. "Sì, è molto importante che ci incontriamo prima di avere un bambino su cui concentrarci. Desidero conoscere Lei e le sue preoccupazioni in anticipo così possiamo condividerle", rispondo sinceramente, al che in genere segue una proposta "Bene, allora quando posso venire?" A questo punto io manifesto il mio interesse a incontrare anche il papà del bambino. Se la sento esitante, le suggerisco semplicemente di chiederglielo prima di fissare l'appuntamento.

Quando i futuri genitori arrivano insieme, il padre tende a sedersi in posizione arretrata. Poiché credo fermamente che noi pediatri dovremmo incoraggiare i papà a collaborare alla pari nella cura dei loro piccoli, gli chiedo di avvicinare la sedia alla mia scrivania. Mentre lo fa, spesso guarda la moglie quasi a cercarne l'autorizzazione. Allora glielo faccio notare e colgo l'occasione per introdurre il concetto di "gatekeeping", custodia privilegiata – termine nuovo per sentimenti atavici. Tutti gli adulti che si prendono cura di un bambino entrano naturalmente in competizione (fra loro). I sentimenti competitivi sono una componente normale nelle cure di un individuo dipendente. Ciascuno dei due genitori desidera essere un po' più abile dell'altro nello svolgimento delle azioni quotidiane a favore del neonato o del bambino. Tale competizione non è negativa perché nasce dalla volontà di essere utile e costituisce un deciso passo avanti nel processo di attaccamento al piccolo. Sentimenti simili possono essere presenti in altri componenti della famiglia. Possono ad esempio influenzare inconsciamente il comportamento dei nonni tanto da portarli a criticare, pur senza l'intenzione di ferirli, i già iper-sensibili neo-genitori. In un'epoca precedente gli stessi sentimenti potevano avere animato medici e infermieri che avevano tenuto i genitori lontano dal reparto pediatrico. Allo stesso modo è possibile che maestri e genitori entrino in competizione in una fase successiva. Tutti questi desideri di "custodia privilegiata" sono normali e rappresentano per entrambe le parti una manifestazione di amorevole premura.

Se tutta questa competizione non va a discapito del bambino, può essere positiva e costituire una fonte di affettuosa e diligente attenzione per il bambino stesso. Ma, come vedremo più avanti nel libro, se i genitori non ne sono consapevoli, la tendenza di un genitore ad escludere l'altro può generare attriti in famiglia. Per esempio se, mentre un neo-papà è alle prese con il cambio del pannolino, la moglie interviene dicendogli "Caro, non è così che si fa", o, mentre sta cercando una posizione idonea per dare al neonato il biberon, lei lo corregge affermando "Se ti metti così il bambino sta più comodo", questo già vulnerabile apprendista tenderà a interpretare i suggerimenti come critiche, a provare disagio e a sentirsi inadeguato. Se i papà parteciperanno alla cura del piccolo, entrambi i genitori devono essere preparati a questa sottile competizione. Per gli stessi motivi, quando la neo-mamma allatta al seno, i dubbi espressi dal marito o dai nonni in frasi del tipo "Il bambino sta di nuovo piangendo! Sei sicura di avere abbastanza latte?" possono suscitare in lei sentimenti di ansia e/o di intolleranza.

Chi sta per diventare genitore per la prima volta prova, e manifesta, dubbi e inquietudini. Le domande che pone sono dapprima di tipo generico "Come si impara a essere padre e madre? Dobbiamo fare come i nostri genitori hanno fatto con noi?", e successivamente di tipo più specifico "E se il bambino nascesse con problemi fisici? Sarebbe colpa nostra? E come potremmo affrontare una situazione simile?" Tutti i futuri genitori pensano alle malattie e alle malformazioni che hanno visto o di cui hanno sentito parlare e queste paure sono sempre presenti nei loro pensieri, tutto il giorno e ancor di più nella notte. Questi pensieri sono normali e in un certo senso utili perché favoriscono l'attaccamento al nascituro mentre nel contempo preparano all'eventualità di avere un bambino non-proprio-perfetto. Nell'immaginario dei futuri genitori ci sono tre tipi di bambino: il piccolo di quattro mesi che con sorrisi e gorgheggi li ricompensa delle loro fatiche, il bambino menomato di volta in volta mutevole nell'aspetto a seconda della menomazione immaginata, e infine il bambino reale, misterioso, sconosciuto la cui presenza si rende ogni giorno più apprezzabile attraverso la percezione dei movimenti fetali.

Prepararsi alla nascita

Negli ultimi mesi di gravidanza il problema sarà: fare il possibile per consentire ai genitori di arrivare preparati al momento critico della nascita. La loro ansia, associata agli sforzi fatti per cercare di accettare ciascuna delle tre immagini di bambino pensate, ha già creato in loro un certo stato di tensione, attivando nel loro organismo quegli stimoli ben noti, come produzione di adrenalina, aumento della pressione sanguigna, maggiore ossigenazione del cervello, che ne favoriscono il mantenimento per tempi prolungati. Tutta questa agitazione interna li aiuta a vivere con un certo distacco le vecchie abitudini, cosa che li predisporrà ad affrontare più facilmente l'opera di riorganizzazione delle loro vite.

Nel breve incontro che ho con loro pongo domande semplici, per potere conoscere le persone nella loro veste di genitori ma anche per capire che cosa nascondono nel profondo dei loro sentimenti. Ciò mi dà anche l'opportunità di conoscere meglio che tipo di famiglia compongono.

"Ha già pensato come vorrà partorire?" domando spesso alle madri.

"Voglio partorire il mio bambino naturalmente, senza anestesia. Stiamo frequentando corsi di preparazione al parto perché voglio imparare a mantenere il più possibile il controllo. Non vorrei farmaci, e spero di riuscire a farne a meno", è la risposta che ricevo più frequentemente.

Molto spesso a questo punto la futura madre sente il bisogno di indagare sull'effetto che i farmaci o l'anestesia possono avere sul nascituro. Le spiego che il travaglio naturale sembra stimolare uno stato di allerta nel feto che faciliterà l'adattamento del bambino alla vita dopo il parto, mentre al contrario molti farmaci somministrati nella medicalizzazione del parto hanno l'effetto opposto. Pertanto più a lungo si ritarderà il ricorso ai farmaci, più sveglio e reattivo sarà il neonato. Molte volte la madre è già informata su queste cose, quindi capisco che sta solo cercando in me la condivisione delle stesse preoccupazioni nei confronti del bambino, e mi auguro che si renda conto che, come lei, anch'io desidero fortemente che nasca un bambino sveglio e reattivo, e che per aiutarla sono pronto a fugare tutte le ansie che ha sviluppato o che le sono state prospettate sul travaglio e sul parto.

E proprio il travaglio è il momento in cui il marito può essere di grande aiuto per la moglie, incoraggiandola a mettere in pratica le tecniche di controllo del dolore imparate al corso di preparazione al parto e sostenendola nella decisione di ritardare l'uso di farmaci. A seconda delle scelte del ginecologo, la madre in travaglio può essere aiutata dal marito a resistere al dolore e alla stanchezza e a non cedere alla tentazione di accettare la somministrazione di farmaci. Secondo ricerche ben documentate, la presenza di persone che sostengono attivamente la donna durante il travaglio, sia una persona affettivamente vicina alla donna come il marito sia una professionista estranea che le fornisca supporto, può abbreviare la durata delle doglie e aiutare la madre in travaglio a ritardare o evitare il ricorso ai farmaci. Mentre spiego loro queste cose rispondo ancora ai loro dubbi sugli effetti che il cesareo o l'anestesia epidurale potrebbero avere sul nascituro, o su come evitare la sensazione di fallimento che una madre potrebbe sviluppare se fosse necessario ricorrere all'anestesia. Discutendo a fondo con me di tutte queste cose, i futuri genitori possono chiarire le loro ansie, le loro aspirazioni e valutare la reale portata delle loro paure.

Gli effetti di un parto cesareo sul bambino non sono ancora del tutto chiari. In passato, i bambini nati con parto cesareo senza travaglio venivano tenuti in osservazione in una speciale nursery per ventiquattro ore, perché si pensava che fossero meno reattivi e quindi meno in grado di espellere le secrezioni mucose accumulate nell'apparato respiratorio. Oggi è appurato che i farmaci somministrati alla madre durante il travaglio e prima del parto cesareo attraversano la placenta e influenzano il comportamento del neonato per diversi giorni dopo la nascita. Così gli effetti che venivano in precedenza attribuiti a un problema clinico sono oggi sicuramente imputabili ai farmaci somministrati alla madre. Di recente, in alcuni studi effettuati nell'ospedale in cui lavoro, nei quali è stata applicata la Neonatal Behavioral Assessment Scale (NBAS,

Scala di valutazione comportamentale neonatale) da me ideata, sono stati riscontrati solo effetti transitori sul comportamento dei neonati da parto cesareo con somministrazione attentamente controllata di farmaci, senza differenze particolarmente significative rispetto a quanto osservato nei bambini nati dopo regolare travaglio e parto naturale. Inoltre, gli effetti di lieve depressione osservati nei neonati del primo gruppo svaniscono generalmente dopo ventiquattro ore e, nello sviluppo successivo, non si riscontrano differenze tra i bambini di entrambi i gruppi.

Di contro, la somministrazione meno attentamente controllata di farmaci durante il travaglio può causare effetti più duraturi sul comportamento dei neonati i quali, avendo assimilato i farmaci somministrati alla madre, risultano generalmente più sonnolenti, fanno più fatica a svegliarsi e a rimanere svegli per periodi prolungati, e sono anche meno reattivi agli stimoli. Se una madre viene informata di queste conseguenze, nel caso dovesse subire un parto cesareo, potrà successivamente aiutare il bambino a superare gli effetti negativi che ne deriveranno per lui, cercando di tenerlo sveglio più a lungo. Se invece non è informata, potrebbe preoccuparsi nel vedere il piccolo più assonnato e intorpidito di quanto in realtà si aspettasse, e questa prima impressione negativa potrebbe condizionare a lungo il suo comportamento e il suo rapporto con il bambino. Io esorto ogni mamma a ritardare il più possibile il ricorso alla somministrazione di farmaci oppure a farsene somministrare il meno possibile. Qualora non riuscisse a farne a meno, dovrà impegnarsi a svegliare il neonato più frequentemente e a stimolarlo, sia in occasione delle poppate sia in altri momenti della giornata, almeno fino a quando i farmaci da lui assimilati non saranno stati completamente eliminati dal suo organismo, di norma alcuni giorni dopo la nascita. (Per maggiori informazioni sulla differenza tra i diversi farmaci antidolorifici e sui loro effetti sul neonato vedere Abrams-Feinbloom alle voci bibliografiche).

Sebbene negli Stati Uniti la percentuale crescente di parti cesarei sia una realtà preoccupante, il ricorso a questo intervento non solo ha spesso evitato danni ma ha anche apportato benefici. Infatti, grazie all'utilizzo di monitor esterni o interni applicati sulla testa del feto dopo la rottura delle membrane della madre, è possibile evidenziare sofferenze fetali già durante il travaglio, e quindi individuare più facilmente e con notevole anticipo segnali di rischio, rispetto a quanto accadeva prima dell'utilizzo di monitor. Ne consegue che i ginecologi avvertono la responsabilità personale di intervenire prima che il feto subisca danni a livello cerebrale e, pur tenendo in considerazione il fatto che la cicatrice risultante potrebbe avere conseguenze fisiche e psicologiche sulla madre, opteranno per questo metodo di parto qualora se ne presentasse la necessità. Il solo scopo è di proteggere il bambino dai danni cerebrali che potrebbero derivargli dalla poca quantità di ossigeno (ipossia) che arriva al cervello durante le contrazioni uterine e dallo scarso passaggio di ossigeno dalla placenta. In questo modo è possibile evitare danni gravi e irreversibili per il nascituro, come ad esempio la paralisi cerebrale, anche se oggi sappiamo che le cause di questa patologia sono in realtà più complesse. Il compito del medico è spiegare ai genitori le motivazioni che spingono a un parto cesareo e, qualora questo si rendesse necessario, di aiutarli a elaborare e attenuare i sentimenti di delusione che ne deriverebbero.

Seno o biberon?

Quando arriva il momento di informarmi sul tipo di allattamento che i genitori intendono scegliere per il neonato, ascolto le ragioni che si celano dietro la loro scelta, qualunque essa sia. Fino a poco tempo fa davo per scontato che i genitori scegliessero l'allattamento al seno, così, dopo avere manifestato la mia convinta approvazione per la scelta appena fatta, mi dedicavo a discuterne con loro l'organizzazione. Oggi, la scelta delle future mamme, che in numero sempre maggiore devono tornare al lavoro dopo pochi mesi, ricade sempre più spesso sull'allattamento artificiale. È ovvio pensare che all'origine di questa scelta ci siano preoccupazioni di tipo organizzativo, ma se indago più a fondo scopro che alcune di loro hanno anche paura di sviluppare un eccessivo attaccamento nei confronti del bambino e che temono di dovere affrontare maggiori disagi nel momento in cui lo dovranno lasciare alle cure di altri. Quando capisco che questo aspetto è vissuto dalle madri come uno scoglio insormontabile, cerco di aiutarle a focalizzare meglio il problema, trovandomi facilitato in questo dal loro vedermi come difensore del bambino, cosa che consente infine alle madri di prendere una decisione con tranquillità, certe del fatto che faremo insieme del nostro meglio per rendere la loro scelta più efficace, qualunque essa sia.

Tuttavia non posso dire di essere imparziale nei confronti dei due metodi di allattamento, e quindi informo sempre le madri di essere nettamente a favore del latte materno, comunicando anche la mia convinzione dell'importanza dell'allattamento al seno come cruciale momento di contatto e di consolidamento del rapporto genitore-neonato. Sappiamo tutti che il latte materno ha moltissimi vantaggi: è perfetto da un punto di vista nutrizionale, non ha mai scatenato reazioni allergiche in chi se ne è nutrito e ha un contenuto di proteine e zuccheri perfettamente bilanciato per il fabbisogno del piccolo. È anche ricco di anticorpi che aumentano le difese immunitarie in dotazione del neonato alla nascita, con conseguente apparente diminuzione del rischio di contrarre infezioni. Inoltre, il livello di tali difese immunitarie, ricevute dalla madre attraverso la placenta, tende a diminuire nei mesi successivi alla nascita a meno che non venga mantenuto a livelli accettabili grazie proprio all'assunzione del latte materno. Infine, non meno importante dell'aspetto immunitario è quello psicologico correlato all'allattamento al seno, dal momento che la posizione stessa favorisce l'intimità e la comunicazione tra madre e neonato.

Dal punto di vista pratico, nel corso di questo incontro, informo le donne che prevedono di allattare al seno che questa pratica potrebbe all'inizio essere dolorosa. Il riflesso di suzione del neonato può risultare incredibilmente energico su una parte delicata e sensibile come il capezzolo e inoltre i dotti attraverso cui passa il latte materno possono inizialmente contrarsi e dolere fino a quando il latte inizia a fluire. Rassicuro comunque le future mamme dicendo che dopo alcune poppate iniziali le contrazioni dolorose termineranno e potranno godersi tutte le sensazioni piacevoli risultanti dall'allattamento.

Sull'utilità per le madri di preparare in anticipo i capezzoli si sentono opinioni molto contrastanti. Io penso che sarebbe una buona idea acquistare un buon libro sull'allattamento al seno (si veda Huggins alle voci bibliografiche) e consultare per tempo il loro medico. Può comunque tornare utile alle future mamme sapere che, grazie all'esperienza acquisita in anni di lavoro e di consigli dati a tante mamme, ho potuto notare che le donne dai capelli biondi e rossi hanno maggiori probabilità di sviluppare infiammazioni e perfino dolorosissime ragadi se non preparano adeguatamente in anticipo i capezzoli. Il metodo migliore per farlo è quello di lavarsi il seno e le mani con sapone delicato, e poi massaggiare delicatamente i capezzoli con la punta delle dita almeno due volte al giorno. Con il passare dei giorni il massaggio dovrebbe essere più intenso senza però arrivare a causare dolore. Tutte le donne, anche quelle che diventeranno mamme per la prima volta, sanno che quando il seno è congestionato le infezioni possono attecchire e diffondersi facilmente; è quindi senz'altro meglio prevenire le infiammazioni ai capezzoli piuttosto che doverle curare successivamente.

Sebbene rispetti la preoccupazione di ogni donna lavoratrice sulla difficoltà di continuare l'allattamento al seno quando tornerà al lavoro, cerco di valutare più volte la possibilità di optare per questa scelta, prima di ritenere la questione definitivamente chiusa. Le prospetto la possibilità che in sua assenza il papà o qualche altro familiare possa integrare l'alimentazione del neonato con una poppata di latte artificiale o meglio ancora del suo stesso latte che la madre avrà provveduto a estrarre dal seno mentre è al lavoro. Oppure la alletto con la prospettiva del piacere di ritrovare il contatto e l'intimità con il piccolo, anche se torna a casa stanca dopo una dura giornata di lavoro. Non dimentico mai comunque di discutere con lei anche della paura della separazione correlata al naturale attaccamento al bambino.

Informo la mamma che desidera allattare al seno anche di alcuni aspetti pratici della cosa, come del fatto che la montata lattea potrebbe arrivare diversi giorni dopo il parto, e di ricordarsi di allattare per brevi periodi all'inizio finché i capezzoli non si induriscono, e le offro tutto il mio sostegno affinché possa affrontare al meglio questa nuova impresa e superare tutte le eventuali ansie sulle sue capacità di allattare e di accudire il neonato in tutte le altre sue esigenze. In ogni caso so per certo che affrontare già adesso l'argomento allattamento ci renderà più facile parlare dei futuri problemi di alimentazione nelle fasi successive della crescita.

Circoncisione

Gli aspetti da discutere con una madre sono sempre tanti, ma ce ne sono alcuni che vanno affrontati espressamente con il padre. Una delle domande che rivolgo sempre al padre, e che gli causa sicuramente un grande coinvolgimento personale, è mirata a sapere se, in caso di nascita di un maschio, lo vorrà fare circoncidere. Se, prima di rispondere, chiede il mio parere, gli spiego i pro e i contro del procedimento, incoraggiandolo ad assumersi la responsabilità della decisione, e pur essendo una decisione tutta sua posso offrirgli di prenderla insieme, nel rispetto della sua scelta e della sicurezza del piccolo. Come ho detto prima la decisione di effettuare o meno la circoncisione è personale e può essere presa anche dopo la nascita. Pur esulando nella maggior parte dei casi da motivazioni scientifiche, si possono citare, per una maggiore consapevolezza della scelta, alcuni studi a dimostrazione del fatto che ciascuna delle due alternative non comporta rischi per il neonato. Ogni studio che sostiene un certo punto di vista è controbilanciato da un altro che ne sostiene uno contrario. La circoncisione, procedimento indubbiamente doloroso, è necessaria per motivi fisici solamente nell'1% dei neonati. In questo 1%, un prepuzio molto lungo potrebbe causare fastidi alla minzione in una fase successiva dello sviluppo del bambino, anche se si tratta di casi molto rari.

Per completezza di informazione, affronto la diatriba sotto tutti gli aspetti. Una circoncisione dolorosa può causare disturbi del sonno, alterare il tracciato dell'EEG (elettroencefalogramma) e modificare schemi comportamentali per ventiquattro ore. Se si decidesse di praticarla, è possibile effettuare in totale sicurezza una anestesia locale alla base del pene per evitare il dolore e i disturbi appena descritti. Cito anche un famoso studio a favore di questa pratica che dimostrava una maggiore incidenza di tumore della cervice uterina nelle mogli di uomini non circoncisi, ma aggiungo che esistono molti dubbi sulla corretta conduzione della ricerca, e i dati non sono stati confermati da ulteriori indagini. E ancora, in uno studio successivo riportato sul *New England Journal of Medicine*, i ricercatori hanno scoperto che, negli uomini non circoncisi, aumentano le probabilità di contrarre infezioni del tratto urinario, tanto che gli autori ne consigliavano la pratica di routine per prevenire l'incidenza di tali problemi. Tuttavia anche questo studio deve essere confermato prima di poter essere utilizzato con assoluta certezza a sostegno della circoncisione.

Questo tipo di scelta dimostra che il ruolo che avrà il padre nella vita futura del suo bambino rappresenta senz'altro un aspetto da tenere in maggiore considerazione. Penso che un padre dovrebbe fare la scelta pensando al figlio, ma è probabile che nel farla sarà influenzato dalle esperienze personali. Comunque vadano le cose, il problema circoncisione finisce spesso con il destare nel padre le prime sensazioni della profondità del legame che lo unirà al bambino che sta per nascere. Si sa che la maggior parte dei padri desidera che i figli gli somiglino il più possibile, e quando arriverà il momento in cui il bambino paragonerà se stesso al padre, certe differenze potrebbero essere difficili da spiegare. Non bisogna però dimenticare che, dal momento in cui il confronto delle dimensioni porterà in ogni caso il bambino a fare domande alla quali il padre dovrà rispondere, non dovrebbe essere difficile spiegare contemporaneamente anche la differenza della forma del prepuzio. Indipendentemente da tali considerazioni personali, è certo che questa questione sia di grande importanza per un uomo, ed è necessario che la scelta di un padre si basi più sulle proprie ragioni emotive che su studi inconcludenti condotti finora. In ogni caso, questa conversazione con il padre e la decisione che ne deriverà lo porteranno a pensare in modo diverso e più intenso al suo bambino, e se gli faccio sentire il mio appoggio per questa decisione, potrà sentire il desiderio di tornare da me in futuro per altri consigli.

Il medico come difensore del bambino

Durante questi incontri vengo a contatto con varie tipologie di famiglia, dalle realtà più diverse, e faccio sempre in modo che ciascuna di esse si senta rispettata e sostenuta da me.

In caso di famiglia composta da madre single, dovrò offrire a questa donna un sostegno maggiore per aiutarla ad affrontare questo compito nuovo e impegnativo. Quando, parlando, mi manifesta le sue paure, la rassicuro promettendole che assumerò un atteggiamento di maggior attenzione nei suoi confronti rispetto a quello che solitamente adotto nei confronti di altre mamme. La rassicuro dicendole che so bene che allevare un bambino da sola è un compito difficile, ma che sarà certamente in grado di svolgerlo bene, e le prometto che le farò da guida tutte le volte che ne dovesse sentire il bisogno. Ma tengo anche a chiarire che, nel totale interesse del bambino, anzi agendo come suo difensore, ogni volta che lei dovrà prendere una decisione per suo figlio, io sarò molto intransigente, spesso più di quanto lei si aspetti.

Uno degli aspetti educativi più difficili per un genitore single sembra essere quello di permettere al bambino di conquistare la sua indipendenza. A ogni possibile tentativo di acquistare autonomia, in una età in cui è ancora vulnerabile, è facile che un genitore solo, avvertendo su di sé tutto il peso delle responsabilità, tenda a bloccare in qualche modo i tentativi del bambino di fare le cose a suo modo, prodigandosi a correggerlo nella convinzione di agire per il suo bene. Questo comportamento protettivo è indubbiamente dettato dall'affetto per il bambino ma, proprio per il bene del piccolo, questa madre avrà bisogno di qualcuno che la incoraggi a lasciarlo agire, a lasciargli anche sperimentare le prime frustrazioni, a permettergli di risolvere le cose da solo, se vuole che le conquiste siano del piccolo e non sue. So che nessun genitore ama sentirsi dare questo genere di consigli, e pertanto informo la mamma che sarò io a svolgere questo ingrato compito e, anche se potrà darle fastidio, lo farò a esclusivo beneficio del bambino. La madre però avrà anche tempo di sperimentare come il ruolo che mi sono scelto le potrà essere utile in altri momenti, tipo quando dovrà confrontarsi con un compito davvero arduo per un genitore solo: quello di impartire al piccolo una certa disciplina. Quando infatti durante il secondo anno di vita del bambino, anno veramente difficile da questo punto di vista, dovrà resistere alle continue provocazioni del piccolo e dopo una giornata di tale comportamento le sembrerà di essere reduce da una lunga lotta, il mio sostegno fermo e i miei consigli decisi saranno per lei necessari. Inoltre, perché abbia maggiore sostegno, la spronerò a frequentare le famiglie del vicinato e, nel caso non ce ne fossero, le consiglierò di frequentare un gruppo di sostegno per genitori single in cui confrontarsi con altri genitori alle prese con gli stessi problemi quotidiani, trovando così reciproco conforto.

Alle famiglie dove entrambi i genitori lavorano fuori casa a tempo pieno è spesso necessario dedicare più tempo e maggiore attenzione per analizzare prima della nascita del bambino i loro diritti e le agevolazioni che possono richiedere al datore di lavoro, e capire su quali aiuti potranno contare per potersi gestire al meglio con il piccolo. Chiedo quindi se hanno previsto di ricorrere a una terza persona cui lasciare il bambino quando dovranno tornare al lavoro, e cerco di consigliare come fare per continuare in questo caso l'allattamento materno. Mi informo sull'eventuale vicinanza di nonni che potrebbero intervenire in casi di emergenza, e su come i due genitori si divideranno i tempi di assistenza del piccolo. Cerco anche di capire che tipo di pressioni i genitori subiscono nei rispettivi posti di lavoro e se entrambi, o uno solo dei due, potrà rimanere a casa abbastanza a lungo da assicurare la sua presenza nei primi mesi di vita del bambino, periodo di cruciale importanza per l'adattamento dei genitori al nuovo stile di vita, per la ripresa della madre da eventuali frustrazioni o depressioni successive al parto, perché entrambi i genitori possano gradatamente abituarsi alle maggiori responsabilità che la nuova famiglia comporta.

Imparare a conoscere il neonato che sta per arrivare – la sua individualità, indipendenza e sorprendente capacità di reazione – richiede tempo ed energia, e come persona dalla parte del bambino spingo i genitori a fare di tutto per adeguarsi culturalmente e psicologicamente a questa nuova esperienza, specie nel suo momento iniziale. La loro crescita personale e il loro adattamento alle necessità del neonato sono di cruciale importanza per una crescita serena del loro bambino. Per affrontare al meglio questa nuova realtà e le responsabilità che comporta, i genitori che non possono permettersi di lasciare il loro lavoro devono pianificare tutto in anticipo. Insisto sempre perché facciano di tutto per rimanere a casa con il bambino nei primi preziosi mesi di vita, e se mi accorgo che non riescono o non possono prendere una decisione in tal senso, esamino con loro le priorità nell'assistenza di un lattante fino a individuare i momenti in cui lui avrà maggiormente bisogno di loro. Sapendo che, come detto in precedenza, i primi tre mesi di vita del bambino sono un periodo importantissimo per il suo sviluppo, domando se riusciranno a essere entrambi liberi per quel periodo, o se il prezzo da pagare al lavoro per una tale scelta sarebbe troppo alto. È necessario che i futuri genitori affrontino questo argomento adesso, prima della nascita del loro bambino, ma spesso scopro che per loro è molto difficile farlo, e proprio perché si vedono costretti ad affrontare in anticipo sui tempi il problema della paura della separazione. È però necessario confrontarsi prima con questo problema per essere poi mentalmente più liberi nel momento in cui tutte le loro energie dovranno essere dedicate a imparare ad amare il piccolo sia prima del parto sia soprattutto dopo. Secondo la mia esperienza, aiutare i genitori a prendere coscienza delle loro incertezze e della tendenza a negare la paura della separazione futura renderà questi argomenti di più facile trattazione quando non sarà più possibile rimandarli.

Anche se può sembrare incredibile che i genitori e il medico possano instaurare una tale complicità in così breve tempo, in realtà ciò è possibile, grazie al forte desiderio dei genitori di comprendere che cosa li aspetta e che li rende più aperti e franchi verso se stessi, tanto da portarli a superare i normali ostacoli. Questo desiderio e questa franchezza, risultati di un tumultuoso cambiamento interiore, li portano a compiere un grande passo in avanti nel processo di crescita personale, ed è proprio la consapevolezza dell'acquisizione di una nuova maturità lo scopo fondamentale di questo primo contatto tra i genitori e il futuro medico del loro bambino.

Esposizione a farmaci

I genitori sono oggi molto più informati di prima sui danni che l'assunzione di farmaci, alcolici e stupefacenti o la contrazione di infezioni possono arrecare al feto. Per quanto mi riguarda, durante il primo incontro con loro cerco comunque di scoprire se il feto è stato sottoposto a eventuali rischi, in modo da poter garantire ai genitori che dopo la nascita controllerò il bambino anche in funzione di queste informazioni, condividendo le loro preoccupazioni già a partire dalla prima visita a cui sottoporrò il neonato. La conoscenza diffusa dei rischi che una scarsa alimentazione, l'uso di stupefacenti, il vizio del fumo, la contrazione di infezioni e altro possono arrecare al feto durante il suo sviluppo suscita profonde preoccupazioni nelle donne incinte e nei futuri padri, e se è capitato loro di cedere a qualcuno dei vizi citati prima di scoprire la gravidanza, successivamente si ritrovano a temere che quella loro debolezza abbia potuto arrecare danni al feto specie nei primi cruciali momenti della gravidanza. Quando si ha il sospetto di avere esposto il feto a rischi gravi, e si è ancora nelle primissime settimane, si può sempre ricorrere a un aborto terapeutico, ma il modo migliore per poter prevedere la nascita di un bambino sano è sempre quello di cercare di condurre una gravidanza, meglio se pianificata, in buone condizioni di salute. Quando i genitori riescono a confidarmi le loro paure, sono solitamente in grado di dissiparle nel momento stesso in cui me le confidano o al più tardi alla nascita. Per lo meno possiamo cercare di risolverle insieme.

L'assunzione prolungata di alcolici, tabacco o stupefacenti prima della nascita può causare diversi problemi. In particolare, a causa delle note interferenze sulla moltiplicazione delle cellule del feto, l'esposizione a queste sostanze in periodi cruciali dello sviluppo fetale può causare non soltanto una diminuzione del numero delle cellule cerebrali, ma può anche danneggiare le connessioni tra le varie parti del cervello, e in conseguenza a ciò il cervello nel neonato potrebbe risultare di dimensioni più piccole. L'assunzione di cocaina e di crack causa aumento della pressione sanguigna, causa occlusione dei piccoli capillari, e danneggia parti del cervello del feto durante le fasi di sviluppo. Inoltre una madre che fa uso di sostanze stupefacenti tende a mangiare poco, con conseguente denutrizione per il feto e aumento della sua vulnerabilità. Se una madre tossicodipendente continua ad assumere queste sostanze durante l'ultimo periodo di gravidanza, c'è il rischio che nel feto si sviluppino anomalie di entità più o meno grave nella trasmissione dei messaggi da una parte del cervello all'altra, e il neonato potrebbe pertanto risultare ipo- o iperreattivo agli stimoli (si veda Cap. 2).

Questi problemi della neurotrasmissione si evidenziano alla nascita nel comportamento del bambino, che sarà caratterizzato in un caso dalla lentezza di risposta agli stimoli e dalla prolungata sonnolenza, e nell'altro da una reazione di pianto irrefrenabile in risposta agli stimoli esterni. Questi neonati possono essere così instabili da dare l'impressione di non riuscire ad avere un periodo sufficientemente lungo di tranquillità durante il quale potere acquisire informazioni dall'ambiente circostante, e di manifestare comportamenti appropriati dopo la loro elaborazione. Purtroppo questi bambini corrono seri rischi di maltrattamenti o di abbandono, perché non solo non danno risposte positive alle loro mamme, che di per sé sono spesso in stato di dipendenza e depressione, ma rispondono solo con reazioni negative o disorganizzate. Hanno serie difficoltà di alimentazione e di sonno e inoltre, quando sopravvivono, è probabile che manifestino successivamente seri problemi nello sviluppo della attenzione e dell'apprendimento. Sono davvero neonati ad altissimo rischio, pertanto se si riesce a individuare precocemente bambini nati da madri tossicodipendenti o bambini sottoposti ad altre situazioni di rischio durante la gestazione è possibile ideare un programma di intervento immediato subito dopo la nascita. Gli studi di follow-up a lungo termine condotti finora indicano che delle condizioni di crescita adeguate alle esigenze di un sistema nervoso sovraeccitato o danneggiato possono favorire un recupero sorprendente nella maggior parte di questi bambini. Come si è visto da altri studi, tale recupero è possibile anche per altri danni subiti dal feto dentro l'utero materno, ma è fondamentale intervenire il più presto possibile.

Se riesco a instaurare un rapporto di fiducia con i futuri genitori durante questo primo incontro, è molto più probabile che giungano a confidarmi l'esistenza di possibili cause di rischio o di situazioni sfavorevoli. Quando vengo a conoscenza di certe loro abitudini negative, analizzo i loro timori sui danni che possono avere arrecato al bambino, e se, alla luce di questo, decidono di porre fine alla loro dipendenza, li indirizzo verso un programma di recupero per loro e di protezione per il bambino. Se si riuscisse a evitare l'esposizione alle sostanze pericolose come le droghe anche solo negli ultimi due mesi di gravidanza si riuscirebbe ad aiutare i bambini a ricuperare in parte le lesioni del loro sistema nervoso, favorendo il loro adattamento al mondo esterno. Se i genitori mi confideranno le loro paure, sarà possibile discutere di questo programma di cure e di assistenza e pianificare ogni intervento necessario dopo la nascita. Mi rendo conto di quanto sia poco probabile che dei genitori tossicodipendenti possano "confessare" la loro dipendenza con tanta facilità, pertanto sarà necessario rivolgersi a loro in modo solidale e comprensivo, manifestando chiaramente la disponibilità a prendere parte con loro a un possibile intervento di recupero, qualora fosse necessario. Li rassicuro del fatto che non soltanto cercherò di individuare nel neonato ogni comportamento anomalo ma che lo segnalerò a loro e che mi impegnerò perché insieme si possa aiutare il bambino.

I genitori hanno il diritto di conoscere i vari problemi fisici o comportamentali del loro bambino che ne renderanno più difficile la crescita. Non penso sia corretto privarli di tale consapevolezza, neanche a scopo di difesa; abbastanza in fretta capiranno che ci sono dei problemi e di non essere stati preparati ad affrontarli. Un medico che non può o non vuole dare queste informazioni crea una reazione di diffidenza nei genitori, come se negasse in loro la capacità di osservazione. Come abbiamo visto i genitori pensano spesso durante la gravidanza alla possibilità di avere un bambino disabile, e sebbene la realtà sia molto diversa dalle semplici fantasie, il fatto di averlo messo in conto li ha in qualche modo preparati agli eventuali problemi che dovessero poi presentarsi nel loro bambino. Nei miei incontri con i genitori durante la gravidanza, non evito di parlare anche di questa eventualità e di come prepararsi a essa, e in relazione a questo cerco di spiegare nel modo più completo possibile che cosa andrò a controllare nel bambino.

Il feto in crescita

Uno degli obiettivi principali nei miei incontri con i futuri genitori è quello di porre l'attenzione sul fatto che ogni bambino ha una sua personalità ben definita, quindi mi soffermo sul comportamento di quel bambino in particolare. Per capire in che modo i genitori percepiscono il feto, chiedo loro se si sono fatti un'idea di come sarà nel futuro, da grande, il lui o la lei che aspettano. Le mamme che hanno notato che il feto è particolarmente attivo o particolarmente tranquillo, si preoccuperanno di chiedere se a un feto attivo corrisponderà un neonato attivo o a un feto tranquillo un neonato tranquillo.

Sembra esistere una certa correlazione tra l'attività fetale e il comportamento neonatale, e il modo in cui un feto risponde agli stimoli può aiutare a capire di più. Molti genitori riferiscono che il feto diventa molto più attivo la sera, quando i genitori vanno finalmente a letto. In questo caso sembra esserci un rapporto inverso, dato che quando la mamma è attiva è probabile che il feto sia tranquillo, mentre quando la mamma si ferma per riposare, l'attività del feto aumenta. Il feto impara già nell'utero materno l'andamento ciclico tra lo stato di riposo e quello di veglia (si veda Cap. 2), e questo sintonizzarsi ai cicli del riposo e dell'attività è una preparazione ai ritmi che il neonato seguirà una volta nato. Un feto ha cicli di riposo e di attività più brevi rispetto a quelli degli adulti, e i ritmi materni da lui vissuti dentro l'utero possono gradatamente guidarlo verso periodi più lunghi di alternanza che si spera siano mantenuti anche dal neonato dopo la nascita.

Da tempo le future mamme pensano che le cose che fanno e il modo in cui le fanno possono influire sul feto. Questa idea può dare origine a preoccupazioni su come uno stato personale di tensione possa determinare un carattere ansioso nel nascituro. Sebbene io non sia in grado di rispondere a questa domanda, faccio notare che tutte le donne incinte sono tese e ansiose, non sarebbe normale il contrario, e inoltre riferisco i risultati di alcune ricerche condotte su feti che dimostrano come questi riescono ad adattarsi alle tensioni dell'ambiente esterno da cui possono anche trarre insegnamento, alcuni diventando più tranquilli e controllati, altri invece ancora più attivi. Pertanto non potendo conoscere in anticipo il carattere del nascituro, alla madre non resta altra scelta che adattarsi al tipo di neonato che avrà, qualunque esso sia.

Durante l'ultimo trimestre di gravidanza i genitori cercano di capire come sarà il comportamento del loro bambino, prestando attenzione più o meno consapevole ai movimenti e al comportamento del feto, anche perché sanno che il feto riesce a sentire i suoni e i rumori che circondano la madre ed è in grado di rispondere a essi. Molti papà parlano e cantano canzoni ai loro piccoli durante gli ultimi tre mesi di gravidanza, nel tentativo di sentirsi più vicini a loro prima della nascita. Una mamma, pianista di professione, una volta mi ha detto: "Avevo capito che la mia bambina riusciva a sentire mentre era dentro l'utero perché sembrava danzare al ritmo della musica. Quello che ancora non sapevo era che stava anche imparando qualcosa. Negli ultimi mesi di gravidanza mi ero esercitata ripetutamente su una particolare frase di un valzer di Chopin, e mentre la suonavo lei sembrava starsene tranquilla. Ovviamente per un certo periodo dopo la sua nascita non ho avuto la possibilità di suonare, poi un giorno, quando lei aveva tre mesi e se ne stava sdraiata sul suo tappeto-gioco accanto al mio pianoforte, io mi misi al piano e cominciai a esercitarmi. Mentre procedevo nell'esecuzione del brano lei giocava sdraiata sulla schiena guardando i giochi sospesi, ma quando arrivai a quella frase particolare lei smise di giocare, si girò verso me e mi guardò sorpresa, come a volermi dire qualcosa. Capii che riconobbe il pezzo e che se lo ricordava. Rimasi stupefatta. Adesso spero che diventerà musicista".

Lavoro da anni allo sviluppo di una scala di valutazione da usare nell'ultimo trimestre di gravidanza per valutare lo stato di benessere del feto in via di sviluppo. Il comportamento di un feto ben nutrito e non condizionato dall'assunzione materna di stupefacenti, farmaci, alcolici o altro, sarà complesso e prevedibilmente ricco. Se invece il feto viene sottoposto allo stress della malnutrizione, di sostanze tossiche o di una placenta insufficiente, il suo comportamento ne risentirà, rimanendo alquanto limitato. Infatti questo nascituro non manifesterà gli stessi comportamenti complessi in risposta a sollecitazioni uditive, visive e cinestesiche che invece darà un feto in buone condizioni di salute. Sappiamo da tempo che il tipo dei movimenti fetali può aiutare a diagnosticare lo stress. Se per esempio una madre nota nel feto un'attività eccessiva oppure rileva che non reagisce ai suoi movimenti o si dimostra poco mobile con scarsa o nulla reazione di risposta agli stimoli esterni, farebbe meglio a preoccuparsi e a riferire queste anormalità al ginecologo che potrà valutare lo stato di benessere del nascituro.

La frequenza del battito cardiaco e i movimenti respiratori del feto possono essere misurati, e anche questi valori possono indicare una condizione di stress. Se il feto soffre per carenza di ossigeno, la frequenza del battito cardiaco avrà un'eccessiva variabilità o una mancanza di essa, oppure potrebbe diventare troppo lenta e i movimenti respiratori essere affannosi. Un ginecologo può capire da questi segnali se i futuri genitori devono preoccuparsi o meno. Se si pensa che tali cause di stress possono mettere in pericolo il feto e si è verso la fine della gravidanza, si può fare nascere il neonato prematuramente e offrirgli condizioni migliori facendolo crescere al di fuori dell'utero. Mentre da una parte la scienza ci fornisce sempre maggiori conoscenze sulla vita intrauterina, speriamo dall'altra che i genitori stiano all'erta e riescano a individuare i segnali di pericolo, da attenti osservatori del benessere del nascituro.

C'è voluto del tempo per riconoscere la sorprendente complessità del feto, così come ce n'era precedentemente voluto per imparare a riconoscere e valorizzare le sbalorditive capacità del neonato. Sono attualmente in corso diverse ricerche in Francia e negli Stati Uniti che mirano a stabilire le capacità di apprendimento del feto, in particolare con messaggi uditivi. Anthony De Casper, della University of North Carolina, ha dimostrato che i neonati mantengono nella loro memoria canzoni e storie complesse sentite negli ultimi tre mesi di gravidanza e come mi è stato confermato anche da alcune mamme dopo la nascita i neonati riconoscono le storie e le canzoni che avevano sentito prima e manifestano maggiore attenzione a quelle più familiari. Sembra quindi che i neonati abbiano memoria.

Per di più alcuni di loro imparano e fanno scelte anche dentro l'utero. In una nostra ricerca al Children's Hospital di Boston abbiamo visualizzato i feti tramite apparecchi a ultrasuoni, scoprendo che riuscivamo a vedere se dormivano o erano svegli. Siamo anche riusciti a identificare almeno i seguenti quattro stati di coscienza (per questi stati nel neonato si veda Cap. 2).

1. *Sonno profondo*: stato in cui il feto è prevalentemente tranquillo. Se si registrano movimenti, si tratta di lievi sussulti. In linea di massima il feto non è reattivo alla maggior parte degli stimoli a cui viene sottoposto.

2. *Sonno leggero o sonno REM (Rapid Eye Movement, fase dei movimenti oculari rapidi)*: stato in cui predominano i movimenti di contorsione o di stiramento. Pur essendo ancora poco frequenti, i movimenti sono più armoniosi e un po' più organizzati. Il feto è ancora poco reattivo agli stimoli ma, anche se con qualche difficoltà, può essere svegliato. È inoltre possibile registrare periodicamente brevi sussulti – colpetti ripetuti di un braccio o tentativi di respirazione in sequenze di 4-8 movimenti.
3. *Veglia attiva*: stato in cui il feto sembra volere scalare la parete uterina. Questo stato si presenta in momenti prevedibili della giornata: solitamente quando la madre è stanca e riposa, oppure alla fine della giornata. Il feto reagisce agli eventuali stimoli esterni acquietandosi, per riprendere la sua attività successivamente. I genitori riconoscono il momento in cui questi comportamenti stanno per verificarsi e sanno che cosa può modificarne la comparsa. Per esempio una uscita serale può ritardarne la manifestazione fino al ritorno a casa, così come una variazione nelle abitudini alimentari della madre può anticipare l'attività del nascituro probabilmente a causa del calo del livello di zucchero nel sangue.
4. *Veglia tranquilla*: in questo stato il feto è inattivo, come in ascolto. I movimenti sono più armoniosi e più organizzati, e il feto è particolarmente reattivo agli stimoli esterni.

Nella nostra ricerca abbiamo anche sollecitato con diversi stimoli feti di sei-sette mesi mentre si trovavano in stato di veglia tranquilla.

Abbiamo dapprima utilizzato un forte segnale acustico posto a circa 40-50 cm dalla parete addominale, e prodotto brevemente il suono per 6-8 volte. I comportamenti osservati negli otto feti studiati sono stati alquanto prevedibili. Il primo suono provocava nei feti una reazione di spavento e un'espressione di tensione, il secondo suono li spaventava già un po' di meno. Arrivati al quarto suono la maggior parte di loro non si spaventava più e rimaneva immobile; solo alcuni manifestavano un leggero sussulto respiratorio a livello addominale, e i loro volti continuavano ad apparire tesi. Al quinto suono accadeva spesso che si portassero una manina vicino alla bocca, infilandovi poi il pollice dentro. Infine distoglievano la loro attenzione dal suono e si rilassavano. Poiché nel corso dell'esperimento non si osservavano altre reazioni, giungevamo alla conclusione che i feti si erano adattati, o "abituati" a questi stimoli negativi.

Abbiamo continuato lo studio utilizzando un sonaglio che facevamo suonare accanto all'addome delle mamme. Pensavamo che i rumori all'interno dell'utero fossero troppo forti per consentire ai feti di percepire il lieve suono del sonaglio, e invece bastava agitarlo appena per vedere i visi dei piccoli girarsi verso la provenienza del suono, come in attesa del segnale successivo. Mentre continuavamo a far suonare lievemente il sonaglio i feti rimanevano tranquilli e attenti, mostrando già la capacità di prestare attenzione agli stimoli positivi e a distoglierla da quelli negativi.

La fase successiva del nostro studio prevedeva la proiezione di fasci luminosi molto intensi diretti verso il punto di osservazione del bambino, stabilito dopo avere ovviamente identificato il lato verso cui la testa del bambino, incuneata nelle ossa pelviche materne, era girata. Dopo alcuni lievi soprassalti, seguiti dall'avvicinamento delle manine alla bocca e al viso, il nascituro girava la testolina in direzione opposta alla provenienza del fascio luminoso, per poi sospendere qualunque movimento, come se, una volta abituatosi alla forte luce, si fosse addormentato. Anche utilizzando solamente un puntino luminoso proiettato su un'altra zona dell'addome materno ma sempre in corrispondenza dell'utero, notavamo che il feto girava lentamente la testa in direzione del puntino luminoso, quasi a focalizzare lo sguardo proprio nel punto da cui proveniva lo stimolo luminoso. Quando ci accorgevamo che un bambino si agitava troppo e sembrava disturbato dai nostri esperimenti, il mio collega, Dr. Barry Lester, circondava con le mani l'addome della madre, come ad abbracciare il feto, e lo cullava finché non lo sentiva acquietarsi. Devo ammettere che l'espressione di sorpresa della madre, che ammetteva di non avere mai immaginato che i bambini fossero così intelligenti già prima di nascere, esprimeva appieno i sentimenti di tutti noi.

Quando racconto ai futuri genitori i risultati della ricerca, essi ricordano come anche loro hanno notato simili comportamenti nel loro bambino, e trovando in me conferma alle loro sensazioni le prendono in considerazione con maggiore attenzione. A dimostrazione di ciò ricordo quanto dettomi una volta da una madre: "Quando vado a un concerto di Bach sento che la mia bambina danza al ritmo della musica. La sento ballare anche quando vado ai concerti di musica rock, però in tutt'altro modo, più scatenato. Avevo pensato che sentisse già. I suoi ricercatori hanno impiegato così tanto tempo per scoprire una cosa che noi mamme sappiamo da sempre".

Spero che la scala di valutazione che abbiamo elaborato in questi anni possa con il tempo raggiungere livelli sempre più sofisticati nella valutazione del comportamento fetale. Se conoscessimo i comportamenti normali da aspettarsi saremmo in grado di prestare maggiore attenzione a comportamenti atipici che potrebbero indicare una condizione di stress del nascituro. Un prezioso contributo in tal senso può giungere anche dalle madri perché, potendo sentire regolarmente e annotare il comportamento abituale del loro bambino, sono le prime a recepirne eventuali variazioni e capire se è il caso di preoccuparsi. Se poi, come è nella norma, tutto va per il meglio, potranno ricordare con piacere di avere sentito le reazioni del loro piccolo molto prima della sua nascita, di averlo "conosciuto" e di essersene prese cura prima degli altri, loro esclusiva prerogativa.

Tutti noi abbiamo sempre sentito i genitori dire: "Non importa che sia maschio o femmina o a chi dei due somigli. La cosa più importante è che sia sano".

Una nuova alleanza

Appena capisco di avere raggiunto un buon livello di intimità con i genitori, rivolgo loro domande relative all'anamnesi personale e familiare. Se mi riferiscono di malattie o difetti congeniti in altri membri della famiglia, e soprattutto se ci sono bambini in famiglia nati con problemi di salute, affiora inevitabilmente la paura, peraltro lecita e comprensibile in ogni madre in attesa, che quella malattia, difetto o problema possa ripresentarsi anche nel suo bambino. Così pure se il padre ha un genitore affetto da problemi cardiaci o da malattie croniche si domanderà se anche nel suo bambino ci sarà la tendenza a sviluppare quelle patologie. Sono paure irrazionali che a volte possono attanagliare le menti dei genitori, togliendo loro anche il sonno. Se riescono a condividerle con me, posso anch'io diventare parte di quel sistema difensivo che usano per far fronte ai loro timori. Per di più, se sono a conoscenza dell'anamnesi familiare e delle ansie dei genitori potrò fugarle tutte quando visiterò per la prima volta il neonato in loro presenza, dimostrando direttamente sul piccolo che non corre alcun rischio e che possono finalmente dormire sonni tranquilli.

Una volta discusse speranze e paure comuni a tutti i futuri genitori, e una volta chiarito il mio ruolo di adulto partecipe e preoccupato, si instaura tra me e i genitori una importante relazione iniziale. Solitamente comunico già adesso ai genitori dove e quando possono rintracciarmi per i controlli di routine o per le visite di emergenze, e ovviamente per avvisarmi della nascita del piccolo. Anzi, chiedo loro di informarmi il prima possibile, in modo da effettuare una prima visita al neonato nelle prime 24 ore di vita, perché è importante potere esaminare il comportamento del bambino prima che lasci l'ospedale. In quella occasione mi capita anche di aiutare la madre nei primi tentativi di allattamento al seno, o di darle delucidazioni su quantità di latte e tempi di allattamento, se si accinge a nutrire il figlio artificialmente. Dopo il rientro a casa, in tutti i contatti che mi capiterà di avere con i genitori durante le prime tre settimane di vita del neonato, sia per telefono sia nel corso della prima visita presso il mio studio, potrò seguire attivamente il loro processo di adattamento nei confronti del nuovo arrivato. In definitiva, questo primo incontro durante la gravidanza lascerà a tutti noi un senso di fiducia e di intimità reciproca che ci consentirà di affrontare i successivi importanti *Touchpoints*. Perciò, anche se richiede spesso molto tempo, considero il primo incontro con i genitori la migliore opportunità di contatto con ogni nuova famiglia.

2

L'INDIVIDUO NEONATO

Il secondo *Touchpoint* – La seconda occasione per partecipare alla crescita di una nuova famiglia mi si presenta nell'emozionante momento in cui, alla presenza dei genitori, visito il neonato poco dopo la nascita.

Valutare il comportamento del neonato

La visita neonatale costituisce ormai da tempo il primo momento del programma di assistenza pediatrica. Una prima valutazione del neonato viene effettuata nei primi cinque minuti dopo la nascita, per esaminare la capacità di adattamento del neonato alla situazione contingente del travaglio, del parto e del nuovo ambiente circostante. Questa valutazione, nota come punteggio di Apgar, prevede, attraverso l'analisi del colorito, del respiro, della frequenza cardiaca, del tono muscolare e della risposta alla stimolazione tattile, un punteggio finale massimo di 10 punti, ottenuti assegnando, a ciascuno dei cinque parametri di valutazione, un valore variabile tra i 2 punti in caso di funzione ottimale, 1 punto in caso di funzione sufficiente e 0 punti in caso di funzione insufficiente. Da quanto detto prima si deve dedurre che questa valutazione serve a capire come il neonato ha affrontato la fatica del parto e come ne è uscito, piuttosto che esprimere una previsione sullo stato di salute futuro del bambino. Una valutazione più accurata dei parametri fisici e comportamentali del neonato, con particolare attenzione allo stato di benessere fisico e alla capacità di alimentarsi, verrà poi effettuata nei primi giorni di vita da uno specialista pediatra o neonatologo dell'ospedale.

La Neonatal Behavioral Assessment Scale (NBAS, *Scala di valutazione comportamentale neonatale*)* di cui si è parlato nel Capitolo 1, oggi utilizzata negli ospedali di tutto il mondo, è stata disegnata proprio per comprendere le specifiche caratteristiche personali del neonato in esame, attraverso la valutazione dell'insieme dei vari tipi di comportamenti da lui adottati in risposta a vari stimoli. Il modo in cui il neonato usa gli stati di coscienza per controllare il proprio comportamento rivela la sua capacità di adattamento al nuovo ambiente. Con l'aiuto di un certo numero di colleghi ho sviluppato questa scala che fornisce una base di punteggio per le risposte e i riflessi osservati in 20-30 minuti di interazione (osservazione attenta) con il neonato. A differenza di altri test medici, la nostra valutazione tratta il neonato come partecipante attivo e il punteggio si basa sulla sua prestazione *migliore* (non su quella media). Durante i venti anni di applicazione, la NBAS è stata perfezionata e inoltre adattata alla valutazione di neonati prematuri e con parametri di sviluppo inferiori alla norma, e più di recente è stata utilizzata per determinare l'influenza delle esperienze vissute durante la vita intrauterina sullo sviluppo fetale.

L'applicazione più importante della NBAS è stata però quella che ci ha consentito di condividere il comportamento del neonato con i genitori, permettendoci di far loro comprendere le capacità già presenti nel loro bambino e quale sorprendente varietà di comportamenti sia già in loro possesso. Ogni genitore si preoccupa della integrità fisica e psichica del proprio bambino, così quando si riesce a provocare la migliore prestazione del neonato le ansie dei genitori si dissolvono e la possibilità di comunicazione tra me e loro aumenta. Secondo quanto rilevato in numerosi studi e osservazioni, nuovi legami familiari si possono approfondire duran-

* Brazelton T.B. e Nugent K., *La scala di valutazione del comportamento del neonato*, ed. italiana della III edizione USA (1995), a cura di G. Rapisardi, Masson, Milano, 1997.

te questo intenso, anche se breve, incontro. D'altra parte gli atteggiamenti tipici del neonato sembrano ideati per conquistare i neogenitori: la manina stretta in una minuscola ma energica presa, il delizioso rannicchiare la testolina nell'incavo tra collo e spalla, il modo di fissare il volto dei genitori con occhi curiosi sono tutti comportamenti che fanno leva sul desiderio dei genitori di stringere il piccolo tra le braccia e imparare a conoscerlo.

Nella visita di valutazione del neonato mediante NBAS preferisco iniziare con un neonato addormentato, in modo da potere verificare la sua capacità di mantenere lo stato di sonno, e continuo cercando di esaminare i suoi comportamenti durante ciascuno dei sei stati di coscienza: sonno profondo, sonno leggero, dormiveglia, veglia tranquilla e attenta, veglia agitata e pianto. Mentre il neonato passa da uno stato all'altro, controllo in ciascuno di questi la sua capacità di rispondere agli stimoli positivi e negativi, che ottengo utilizzando solitamente un sonaglio che produce un leggero rumore, una luce intensa, una campanella, una pallina rossa, la voce e il volto di una persona.

Mentre il neonato è ancora addormentato, la prima valutazione a cui lo sottopongo consiste nell'esaminare la sua reazione alla luce e al suono del sonaglio e della campanella, agitati diverse volte vicino al suo orecchio durante il sonno. Lo scopo di tutto ciò è quello di misurare la capacità del neonato di escludere gli stimoli fastidiosi e di abituarsi a essi, cioè di ridurre il livello di reattività quando gli stimoli fastidiosi si presentano ripetutamente, e mi permette di capire se il neonato in esame è in grado di escludere gli stimoli ambientali non necessari. I neonati che nascono con un sistema nervoso non completamente maturato a causa di stress subiti prima della nascita non hanno ancora sviluppato la capacità di escludere gli stimoli e reagiranno a essi continuamente, senza pausa. Questi neonati avranno bisogno di essere tenuti nel primo periodo di vita in un ambiente molto protetto, simile a quello predisposto per neonati prematuri.

Come già accennato, il primo stimolo a cui sottopongo il neonato consiste nel dirigere per 2 secondi una luce intensa sulle palpebre chiuse. Aspetto che il sussulto o il movimento di reazione che ne deriva si esaurisca, e proietto la luce altre volte, fino a un massimo di dieci. Alle prime stimolazioni il neonato reagirà con sussulti e movimenti di tutto il corpo e con scatti di braccia e gambe, reazioni che diminuiranno sempre più di intensità. Solitamente già al quarto stimolo luminoso il bambino reagirà con un movimento leggero o non reagirà affatto, il suo respiro ritornerà profondo e regolare, il viso si rasserenerà e tutto il corpo si abbandonerà nuovamente al sonno rilassato. Il neonato si è abituato alla luce. Passo allora allo stimolo successivo e agito il sonaglio a circa 25 cm di distanza dall'orecchio, al che il neonato reagirà nuovamente con un sussulto e con un movimento di tutto il corpo. La produzione di un secondo suono potrebbe a volte dare origine a un altro forte sussulto e perfino a un lamento, ma è probabile che già al terzo o quarto suono la reazione sia di intensità minore, con un movimento minimo del corpo. Se ripeto il suono dopo una breve pausa il neonato potrà reagire solamente con un movimento rapido delle palpebre e una leggera smorfia, di durata brevissima. A stimoli successivi il neonato non reagirà più, sembrerà profondamente addormentato e il suo respiro sarà nuovamente regolare. Se come ultimo stimolo utilizzo la campanella, fatta risuonare in tintinnii consecutivi della durata di un secondo ciascuno, è possibile osservare solo un paio di reazioni iniziali, dopo di che il neonato si abbandonerà nuovamente al sonno, dimostrando così la sua capacità di mantenere lo stato di sonno anche in un contesto ambientale rumoroso. Un bambino che riesce ad adattarsi in questo modo a tali circostanze è nato con buone risorse interiori.

Neonati prematuri o stressati

Come detto prima, i neonati prematuri o che hanno subito stress nell'utero materno non riescono ad adattarsi agli stimoli ripetuti e, sottoposti a questa valutazione, risponderanno a tutte le sollecitazioni esterne provenienti dal sonaglio, dalla campanella o dalla luce, con enorme dispendio di energie. Reagiranno aggrottando le sopracciglia mentre il loro colorito cambierà e aumenterà la frequenza del battito cardiaco e della respirazione in seguito a ogni stimolo. Per cercare di calmarsi inarcheranno il corpo all'indietro o si porteranno le manine alla bocca, e se non riusciranno a tenere sotto controllo le continue sollecitazioni mantenendo lo stato di sonno scoppieranno in un pianto agitato. Piangere può anche essere per loro un tentativo di escludere gli stimoli, ma è senza dubbio una soluzione faticosa per un neonato debole e fragile (si veda anche Cap. 32).

Quando mi capita di visitare un neonato con difficoltà ad adattarsi alle sollecitazioni ambientali lo faccio subito presente ai genitori e programmo di tenere il bambino sotto controllo per un certo periodo. Se con il tempo la sua condizione migliora, allora è possibile che il problema sia stato causato da stress da parto – condizione alquanto frequente per i neonati – o dall'effetto dei farmaci o dei sedativi somministrati alla madre durante il parto. Se invece il neonato continua a mostrarsi iperattivo, mi rendo conto che potrebbe avere difficoltà in futuro, reagendo esageratamente quando cercherà di assimilare informazioni dall'ambiente circostante. La capacità di adattarsi agli stimoli non importanti è necessaria per tutti noi in quanto ci consente di concentrarci solo su particolari informazioni che ci interessano. Forse l'iperattività di un neonato è il modo in cui il piccolo cerca di liberarsi del peso schiacciante di troppe sollecitazioni che lo colpiscono.

I genitori di un neonato ipersensibile possono aiutare il loro bambino a sviluppare una soglia efficace che gli consenta di escludere le informazioni non importanti. Per fare questo possono ridurre le sollecitazioni, possono predisporre in casa una cameretta tranquilla, con luci soffuse, usare un tono di voce basso e offrire al neonato proposte visive tattili delicate, specialmente durante le poppate o nei momenti di gioco. È stato infatti scoperto che alcuni neonati riescono a sopportare di essere guardati *oppure* toccati *oppure* presi in braccio – purché sottoposti a una sola cosa alla volta. Durante il periodo necessario al bambino per riacquistare tranquillità ed equilibrio è possibile anche adottare un altro comportamento: offrire cioè tutte le precedenti proposte contemporaneamente ma in modo più attenuato, nell'intento di sollecitare il meno possibile il sistema nervoso tanto fragile del neonato. Mentre lo si fa, bisogna osservare attentamente il comportamento del neonato per capire se si sente sovraccaricato da queste esperienze. Con molta pazienza, i genitori di un neonato ipersensibile potranno insegnargli ad assimilare e gestire le informazioni che gli arrivano, richiedendogli piccoli sforzi, ma mostrandogli come cavarsela, dandogli tutto il tempo necessario. Conoscendo i bisogni del loro bambino sapranno rispondere adeguatamente alle sue esigenze, e grazie al loro impegno il piccolo riuscirà col tempo a cavarsela sempre meglio da solo.

Quando la prima fase della valutazione è terminata, comincio a svestire il neonato delicatamente, notando il suo comportamento mentre lo tocco e lo muovo. Il mio scopo è quello di osservare e dare un punteggio al tempo che gli servirà per passare dal sonno alla veglia e, una volta sveglio, valuterò e registrerò il tipo di comportamento che adotterà passando allo stato di dormiveglia, e poi a quello di veglia tranquilla o agitata. Il modo in cui il neonato passa da uno stato all'altro può essere un elemento predittivo del suo comportamento e del suo temperamento. Un neonato che passa lentamente da uno stato all'altro, e che riesce a mantenere a lungo uno stato di veglia o di sonno, sta già dimostrando una sorprendente capacità di gestire il suo mondo. Un neonato che invece passa troppo velocemente da uno stato all'altro, senza la capacità di mantenerne uno per un periodo prolungato, avrà bisogno del tranquillo aiuto di un genitore paziente per insegnarli a maturare le proprie capacità di controllo. Questo impegno richiederà del tempo prima di dare i suoi frutti – un anno o forse più, periodo in cui il pediatra potrà aiutare i genitori a registrare i progressi del bambino e sostenerli in questo compito impegnativo, suggerendo loro una serie di espedienti per aiutarlo a controllare questi momenti di transizione da uno stato all'altro, tipo camminare per la casa tenendolo in braccio, avvolgerlo stretto, incoraggiarlo a succhiarsi il pollice o dargli il succhiotto.

Solitamente un neonato che non sa controllare le transizioni da uno stato all'altro è "vittima" di un sistema nervoso immaturo e ancora scarsamente elaborato. Alcuni dei neonati facilmente irritabili sono quelli che si trovano ancora sotto l'effetto di sostanze, in genere tossiche, assimilate durante la gravidanza. Le donne che fumano, bevono alcolici o assumono stupefacenti durante la gravidanza devono aspettarsi che i loro bambini siano irritabili per un certo periodo dopo il parto, durante la fase di disintossicazione dagli effetti di tali sostanze, periodo in cui possono anche manifestare segni di astinenza. I bambini nati da madri che hanno dovuto fare uso di farmaci durante il parto possono avere comportamenti particolarmente tranquilli nei primi giorni dopo la nascita e poi reagire con uno stato di irritabilità, anche se breve, che di per sé, però, non sarà indicativo della futura personalità del neonato. Per aiutarlo a conquistare serenità ed equilibrio un genitore deve fornirgli un ambiente tranquillo e privo di stimoli eccessivi. Un bambino irritabile metterà continuamente alla prova i neogenitori, e questi sicuramente non trarranno beneficio nel ritenersi i responsabili della sua situazione. Al contrario riconoscere che i comportamenti del loro bambino sono dovuti a un sistema nervoso immaturo e non ancora ben sviluppato può aiutare i genitori a imparare tecniche e attenzioni che possano gradualmente indurlo a sapersi calmare da solo.

Una volta svestito, valuto lo stato di nutrizione e idratazione del neonato, controllo il colore della pelle e la quantità di grasso al di sotto della pelle soffice e leggermente coperta di peluria. Un neonato che ha subìto stress durante la gravidanza avrà la pelle rugosa e desquamata e un aspetto non sereno. Assomiglierà a un vecchio omino affaticato, come se il tempo trascorso dentro l'utero fosse stato troppo faticoso. Quando, dopo il parto, si sarà reidratato e nutrito, sarà aumentato di peso e avrà acquistato un buon pannicolo adiposo, l'aspetto della sua pelle migliorerà e il suo visino prima tirato si rilasserà e si ammorbidirà fino ad acquisire un bell'aspetto di bimbetto paffuto.

Controllare i riflessi del neonato

Una volta svegliato il neonato, posso esaminare i suoi riflessi e tutte i suoi comportamenti da sveglio. Mentre il bambino giace svestito davanti a me, guardo i movimenti tranquilli delle braccia e delle gambe, e controllo se riesce a mantenere un buon colorito della pelle anche mentre è svestito. Dopo ogni movimento di stiramento è possibile riscontrare un breve periodo di irrequietezza nelle gambe, mentre le sue braccia possono sussultare scattando in un movimento convergente in avanti. A questo punto gli sfioro i piedi per stimolare i riflessi. Se sfioro la regione laterale interna della pianta, l'alluce si piega fino quasi a toccare il mio dito, se invece sfioro la regione laterale esterna della pianta l'alluce si distende (e le dita si aprono a ventaglio) secondo il *riflesso di Babinski.* Successivamente verifico anche il riflesso della rotula del ginocchio e il tono muscolare di tutto il corpo.

Certamente molti di voi avranno già visto che, se a un neonato vengono offerti gli indici da afferrare con le manine, è possibile tirarlo lentamente su fino a fargli assumere una posizione seduta. Mentre viene su, la testa resta indietro, ma il neonato farà subito uno sforzo con le spalle per riportare la testa in posizione intermedia. Una volta arrivato in posizione seduta gli occhi si aprono di scatto, come se fosse una bambola, e comincerà a guardarsi intorno, con conseguente enorme meraviglia dei genitori. Se mi accorgo che la testa del neonato continua a pendere all'indietro ed egli non è in grado di raddrizzarla, controllo ulteriormente il tono della sua muscolatura. Dal controllo dei riflessi appena terminato posso già rendermi conto se i muscoli del neonato hanno un tono normale, ma la risposta del cingolo scapolare mentre viene tirato su a sedere mi dice quanto sarà reattivo il neonato quando verrà maneggiato dai genitori.

Per provocare il *riflesso della marcia* automatica inclino il corpo del neonato in avanti appoggiandolo a una delle mie mani e facendogli puntare saldamente i piedi sul lettino. Appena avrà assunto questa posizione, il piccolo comincerà a muovere un passo prima con un piede, poi con l'altro, in una sorta di lenta marcia. Questa prestazione non è solo qualcosa di buffo da guardare, ma offrirà anche ai genitori il senso di potenzialità future, già concentrate in questo piccolo essere perfetto. Niente di tutto ciò che io, medico curante del piccolo, potrò dire sarà convincente per i genitori quanto l'osservare questi comportamenti del neonato.

Un neonato che ha subito danni alla nascita, come un'emorragia cerebrale o un episodio di carenza di ossigeno, non sarà in grado di produrre tutte queste risposte, e quindi è comprensibile, per i genitori che in genere sanno queste cose, quanto sia di sollievo vederle realizzare dal proprio figlio. Se queste reazioni sono ritardate o deboli, o se invece sono eccessive, sarà necessario tenere in osservazione il bambino per alcuni giorni per vedere se ci sono modificazioni e cambiamenti. Se i riflessi appaiono più regolari di prima, allora non è il caso di preoccuparsi, infatti è normale che molti neonati, nel periodo postnatale, reagiscano con lentezza, come a doversi riprendere dalla fatica del travaglio e del parto. Se invece le reazioni continuano a essere anomale, allora è necessario ricercarne la ragione, che potrebbe essere rappresentata da una sofferenza del sistema nervoso, e verificare se esiste la possibilità di porvi rimedio. In ogni caso è necessario intervenire presto. Oggi sappiamo infatti che un intervento precoce in un neonato disorganizzato o con un danno cerebrale può determinare una notevole differenza nel grado di ripresa. Sin dalla più tenera età il neonato, per superare le difficoltà, può imparare strategie comportamentali efficaci oppure fallimentari, che finiranno col sommarsi ai suoi problemi. Per questo motivo, i genitori, nel caso siano preoccupati per lo sviluppo del proprio bambino, devono richiedere al più presto una valutazione da parte di uno specialista e aderire a un programma di intervento precoce. Questo non solo aiuterà il bambino a sviluppare le sue migliori potenzialità ma offrirà ai genitori preoccupati il sostegno e le conoscenze che incoraggeranno la loro partecipazione a questo recupero.

Quando distendo nuovamente il bambino sulla schiena, comincerà ad agitarsi e a muovere le braccia e le gambe. Questa posizione non gli è congeniale. Infatti, un neonato disteso sulla pancia può avanzare sul lenzuolino della culla, mentre un neonato disteso sulla schiena non ha riferimenti per le braccia e le gambe, che quindi si agitano disordinatamente. Mentre il bambino è in questa posizione esamino i cosiddetti *riflessi protettivi*. Se gli copro gli occhi e il naso con un panno morbido, tenendolo delicatamente con le dita posizionate ai due lati del naso, comincerà presto a dimenarsi. Sebbene le sue vie respiratorie non siano ostruite, inarcherà la testa, girandola da parte a parte per liberarsi del panno, porterà una mano e poi l'altra su fino alla testa, colpendosi il viso per allontanare il panno e liberare le vie respiratorie. Vista questa reazione sembra alquanto improbabile che i bambini muoiano soffocati, a meno che la pesante biancheria da letto non venga premuta contro il viso e le vie respiratorie. Solamente un neonato ammalato non reagisce in caso di faccia e naso coperti. La famigerata sindrome della morte improvvisa del lattante, nota anche come SIDS (*Sudden Infant Death Syndrome*), le cui cause non sono ancora del tutto note, non sembra essere dovuta a soffocamento, ma piuttosto a qualche squilibrio nella funzionalità cardiaca o respiratoria del neonato, che lo indebolisce tanto da non permettergli di lottare per respirare correttamente. Mentre scrivo questo testo, molti studi sono in corso sulla causa della SIDS, ma nessuno è ancora giunto a una conclusione certa.

Le reazioni appena descritte, cioè l'inarcare la testa e il sollevare le mani nel tentativo di togliere il panno, sono esempi di un sistema nervoso integro in un neonato a termine. Come è già stato fatto notare, se il neonato è troppo sedato per l'anestesia somministrata alla madre, o se è prematuro, tutti i suoi parametri motori saranno sensibilmente ridotti. Se ha subito un danno cerebrale, la sua attività motoria sarà disorganizzata e il tipo di tentativi inefficaci che metterà in atto per eseguire tali comportamenti sarà indizio di difficoltà. È necessario mettersi al lavoro per aiutarlo a recuperare!

Se si sfiorano entrambi i lati della bocca di un neonato si stimola il *riflesso di ricerca*. Il neonato infatti girerà la testa in direzione del tocco, come a cercare il "seno" con la bocca. Se si dà a un neonato un dito da succhiare si possono scoprire un sacco di cose sulla coordinazione dell'atto della *suzione*. Si possono sentire almeno tre diversi tipi di reazioni, che assomiglieranno all'azione di mungitura. La punta della lingua si allunga fino alla parte del dito più vicino alle labbra, la parte posteriore della lingua comincia a massaggiare la parte intermedia del dito e infine la punta del dito verrà tirata verso l'esofago. Questi tre meccanismi sono tutti coordinati velocemente in un neonato sano e sveglio, mentre vengono coordinati con lentezza in un bambino immaturo. Le infermiere sanno che questi bambini non sono pronti a succhiare da soli e devono essere alimentati tramite un sondino. Con la crescita e la maturazione del neonato, questi tre riflessi di suzione necessari per la sopravvivenza si attiveranno in modo coordinato e i piccoli saranno in grado di succhiare dal seno o dal biberon.

Un neonato addormentato non riesce a coordinare la suzione fino a quando un genitore o un'infermiera non ne stimolano l'inizio, svegliandolo e stimolando il riflesso attorno alla bocca e infine dandogli un dito da succhiare. E quando, muovendo delicatamente il dito dentro la bocca, avranno stimolato la sua capacità di coordinarsi per la suzione, si capirà facilmente che è pronto per attaccarsi al seno. Se la madre distende l'areola in modo da fare sporgere il capezzolo fra due dita, questo arriverà fino alla base della gola e attiverà un efficace meccanismo di suzione. Il riflesso di suzione più vigoroso viene applicato nella parte posteriore della lingua. Quando tutti e tre i riflessi cominceranno a lavorare insieme, il latte materno fluirà e il processo di suzione sarà finalmente attivato. Dopo i primi aiuti il neonato imparerà da solo come fare.

Quando giro la testa di un neonato da un parte, si attiva il *riflesso tonico del collo* – una risposta simile al gesto dello schermidore in cui il neonato si inarca allontanando il corpo dal viso, mentre il braccio del lato in cui è rivolto il viso si allunga e l'altro braccio si flette verso la testa. La flessione di una parte del corpo e l'estensione dell'altra aiutano il neonato a lateralizzare i movimenti, cioè renderli unilaterali invece che simmetrici, cosa che gli tornerà utile in futuro. È piuttosto interessante sapere che questi comportamenti automatici sono utili anche durante il travaglio: infatti, quando il neonato gira la testa in risposta alle contrazioni, scatena una ulteriore serie di riflessi di contrazione che facilitano il parto attraverso una stimolazione naturale dell'utero della madre. Più avanti nel tempo, durante l'infanzia, questo stesso riflesso sarà nuovamente utile in quanto lo aiuterà a utilizzare un braccio e tenere fermo l'altro mentre si allungherà per prendere un giocattolo. Lo sviluppo di un lato dominante per l'attività coordinata è aiutato dal basilare riflesso tonico del collo.

Uno dei "giocattoli" che utilizzo durante la valutazione del neonato è una piccola palla rossa di circa 5 cm di diametro. Quando la tengo a circa 30-40 cm davanti agli occhi di un neonato sveglio, questi la fisserà lentamente e la seguirà avanti e indietro e perfino verso l'alto fino a uno spostamento massimo pari a un angolo di 30 gradi. La seguirà muovendo gli occhi a scatto e girando lentamente la testa da una parte all'altra. Tutto questo sta a indicare non solo che il neonato è già in grado di vedere ma che riesce anche a mantenere uno stato di allerta e a rispondere con una attività motoria appropriata nel seguire la pallina. Il suo visino si anima e tutto il corpo partecipa a questo stato di attenzione verso l'interesse visivo. La capacità visiva è già molto importante per lui.

Se avvicino il mio viso al suo, fermandomi alla stessa distanza della pallina, il suo volto diventerà più attento e mimicamente attivo, e il piccolo riuscirà a seguire la mia faccia avanti e indietro. Il neonato segue il volto umano in modo diverso rispetto a quanto faccia con un interesse inanimato. Non solo è probabile che verrà più coinvolto dall'osservazione del viso, ma anche la sua mimica dell'attenzione sarà più ricca. Infatti mentre guarda una pallina rossa o un sonaglio la sua espressione sarà statica e "fissa", ma con un volto umano, la bocca e la parte superiore del viso si corrugheranno e si muoveranno lentamente, come in un tentativo di imitazione. A volte in tale stato di allerta alcuni neonati riescono davvero a imitare ciò che vedono. Per esempio, alcuni aprono la bocca e spingono in fuori la lingua quando un adulto mette fuori la sua. Questo tipo di comportamento è stato documentato da diversi ricercatori, in particolare da Andrew Meltzoff della University of Washington a Seattle, il quale vede in esso il primo segnale del modo in cui il comportamento di un bambino può essere modellato dalle persone che lo circondano.

Se parlo a bassa voce, l'interesse del neonato per il mio viso aumenterà. Alcuni bambini riescono a seguire il mio volto lentamente avanti e indietro, su e giù per diverse volte prima di perdere interesse. Mentre il bambino esegue questi movimenti la bocca e il viso si muovono in sintonia con la mia voce, e se a questo punto della valutazione il piccolo risponde e sporge in fuori la lingua, la maggior parte dei genitori ne resta estasiata. L'abilità mostrata dal neonato, e soprattutto la sua chiara preferenza per i visi e le voci umane, li riempiono di aspettative.

Esiste un'importante reciprocità in questo. I genitori confidano molto sulle possibilità comportamentali di cui il neonato è dotato, e quando, durante la visita, la sua abilità viene confermata i genitori acquisiscono più fiducia nella propria capacità di comprenderlo e prendersene cura. I nostri studi hanno mostrato che dopo avere preso parte a questa valutazione la madre e il padre sono decisamente più sensibili ai segnali comportamentali del bambino fin dal primo mese di vita, e resteranno sempre più coinvolti durante tutto il primo anno.

Ovviamente a un certo punto della visita è probabile che il bambino cominci a innervosirsi. All'inizio può farcelo capire con un semplice piagnucolio, ma se viene lasciato svestito e non viene preso da qualcuno, i suoi movimenti aumenteranno, e mentre si muoverà comincerà a sussultare. Questi sussulti, o *riflessi di Moro*, consistono nel buttare le braccia all'infuori, inarcare la schiena, fare smorfie e infine piangere. Se non trova niente da afferrare e tenere, o nessuno che lo prenda in braccio, ogni sussulto ne scatena altri. Presto, il neonato sarà molto agitato, muoverà convulsamente e costantemente le braccia e si lascerà andare a un persistente pianto di richiamo. Quando i genitori assistono a questo, fanno fatica a trattenersi, vorrebbero subito accorrere ad aiutarlo, ma a questo punto spiego che voglio vedere cosa bisognerà fare per aiutarlo a consolarsi. Voglio conoscere i comportamenti del neonato quando piange e quando è tranquillo, così che sia i genitori sia io possiamo imparare ad aiutarlo a calmarsi quando ne ha bisogno.

A volte ci prova lui per primo, girando la testa da una parte per portarsi il pollice alla bocca e succhiarlo fino a quietarsi. Altre volte noi adulti dobbiamo mettere in atto diversi tentativi per cercare di calmarlo. Ad esempio posso provare a parlargli fermamente e serenamente vicino a un orecchio, al che lui può smettere di dimenarsi freneticamente e ascoltarmi brevemente, per poi magari cominciare a piangere di nuovo, anche se con minore insistenza. Oppure posso tenergli entrambe le manine ferme sul petto per contenere i sussulti; parlandogli mentre lo tengo, forse riesco a calmarlo un po' più a lungo. A questo punto forse il corpicino si rilasserà, porterà le manine al viso, girerà leggermente la testa per mettersi un dito in bocca e prestare attenzione alla mia voce, con il visino attento.

Se invece non si tranquillizza al suono della mia voce e al mio tentativo di contenimento della crisi, lo predo in braccio e lo cullo. Se anche questo non produce effetti, provo a dargli il suo dito o succhiotto da succhiare. A ogni tentativo impariamo come tranquillizzare questo neonato e che cosa e quanto farà lui stesso per tranquillizzarsi.

Un neonato che non riesce a controllarsi o non sa fare uso dell'aiuto offertogli per riuscire a controllarsi sarà un neonato difficile per i suoi genitori. Un neonato irritabile e incline al nervosismo può avere bisogno di essere adagiato prono per addormentarsi oppure essere avvolto o essere portato in giro per la casa in braccio o essere cullato. Queste manovre aiutano a contenere la sua agitazione, che altrimenti sfocerebbe in uno stato di angoscia. Una volta calmato, il neonato può prestare attenzione a quanto fatto e imparare con il tempo a calmarsi da solo. Ma fino a quel momento avrà bisogno di essere trattato in modo tranquillo e delicato.

Tra gli altri riflessi emozionanti da vedere e da capire ci sono i riflessi di Babkin, di Gallant e il riflesso del *crawling* (strisciamento da prono). Quando si accarezza una guancia del neonato o si mette un dito nel suo palmo, lui si porterà il pugnetto alla bocca e cercherà di mettervi dentro un dito. È questo il *riflesso di Babkin*, detto anche *riflesso mano-bocca*, che gli sarà utile successivamente quando vorrà succhiarsi il pugnetto o il pollice. Se, mentre viene tenuto con la mano sotto la pancia, gli si accarezza la schiena lateralmente alla colonna vertebrale, il neonato incurverà tutto il corpo verso il lato da cui proviene la carezza; se si passa ad accarezzare l'altro lato della schiena si incurverà verso quel lato – e questo riflesso darà origine a un movimento tipo nuotata, riflesso, conosciuto come *risposta di Gallant*, che abbiamo ereditato dai nostri antenati anfibi. Nel riflesso del *crawling*, (strisciamento da prono) quando il neonato viene adagiato prono flette le gambe sotto il corpo e inizia a strisciare in avanti con movimenti reciproco crociati degli arti, sollevando la testa per girarla e liberare le vie aeree. È probabile che anche in questo caso si porterà la mano alla bocca per succhiarla o si sistemerà definitivamente in una posizione comoda.

Imparare a conoscere il comportamento particolare del vostro bambino

Mentre condivido con i genitori le risposte del neonato al sonaglio, alla campanella, alla pallina rossa e a vari modi di maneggiarlo, descrivo i suoi segnali comportamentali che osservo di volta in volta e ciò che essi significano in termini di organizzazione interna del bambino. Cerchiamo indizi sullo stile che egli adotta per gestire questo nuovo mondo. I genitori che riescono a capire l'importanza del ciclo dei sei stati descritti prima (sonno profondo e leggero, dormiveglia, veglia tranquilla, agitazione, pianto) come metodo adottato dal bambino per controllare il proprio mondo interiore e quello esterno, sono pronti a capire il loro bambino. La ciclicità di questi stati nell'arco delle 24 ore diventa una finestra sui comportamenti del bambino che si possono prevedere e che i genitori incontreranno nel difficile compito di prendersi cura del loro bambino. Comprendere il modo in cui un neonato gestisce veramente il proprio ambiente circostante insegna ai genitori e a tutti coloro che si prendono cura di lui il rispetto per le sue esigenze e per i suoi fabbisogni.

Lo scopo più importante della condivisione con i genitori dell'osservazione dei comportamenti e delle reazioni del neonato è quello di identificare il particolare temperamento del piccolo. Ci sono enormi differenze individuali nel modo in cui un neonato gestisce il proprio adattamento alle sollecitazioni che lo circondano, come ci sono notevoli differenze individuali per quanto riguarda le sue necessità di sonno e di pianto. I neonati differiscono tra loro nel modo in cui possono essere calmati, nelle risposte alla fame e ai momenti di disagio, all'esposizione alla variazione di temperatura, al modo in cui vengono maneggiati e alle interazioni con chi si prende cura di loro. Il compito dei genitori è di non paragonare le caratteristiche del proprio neonato a quelle di qualche altro bambino, ma di osservare, di ascoltare e di assecondare lo stile di vita particolare del proprio figlio. Come visto nel capitolo precedente, i genitori possono essersi fatti un'idea dello stile del loro bambino già prima della nascita.

Una parte del mondo esterno di cui il neonato ha già esperienza è il suono della voce dei genitori. Con un neonato sveglio e tranquillo si può verificare questo già durante la visita in ospedale. Per farlo, tengo il neonato sospeso in aria con la testa in una delle mie mani e il sedere nell'altra, mentre guarda verso il soffitto. Appena comincio a parlargli dolcemente si gira verso la mia voce e cerca di scoprirne la provenienza. Quando incontra il mio viso e la mia bocca gli si illumina il viso. A questo punto proseguo con la verifica e dico alla madre di avvicinarsi al bambino dalla parte opposta a quella in cui mi trovo io e di competere con me, parlandogli dolcemente dalla posizione in cui si trova. Ogni neonato sottoposto a questa prova sceglierà la voce femminile, si girerà verso la sua parte, troverà il volto della madre e gli si illuminerà il visino. Tutte le volte che faccio questa prova, ogni mamma raggiungerà il suo bambino e lo stringerà fra le braccia sussurrandogli contenta frasi del tipo "allora riconosci già me e anche la mia voce, non è vero?". Questa risposta prevedibile ma formidabile del neonato cementerà il loro rapporto.

Quando sono presenti anche i padri, faccio la stessa prova con loro. Nella maggior parte dei casi (80%) il neonato si girerà verso la voce del padre invece che verso la mia. Non so dire se ciò avviene perché il neonato sente l'ansia del padre di suscitare la sua attenzione o se riconosce veramente la sua voce. (Se il neonato non si gira verso la voce del padre inclinerò la sua testa verso di lui.) A questo punto i padri faranno esattamente quello che fanno le madri – raggiungeranno il neonato e lo prenderanno in braccio, esclamando "Ma allora mi riconosci già!" come se fosse un miracolo. Gli adulti che cercano di attirare l'attenzione di un neonato impostano solitamente le voci a livelli più alti. I neonati sono probabilmente condizionati nell'utero all'impostazione vocale femminile delle loro madri. Perciò sono più attratti da una gamma di toni più alti. Per quanto riguarda le sue funzioni sensoriali il neonato ha una sua gamma preferita. Dipende infatti da questo se, quando lo si accarezza lentamente e delicatamente, si calma, mentre quando gli si danno dei colpetti rapidi, si mette in stato di allerta o trasale. La stessa cosa avviene per i comportamenti di tipo visivo. Se ci si muove lentamente davanti al neonato, questi riesce a seguire il volto dell'adulto, ma se il movimento è troppo brusco e lo stimolo si trova a una distanza superiore ai 40 cm, riuscirà a fissare lo sguardo ma non a mettere a fuoco lo stimolo.

Molti genitori non hanno bisogno di tali spiegazioni per capire la meravigliosa complessità del bambino appena nato. Ciononostante, condividere la prima valutazione del loro bambino con un medico specialista dà loro l'opportunità di fare domande e di liberarsi delle eventuali preoccupazioni. Mentre esamino il comportamento del neonato con i genitori, il mio scopo è quindi duplice. Da una parte li rendo sensibili verso la straordinaria varietà di comportamenti di cui il neonato è dotato. So che, in conseguenza di ciò, osserveranno i suoi comportamenti con occhi diversi e vivranno ogni reazione percepita come linguaggio di comunicazione del bambino con loro. Questo li prepara al compito di controllare il suo sviluppo, che svolgeremo insieme in futuro. Dall'altra parte li informo che mi interessano le loro reazioni e interpretazioni sui comportamenti del loro bambino. Se riescono ad accettarmi come osservatore attivo e partecipe alla loro reciproca crescita, la loro innata tendenza di difesa nei miei confronti potrebbe diminuire e nelle visite future potrebbero volere raccontarmi i loro progressi. Attraverso questa breve osservazione del neonato mentre recepisce ed esclude stimoli e comincia a impadronirsi del suo mondo scopriamo un linguaggio comune, una vera miniera di opportunità per i nostri futuri rapporti. So per esperienza che verrà un momento in cui i genitori, incontrati a casa loro o in visita da me, mi diranno "Si ricorda quello che mi ha mostrato quel giorno? Adesso lo fa. Glielo dico perché so che le interessa saperlo".

Una volta una madre, che non vedevo da trent'anni, si alzò in mezzo a una platea di 1500 genitori per dirmi che durante la visita al suo bambino avevo giocato con lui e lei non lo aveva mai dimenticato. Continuò dicendo che avevo fatto una previsione quando il suo bambino aveva solo due giorni di vita in quanto, avendolo visto troppo esuberante, avevo previsto che sarebbe stato molto difficile da gestire nel secondo anno di vita – e (sorpresa!) così era stato. Dopo tutti quegli anni si ricordava ancora che qualcuno aveva condiviso con lei l'arduo compito di comprendere il suo bambino.

3

I NEOGENITORI

Il neonato non è l'unica persona della famiglia che si trova ad affrontare un mondo nuovo; anche la vita della madre e del padre subisce grandi cambiamenti. Oggi i medici e le infermiere hanno finalmente imparato che i genitori hanno bisogno di tanta attenzione, tante "cure materne", quante ne necessitano i bambini. Una neo-mamma e un neo-papà devono affrontare uno dei maggiori cambiamenti di abitudini di vita a cui un individuo possa andare incontro: quello di assumersi la piena responsabilità di un nuovo impegno sconosciuto che durerà per i successivi diciotto anni o più. Il dott. D.W. Winnicott, famoso psichiatra infantile, ha scritto in proposito:

> Eccoti da sola a rischiare il tutto per tutto.
> Cosa pensi di fare? ...
> Rallegrati e lascia che le altre persone si occupino del mondo mentre tu generi un altro dei suoi membri.
> Rallegrati nell'essere concentrata su te stessa
> e quasi innamorata di te stessa: il tuo bambino
> è praticamente una parte di te.

Ma tanta gioia è immancabilmente accompagnata da una naturale ansia. Tutti i genitori che si prendono cura profondamente del loro bambino saranno ansiosi. Tanta ansia ha un suo scopo vitale: richiama quelle energie che servono ai genitori per affrontare le nuove responsabilità. L'ansia consente loro di aprirsi nei confronti del bambino e nei confronti di altri che possono aiutarli.

Ma se l'ansia diventa ossessiva e opprimente può portare i genitori a chiudersi e isolarsi o può causare depressione. E un neogenitore depresso non è ben disposto nei confronti delle molte sollecitazioni provenienti dal bambino. Poiché quasi tutte le neomamme che hanno affrontato la grossa fatica del parto e hanno dovuto presto tornare con i piedi per terra dopo l'iniziale euforia, sperimentano una certa depressione nei primi giorni dopo la nascita del piccolo, uno dei compiti del personale di sostegno che le accudisce in quei primi giorni sarà quello di capire se presentano un naturale e momentaneo senso di stanchezza o se invece sono preda di un malessere più profondo. Il primo costringerà la madre a limitare i soliti impegni e le consentirà in breve di ristabilirsi fisicamente dalla fatica del travaglio. È un malessere comune, normale e compatibile con le nuove esigenze del momento.

Nelle isole giapponesi dell'arcipelago di Goto, dove abbiamo studiato i comportamenti familiari per diversi anni, una neo-mamma rimane a letto, avvolta nella sua coperta, per un intero mese dopo il parto. Il bambino è avvolto accanto a lei. Per un intero mese, nonne, zie e parenti varie vanno a casa sua a prendersi cura di lei, a darle da mangiare e ad aiutarla in tutte le esigenze igieniche.Da lei non ci si aspetta altro che allatti il neonato e si riprenda dalle recenti fatiche. Mentre i vari familiari l'aiutano a recuperare le forze, le parlano con un linguaggio simile a quello usato con i bambini, in risposta al quale lei parla con una voce acuta e infantile. Per un intero mese la neo-mamma ritorna bambina per tutte coloro che si prendono cura di lei. Finito questo periodo dovrà ritornare ai pesanti impegni quotidiani di gestione di tutta la famiglia e ad aiutare il marito pescatore a tendere le reti. Il periodo di recupero dopo il parto è accettato e considerato normale in questa cultura.

Nel mondo occidentale ci si aspetta invece che una neo-mamma si disponga in fretta ad affrontare le esigenze del suo nuovo lavoro come un genitore esperto. Ci si aspetta che si leghi emotivamente al figlio (*bonding*) nella sala parto, prima di essersi completamente ripresa. Al giorno d'oggi è raro che venga trattenuta in ospedale abbastanza a lungo da consentirle di riprendersi fisicamente. Se ha subito un cesareo le saranno concessi al massimo cinque giorni di cure e recupero fisico, se invece ha partorito con parto naturale un ricovero di quarantotto ore sarà già ritenuto lungo. In questa regolamentazione c'è implicito il messaggio che una nuova madre deve essere pronta a gestire da sola il proprio recupero e creare il legame affettivo con il bambino. Dato che è diventato sempre più difficile poter contare su una famiglia allargata e sulla generazione precedente, l'unico appoggio a una neomamma può venire dal marito. Anche un neo-papà dovrà gestire il suo adattamento alla nuova situazione familiare, ma se si è già responsabilizzato nel suo ruolo ed è pronto a condividere e sostenere la fase di adattamento di tutta la famiglia, oggigiorno ha sicuramente l'opportunità di vivere un'esperienza davvero unica. Ma insieme a questa opportunità gli arriva anche una grossa responsabilità. Non avendo generalmente avuto un modello precedente a cui poter fare riferimento, anche un padre può sentirsi ansioso e sotto pressione. Un professionista esperto che riconosce questo stato d'animo può diventare un valido sostegno. Nel mio lavoro, mi sforzo di mettere a fuoco l'argomento con ogni neo-papà, sia in ospedale sia a casa, per telefono, durante la prima settimana.

La nascita di nuovi legami affettivi

I pediatri Marshall Klaus e John Kennell sono stati i primi a descrivere il processo del *bonding*, cioè dei nuovi legami affettivi che nascono tra i genitori e il neonato, e a sottolineare l'importanza dei primi giorni di vita per l'instaurarsi di tali rapporti. Hanno anche messo in evidenza quanto negli ospedali moderni siano oggi trascurate o sottovalutate le esigenze dei genitori. Per migliorare il rapporto di intimità con il neonato hanno consigliato di lasciarlo per un po' di tempo in sala parto, durante il quale ciascun genitore possa accarezzarlo, tenerlo in braccio e comunicare con lui. Hanno raccomandato di adagiare il bambino appena nato nudo a contatto pelle a pelle sul petto della madre e di consentirgli di attaccarsi subito al seno. Il padre veniva incoraggiato a tenere e osservare il proprio neonato. Le loro ricerche hanno portato a ipotizzare l'esistenza di un periodo sensibile utile sia per poter canalizzare tutte le potenzialità che i genitori hanno sviluppato durante la gravidanza, sia per permettere loro di attaccarsi affettivamente al bambino reale.

Studi più recenti del dott. Klaus e del dott. Kennell hanno dimostrato che la presenza di una donna, che assiste e sproni la madre durante tutto il periodo del travaglio (chiamata *doula*), può ridurre sensibilmente la durata e le complicazioni del travaglio e del parto. Una tale assistenza continua aiuta i genitori a vivere l'esperienza della nascita nel miglior modo possibile e a essere pronti ad allevare il piccolo e a instaurare un contatto e un legame con lui (vedere la Bibliografia).

Tuttavia, alcuni esperti hanno preso troppo alla lettera le indicazioni delle ricerche sui legami genitori-neonato. Alcuni sono persino arrivati al punto di affiggere un cartello sulla porta chiusa della camera d'ospedale con scritto: "Si prega di non disturbare – Costruzione di legami affettivi in corso". Questa interpretazione non tiene conto della variabilità individuale né della natura a lungo termine dei processi di costruzione dei legami affettivi. Durante i miei studi in altre parti del mondo ho scoperto che non sempre le donne vogliono il neonato con sé immediatamente. Alcune cercano di recuperare le proprie energie per un certo periodo dopo il parto, prima di dichiararsi pronte a incontrare il bambino. Questo mi rende scettico sulla rigidità della teoria di dare subito il bambino alla madre per consentirle di "legarsi" immediatamente. Preferisco che siano i genitori a scegliere, dando loro la possibilità di ristabilirsi e quindi di desiderare di stare con il loro bambino. Se i genitori si sentono sopraffatti dall'ansia del momento è importante avere il sostegno di un professionista esperto che sia disponibile ad aiutarli mentre imparano a conoscere il bambino, per tutto il tempo che riterranno necessario. Se vogliamo realizzare al meglio l'inserimento iniziale del nuovo componente della famiglia, è importante che vengano rispettate le scelte individuali di ciascun genitore.

È stato dimostrato che, nei casi in cui le condizioni di salute del neonato rendono necessario il suo trasferimento immediato nel reparto di terapia intensiva, e in cui quindi manca la possibilità per i genitori di dare subito il benvenuto al bambino appena nato, la fase di attaccamento al neonato è un processo a lungo termine, non un singolo, magico momento. L'opportunità di creare i legami affettivi subito alla nascita può essere paragonata all'innamoramento – mentre si sa che per mantenere l'amore ci vuole maggiore tempo e più fatica. Anche quando il primo incontro di benvenuto deve essere rimandato, i genitori possono comunque sviluppare un completo legame affettivo con il neonato. È molto importante che i genitori in attesa e coloro che li assistono durante la nascita del bambino sappiano che non solo ogni famiglia ha la propria tabella di marcia ma che lo scopo finale è instaurare un legame solido e di lunga durata.

Scoprire il vero bambino

Quando esamino il neonato e condivido i suoi comportamenti con i genitori – il secondo *Touchpoint*, ricordate? – è quello il momento in cui impariamo a conoscere insieme il bambino. Mi piace ricordare con loro il tipo di bambino che avevano immaginato e le previsioni fatte durante la visita prenatale. Dato che adesso stanno cercando di adattare il bambino che avevano immaginato a quello che invece è nella realtà, in questa chiacchierata insieme ci rendiamo conto delle "correzioni" e degli aggiustamenti che devono affrontare. Se, per esempio, avevano sognato un bambino dolce e tranquillo e invece ne è nato uno vivace, agitato e difficile da calmare, i neo-genitori avranno un bel lavoro da fare. Se conoscono quali atteggiamenti devono assumere, tutto può diventare più facile. Il loro sentimento di disappunto può far scattare la molla necessaria per capire questo particolare bambino, e, se ne discutiamo insieme, possono vedermi come un loro alleato. Frasi del tipo "Ha il naso come il tuo", "Ha gli occhi di mio padre", "Ha la stessa voce di zia Hattie quando è arrabbiata", rappresentano tutti tentativi di ricondurre il bambino a una figura familiare, e di individuare il tipo di persona che sarà. Il dott. Bertrand Cramer, psichiatra infantile, nel libro che abbiamo scritto insieme, dal titolo *The Earliest Relationship*, spiega come per i genitori sia necessario far coincidere il bambino reale con quello immaginario che, in ogni caso, fa parte del bagaglio di una loro importante esperienza passata. I loro tentativi di definirlo o classificarlo rientrano nel lavoro necessario per imparare a conoscere questo esserino estraneo. Come i registi di teatro, i genitori assegnano al bambino diversi ruoli – "piccola imperatrice", "piagnucolone", "conquistatore del mondo", "angelo" e così via – mentre indagano nella storia familiare alla ricerca di indizi e somiglianze che li aiutino a capirlo. Se al neonato viene assegnata una parte inadatta, l'impegno richiesto ai genitori per la fase di adattamento sarà molto più faticoso e potrebbe richiedere l'aiuto di un professionista.

Esaminare il neonato

Mentre i genitori esaminano il loro bambino, prima con circospezione, poi centimetro per centimetro, ogni dettaglio attira la loro attenzione. Spesso si preoccupano per la forma del cranio, che può apparire leggermente appuntita e piena di protuberanze. Ma spiego che questo aspetto è normale perché la testa deve modellarsi per adattarsi al travaglio e al parto. Può assumere una forma allungata e restringersi di diametro anche fino a 2-3 cm, per poi riacquistare la forma arrotondata nel giro di due o tre giorni. Li rassicuro dicendo che queste variazioni non danneggiano il cervello, e che l'unica protuberanza che resterà sarà una grossa, soffice tumefazione da una parte o dall'altra del cranio, il cosiddetto cefaloematoma, che si riassorbirà nel giro di tre o quattro mesi. Questo tipo di rigonfiamento non costituirà una lesione per il cervello, che è convenientemente protetto dalla elasticità e dalla plasticità delle ossa craniche. Il modellamento del cranio durante il parto è reso possibile anche da una piccola fossetta sulla sommità della testa, la fontanella. Inoltre la plasticità delle ossa consente di ammortizzare eventuali traumi che il cranio può ricevere durante il parto. È davvero una protezione importante.

Se un neonato presenta ecchimosi non significa che abbia subito danni. Se una metà del viso è immobile mentre l'altra è mobile e assume una normale espressione, la causa potrebbe essere una emiparesi facciale, che si verifica talvolta se, durante il parto, viene usato il forcipe. Questo sintomo è temporaneo e scomparirà nel giro di poche settimane. Ecchimosi e tumefazioni si assorbono in fretta.

Gli occhi di un neonato possono a volte gonfiarsi per reazione all'instillazione di nitrato d'argento, sostanza che in alcuni ospedali viene somministrata a tutti i bambini per prevenire le infezioni gonococciche che potrebbero colpire alcuni di essi. Si tratta infatti di una sostanza irritante che può causare per l'appunto gonfiori. Al suo posto in alcune nazioni si usa una pomata antibiotica che è meno irritante. In ogni caso il neonato riesce lo stesso a vedere attraverso le fessure degli occhi gonfi.

Alcuni si preoccupano per le piccola puntura necessaria per prelevare un campione di sangue per gli screening neonatali. Anche se tutto ciò può sembrare una "terribile aggressione" a piedini morbidi, è tuttavia necessario, e il piccolo segno si cicatrizzerà rapidamente. Questi test vengono effettuati per identificare la presenza di ittero e di una serie di malattie congenite – disfunzioni tiroidee e la fenilchetonuria (PKU), una malattia che può danneggiare seriamente il cervello del neonato se non viene individuata e curata il più presto possibile. Anche le disfunzioni della tiroide possono essere trattate con successo, e pure in questo caso è necessario intervenire il più presto possibile. Pungere il tallone del neonato per prelevare sangue utile a identificare tali malattie è un'importante misura preventiva, anche se fortunatamente pochissimi bambini risultano poi positivi a qualcuna di esse.

Al secondo o terzo giorno di vita la cute di alcuni bambini può presentare un colorito giallo, in questo caso si parla di ittero del neonato. La comparsa di ittero è dovuta alla presenza nel sangue del neonato di globuli rossi immaturi, che hanno la funzione di trasportare l'ossigeno mentre il bambino è nell'utero. Diventano inadatti in presenza dell'ossigeno normale con cui vengono in contatto una volta fuori dall'utero. Durante la gravidanza c'è bisogno di un maggior numero di globuli rossi per trasportare l'ossigeno rispetto a quelli che servono dopo la nascita. Dopo la nascita non ne è più necessario un numero così elevato e quindi quelli in sovrappiù si rompono e i prodotti che fuoriescono formano una sostanza chiamata bilirubina, che a sua volta causa l'ittero, perché il fegato e i reni del neonato ancora poco sviluppati non riescono a eliminarla rapidamente. Se la bilirubina supera certi livelli, variabili di giorno in giorno, è necessario intervenire. Per ridurre tali livelli si può sottoporre il neonato a fototerapia con speciali lampade a luce fredda. Il bambino deve esservi sottoposto svestito e con gli occhi bendati. Tutto ciò lo infastidisce molto e mentre è sotto la luce sarà agitato, nervoso e difficile da nutrire. Ma guarirà. Questo comportamento anomalo è temporaneo, passerà con il tempo e soprattutto non arrecherà nessun danno al cervello. Poiché spesso i genitori considerano strettamente collegati ittero e danno cerebrale, li rassicuro spiegandogli che non è così.

Un compito di vitale importanza per i neo-genitori è quello di imparare a riconoscere i diversi tipi di pianto del bambino. Ogni minimo accenno di pianto del neonato è interpretato come una richiesta di aiuto, in risposta alla quale i genitori pensano di dovere intervenire per scoprire il problema che lo fa piangere. Capire le differenze richiederà del tempo. Esistono almeno sei diversi tipi di pianto che hanno cause diverse: il pianto per dolore, per fame, per un senso di disagio, per stanchezza, per noia e per scaricamento della tensione. Se ci capita di riscontrare i vari tipi di pianto durante la visita cerco di descriverli, analizzando il tono, la qualità, la durata e l'intensità. Cerco anche di far osservare ai genitori ogni sforzo per autoconsolarsi che il neonato mostri di fare, perché tutte queste informazioni possano essere utilizzate successivamente quando dovranno imparare a intervenire in risposta al pianto. Quando cominceranno a individuare gli sforzi che il bambino fa per autoconsolarsi e a distinguere tra i vari pianti, potranno essere in grado di intervenire in modo utile.

Le ricerche dimostrano che i genitori riescono a distinguere il pianto del loro bambino da quello di un altro neonato già al terzo giorno di vita e che sono in grado di cogliere i vari tipi di pianto dopo 10-14 giorni. La loro velocità di apprendimento può aumentare se un professionista condivide con loro queste informazioni. Invece di prodigarsi in sforzi frenetici per fermare ogni tipo di pianto, possono imparare modi più efficaci e utili per aiutare il neonato a calmarsi da solo e a riacquistare il proprio controllo.

Ogni famiglia ha bisogno di elaborare la propria routine per cambiare, allattare, far fare il ruttino, stringere tra le braccia, passeggiare e cullare il neonato o canticchiargli sommessamente qualcosa. Impareranno poco a poco che cosa risulterà efficace per calmarlo e quando invece il neonato ha bisogno che gli venga lasciato un certo periodo di tempo per calmarsi e assopirsi da solo. Imparare a fare i genitori è un processo a lungo termine nel quale tutti fanno errori. Fin dall'inizio metto in chiaro con tutti i neogenitori che si diventa genitori imparando dai propri errori. Anzi, si impara molto di più dagli errori che dai successi.

Prime cure

Se mi capita l'occasione, mi piace osservare come avviene una poppata. Anche questo è un momento importante per noi. Se una neo-mamma sta per iniziare l'allattamento al seno, le posso suggerire diversi stratagemmi per aiutarla a farlo nel modo migliore. Per esempio: alcune semplici manovre per mettere il bambino in una certa posizione, come posizionare in modo corretto i capezzoli affinché possano raggiungere la gola del bambino e attivare il riflesso di suzione, e tutte le altre indicazioni, contenute nel Capitolo 2, che possono aiutare un bambino o troppo addormentato o troppo agitato a eseguire una corretta ed efficace suzione.

Esistono due tipi di suzione: 1) la suzione non-nutritiva, o suzione positiva, che il neonato utilizza per consolarsi e calmarsi, e 2) la suzione nutritiva o suzione negativa, che utilizza per alimentarsi. Si può capire la differenza se si inserisce un dito, ovviamente ben pulito, dentro la sua bocca. Per il primo tipo di suzione il bambino utilizza la parte anteriore della lingua ed esegue movimenti simili a brevi leccate. Per il secondo tipo, che è già stato descritto nel capitolo precedente, la parte anteriore della lingua comincia ad avvolgere il dito, la parte posteriore a mungerlo e la base della gola a tirarlo verso l'interno. Tutti e tre i movimenti cominciano indipendentemente per poi coordinarsi insieme in un efficace movimento di suzione. I genitori possono verificare da soli queste differenze. Quando è in atto il primo tipo di suzione, il neonato è pronto e sveglio e gli si può parlare. I genitori possono utilizzare questi momenti per parlargli o per giocarci insieme. La giornata di un neonato dovrebbe essere un poco più articolata della semplice alternanza di poppate e sonnellini.

Per quanto riguarda le poppate, i neo-genitori mi chiedono spesso come fare a capire se il bambino ha mangiato abbastanza. Il neonato comincerà la poppata con una breve serie di suzioni costanti, per poi passare molto in fretta a uno schema del tipo "serie di suzioni-pausa". Una serie di suzioni sarà seguita da una pausa: suzione-suzione-suzione-pausa. Lo psicologo dott. Kenneth Kaye e io abbiamo studiato le pause per cercare di capirne il significato. Già ci eravamo resi conto del fatto che i neonati tendevano a guardarsi intorno e ad ascoltare durante questi momenti. Durante la pausa la madre si affrettava a dare dei colpetti leggeri al bambino, poi lo guardava e lo incitava a succhiare ancora o gli toccava la guancia mentre gli parlava. Il cinquanta per cento delle pause era seguito da una reazione materna, mentre la restante metà passava inosservata. Abbiamo chiesto alle mamme perché stimolavano con colpetti il neonato o gli parlavano, e le risposte erano sempre dello stesso tipo: "Per farlo tornare a mangiare. Sembra che stia sognando o che si sia dimenticato di mangiare, e io desidero che non resti digiuno". Durante il nostro studio abbiamo scoperto che, quando la madre non reagiva, le pause del neonato erano molto più brevi di quelle in cui la madre reagiva. In altre parole, il neonato sembrava voler prolungare le pause per cercare di acquisire stimoli esterni nuovi. Solitamente sottolineiamo con particolare enfasi questo schema suzione-pausa del bambino per far capire ai genitori l'importanza di giocare e parlare con lui mentre lo si allatta.

A proposito delle opportunità da cogliere per giocare con il neonato, mi piace far notare che altre due importanti occasioni per comunicare con lui si verificano quando gli si cambia il pannolino e gli si fa il bagnetto. Nel primo caso, parlargli e baciargli il pancino contribuiscono a creare momenti irresistibili che possono trasformarsi in un gran divertimento e per il piccolo e per i genitori. Se il bambino non sopporta di venire svestito per fare il bagnetto, i genitori possono avvolgerlo in un asciugamano dopo averlo spogliato per farlo sentire protetto fino a quando non sarà dentro l'acqua calda, e poi toglierglielo quando il corpo sarà immerso. Dentro l'acqua calda, il neonato sarà attivo ma non nervoso, e mentre scalcia e agita le braccia i genitori possono parlargli e giocare attivamente con lui. Alcuni neogenitori hanno bisogno dell'incoraggiamento o perfino del permesso di un esperto per sentirsi liberi di provare a giocare con il neonato e scoprire che il gioco è importante per lui come lo sono anche altri tipi meno divertenti di attenzione e cure nei suoi confronti.

I genitori spesso si domandano come fare a capire quando devono allattare il piccolo, chiedendosi se seguire una tabella oraria prestabilita o se assecondare le richieste del neonato. Io consiglio loro di allattarlo quando piange, almeno nei primissimi giorni. Se non funziona, dovranno imparare a capire quale tipo di pianto indicherà che ha fame e quale vorrà invece dire altro. Se ha veramente fame sarà certamente difficile non capirlo. Comincerà ad agitarsi in modo sempre più evidente finché non verrà nutrito. Al ritorno a casa, è meglio assecondare le sue richieste e allattarlo tutte le volte che sembra volerlo. Se, dopo quattro ore dall'ultima poppata, continua a dormire è meglio svegliarlo. In questo modo i genitori cominciano ad abituarlo a un ritmo più regolare. Dopo una o due settimane, quando conosceranno meglio le sue richieste, potranno provare a fargli prolungare un poco i tempi di attesa a ogni poppata. Nel giro di due o tre settimane il neonato sarà in grado di aspettare fino a due – tre ore, ma dovrà mangiare almeno sei volte al giorno.

Quando un neonato rigurgita o vomita, ci si preoccupa che possa soffocare. In realtà è molto difficile che un neonato soffochi perché i riflessi del suo apparato respiratorio sono sufficientemente efficienti e validi da mantenere libere le vie respiratorie. Se invece gli capitasse davvero di restare senza fiato, bisognerà adagiarlo prono sulle ginocchia con la testa in posizione più bassa rispetto al corpo, e dargli dei colpi leggeri sulla schiena, in modo da aiutarlo a liberare la trachea e a respirare di nuovo liberamente. Sarebbe opportuno tenere alcuni numeri telefonici di emergenza a portata di mano, perché nel momento in cui si verifica un'emergenza non c'è tempo per pensare: bisogna agire tempestivamente.

Se il neonato rigurgita dopo ogni poppata, è probabile che abbia ingurgitato il latte troppo in fretta. Se a ogni boccata si sente il rumore della deglutizione, significa che ingurgita aria. Sarà meglio allora sollevarlo delicatamente prima che si riempia di aria – e più esattamente sollevarlo fino a fargli piegare il busto di circa trenta gradi per venti minuti, in modo che il latte per gravità vada verso il basso e la bolla d'aria verso l'alto. Quindi mettendolo seduto l'aria uscirà senza portar su anche il latte.

Non c'è niente di più gratificante di un ruttino sonoro dopo una poppata. Quasi tutti sicuramente sapranno che per far fare il ruttino al neonato lo si mette in posizione eretta con la testa poggiata su una spalla, e gli si danno dei colpetti sulla schiena mentre magari lo si culla e gli si canticchia qualcosa sommessamente. Se il neonato mangia in modo corretto, non accumulerà bolle d'aria a ogni poppata, se invece è un ingordo ingurgiterà insieme al latte, a ogni deglutizione, parecchia aria.

L'aria comunque non fa male, e se ci si dimentica di farla uscire con il ruttino, si farà strada verso altri orifizi inferiori. Difficilmente causa dolori di stomaco. A volte, se dopo avere aspettato circa 5-10 minuti il ruttino non arriva, si può provare a lasciare il neonato poggiato di schiena e sollevato di circa trenta gradi: probabilmente il ruttino arriverà da solo.

La comparsa dei primi singhiozzi sembrerà una catastrofe ai neogenitori. Tranquilli! Passeranno. In ogni caso, si potrebbe aiutare il neonato con qualcosa da succhiare – acqua semplice oppure zuccherata – ma non è necessario perché il singhiozzo andrà via comunque. Se si tiene presente che il singhiozzo è spesso dovuto a una eccessiva stimolazione, è meglio non aggiungere ulteriori stimoli.

Anche se cerco di non dare ai genitori regole categoriche, c'è una domanda alla quale rispondo sempre con fermezza. Quando i genitori mi chiedono se possono lasciare mangiare il bambino da solo con il biberon, rispondo con un *no assoluto*. Ogni neonato merita di essere tenuto in braccio durante le poppate, perché la comunicazione tra genitore e piccolo durante l'allattamento è importante quanto il cibo che gli viene dato.

Le madri che allattano al seno si chiedono spesso se il neonato prende abbastanza latte. In risposta a ciò, dico che il segnale più importante è quello di controllare se il bambino sembra soddisfatto dopo una poppata. O ancora verificare se fa passare troppo poco tempo fra la richiesta di una poppata e l'altra, o quante volte urina durante il giorno.

Inoltre, dopo il normale calo fisiologico dei primi giorni, il neonato dovrebbe riacquistare il peso iniziale in circa sette-dieci giorni di poppate regolari. Tutti i bambini perdono nei primi giorni di vita una parte del peso che avevano alla nascita, durante l'attesa che arrivi la montata lattea della madre, cosa che a volte può richiedere quattro o cinque giorni di tempo. Durante l'attesa i neonati sono protetti da una riserva di peso extra che hanno accumulato nell'ultimo periodo della gravidanza. La comparsa di latte è preceduta di uno o due giorni dalla comparsa del colostro – sostanza molto preziosa, ricca di proteine e di anticorpi contro le infezioni.

La prima evacuazione del neonato ha un colore piuttosto allarmante: è infatti nera. È il cosiddetto meconio, composto da prodotti di disfacimento cellulare, accumulati e ingeriti durante i nove mesi passati dentro l'utero. Al terzo giorno di vita le feci sono verdastre e alquanto viscose. Al quarto o quinto giorno, possono diventare giallastre e molli. Questo è il primo segnale del fatto che il neonato ha iniziato ad assumere latte. Un neonato può evacuare a ogni poppata oppure anche solo una volta a settimana. Se un bambino prende il latte materno, le sue feci non saranno maleodoranti, e saranno spesso di colore giallo e verde acceso (per informazioni sull'allattamento materno o artificiale, si vedano la Bibliografia e il Capitolo 23).

Fortunatamente per i genitori, un neonato passa la maggior parte delle sue giornate dormendo. Molti bambini hanno la loro posizione preferita per dormire, e la mostreranno presto ai genitori. Le infermiere in ospedale consigliavano spesso ai genitori di adagiare i piccoli su un fianco, soprattutto subito dopo la nascita, per prevenire l'aspirazione di latte o delle secrezioni, ma ciò non sembra più necessario alla luce delle nuove raccomandazioni per ridurre il rischio della morte improvvisa del lattante (SIDS). Fino a 6 mesi di età, infatti, i neonati devono essere messi a dormire sulla schiena (supini) a meno di una indicazione medica specifica, per cui andranno prese le necessarie precauzioni perché non possa girarsi a pancia sotto durante il sonno.

Altra domanda che spesso fanno i genitori riguarda l'uso o meno di un succhiotto. Alcuni bambini che non riescono a usare il pollice, ne hanno assolutamente bisogno per calmarsi. Io però preferisco che usino il pollice, perché è sempre a portata di mano e vi possono ricorrere tutte le volte che vogliono. Molti bambini hanno bisogno di trovare un modo per autoconsolarsi. Se sono molto reattivi e si svegliano facilmente, hanno certamente bisogno di un metodo per abbandonarsi e rilassarsi. Per questo sono sempre sollevato nel vedere un neonato che riesce a consolarsi da solo: sarà un bambino più facile per i suoi genitori.

Quando un neonato è estremamente sovraeccitato, i suoi occhi sembrano girare da una parte all'altra, le braccia e le mani possono ricadere prive di forza, il viso può apparire accigliato e lo sguardo distaccato. Rigurgiti e movimenti intestinali possono essere segnali di stress. Possono verificarsi in momenti inaspettati, accompagnati da piagnucolii o da pianti acuti. Queste reazioni stanno a indicare che il neonato ha bisogno di tempo per riprendersi e riorganizzarsi. Se un adulto si adopera troppo per aiutarlo, potrebbe aggiungere ulteriori esperienze per lui negative. Quando avete tentato di tutto senza ottenere risultati, provate a fermarvi, fate un passo indietro e limitatevi a osservare il piccolo. Dal suo comportamento capirete di cosa ha bisogno.

Il bambino come insegnante

Come ho detto prima, imparare a fare da genitori a un neonato significa imparare dagli errori commessi e dai successi ottenuti. Dico sempre ai neogenitori di lasciarsi indicare dagli stessi neonati se i vari tentativi che fanno sono giusti o sbagliati. Infatti spiego loro che, se saranno sulla strada giusta, il viso del piccolo avrà un'espressione serena e soddisfatta, il corpicino sarà rilassato e le reazioni saranno organizzate e prevedibili. Se invece staranno sbagliando qualcosa, il piccolo reagirà in modo disordinato, sarà al di fuori di ogni controllo e distoglierà il viso e lo sguardo dal loro. Si agiterà ininterrottamente senza riuscire a calmarsi, il suo colorito cambierà fino a diventare molto rosso o leggermente bluastro, i suoi arti si irrigidiranno e il suo pianto diventerà acuto e intenso fino quasi a togliergli il respiro. Se proprio i genitori non sapranno cosa fare per tranquillizzare un piccolo in questo stato di agitazione, consiglio di provare di tutto, anche di lasciarlo solo a riorganizzarsi, come ho detto prima. In un tempo sorprendentemente breve i genitori impareranno che cosa vorrà comunicare il loro piccolo con determinati comportamenti.

Molte neomamme spesso mi confessano che preferirebbero restare in ospedale dove sanno che il loro bambino è al sicuro. Io penso subito a quante persone "inadeguate" nell'arco dei secoli sono riuscite a cavarsela comunque con un neonato, e allora rassicuro ogni neomamma dicendo che impareranno cosa e come fare con l'aiuto del loro bambino. Certamente, l'infermiera e il pediatra potranno esserle d'aiuto, ma il migliore insegnante sarà il bambino stesso, il cui speciale linguaggio comportamentale potrà essere osservato, recepito e soprattutto dovrà essere tenuto in grande considerazione.

I primi giorni con un bambino prematuro

Quando un bambino nasce prematuro o sofferente a causa di particolari condizioni avverse che si sono verificate durante la vita intrauterina, i genitori si sentono responsabili. Le madri soprattutto pensano che avrebbero potuto o dovuto fare qualcosa di diverso. Che ciò sia razionale o no conta poco, perché le madri pensano purtroppo di avere messo il neonato in pericolo. E anche i padri a modo loro si sentono responsabili. Questo senso di colpa può causare in loro uno stato di depressione. I genitori cominciano a colpevolizzarsi, a essere arrabbiati con se stessi e si sentono impotenti. Si chiedono perché questo sia capitato proprio a loro e che cosa avrebbero potuto fare di diverso. In questi casi le risposte razionali purtroppo non aiutano; simili sentimenti si radicano nel profondo del loro animo e sono difficili da rimuovere.

La nascita di un neonato molto prematuro, o di un neonato a rischio o che presenta un qualche handicap, susciterà nei genitori tre diversi tipi di reazioni prevedibili:

1. *Rifiuto* – I genitori possono negare l'importanza del problema, pur rendendosi allo stesso tempo conto di quanto sia fragile questo loro tentativo di difesa. Il rifiuto tende a distorcere la realtà in un modo o nell'altro, dipingendo la situazione come troppo rosea o troppo seria. Questo rifiuto aiuta i genitori ad

andare avanti ma necessita di essere rivisto nel tempo.
2. *Proiezione* – La colpa viene attribuita a un'altra persona, che sembra avere causato, o in qualche modo peggiorato, il problema. Medici, infermiere o altro personale che si prende cura del neonato diventano il bersaglio di tale tipo di difesa. La loro assistenza è guardata con sospetto, e i rapporti reciproci ne sono compromessi.
3. *Distacco* – I genitori si allontanano da un neonato a rischio, non perché non importi loro del bambino, ma perché risulta troppo doloroso prendersene responsabilmente cura e sentirsi nel contempo così tanto impotenti.

Tali reazioni difensive, dettate da un profondo dolore, sono naturali e perfino compatibili con la situazione. Devono essere accettate. Chi si prende cura dei genitori e dei neonati deve capire che queste difese sono necessarie, per cui è importante che vengano comprese per evitare che abbiano un effetto negativo. Un attento professionista deve considerare tali difese come tentativi fatti dai genitori per reagire alla situazione e per mettersi in relazione con un neonato che non corrisponde a quello immaginato.

Dopo il parto, tutti i bambini attraversano un periodo in cui recuperano le loro forze. Un bambino prematuro o uno che ha subito stress nell'utero materno si comporterà in modo coerente con la sua debolezza e fragilità fisica. Per tutto il periodo in cui i suoi apparati vitali (respiratorio e cardiovascolare) si devono riprendere dallo shock di essere stati costretti a entrare in funzione prematuramente, e il suo sistema nervoso matura al di fuori della protezione del grembo materno, un neonato sarà molto vulnerabile agli stimoli esterni: uditivi, visivi e tattili. Ogni contatto, rumore, variazione di luce causerà mutazioni del colorito, del respiro e del battito cardiaco. Il suo comportamento motorio rifletterà questa immaturità o nella debolezza del tono muscolare e nella presenza di pochi movimenti spontanei, o nella comparsa di movimenti irregolari, scoordinati, che si manifestano improvvisi e senza cause specifiche oppure in seguito a stimoli esterni. Questi movimenti sono molto traumatizzanti per il fragile sistema nervoso del neonato. Il controllo degli stati di coscienza è insufficiente e malgrado il piccolo provi a rimanere addormentato per evitare stimoli eccessivi, può passare dal sonno a brevi stati di veglia molto frequentemente. Durante questi brevi periodi di veglia trascorre più tempo a piangere piuttosto che a stare sveglio e tranquillo. Inoltre può anche mostrare fastidio se lo si accudisce, gli si parla o lo si tocca. Un bambino simile potrebbe rispondere solo con comportamenti negativi in risposta a sollecitazioni esterne. Per i genitori timorosi e desiderosi di comunicare tali comportamenti nel loro bambino aumentano le preoccupazioni circa la sua integrità psicofisica e le sue capacità di ripresa.

I genitori hanno bisogno di un paziente sostegno mentre il neonato si riprende. Se possono andarlo a trovare nel reparto dove è ricoverato, possono imparare con il passare dei giorni il modo con cui trattarlo per prendersi cura di lui, così da essere pronti quando sarà dimesso. Medici e infermiere possono aiutarli identificando e mostrando il comportamento e le reazioni del neonato nei loro confronti prima della dimissione. Un neonato in queste condizioni può sopportare soltanto esperienze di bassa intensità. Possono essere tenuti in braccio *oppure* cullati *oppure* accuditi, purché siano oggetto di una sola di queste attenzioni alla volta, e con molta delicatezza. Se si rispetta questa sua disponibilità a una bassa soglia di acquisizione di informazioni, un neonato in fase di recupero può acquisire gradualmente sempre di più.

Con il passare dei giorni tutti i suoi sistemi – motorio, neurovegetativo, degli stati di coscienza e dell'attenzione-interazione – cominceranno a mostrare maggiori competenze. Man mano che il bambino si rafforzerà, imparerà a prestare maggiore attenzione verso esperienze uditive e visive, anche se ancora labile e per periodi brevi. Quando comincerà a fissare la pallina rossa o il viso dei genitori, o si girerà in direzione delle loro voci o del suono di un sonaglio, sarà possibile rilevare come questa sua attività costituisca una grossa sfida e un notevole impegno per il suo sistema nervoso. I suoi movimenti potranno apparire più bruschi e i suoi arti meno tonici. Potrebbe girarsi dalla parte opposta della provenienza della voce o del sonaglio, invece che verso di essi. Gli occhi potrebbero iniziare a ruotare, il viso diventare amimico, il colorito sbiancare, la respirazione aumentare. La comparsa di sintomi come singhiozzi, sbadigli, rigurgiti, o di altre manifestazioni corporali può essere un segnale di stress e di un eccesso di stimolazione. I genitori devono essere informati sulla possibilità di comparsa di questi sintomi per non preoccuparsi esageratamente. Diminuendo l'intensità del suono, della luce, e degli stimoli nella nostra nursery di neonati prematuri, con i miei colleghi abbiamo cercato di rispettare il fragile sistema nervoso di questi bambini. I quali si sono conseguentemente ripresi prima, hanno riacquistato peso più in fretta, e hanno avuto bisogno dell'ossigeno e dell'incubatrice per un tempo più breve. Inoltre sono stati dimessi prima e in condizioni di minore delicatezza e fragilità. I genitori che in casa riescono a tenere i neonati in un ambiente protetto, aiuteranno i loro bambini a crescere sani e forti.

Man mano che i bambini prematuri o quelli che nascono a termine ma sono piccoli per l'età gestazionale (noti come neonati SGA, *Small for Gestational Age*) crescono e maturano, i loro stati di coscienza cominciano a durare di più. Allora i neonati non solo riescono a prestare attenzione più a lungo, ma anche ad attaccarsi al seno e a mangiare più efficacemente. Sono più disponibili a essere toccati e a giocare per periodi sempre più lunghi, anche se raggiungere le prestazioni comportamentali di un bambino nato a termine e di peso adeguato per l'età gestazionale può richiedere più tempo di quanto i genitori si aspettino. È senza dubbio un atteggiamento non costruttivo quello dei genitori che paragonano costantemente i progressi del loro bambino con quelli di un bambino nato a termine. Se invece i genitori riusciranno a seguire attentamente i comportamenti tipici del loro bambino, potranno prefiggersi dei traguardi adeguati da raggiungere. Quando la NBAS, descritta nei capitoli precedenti, viene applicata alla presenza dei genitori, è possibile evidenziare le peculiari capacità visive, uditive, e di attenzione proprie di questi neonati e, per contro, anche individuare i loro punti deboli. In questo modo, l'esigenza del bambino di essere maneggiato in un certo modo o la necessità di un intervento precoce nei suoi confronti possono essere spiegate ai genitori con maggiore efficacia.

Un neonato con un danno del sistema nervoso può trarre beneficio da programmi di recupero molto precoci, imparando a utilizzare altri sistemi in sostituzione di quello danneggiato. Un bambino cieco, per esempio, può imparare a utilizzare le esperienze uditive e tattili per compensare la sua cecità *a patto che* queste gli vengano proposte rispettando la sua capacità e la sua velocità di acquisizione. Se gli vengono offerte una per volta in modo tranquillo e senza aggressività, è possibile capire dal suo comportamento se le sta utilizzando. Abbiamo seguito diversi bambini ciechi e sappiamo che sono ipersensibili al contatto e ai suoni, quindi è necessario ridurre il tono di voce e maneggiarli con maggiore delicatezza e calma. I genitori di un neonato affetto da una certa menomazione o con un ritardo dello sviluppo psicomotorio hanno bisogno di un professionista specializzato per individuare le risposte positive del neonato, stabilire i modi per aiutarlo a imparare ad auto-controllarsi e riconoscere i segnali che indicano di avere oltrepassato la sua soglia di tolleranza (si veda Capitolo 18).

Nel corso degli anni sono rimasto impressionato dalla sorprendente capacità dei neonati di riprendersi da situazioni debilitanti come la nascita prematura, e posso quindi essere ottimista quando mi trovo a confronto con i genitori di questi neonati. Esistono però due trappole che i genitori devono imparare a evitare nella loro fase di adattamento a un neonato fragile. Per prima cosa, l'ansia e il disappunto possono indurre i genitori ad aspettare a intervenire per troppo tempo. Persino il neonato più delicato e sofferente può ottenere molto imparando a realizzare ogni piccolo passo da solo. Certo è difficile non indugiare a lungo nei confronti di un bambino fragile e sofferente che ha bisogno di protezione. Lasciargli abbastanza spazio e tempo per imparare ogni passo da solo è difficile ma ripaga in termini di sviluppo del suo senso di autonomia e di autostima.

L'altra trappola è quella che abbiamo già citato. Se per tutti i neogenitori è naturale paragonare il proprio figlio agli altri bambini, i genitori di un neonato con ritardo nello sviluppo desiderano ancora di più che il loro bambino sia all'altezza degli altri. Questi genitori mi chiedono spesso quando il loro piccolo raggiungerà il livello di sviluppo degli altri bambini, e a che età si troverà alla pari con loro; si preoccupano che possa rimanere sempre indietro rispetto agli altri, temendo che ogni nuovo traguardo non raggiunto in tempo possa essere indizio di danno cerebrale. Sono tutti dubbi leciti che rispecchiano le paure insite nella fase di adattamento dei genitori di un neonato disabile o con ritardi nello sviluppo.

I comportamenti individuali di un neonato e il suo temperamento sono il migliore antidoto a tali paure. A ogni visita i genitori dovrebbero farsi spiegare dal medico i progressi del neonato e il suo livello di sviluppo. Anche se si sottraggono i mesi di prematuranza e le settimane trascorse in ospedale, ogni nuova conquista richiede a questi bambini il doppio del tempo, perché può costare al loro sistema nervoso quel tanto in più per organizzarsi e realizzarla. Per esempio, il periodo di maggiore agitazione che i neonati solitamente manifestano alla fine della giornata può iniziare più tardi e continuare più a lungo, e i sorrisi e le vocalizzazioni possono manifestarsi più tardi in un bambino debole che ha affrontato un difficile recupero. Quando i genitori sono informati sulla possibilità di dovere affrontare queste difficoltà, possono contenere le loro ansie in modo che non interferiscano con il loro compito di aiutare il bambino a riprendersi. Con pazienza e con un approccio disponibile e ottimista raggiungeranno lo scopo. Sarà ovviamente per loro un compito difficile da realizzare, e meriteranno tutto l'aiuto che un professionista può dare loro. Per questi neonati le varie età previste per il raggiungimento delle competenze descritte in ogni capitolo della prima parte di questo libro dovranno essere riviste, e comunque non dovranno essere considerate come rigidi parametri di valutazione (si veda Capitolo 32).

4

IL NEONATO A TRE SETTIMANE DI VITA

Quando i genitori portano il bambino di tre settimane in visita da me sono spesso esausti. I neo-genitori arrivano nel mio studio per essere confortati, e perché venga compresa la difficoltà del nuovo ruolo che devono svolgere. Talvolta arrivano accompagnati da una nonna, da una bambinaia o da una ragazza alla pari, e io voglio sapere chi di loro tiene il bambino. Se è tenuto da una nonna o dalla bambinaia, mi chiedo quanto affidamento facciano i neo-genitori su persone con maggiore esperienza, e quanta esperienza personale abbiano nel frattempo maturato con il neonato. Cerco anche di comprendere se esiste un'eventuale organizzazione che dia aiuto ai neo-genitori.

In questo periodo molte neo-mamme attraversano una fase di depressione post-partum. Tale depressione può tornare utile per il recupero fisico e il riequilibrio dei livelli ormonali dopo il travaglio e il parto, ma può anche giocare una parte importante nell'apprendimento del nuovo impegnativo ruolo. Una madre depressa è una madre che si impegna molto per diventare "genitore". Essa appare spesso in disordine, mentre il neonato è sempre vestito con cura anche se con abitini spesso poco pratici ed è avvolto in delicate copertine dalle tinte pastello. Una neo-mamma terrà il piccolo saldamente stretto a sé, come per paura di mettere un piede in fallo o di perdere il suo prezioso fagotto. Il neo-papà starà immediatamente dietro di loro, con aria protettiva. Dopo avere aiutato la moglie a togliersi il soprabito, le offrirà di tenere il bambino per darle la possibilità di sistemarsi comodamente. Se lei gli porge il bambino da tenere anche solo momentaneamente, lui lo guarderà sperando ardentemente che si svegli e che lo guardi a sua volta. Dal modo di tenere il piccolo capisco quanta effettiva partecipazione del padre ci sia nella gestione del neonato. Le mamme che non sono solite condividere la cura del piccolo preferiranno sedersi in modo scomodo piuttosto che cederlo ad altri anche solo per qualche minuto. Ogni gesto dei neo-genitori rivela a che punto del grande processo di adattamento alla nuova esperienza di vita sono arrivati.

Mentre parliamo, la madre abbassa spesso lo sguardo verso il fagottino che tiene sul grembo. Se il piccolo si muove lei mi guarda ansiosamente come a chiedermi cosa fare. Se il neonato piange, mi aspetto che il padre balzi in piedi in aiuto. Entrambi i genitori faranno diversi tentativi per provare a calmare il bambino, cercheranno di cambiargli posizione, gli daranno il succhiotto – se hanno deciso di farne uso – e nel contempo mi guarderanno con occhi supplichevoli in cerca di aiuto. L'ultima spiaggia della madre sarà quella di provare ad attaccarlo al seno. Sebbene una donna abbia oggi meno remore a farlo rispetto a quanto non accadesse nei primi tempi del mio lavoro, il fatto di essere nel mio studio e sotto il mio sguardo indagatore può causarle un certo imbarazzo. Per risolvere il problema le suggerisco io di farlo, e una volta attaccato il bambino al seno si sentirà sollevata. Alcuni papà prenderanno il neonato al fine di risparmiare la fatica alla moglie, dimostrando così di avere già instaurato un certo rapporto con il piccolo.

Quando i neo-genitori arrivano nel mio studio, mi aspetto di assistere a questo comportamento alquanto banale e infantile, ma piuttosto che interpretarlo come segno di incompetenza, lo considero un segnale della loro capacità di accettarmi nella veste di "nonno" educatore e della conseguente decisione di abbassare la guardia nei miei confronti. Tutti i neo-genitori hanno bisogno di una figura di sostegno che possa dare delle risposte ai loro dubbi e alle loro preoccupazioni. Sono grato per la fiducia che ripongono in me e cerco di manifestarlo nel mio tono di voce e nei commenti che faccio.

Alla terza settimana la maggior parte dei genitori ha già affrontato enormi fatiche nel tentativo di adattarsi al neonato, come stanno a indicare le numerose telefonate che sono già intercorse tra i genitori e i medici o le infermiere. Questa nuova esperienza giunge in un periodo in cui essi avvertono di dover ricominciare a occuparsi della propria vita, e ciò è per loro fisicamente ed emotivamente un peso enorme. La depressione post-partum può essere vissuta come un modo per risparmiare le energie dopo il parto. Ho sempre incitato i neogenitori a risparmiare le loro forze in tutti i modi possibili. Per esempio, le visite di persone non strettamente appartenenti alla famiglia dovrebbero essere limitate a quei pochi disposti a dare un reale aiuto e sostegno, evitando per i primi tempi tutti gli amici che fanno perdere tempo e consumano energie. Se ai genitori risulta difficile rifiutare le visite, possono dire che il pediatra ha chiesto loro di evitare visitatori per due settimane. D'altra parte, finché il sistema immunitario non sarà diventato completamente efficace, i neonati sono vulnerabili ai germi portati dagli estranei. Un periodo il più libero possibile da pressioni esterne non solo evita rischiosi contatti ma dà ai genitori la possibilità di diventare una famiglia. Spesso maggiore è l'euforia dei genitori dopo la nascita, minore la sensazione di depressione dopo il rientro a casa. Prendere coscienza della responsabilità che si devono assumere fa paura un po' a tutti i genitori con la testa sulle spalle.

Cerco con tutte le mie forze di fare partecipare anche il padre a questa prima visita, esortando i genitori a prendere un appuntamento per un orario in cui anche lui possa essere presente. Poco dopo l'inizio della visita gli chiedo quali sono le sue impressioni e che cosa ha notato del bambino. Una volta rotto il ghiaccio, sono certo che prenderà parte all'intera chiacchierata. Cerco almeno un'opportunità per osservarlo come si comporta con il neonato e, se li rilevo, provo a commentare gli eventuali atteggiamenti di interazione reciproca. All'incirca alla quarta settimana il neonato ha imparato a riconoscere le modalità di comportamento proprie di ciascun genitore. Con la madre i movimenti degli arti del neonato e la sua mimica facciale sono calmi e ritmici a testimonianza di interazioni serene e di bassa intensità. Con il padre, l'espressione del viso del neonato si anima, gli arti si mettono in tensione e in attesa, come se avesse già imparato che suo padre è pronto a giocare con lui. Quando in un neonato di tre settimane vedo comportamenti che dimostrano questi suoi apprendimenti, li metto in evidenza in modo che i genitori possano osservarli e rallegrarsene. Le diverse risposte che il piccolo dà al singolo genitore sono segni emozionanti di sviluppo cognitivo precoce. I padri che riescono a prendersi un periodo di aspettativa dal lavoro non imparano soltanto a cambiare il pannolino, a dare le poppate e a giocare con il neonato, ma aiutano anche le loro mogli nel pesante e difficile compito di prendersi cura di un nuovo essere umano totalmente dipendente. Se il senso di *gatekeeping* (custodia privilegiata) di una neo-mamma o di una nonna fa sentire il padre escluso in questo periodo, la probabilità di un suo coinvolgimento in un momento successivo è decisamente bassa.

Mentre parlo con i genitori e imparo molte cose su di loro e sulla loro fase di adattamento osservo anche il temperamento del piccolo. Il temperamento è dato da un insieme di modi di comportarsi – come dorme, se e quanto risulta difficile da calmare, quanto sono intensi i suoi movimenti, in che modo cerca di consolarsi da solo, e quanto diventa vigile mentre lo stimolo per la visita. Tutte queste osservazioni devono essere condivise con i genitori sin dall'inizio in modo che essi possano verificare che il bambino che sto visitando è quello stesso con cui vivono. Una volta che i genitori si rendono conto di questo, si sentono più sicuri e rilassati nel chiedere consigli e aiuto.

Alimentazione

Nei vari incontri con i genitori ci sono argomenti che bisogna obbligatoriamente affrontare in determinati momenti della vita del neonato. Tra questi, l'argomento "alimentazione" è inevitabile nel corso di una visita a un neonato di tre settimane di vita. Quando si apre l'argomento, mi aspetto di ricevere una raffica di domande: ogni quante ore allattare, come riconoscere quando il bambino ha fame, quanto tempo è giusto che duri una poppata, oppure anche domande sui ruttini, i rigurgiti o le evacuazioni, o ancora sui spesso vani tentativi dei padri di dare la poppata al piccolo con il biberon – specialmente se il neonato in questione viene prevalentemente allattato al seno. A prima vista l'allattamento artificiale con il latte artificiale può sembrare più semplice perché ogni genitore può rendersi conto della quantità e della frequenza delle poppate.

Spesso i genitori telefonano preoccupati perché il bambino ha "rigurgitato l'intera poppata". Io spiego loro che dopo una poppata intensa e rapida si deve aspettare un grande rutto spesso accompagnato da un rigurgito di latte. Una poppata che va giù a grande velocità risale alla stessa maniera. Come già detto nel capitolo precedente imparare a far emettere al bambino l'aria ingurgitata durante la poppata costituisce uno dei maggiori successi delle prime settimane. Pochi suggerimenti pratici di una madre esperta o di un pediatra danno spesso esiti efficaci e rassicuranti. Dopo le questioni pratiche i genitori affrontano aspetti più importanti dell'alimentazione. Per le madri che allattano al seno, la preoccupazione principale sarà quella di sapere se il neonato ha mangiato abbastanza. Per dileguare le loro ansie richiedo la loro attenzione sui seguenti aspetti:

1. Il bambino sembra soddisfatto dopo la poppata?
2. Dorme da una a due ore tra una poppata e l'altra?
3. Fa spesso la pipì? (I pannolini bagnati significano che il bambino ha introdotto liquidi.)
4. Quante volte evacua? (Avverto i genitori che la frequenza delle evacuazioni può cambiare enormemente nel corso delle settimane. Un bambino che si alimenta al seno può evacuare nei primi tempi da otto a dieci volte al giorno, mentre in seguito la frequenza può ridursi a una sola volta alla settimana. Se dopo una settimana le feci sono pastose e formate, non siamo ovviamente in presenza di stitichezza. Il latte materno viene digerito completamente, senza produrre scorie e quindi, fin quando si nutrono solo di latte materno, molti neonati manterranno questa frequenza, destinata a cambiare quando i piccoli inizieranno a mangiare alimenti solidi o le poppate artificiali saranno più numerose.)
5. Ha riacquistato il peso che aveva alla nascita? (Come anticipato nel capitolo precedente, i bambini perdono subito dopo la nascita i liquidi accumulati durante l'ultimo periodo di gravidanza. Infatti nei primi 4 o 5 giorni di vita, prima che il latte materno o quello artificiale riescano a reidratarli, possono perdere fino al 20% del peso corporeo. Quando vengono dimessi dall'ospedale, molti neonati pesano meno di quando sono nati. Inoltre, il trasferimento a casa può essere stressante e per questo la madre potrebbe non avere latte fino al quinto giorno. Pertanto i bambini potrebbero non recuperare peso fino alla seconda settimana, ma già alla terza dovrebbero avere riacquisito il loro peso iniziale. Si sa che tutti i genitori si sentono sollevati nel vedere il bambino aumentare di peso.)

I genitori solitamente considerano l'allattamento come un'attività di loro stretta pertinenza. E più profondo è il sentimento di responsabilità dei genitori, meno questi riconosceranno il contributo dato dal piccolo. Durante questa prima visita, cerco di mettere in evidenza e soprattutto di capire cosa avviene al momento della poppata, perché ciò serve a far luce sul carattere del bambino e sull'importanza dell'intensità della sua partecipazione. Cerco di sottolineare le sollecitazioni e le indicazioni che vengono dal piccolo e che possono essere utilizzate dai genitori per migliorare lo sviluppo dell'autonomia del bambino durante l'allattamento. A questo punto parlo con i genitori dello schema di alternanza suzione-pausa, che offre a essi l'opportunità di parlare con il piccolo e di giocare con lui durante la poppata.

Comunicare con il neonato

La nostra discussione sull'alimentazione ci porta al punto più importante della questione: nutrire il bambino costituisce soltanto la metà del compito. Imparare a comunicare con il neonato, accarezzarlo, tenerlo in braccio, cullarlo, parlargli e imparare a sincronizzarsi con il comportamento del piccolo sono anch'essi aspetti importanti quanto il nutrirlo. Spesso in questi momenti il neopapà e la neo-mamma sono troppo presi dall'aspetto "pratico" di come dargli da mangiare. Non sono ancora in grado di ascoltare i miei discorsi sull'"aspetto più tenero" di tale compito. Per questo motivo sollevo l'argomento sia in questa sia durante le visite successive. Nel frattempo, mentre sono tutti e tre nel mio studio, mi si presenta una buona opportunità per osservare il modo in cui i genitori comunicano con il bambino. Osservo i comportamenti che i genitori e il neonato hanno imparato a utilizzare. Il faccino del bambino si anima quando i genitori gli parlano guardandolo? I genitori hanno imparato come tenere il bambino e a che distanza rispetto ai loro volti, in modo da catturare l'interesse del piccolo? Nell'instaurare il legame con il bambino, i primi due passi da compiere sono aiutare il neonato a prestare attenzione e, una volta catturata la sua attenzione, prolungarla con un contatto diretto faccia a faccia. Il tono moderato della voce e la mimica facciale, entrambi aspetti necessari per attirare e mantenere l'interesse del piccolo, devono essere imparati nelle prime settimane.

Tutti questi piccoli indizi mi fanno capire quanto tempo i membri di questa nuova famiglia hanno dedicato alla conoscenza reciproca. Molti neo-genitori ansiosi dedicano le prime settimane esclusivamente all'allattamento e al sonno del piccolo, senza preoccuparsi della comunicazione. Se capisco di avere di fronte una famiglia con queste caratteristiche, cerco l'occasione per creare attimi di gioco con il neonato. Lo prendo in braccio, lo sollevo davanti a me e, dondolandolo delicatamente, lo porto allo stato di veglia. Quindi comincio a parlare con lui lentamente e con tono amorevole. I comportamenti del bambino vengono seguiti con interesse dai genitori che apprendono il ritmo, il tono sommesso della voce e il leggero dondolio necessari per interessare e tenere viva l'attenzione di un neonato. Se il neonato in questione è iper-reattivo, faccio in modo di tenere ferme le sue braccia prima di destarlo.

Se il neonato viene allattato nel mio studio, cerco di indicare il ritmo suzione-pausa. Come detto in precedenza, un bambino comincia a succhiare con una suzione regolare. Dopo trenta secondi o più adotterà uno schema diverso: una successione di suzioni seguite da una pausa. Può essere utile per i genitori sapere che se le pause vengono ricompensate con un sorriso, una carezza o un altro segnale da parte di chi lo sta allattando, il bambino fa una pausa più lunga, come a volere davvero una forma di comunicazione sociale insieme alla poppata. Il latte da solo non basta!

Sonno e veglia

L'altra importante funzione che il neonato deve svolgere in questo periodo della sua vita, e che è causa di non pochi problemi per i genitori, è quella di imparare il controllo degli stati di coscienza. I lettori riconosceranno in questi stati le descrizioni sul comportamento fetale trattate nel Capitolo 1 e quelle indicate nel discorso sulla prima valutazione del neonato al Capitolo 2.

Sonno profondo In questo stato protetto, il neonato riesce a escludere gli stimoli fastidiosi provenienti dall'ambiente intorno a lui. Il suo respiro è profondo, regolare e pesante; gli occhi ben chiusi, la posizione immobile. Se si muove, i movimenti sono brevi e a scatto (tipo soprassalti). Possono esserci salve di suzione, sia che abbia o meno il pollice o il succhiotto in bocca. La natura di autodifesa di questo stato viene riflessa nella posizione raggomitolata, economica, con le manine tirate su vicino alla bocca e gli arti flessi – come a volere lasciare il resto del mondo al di fuori di sé.

Sonno leggero, o REM (Rapid Eye Movement = movimenti oculari rapidi) In questo stato, il respiro è più superficiale e irregolare. Di tanto in tanto si notano movimenti generalizzati di contorsione (tipo *writhing*), movimenti mimici del volto. In questo stato è più vulnerabile agli influssi esterni. Quando viene svegliato può restare assonnato e irritabile, oppure cercare in tutti i modi di riaddormentarsi profondamente.

Stato indeterminato Questo stato transitorio si verifica frequentemente mentre il neonato passa dal sonno al risveglio o ritorna a dormire. Mentre è in questo stato, il bambino si muove scompostamente oppure a scatti. Gli occhi si aprono lentamente per richiudersi nuovamente sonnolenti. Potrebbe iniziare a frignare o a piangere, senza motivo. Cercherà spesso di raggomitolarsi in una posizione confortevole, ma sarà impedito dal sopraggiungere di sussulti e movimenti irregolari. Appare disorganizzato, e l'espressione accigliata del visino indica i ripetuti sforzi fatti per raggiungere uno stato più organizzato – che sia di sonno profondo o di veglia.

Stato di veglia attenta e vigile L'espressione gioiosa del faccino e gli occhi luminosi indicano l'atteggiamento aperto e ricettivo del neonato. I movimenti sono contenuti e se si muove lo fa armoniosamente riuscendo talvolta persino a compiere un'azione, come portarsi una mano alla bocca o tenersi una mano con l'altra. Il suo respiro corrisponde allo stimolo: a uno stimolo emozionante corrisponde un respiro profondo, a uno stimolo negativo un respiro leggero e rapido. Il comportamento di ricettività si può riscontrare nell'atteggiamento del viso e dell'intero corpicino mentre presta attenzione a un suono interessante o a un viso familiare. Il viso, il respiro, la posizione del corpo – tutto comunica interesse e attenzione, oppure il desiderio di distogliere l'attenzione da una esperienza negativa. I genitori cercano di creare e di prolungare questo stupendo stato di all'erta perché rappresenta il momento in cui possono comunicare con il piccolo. Un genitore attento impara presto i segnali con cui il bambino comunica di essere stanco e quindi di volere distogliere l'attenzione oppure i segnali con cui richiede la loro attenzione nei casi in cui si sente trascurato.

Stato di veglia agitata Questo stato segue spesso lo stato di veglia tranquilla e attenta. I movimenti del neonato diventano bruschi e la respirazione irregolare. Il bambino evita di interagire, diventando nervoso o mettendosi a frignare di tanto in tanto. Tenta inutilmente di controllarsi. Mentre si dimena nel lettino, il suo viso riflette questa sensazione di incapacità e impotenza. Quando è in questo stato non riesce a controllare i movimenti, né a regolare il suo sistema neurovegetativo, e non ha neppure la capacità di prestare attenzione all'esterno. Riuscire a tranquillizzarlo è gratificante per i genitori, ma il neonato potrebbe anche cadere in un pianto incontrollato, cosa che farebbe sentire i genitori incapaci.

Pianto Diversi sono i tipi di pianto di un neonato: (1) il pianto straziante e da dolore; (2) il pianto di richiesta urgente; (3) il pianto sommesso da noia; (4) il pianto ritmico ma non urgente tipico di quando il neonato è stanco o è stato eccessivamente stimolato. Quando piange il piccolo si dimena continuamente ma, malgrado l'agitazione costante, i movimenti appaiono alquanto organizzati. Può capitare che si calmi per un breve periodo, come per ascoltare qualcosa. È inoltre possibile che riesca a calmarsi prendendolo in braccio, cullandolo o dandogli da mangiare. Questo stato di coscienza richiede molta attenzione da parte dei genitori, che con il tempo imparano in che modo riuscire a calmarlo. Il pianto, si sa, serve a diversi scopi.

In breve tempo i genitori imparano a capire e a prevedere come il neonato entra ed esce dai vari stati di coscienza. Il modo di passare da uno stato di coscienza all'altro è uno dei migliori indizi della sua indole. Se è un neonato vivace ed energico il passaggio sarà veloce, se è invece calmo e rilassato sarà lento. È pertanto probabile che i genitori ormai siano in grado di capire, quando il neonato attraversa uno stato di irritabilità, che il fare certe cose lo farà piangere, mentre il farne altre lo farà calmare. La tipologia dei suoi stati di coscienza, nonché la modalità di passaggio da uno stato all'altro, a cicli di tre o quattro ore, sono per loro il mezzo più efficace per comprendere con che tipo di bambino hanno a che fare. Il primo compito dei nei-genitori è quello di imparare il linguaggio più importante del loro piccolo, cioè il suo comportamento durante gli stati di coscienza.

Se riescono a capire questo linguaggio i genitori possono indurre il neonato a organizzare i suoi stati di coscienza secondo comportamenti ciclici. Adesso che il sistema nervoso del neonato è più maturo e i genitori conoscono meglio il piccolo è possibile delineare un comportamento più prevedibile. A tre settimane di vita il tracciato dell'elettroencefalogramma (EEG) mostra un maggiore sviluppo cerebrale e il tracciato relativo al sonno è ben più maturo. Gli studi hanno dimostrato la presenza di comportamenti prevedibili della frequenza cardiaca in risposta a esperienze visive e uditive. A questo punto della vita di un neonato il suo cuore batte più velocemente in risposta a un'esperienza negativa e più lentamente in seguito a una positiva. Tali variazioni fisiologiche aiutano lo sviluppo. A tre settimane di vita il bambino comincia a sapere aspettare di più tra una poppata e l'altra, ed è in grado di prestare sempre più attenzione ai genitori e di rivolgere loro gorgheggi e sorrisi.

Per quanto riguarda la frequenza delle poppate, nei primi tempi la soluzione più appropriata è quella di fare mangiare il neonato ogni volta che si sveglia. In questo modo i genitori imparano quando il bambino ha davvero fame e quindi quale poppata ha avuto buon esito e quale no. Le poppate che non hanno buon esito sono spesso quelle date in momenti in cui il neonato non ne aveva bisogno. A partire dalla terza o quarta settimana di vita si può iniziare a prolungare le poppate per dedicare un poco di tempo al gioco. Spesso i neo-genitori mi domandano come fare a capire quando è il momento di interrompere la poppata per giocare con il piccolo, al che rispondo loro che l'unico modo per scoprirlo è quello di provare: aspettare un poco non lo danneggerà di certo, anzi imparerà a poco a poco che gli intervalli di gioco sono interessanti come il tempo dedicato a mangiare. Quando il bambino ha mangiato abbastanza i genitori possono prolungare lo stato di veglia tra la fine dell'allattamento e il sonno. Questo sarà per il piccolo di ulteriore vantaggio perché il latte materno è più abbondante e più nutriente dopo un intervallo di due-tre ore che dopo una sola ora; infatti il seno acquisisce un ritmo di produzione di latte migliore se l'intervallo tra le poppate è più lungo. Lo scopo di quanto detto prima è quello di "prolungare" fino a tre o quattro ore i periodi in cui il neonato è sveglio tra una poppata e l'altra in modo da avere un più lungo periodo di sonno durante la notte. Molti genitori sanno che a volte i neonati invertono il ritmo sonno-veglia "prendendo il giorno per la notte", rimanendo svegli per tutta la notte e dormendo durante il giorno. Per modificare questa spiacevole abitudine, i genitori possono provare a tenere sveglio il neonato alla fine di ogni ciclo di sonno leggero che si verifica durante il giorno. Di sera inoltre possono svegliare il piccolo e farlo giocare, cercando pian piano di anticipare sempre di più l'ultima poppata. Con il passare del tempo il neonato imparerà a rimanere sveglio più a lungo ogni sera, a dormire di più la notte e a stare sveglio di giorno.

Gli aggiustamenti nei ritmi di sonno e veglia del neonato costituiscono il primo tentativo da parte dei genitori di armonizzare i ritmi del neonato con i propri. Come molti genitori già esperti sanno, questo processo può richiedere anni, e dato che fortunatamente ogni essere umano è un individuo e non un clone, non c'è mai nulla di veramente certo.

Guardare avanti

Il periodo irritabile Tra la terza e la dodicesima settimana di vita la maggior parte dei neonati manifesta un periodo di irritabilità alla fine della giornata. Visto che questo aspetto si presenterà prima della visita successiva prevista con l'intera famiglia, e visto che può essere uno degli ostacoli più difficili che i genitori dovranno affrontare, faccio di tutto per sollevare l'argomento durante questa visita alla terza settimana di vita. La possibilità di anticipare ai genitori questo comportamento che li metterà a dura prova, e di capire al contempo il significato che ha per il neonato, risparmierà loro panico e ansie inutili. Se riescono a capire la necessità per cui un bambino tra la terza e la dodicesima settimana di vita comincia ad agitarsi alla fine di ogni giornata, allora i genitori non si sentiranno responsabili di tale stato di irritabilità.

In passato, molti di noi pediatri definivamo "periodo delle coliche" questa fase di irritabilità incontrollabile, e cercavamo nel contempo di affiancare i genitori nei loro tentativi di soluzione. Abbiamo provato sedativi o farmaci antispastici, e consigliato alle madri di portare in giro per la casa il piccolo, di accudirlo costantemente, e altro ancora. Tutti questi tentativi producevano un effetto temporaneo ma non servivano a liberarsi del quotidiano ripetersi dell'irritabilità e del pianto. Ho allora pianificato uno studio chiedendo a otto madri di raccogliere per me dei dati su come e quando i bambini diventavano irritabili. Quasi tutti questi bambini normali e nati da genitori sani presentavano gli stessi comportamenti: manifestavano un periodo di irritabilità prevedibile che cominciava alla fine di ogni giornata, proprio quando le madri erano esauste e i padri tornavano a casa dal lavoro (tutto ciò si ripresentava nei giorni di non libertà). Quando i bambini venivano colti da questa agitazione presentavano un pianto ciclico che non aveva niente a che vedere con il pianto causato da dolore o da fame. Se i genitori li prendevano in braccio o li accudivano smettevano per un poco per poi ricominciare quando venivano rimessi nel loro lettino o nel loro passeggino. Se venivano portati un poco in giro il pianto si riduceva ma non si fermava. Tutto ciò sembrava un evento inevitabile nell'85% di questi bambini. Poco prima dell'inizio del periodo di crisi i neonati si mostravano irrequieti, ed era così possibile prevedere cosa sarebbe successo di lì a poco. Quando il momento di irritabilità passava, i bambini dormivano meglio, più a lungo e più efficacemente.

Ogni qualvolta ci troviamo davanti a un atteggiamento così prevedibile e diffuso, ne deduciamo che siamo di fronte a un processo di adattamento alla vita e cerchiamo di scoprire a che cosa serve. Questa irritabilità ha quindi assunto sempre più le caratteristiche di una situazione legata al processo di organizzazione del comportamento del bambino. Un sistema nervoso immaturo può sperimentare e utilizzare molte esperienze durante tutto il giorno, risultandone anche un po' sovraccaricato. Mentre il giorno avanza, il sistema nervoso sarà sempre più sovraccarico, e di conseguenza comincerà ad abbreviare sempre di più i periodi di alternanza fra sonno e alimentazione. E infine esploderà sotto la forma di un periodo di grande agitazione e irritazione, passato il quale il sistema nervoso potrà riorganizzarsi per altre ventiquattro ore. La sua comparsa quotidiana ha una puntualità quasi cronometrica.

Dopo avere spiegato tutto ciò, una madre spesso mi chiede come fare per avere il coraggio di non intervenire e lasciarlo piangere, soluzione questa che peraltro io non consiglio. Le spiego piuttosto che sono dell'idea di andare dal bambino, di provare tutte le soluzioni note per scoprire se ha bisogno di qualcosa, di prenderlo in braccio e portarlo in giro per la casa, di dargli del latte, cullarlo, cambiarlo, o ancora dargli dell'acqua calda per aiutarlo a emettere eventuali bolle d'aria. Tutto ciò però senza eccedere. Una volta verificato che il bambino non ha il pannolino bagnato, non ha dolori, non ha fame, si possono tentare tecniche rasserenanti o non fare assolutamente nulla e lasciarlo un poco da solo. La fase di irritabilità dura normalmente da una a due ore, che possono trasformarsi in sei-otto ore di dura prova per i genitori se questi intervengono in modo troppo ansioso e tempestano il sistema nervoso già sovraccarico con ulteriori interventi e sollecitazioni.

A questo punto della mia spiegazione molti genitori chiederanno un esempio pratico su come comportarsi. Se un padre dice "Sono sicuro che quando accadrà mia moglie penserà che ha fame e si preoccuperà di non avergli dato abbastanza latte" so che ha ragione e che la madre si comporterà proprio in quel modo. Questo è il motivo per cui suggerisco di allattare il piccolo prima che sopraggiunga quel momento. Ma se il piccolo non succhia volentieri, se fa ampie pause durante la poppata senza mangiare, allora possono essere certi che non si tratta di fame. A questo punto li invito, dopo avere fatto tutti i vari tentativi, a provare a lasciarlo dieci o quindici minuti da solo a "sbollire", passati i quali dovranno prenderlo e dargli dell'acqua calda per fargli emettere la bolla d'aria che avrà ingurgitato piangendo. Poi gli concederanno un altro periodo di agitazione, dopo di ché dovranno ripetere la stessa azione. Di solito basta intervenire in questo modo per tre o quattro volte. Una volta superato il momento di irritabilità il neonato sembrerà più organizzato – dormirà, mangerà e rimarrà sveglio con ritmi più regolari.

Ma poiché questo periodo di irritabilità non è ancora una realtà per i genitori, durante questa visita la nostra conversazione sull'argomento si fermerà a questo punto. Discutendo la probabilità che il bambino possa manifestare questo regolare periodo di irritabilità tutti i giorni, e dando ai genitori una chiave per comprenderlo, spero di ridurre le loro ansie. È probabile in questo modo che eviteranno di reagire esageratamente e di sovraccaricarlo eccessivamente nel momento in cui il piccolo manifesterà queste crisi giornaliere. Nell'esercizio attuale della mia professione scopro che i bambini ora piangono da un'ora a un'ora e mezza invece delle tre ore che ero solito sentire agli inizi della mia carriera. Dati i risultati mi convinco ancora di più che affrontare l'argomento in questo momento della vita del neonato sia davvero utile e importante.

Che dire però di quei bambini che invece hanno crisi di pianto sempre più frequenti e intense? Non devono essere presi in seria considerazione? Ovviamente sì. Se i genitori scoprono che il periodo di irritabilità aumenta di durata e intensità nonostante i loro sforzi per rimanere calmi e i tentativi per rasserenarlo, proverò a cercare l'esistenza di altre cause alla base del pianto – tipo una lieve allergia o un reflusso acido dallo stomaco all'esofago che può causargli dolore. Esistono ovviamente altre cause di pianto che sarà necessario ricercare se il pianto diventa intenso e inconsolabile.

Pollice o succhiotto La visita a tre settimane di vita non è un momento troppo precoce per vagliare i sentimenti dei genitori sull'argomento pollice o succhiotto. Chiedo spesso ai genitori se il neonato si mette già il pollice in bocca e se riesce quindi a confortarsi da solo. Ogni tanto una madre mi risponde prontamente "Non glielo lascio fare. Non voglio un bambino che si succhia il pollice. Gli tolgo sempre il pollice dallo bocca quando lo vedo. Se desidera qualcosa da succhiare può avere il mio seno ogni volta che lo desidera. Oppure gli do il succhiotto". A volte un padre risponderà "Preferisco che si succhi il pollice piuttosto che vederlo andare in giro con la bocca tappata". Talvolta i genitori non sono d'accordo su questo argomento e chiedono a me quale delle due alternative è la migliore. Prima di elencare i pro e i contro di ciascuna delle due alternative, cerco di ascoltare le loro opinioni personali sul succhiarsi il pollice o sull'usare un succhiotto. Alcuni richiameranno alla memoria terribili lotte dei tempi dell'infanzia. "Mia madre ha fatto di tutto per farla smettere, ma mia sorella andava a nascondersi proprio per potersi succhiare il pollice. Lo ha fatto fino all'età di sette o otto anni." Al che le domando i motivi della forte avversione della madre a questa abitudine. In realtà le ragioni per cui i genitori sono contrari all'uso del pollice sono molteplici: alcuni sostengono che il pollice sia sporco; altri si preoccupano del fatto che il succhiotto possa rovinare i denti del bambino. Per fugare quest'ultima preoccupazione riferisco loro di uno studio condotto da dentisti del Children's Hospital su bambini con l'abitudine di succhiarsi il pollice o di usare il succhiotto e bambini che invece non hanno preso né l'uno né l'altro. È stata riscontrata poca differenza nei due gruppi in merito alla necessità di uso di apparecchio per i denti. Sembra infatti che sia la spinta della lingua a deformare i denti dell'arcata superiore. In ogni caso la principale ragione che costringe ad applicare apparecchiature correttive dei denti sembra essere di origine genetica. Le eccezioni possono riguardare i bambini introversi che succhiano di continuo, o i bambini che succhiano intensamente dopo i cinque o sei anni. Appare ovvio che i problemi di questi bambini sono da ricercare nell'ambito della socializzazione piuttosto che in quello della suzione.

Per offrire ai genitori un punto di vista diverso su questo argomento, spiego loro che succhiarsi il pollice è un sano modo per auto-consolarsi. Un feto sa già succhiarsi il pollice. Come già detto nel Capitolo 2, un neonato possiede già il riflesso mano-bocca (o riflesso di Babkin). Quando il neonato è infastidito o cerca di calmarsi, farà ricorso a questa soluzione come metodo per controllarsi. Questo comportamento sembra innato e i bambini che lo possono utilizzare sono più facili da gestire. Come ho già citato nel Capitolo 3, se i genitori mi chiedono i vantaggi rispettivi del pollice o del succhiotto faccio notare la cosa più ovvia: il pollice è sempre "a portata di mano". Tuttavia rimetto il problema nelle mani dei genitori. Le preferenze e le opinioni sul pollice o sul succhiotto hanno radici profonde nella storia familiare e nella cultura. Molti genitori faranno notare che se il bambino inizia a succhiarsi il pollice crescerà con questa abitudine, mentre è certamente più facile togliere a un certo punto l'abitudine del succhiotto.

È anche vero però che pochissime persone arrivano al liceo succhiandosi ancora il pollice o il succhiotto! I bambini che mantengono queste abitudini fino all'età della scuola materna o anche alle classi successive sono quelli in cui l'abitudine è stata consolidata dalle intromissioni dei genitori. Se si vuole innescare un atteggiamento ostinato in un bambino basta provare a contrastarlo nel momento in cui richiede attenzione. E questo risulta vero anche per molte altre "abitudini" che sarebbero transitorie se gli adulti non provassero a bloccarle. Per questo motivo consiglio ai genitori di prendere in considerazione il loro punto di vista sull'uso del pollice il più presto possibile. Un genitore che si oppone al desiderio del bambino di usare il pollice è destinato a farglielo scoprire presto o tardi. I genitori che provano fastidio nel vedere il bambino succhiarsi il pollice possono prendere in considerazione l'uso del succhiotto. Questo mondo è stressante per i neonati, ed è probabile che cercheranno una forma di auto-consolazione come metodo per gestire lo stress. Io preferisco vedere in tutto ciò la manifestazione di una capacità di gestire il proprio benessere, e non di un'abitudine poco igienica o di cui vergognarsi. Una volta una madre nel mio studio espresse la vera ragione che sta alla base della diatriba tra pollice e succhiotto: "Penso che se riuscissi a fare tutto per lui e a farlo nel modo giusto, lui non avrebbe bisogno di questa forma di conforto". Un comportamento di auto-consolazione nel neonato suscita nei genitori sentimenti di inadeguatezza – forse persino di gelosia. Per questo motivo la considerano un'abitudine poco igienica e di cui vergognarsi. Un padre, dopo avere ascoltato la moglie parlare con me di questo argomento, chinò il capo a osservare il bambino che aveva cominciato ad agitarsi. Il bambino prese a dimenarsi un poco, si mise a frignare, poi girò la testa da una parte, si portò il pollice alla bocca e si calmò. Al che il padre, rivolto a noi, disse: "Bene, penso che abbia deciso lui al posto nostro".

Questa saggia osservazione paterna è la risposta a una perenne domanda dei neo-genitori: "Come posso capire quando sono un buon genitore e quando invece non lo sono?" L'unico modo veramente sicuro consiste nell'osservare il neonato. Soltanto il bambino – non un medico oppure un libro – possono dirvi se siete sulla strada giusta. Quando non lo sarete, dovrete trarre insegnamento dagli errori commessi e così non avrete perso nulla nel percorso del vostro adattamento alla nuova vita. Da quello che vedo nel mio lavoro, il compito di un medico (o di un'infermiera), è quello di mettere in guardia i genitori sulle varie fasi dello sviluppo del loro bambino che potrebbero creare dubbi e incertezze. Anticipare questi tempi offre ai genitori la possibilità di fare autonomamente delle scelte adeguate.

5

DA SEI A OTTO SETTIMANE DI VITA

Alla visita successiva, prevista per il periodo in cui il neonato ha raggiunto le sei-otto settimane di vita, la madre viene spesso da sola. Quando il padre la accompagna, intuisco la sua intenzione di iniziare con il piede giusto questa nuova avventura di padre, e pertanto la sua presenza esprime il suo forte desiderio di prendere parte a ogni minimo progresso del suo bambino. In seguito i genitori che hanno deciso di dividersi la gestione del figlio con pari impegno, si alterneranno probabilmente per gli incontri successivi. In questo periodo è probabile che la madre, ancora in congedo dal lavoro, sia meno stanca della volta precedente e, diversamente da allora, potrebbe arrivare vestita accuratamente, come se si trattasse di una occasione importante, un'occasione per uscire di casa. Dato probabilmente che ci siamo già sentiti diverse volte per telefono, mi saluta come se fossimo vecchi amici. Generalmente, la prima cosa che fa è quella di mostrarmi come il bambino stia imparando a sorridere e a fare vocalizzi. In realtà, il bambino collabora molto raramente ai tentativi della madre, ma il suo atteggiamento mi serve per capire quanto entrambi traggano godimento da questi momenti. Se la madre affida il bambino al padre mentre si concentra sulla conversazione con me, posso capire quali ruoli stiano definendo tra di loro. Se invece la madre assume un atteggiamento troppo protettivo nei confronti del neonato o se il padre fa lui quasi tutte le domande, mi chiedo quanto effettivamente i due stiano condividendo tale esperienza e quindi potrei essere costretto a rivolgermi singolarmente a ciascuno dei due per potere ascoltare le loro rispettive preoccupazioni. Se la madre è pallida, esausta e nervosa, devo considerare la possibilità che il normale e assai frequente periodo di cedimento e di stanchezza che segue al parto si stia trasformando in depressione più profonda.

Durante questa visita i miei obiettivi sono semplici. Per prima cosa desidero valutare lo sviluppo del neonato, e lo esamino in modo da potere rispondere ai seguenti quesiti: Il piccolo è sano da un punto di vista neurologico? Ha acquisito il peso previsto? Ha un comportamento normale? Reagisce con sorrisi e vocalizzi? Muove braccia e gambe energicamente? Se viene adagiato sul ventre, riesce a sollevare la testa e a liberare le vie aeree? Quando viene tirato su per le braccia fino a raggiungere la posizione seduta, riesce a tenere la testa diritta? L'intervallo tra le poppate si sta allungando? Manifesta un periodo di agitazione e di irritabilità alla fine della giornata o piange tutto il giorno?

Successivamente mi soffermo ad ascoltare le preoccupazioni dei genitori. Se hanno ancora bisogno di aiuto per l'allattamento, affrontiamo subito questo argomento, ma subito dopo verifico anche i seguenti aspetti: I genitori sanno valutare bene gli stati di coscienza del loro bambino e il modo in cui si ripetono nel corso del giorno e della notte? Riescono a capire le differenze tra i vari pianti del bambino? Si sentono più sicuri nella loro capacità di gestirli o secondo loro il bambino piange troppo?

Infine osservo ancora il bambino insieme ai genitori cercando di scoprire caratteristiche particolari del suo temperamento. Il bambino è vivace o tranquillo? È un bambino troppo sensibile e facilmente iper-eccitabile? Se è davvero così, i genitori hanno imparato a calmarlo, e a muoverlo senza stimolarlo eccessivamente? Condivido con i genitori queste osservazioni mentre svesto il bambino e lo esamino.

I genitori trovano spesso più facile manifestare le loro preoccupazioni e fare le loro domande mentre commento il comportamento del piccolo nel corso della visita, piuttosto che mentre siamo fermi, seduti l'uno di fronte agli altri.

Alimentazione

La maggior parte dei genitori si chiede ancora se il bambino mangia abbastanza. Dopo avere constatato che il bambino aumenta regolarmente di peso (circa 150-200 g alla settimana), rassicuro i genitori sul fatto che l'alimentazione è corretta. Infatti, se tutto procede regolarmente, il neonato è decisamente più pienotto. Inoltre, se come sembra mangia adeguatamente a ogni poppata, l'intervallo tra le stesse dovrebbe essere più lungo. Se il bambino è allattato al seno, 15-20 minuti di allattamento a ciascun seno sono più che sufficienti per una adeguata alimentazione. Anche solo pochi minuti di suzione per parte stimoleranno la produzione di latte. Se il neonato è nutrito con latte artificiale, 170-220 g di latte saranno più che sufficienti.

Troppi rigurgiti o troppe evacuazioni tra una poppata e l'altra oppure una eruzione eczematosa secca sul viso del piccolo possono essere indizi precoci di intolleranza al latte artificiale. Se il bambino manifesta anche uno solo di questi sintomi, i genitori devono approfondire la situazione con controlli accurati suggeriti dal loro medico. Il neonato infatti potrebbe essere intollerante alle proteine del latte. Di contro, i bambini che si nutrono con latte materno non sono soggetti a tali intolleranze. È importante individuare un'eventuale allergia al latte nel più breve tempo possibile. L'eczema può essere evitato se il latte viene eliminato per tempo. In alternativa, esiste un alimento artificiale (latte di soia) fatto con prodotti di soia che non contiene proteine del latte ma che ha eguale potere nutritivo, e che per questo motivo non causa fenomeni di intolleranza e risulta sicuro per i neonati allergici al latte tradizionale. Se i genitori di un bambino con tendenza all'allergia riescono a eliminare il latte dall'alimentazione del piccolo, questi supererà la tendenza a reagire a esso, e col tempo diminuirà il rischio di sviluppare l'eczema allergico e gli altri fenomeni legati all'intolleranza.

Prima di iniziare l'alimentazione con cibi solidi, cosa che avviene solitamente intorno ai quattro e i sei mesi, è importante riconoscere e risolvere eventuali intolleranze al latte, perché in un bambino intollerante aumenta la possibilità che anche altri cibi scatenino reazioni allergiche. Di solito un bambino allergico ha raramente intolleranza o sensibilizzazione a un solo prodotto alimentare. Il latte e altre sostanze che causano allergia (allergeni) diventano più potenti quando vengono assunti contemporaneamente. Evitare allergie è un obiettivo importante per le famiglie che hanno questa predisposizione ereditaria. Le madri che sono allergiche ad alcuni cibi dovrebbero evitare di mangiarne durante il periodo dell'allattamento, sia per il proprio benessere sia per quello del bambino che potrebbe aver ereditato le sue allergie (si veda anche l'argomento allergie al Capitolo 14).

A questo punto della vita del bambino l'allattamento dovrebbe essere diventato un evento senza sorprese e più routinario. L'allattamento al seno dovrebbe essere diventato più facile e piacevole. Se il padre dà di routine una poppata con il biberon, si dovrebbe dare a questa poppata una cadenza programmata tale che non possa interferire con la produzione di latte materno. Infatti una poppata con biberon al giorno non causerà mai diminuzione della quantità di latte materno mentre darà al padre un reale senso di partecipazione.

Se il neonato è soggetto a rigurgiti frequenti, sicuramente questo problema sarà già stato trattato per telefono con i genitori prima di questo incontro. Secondo l'esperienza che ho maturato negli anni di lavoro, il 15% dei bambini che crescono regolarmente è soggetto a frequenti rigurgiti. Rigurgitano piccole quantità di latte tra una poppata e l'altra quando emettono l'aria ingurgitata durante il pasto. Rigurgitano tutte le volte che vengono mossi o rigirati come se avessero una valvola debole in cima allo stomaco che lascia fuoriuscire il latte tutte le volte che i bambini vengono mossi. Fino a quando questi bambini aumentano di peso e appaiono soddisfatti tra una poppata e l'altra non c'è da preoccuparsi seriamente. Cerco di rassicurare i genitori dicendo che si tratta di un fenomeno comune e quindi non allarmante. Per tentare di risolvere questo problema si può provare a far mangiare il bambino più lentamente sistemandolo in posizione semieretta. Le madri che allattano mi dicono che i loro bambini rigurgitano meno se l'allattamento avviene in posizione distesa. Come abbiamo ricordato prima, dopo una poppata un bambino soggetto a rigurgiti dovrebbe essere posizionato con le spalle sollevate di circa trenta gradi senza essere mosso per venti-trenta minuti. Questo consentirà alla forza di gravità di trattenere in basso il latte. Passato questo periodo il bambino potrebbe essere aiutato a emettere delicatamente la bolla d'aria. Queste manovre tendono a ridurre i rigurgiti, ma possono non eliminarli del tutto. Questo problema è associato a un altro minore ma non meno fastidioso: infatti se il latte materno non ha odore, il latte artificiale torna su con un odore acre e sgradevole. Quando arrivo nelle case, capisco subito dal caratteristico odore che vi aleggia se il bambino che vi abita viene nutrito con latte artificiale ed è soggetto a frequenti rigurgiti. Del bicarbonato di soda cosparso sul rigurgito può servire a combattere l'odore. Quando i genitori sanno che il bambino è sano e aumenta di peso, una macchia maleodorante sul vestito non sarà la fine del mondo.

Il latte materno o quello artificiale è tutto ciò di cui un neonato ha bisogno a questa età. I cibi solidi non sono ancora necessari e probabilmente non sarebbero digeriti prima dei tre-quattro mesi di vita. Il meccanismo di deglutizione di un neonato non è ancora ben sviluppato prima di quel periodo; il bambino succhia il cibo, come se la natura non avesse previsto l'ingestione così precoce di alimenti solidi. Il latte è quindi il cibo ideale per i neonati. Le allergie verso altri cibi possono non essersi ancora manifestate a questa età e comparire solamente in un periodo successivo. Per tutti questi motivi non consiglio alimentazione con cibi solidi a questa età.

Un neonato che si nutre di latte materno potrebbe non evacuare tutti i giorni. Molti bambini che mangiano e crescono regolarmente digeriscono del tutto il latte materno tanto da evacuare una sola volta nell'arco di tre-otto giorni. Invece i neonati nutriti con latte artificiale evacuano solitamente una o più volte al giorno. I neonati allattati al seno possono improvvisamente passare da una frequenza di una evacuazione dopo ogni poppata a una alla settimana. Nella mia esperienza professionale ho conosciuto due neonati la cui frequenza era di una evacuazione ogni dieci giorni, senza nel frattempo manifestare alcuna sofferenza. Verso la fine di questo intervallo del tutto particolare e strettamente personale, si sforzavano e agivano come se evacuare fosse per loro un fastidio. A volte i genitori, preoccupati da intervalli così lunghi, decidono di usare un termometro rettale per stimolare l'evacuazione ottenendo l'effetto desiderato, ma io ritengo che tutto ciò non sia necessario. Se una simile frequenza è normale per questi bambini, l'evacuazione sarà morbida e senza segni di stitichezza. Naturalmente i genitori stanno in ansia, pensano che si tratti di stitichezza e si affretteranno a utilizzare supposte o a manipolare il retto del neonato per stimolare l'evacuazione. Tutto ciò non è necessario e può interferire con il normale ritmo. Un bambino stitico produce feci francamente solide, abbondanti e difficili da evacuare. Le evacuazioni di un neonato nutrito con latte materno sono morbide e presentano spesso muco con tracce di bile verdastra. Anche se il neonato piange durante l'evacuazione, ciò non significa che sia stitico. Il latte materno è un latte perfetto e può essere digerito completamente. I genitori che conoscono queste cose in anticipo potranno non interferire con il normale ritmo intestinale del neonato.

I neonati che prendono il latte artificiale possono evacuare a giorni alterni, difficilmente con un intervallo più lungo. Il latte artificiale non viene mai digerito del tutto. Se un neonato allattato con latte artificiale produce feci dure, o al contrario emette più di cinque o sei scariche acquose, verdastre e viscose, è necessario ricorrere a un controllo medico.

Pianto

I vari aspetti del pianto di un neonato dovrebbero essere ormai chiari per la maggior parte dei genitori. I pianti di noia, dolore, fastidio, fame, stanchezza e sfogo sono chiaramente diversi l'uno dall'altro nella maggior parte dei bambini. I genitori imparano a distinguerli e tentano varie azioni consolatorie: dargli da mangiare, cambiargli il pannolino, coccolarlo, fasciarlo e così via. Scoprendo quale di queste azioni riesce a tranquillizzare il piccolo, i genitori sapranno quale tentare la volta successiva. Ma non dovranno sorprendersi se il metodo che ha funzionato la volta precedente non avrà effetto in seguito. Imparare a fare i genitori è un continuo susseguirsi di tentativi ed errori.

Come si è detto nel Capitolo 4, un periodo di irritabilità che si ripete con regolarità, solitamente alla fine della giornata, è normale in bambini di questa età e ha funzioni di adattamento. Infatti serve per sfogare la tensione accumulata nella fase di adeguamento alla successione ciclica degli stati di coscienza, fase che si ripete mediamente ogni 4 ore. Il bambino imparerà gradualmente modi più naturali per calmarsi da solo, come portare la mano alla bocca o ascoltare la voce di un adulto, oppure guardare luci e colori dopo essere stato sollevato.

Il modo in cui i genitori imparano a gestire il normale pianto di irritabilità dei loro bambini può essere considerato un importante traguardo, un momento che ha valore non solo per i genitori in termini di crescita nel loro nuovo ruolo e di adeguamento a uno degli stadi di sviluppo del neonato, ma anche per il medico nel suo compito di assistenza in questa crescita. I genitori che riescono a comprendere i vari suggerimenti del bambino e le azioni che hanno l'effetto di placare questo pianto – come pure le azioni che non lo hanno – possono evitarsi quella sensazione di apparente fallimento nel caso in cui il normale pianto di irritabilità alla fine di ogni giornata dovesse durare più del previsto. Gli studi che ho condotto su bambini sani indicano che questo periodo di irritabilità raggiunge la fase più alta a sei settimane di vita e diminuisce progressivamente nelle settimane successive fino a scomparire alla dodicesima.

Molti genitori desiderano sapere se rischiano di viziare il bambino correndo da lui tutte le volte che piange. Spesso mi chiedono "Se lo prendiamo in braccio durante questo periodo di irritabilità o se gli diamo troppo da mangiare lo viziamo?" Li rassicuro del fatto che questi tentativi non lo vizieranno, e del resto io non ritengo possibile "viziare" un bambino nel primo anno di vita. È giusto che i genitori facciano diversi tentativi fino a scoprire quello che funziona, o almeno fino quando ogni loro tentativo non produce addirittura l'effetto contrario di aumentare l'irritabilità. In questo caso, farebbero meglio a fermarsi un attimo e a fare tentativi con più calma. Potranno provare a prenderlo in braccio passeggiando per casa con tranquillità e dolcezza, oppure a rimetterlo nel suo lettino per brevi periodi. Alternare questi tentativi per periodi di cinque o dieci minuti per volta potrà aiutare il piccolo a superare questo momento. Di tanto in tanto i genitori potranno prenderlo in braccio per calmarlo o fargli fare un ruttino, per poi adagiarlo nuovamente nel suo lettino.

Secondo la mia esperienza, un "bambino viziato" è un bambino sottoposto a continue ansie o pressioni. Non si vizierà un bambino accudendolo nei suoi bisogni. Intervenire spesso nei confronti del neonato e accudirlo con tensione e nervosismo può fare crescere il bambino ansioso e piagnucoloso, mentre prenderlo in braccio per giocarci un poco o fare tentativi per soddisfare le sue esigenze non avrà certamente tale effetto. I genitori e il bambino imparano in tal modo gli uni dall'altro. Le madri e i padri possono imparare cose diverse dallo stesso bambino, e nel contempo un diverso tipo di risposta da parte di ogni singolo genitore può risultare positivo per il piccolo (si veda Capitolo 16).

Sonno e veglia

L'alternarsi del sonno e della veglia per l'alimentazione del bambino dovrebbe essere ormai più regolare. Come già detto, gli intervalli tra le poppate dovrebbero essere più lunghi. Un intervallo medio di tre ore tra una poppata e l'altra dà ai genitori la possibilità di pianificare la giornata propria e del piccolo. A seconda del peso alla nascita, come pure di altri fattori, i bambini a due mesi di vita dovrebbero dormire la notte per periodi più lunghi. Suggerisco ai genitori di svegliare il bambino la mattina quando loro sono pronti e di svegliarlo alla sera per dargli un'ultima poppata prima di andare a dormire. Stabilire degli orari aiuta tutti ad adattarsi a ritmi comuni. Non è necessario che questi orari siano rispettati rigidamente, anzi potrebbe talvolta essere necessario assecondare le richieste del piccolo, però il neonato a quest'età è in grado di adeguarsi alle esigenze dei genitori se questi gli chiedono di farlo.

Oltre al prolungamento degli intervalli tra le poppate che si verifica in concomitanza con la maturazione del sistema nervoso e della funzione digestiva, il bambino continua a perfezionare i metodi di auto-consolazione. Succhiarsi il pollice, girare il capo nel letto, dondolare la testa sono solo alcuni dei metodi utilizzati dal bambino per acquietarsi. Dopo avergli dato il latte tenendolo in braccio, averlo cullato e calmato, i genitori possono adagiarlo nella culla mentre è tranquillo ma non ancora addormentato, e magari sedersi accanto e cantargli una ninna-nanna mentre lo accarezzano delicatamente. Se il bambino è uno di quelli che passa con difficoltà dalle braccia dei genitori al letto (come capita ai bambini molto vivaci), appare ancora più importante "insegnargli" come acquietarsi da solo durante la notte. Mentre il bambino cerca di trovare il proprio metodo di autoconsolazione, i genitori possono aiutarlo a scoprire il pollice o il succhiotto o una posizione preferita nel letto che può ricercare tutte le volte che si sveglia. Come si è visto nel Capitolo 4, non solo questi metodi di auto-consolazione non devono destare preoccupazione, ma i genitori, se li incoraggeranno, aiuteranno i piccoli a sviluppare punti di forza per il loro stesso futuro.

Comunicazione

Di tutti i mezzi potenti che un bambino possiede per arrivare dritto al cuore dei genitori, nessuno è più efficace del suo sorriso. Nel corso di queste prime settimane di vita, i genitori avranno già imparato cosa fare per provocarne uno, mentre il bambino sta imparando come questo gradito segnale possa produrre una risposta eccezionalmente disponibile in chi lo riceve. I genitori imparano ad abbracciare il bambino, a tenere ferme le sue braccia, a cullarlo, a sistemarlo in posizione leggermente inclinata di 30 gradi, a parlargli dolcemente, il tutto con infinite variazioni in ogni coppia. Una reazione eccessiva da parte di un genitore troppo zelante può spegnere il sorriso del piccolo, come del resto una reazione troppo pacata.

In questo periodo il neonato riesce a fissare il viso dei genitori per lunghi periodi, mostrandosi man mano sempre più interessato, fino a regalare un bel sorriso. Rispondergli con un sorriso sembra prolungare quello del piccolo che, mentre si dimena allegramente, emette brevi suoni gutturali. Se i genitori imitano questo suono, può succedere di vedere il piccolo fermarsi con espressione sorpresa, provare a riprodurre quei suoni e, se non ci riesce, interrompere i tentativi con un senso di frustrazione. Questo sentimento di frustrazione è secondo me la prova che il neonato è consapevole di quello che ha fatto, riconosce l'imitazione dell'adulto e desidera riprodurla, ma si scoraggia quando non riesce a essere all'altezza delle sue aspettative.

Durante la visita nel mio studio, osservo con attenzione per scoprire se i genitori e il bambino sorridono e comunicano tra loro. La maggior parte dei genitori vorrà parlare di questo nuovo incantevole tipo di dialogo. Altri racconteranno che tutte le altre attività passano in secondo piano rispetto a questa nuova deliziosa capacità di espressione. "Il mio problema", mi ha detto una volta un genitore "è che non riesco a fare nient'altro che guardarlo e giocare con lui ogni volta che è sveglio." Alcuni genitori, soprattutto quelli che hanno poco tempo a casa dopo il lavoro, sveglieranno il bambino prima di andare a letto la sera o prima di uscire la mattina per andare al lavoro per potere giocare con lui. Molti genitori riferiscono anche che il bambino dorme meglio dopo questo intervallo di gioco. Mentre parlo con i genitori nel corso della visita, colgo l'occasione per fare notare come il bambino stia cercando di attirare la loro attenzione. Quando riesce a catturarla, il suo visino si illumina, le spalle si sollevano e inizia a emettere gridolini di piacere. Il piccolo sa di essere riuscito nel suo intento!

Quei neo-genitori che trovano il modo di preoccuparsi di quasi tutto talvolta chiedono se possono "esagerare" con il gioco. "È talmente incantevole quando sorride e fa quei suoni gutturali. La costringo a continuare a giocare finché crolla e inizia a piangere. La assillo troppo?", questa è spesso una domanda che mi viene fatta a cui rispondo con l'unico consiglio possibile, cioè di stare tranquilli e continuare a divertirsi, perché quelli sono momenti molto importanti per imparare a comunicare. Se dovesse sentirne il bisogno, il bambino saprà difendersi da solo, isolandosi per un poco, se si sentirà troppo assillato, per poi magari decidere di ricominciare a giocare. Alcuni neonati manifesteranno la stanchezza con un lieve tremore o con la comparsa del singhiozzo, ma nessuna di queste due reazioni deve preoccupare. I bambini hanno un punto di saturazione oltre il quale non possono andare e, anche se sembrano desiderare di potere fare di più, in realtà non possono. La frustrazione è una forza potente che spinge a imparare, e al bambino deve essere data la possibilità di gestirsi da solo questo sentimento.

Alcuni genitori di neonati che hanno due mesi di vita mi chiedono se il bambino ha già imparato a piangere per richiamare la loro attenzione; a loro rispondo affermativamente. I bambini sviluppano fiducia e ripongono delle aspettative nei genitori che rispondono loro prontamente, e questo è un segno di apprendimento e di attaccamento da parte del bambino. Chi non desidera una persona che ti fa ridere, che ti canta canzoncine, ti culla, ti stringe fra le braccia e ti sorride – in altre parole una persona che è già follemente innamorata di te?

Carattere

Durante questa seconda visita, il modo in cui il bambino reagisce all'essere toccato e mosso sarà più evidente. Chiedo ai genitori di osservare insieme a me l'attività del bambino: il modo in cui reagisce all'essere toccato, ai suoni, all'essere svestito, e così via. A questa età è possibile distinguere i bambini tranquilli da quelli più vivaci; il loro carattere si è ormai già manifestato. Ciascuno di questi bambini, soprattutto quelli dai caratteri estremi, richiede un particolare adattamento dei genitori. Nel mio libro *Infants and Mothers* discuto di questi adattamenti e delle marcate differenze individuali tra i neonati nel primo anno di vita.

Durante il processo di adattamento al loro bambino, i genitori possono trovare utili le varie osservazioni sulla sua vivacità, la soglia di risposta alle sollecitazioni esterne, le acquisizioni motorie, la capacità e lo stile personale di autocontrollo dei bambini. Se osservo attentamente e parlo con i genitori del linguaggio del bambino – che è anche il suo modo di comportarsi – saranno più disponibili a manifestare i loro dubbi e le loro domande sul piccolo e sul loro ruolo di genitori. Mentre giochiamo insieme con il piccolo, spesso possono venire a galla preoccupazioni più profonde.

Per esempio, un neonato ipersensibile può costituire una difficile sfida per qualunque genitore e può far nascere apprensioni sul suo sviluppo. Un neonato che risponde ai tentativi giocosi intesi a strappargli un sorriso, oppure alle coccole, con reazioni motorie frenetiche e pianto inarrestabile può essere tremendamente frustrante, anche per genitori esperti ed equilibrati.

Quando i genitori cercano di giocare con un neonato ipersensibile, questi potrebbe reagire inarcando il corpo all'indietro e distogliendo lo sguardo, o potrebbe avere manifestazioni fisiche come rigurgiti o addirittura vomito. Tutti gli organi e apparati del suo piccolo organismo daranno segni di avere ricevuto una eccessiva stimolazione. Con un bambino simile i genitori devono imparare tecniche delicate di gioco dolce e tranquillo, in un'atmosfera serena che non disturbi l'attenzione del piccolo. I contatti con un bambino ipersensibile possono avvenire tramite una sola delle seguenti azioni per volta – o gli si parla sommessamente, o lo si guarda dritto in viso oppure lo si culla delicatamente. Appena inizia ad abituarsi a ciascuna di queste modalità di accudimento comportandosi in modo più tranquillo, si può provare ad aggiungerne cautamente un'altra, fino a che tutte e tre gli vengono proposte contemporaneamente. In questo caso il bambino si mostrerà capace di reagire adeguatamente a esse. Imparare ad accettare e a combinare le tre azioni è una grande conquista per un neonato così vulnerabile. Qualche volta posso aiutare i genitori in questo difficile procedimento chiedendo loro di osservarmi mentre muovo il bambino, nel rispetto della sua bassissima soglia di risposta a simili esperienze. Inizio semplicemente tenendo il neonato in braccio, senza guardarlo e senza parlargli. Tutte le volte che lo muovo, anche delicatamente, reagirà probabilmente sussultando e irrigidendosi. Aspetto finché non si sarà rilassato, poi lo guardo. Anche questa volta si irrigidirà per un breve periodo. Quando inizia a rilassarsi di nuovo gli parlo con un tono cantilenante e riposante, fino a che non si sarà nuovamente rilassato e non guarderà verso di me. Può capitare che mentre gli parlo e lo guardo e lo cullo dolcemente si metta a sorridere e a emettere suoni gutturali. Se questo tentativo ha successo, suggerisco ai genitori di riprovare gli stessi lenti passaggi in mia presenza oppure a casa loro. Li esorto a non aggiungere altre proposte fino a quando il bambino non farà capire loro di essere pronto. Quando il suo corpicino si irrigidisce, per poi rilassarsi, il bambino comunica di stare elaborando le informazioni ricevute e ricorda ai genitori quanto sia difficile per lui non sentirsi iperstimolato. Con una proposta nuova per volta i genitori possono insegnare progressivamente al piccolo ad acquisire informazioni dal mondo esterno, senza escluderlo da sé.

Mentre discutiamo sui vari modi per entrare in relazione con un neonato ipersensibile, cerco anche di spiegare ai genitori che la loro preoccupazione e impazienza nell'accudimento, del tutto normali in genitori affezionati quali loro sono, possono essere proprio le cause che sovraccaricano un bambino così ipersensibile. Se riescono a riconoscere la sua fragilità e a rispettarla, adeguando il loro profondo desiderio di stabilire un contatto e di giocare con il bambino alle sue esigenze, sarà possibile instaurare progressivamente un nuovo tipo di rapporto tra loro (si veda anche il Capitolo 26).

Anche un bambino tranquillo e guardingo può spaventare i genitori. Questo tipo di bambino adotta un'espressione accigliata tutte le volte che i genitori cercano di entrare in rapporto con lui. Se i genitori gli parlano con un tono troppo elevato il piccolo distoglie lo sguardo da loro come se fossero persone che non desidera ascoltare. Ogni tentativo fatto per mettersi in contatto con un bambino simile sembra terminare con un fallimento, e questo potrebbe far nascere in un neo-genitore desideroso di contatti la sensazione di essere rifiutato.

Quando parlo con genitori di bambini simili, consiglio loro di avvicinarsi al bambino lentamente e senza parlare, di non guardarlo dritto in viso mentre lo tengono in braccio, di toccargli delicatamente le gambe e di lasciargli stringere le loro dita nella manina. Quando sentono che il bambino allenta un poco la presa, i genitori possono provare a guardarlo dritto in viso. Se si irrigidisce e gira la testa dalla parte opposta, significa che hanno agito con troppa premura e dovranno aspettare un poco prima di provare un'altra volta. Quando il bambino sosterrà il loro sguardo per un periodo più lungo bisogna sforzarsi di aspettare fino a che non si sarà rilassato nuovamente, prima di iniziare a parlargli sommessamente. Se l'espressione del piccolo si anima e lui prova a rispondere ai genitori, si può provare ad alternare le nostre vocalizzazioni alle sue fino a che il piccolo non si stancherà e non distoglierà la sua attenzione. I genitori non devono sentirsi rifiutati, ma devono invece capire che hanno a che fare con un bambino molto sensibile a cui va proposta una cosa alla volta. Quando ne avrà accettata una, se ne potrà proporre un'altra molto delicatamente, fino a che imparerà nel tempo a gestire gli stimoli senza tirarsi indietro. E ovviamente non mancheranno le gratificazioni per i genitori nel vedere un bambino tranquillo, attento, perfino grato per il rispetto che avranno mostrato nei suoi confronti. Il nostro scopo è quello di fare crescere il bambino con la sensazione che le persone rispettano la sua tranquillità e la sua riservatezza, tutte cose di cui ha bisogno a causa di un sistema nervoso facilmente ipereccitabile. Jerome Kagan, della Harvard University, ha condotto una ricerca interessante seguendo dei bambini timidi e sensibili fino all'età scolare, e ha scoperto che molti di loro hanno successivamente sviluppato attitudini artistiche e intellettuali.

Capacità motorie

A sei-otto settimane di vita molti neonati sanno controllare i propri movimenti, anche se solo limitatamente. Invece di muoversi con sussulti e scatti, cosa che ostacolava in precedenza i tentativi di movimento, il neonato riesce adesso a controllare braccia e gambe. Riesce a stare nella culla in posizione supina, agitando braccia e gambe. Se gli si sfiora la mano con un oggetto il neonato appare interessato e la mano sfiorata si muoverà a scatto verso di esso. Molto prima di riuscire a prendere con successo un oggetto, tutti i movimenti che gli renderanno possibile afferrare un oggetto sono già presenti. Il neonato riesce adesso a girare efficacemente la testa verso un lato preferito e a portarsi il pugnetto in bocca per tranquillizzarsi. Sviluppare un tale controllo dei movimenti ha richiesto due mesi, e i genitori possono osservare il bambino tutte le mattine mentre sperimenta le sue nuove competenze disteso nel lettino.

Quando un neonato di questa età viene tirato su per le braccia fino a fargli assumere la posizione seduta, la testa resterà indietro solo per un breve momento; infatti il piccolo adesso sa tenerla in linea con il resto del corpo anche se per pochi minuti. Quando viene adagiato a pancia in giù riesce a sollevare la testa dal letto per liberare le vie respiratorie, e infine quando viene messo in posizione eretta presenta ancora il comportamento automatico della marcia anche se è più difficile evocarlo adesso rispetto a quanto non lo fosse alla nascita. I genitori potranno notare come i comportamenti automatici presenti alla nascita vanno progressivamente scomparendo, mentre si sviluppano comportamenti più volontari.

Capacità cognitive

Essendo esseri umani, i genitori reagiscono con grande entusiasmo ai primi segnali di apprendimento intelligente dei loro bambini. Intorno alle sei-otto settimane i neonati hanno già sviluppato il senso di aspettativa. Per esempio quando il bambino viene sollevato in posizione inclinata di 30 gradi, sa già che questa posizione significa interazione, e si porrà prevedibilmente in stato di allerta. Mentre esamino un bambino mi piace cogliere in che momento produrrà sorrisi e vocalizzi, e inoltre voglio osservare la sua capacità, a otto settimane di vita, di distinguere tra la madre, il padre e un estraneo.

Nel nostro laboratorio al Children's Hospital di Boston è possibile osservare i comportamenti di un neonato registrati in un filmato in videocassetta della durata di un paio di minuti. Osservando le dita delle mani e dei piedi, le mani, i piedi e le espressioni del viso siamo davvero in grado di dire con quale persona sta interagendo. Infatti, di fronte alla madre i suoi movimenti sono calmi e ciclici, le mani e i piedi, persino le dita delle mani e dei piedi, si estendono verso di lei e si ritraggono in media quattro volte al minuto, in cicli tranquilli, mentre l'espressione del viso si anima teneramente. Mentre la madre lo guarda il bambino distoglie lo sguardo a intervalli di quattro volte al minuto. Con il padre invece ogni parte del corpo reagisce in modo diverso. Il corpo entra in tensione e sussulta, il viso si anima, le sopracciglia si sollevano, la bocca si apre in un largo sorriso, le dita delle mani e dei piedi, le braccia e le gambe scattano in direzione del padre come in attesa di un'interazione giocosa da parte di quest'ultimo. Infine nei miei confronti, essendo io un estraneo, all'inizio la sua espressione si anima, poi distoglie lo sguardo o mi osserva come se avesse riconosciuto in me un estraneo, con lo stesso sguardo fisso che riserva agli oggetti. Quindi, osservando attentamente, abbiamo visto che un neonato di sei-otto settimane di vita è capace di distinguere tra noi tre adulti presenti. Mi piace far notare ai genitori queste sottili differenze comportamentali, così loro possono imparare a osservare il loro bambino.

A questa età gli oggetti diventano più affascinanti. Un gioco in movimento diventa fonte di grande divertimento, e il neonato lo osserva per periodi sempre più lunghi, cercando perfino di rimanere sveglio mentre lo fa. In questo periodo i neonati si osservano anche le mani, ruotandole ripetutamente davanti ai propri occhi. In questo modo imparano la coordinazione mano-occhio, che sarà d'aiuto quando si svilupperà la capacità di afferrare gli oggetti sotto controllo visivo, cioè intorno ai quattro mesi. In quel periodo impareranno rapidamente a raggiungere con precisione un obiettivo, grazie anche agli esercizi fatti durante queste prime settimane di vita. Dai quattro ai cinque mesi, quando un lattante riesce a raggiungere gli oggetti con successo, sarà in grado di mantenere le mani sotto il controllo della visione periferica e farle agire con precisione.

Guardare avanti

Ritornare al lavoro? "Dovrò pensare quanto prima di ritornare al lavoro. Il congedo finirà tra quattro settimane, anche se non riesco proprio a sopportare l'idea. Mi hanno proposto di rimanere a casa ancora un mese ma senza stipendio, ne vale la pena?", questa domanda, formulata così o in qualunque altro modo, mi viene rivolta spesso prima della fine di questa visita. Il momento del ritorno al lavoro della madre solleva problemi molto importanti. Se lei ha programmato di lasciare il bambino a una terza persona, è necessario affrontare l'argomento della separazione, e anche quello della preoccupazione su come sarà accudito il bambino. Se sarà il padre a condividere le cure del bambino vorranno discutere dell'organizzazione. Se è prevista la presenza di una baby-sitter o di un'altra persona in casa, l'ideale sarebbe che incontrassi anche questa persona.

Tenendo conto delle condizioni finanziarie dei genitori, incoraggio la madre a rimanere a casa dal lavoro per almeno quattro mesi. Quattro mesi con il bambino le danno il tempo di superare i tre mesi in cui può manifestarsi quello stato di irritabilità già descritto e di godersi un mese piacevole con il piccolo, un mese di sorrisi e di vocalizzi. Se dovrà dividere queste nuove conquiste con un sostituto, sarà per lei molto duro da accettare. Talvolta i genitori che avevano pianificato per tempo un'assistenza giornaliera o la presenza di una tata / baby-sitter in casa possono scoprire che nel frattempo hanno cambiato idea. "Non riesco proprio ad accettarlo" disse una volta una madre. "Ogni volta che penso di lasciare il bambino vado in tilt e mi sento oppressa solo al pensiero di ciò." I genitori devono valutare questi loro importanti sentimenti alla luce della necessità di mantenere due stipendi o all'esistenza di pressioni da parte del datore di lavoro. Questa è certamente una delle decisioni più difficili da prendere. Quando i genitori, che devono affrontare l'aspetto negativo e l'aspetto positivo che il ritorno al lavoro comporta, ne discutono apertamente con me con un certo anticipo, mi rendo conto di avere raggiunto un *Touchpoint* fondamentale del nostro rapporto e della loro crescita.

Se i genitori hanno entrambi la necessità di tornare al lavoro con impegno full-time, li incoraggio allora a prendersi tutto il tempo necessario per trovare la persona giusta che dovrà sostituirli in questo delicato compito. Hanno bisogno di qualcuno di loro gradimento e di cui possano fidarsi, e l'ideale sarebbe potere vedere prima questa persona alle prese con altri bambini. È importante anche prendere in considerazione cosa proveranno nei confronti di una persona che si prenderà cura del loro bambino e lo dividerà con loro. Ricordo sempre ai genitori che più brava e competente sarà la persona che si prenderà cura del piccolo, più è prevedibile che potranno sviluppare sentimenti di gelosia nei suoi confronti. Sembrerebbe quindi quasi ovvio esortare i genitori a trovarsi qualcuno di cui potere essere gelosi. Ma i genitori dovrebbero anche trovare qualcuno che si preoccupi di loro e del loro adattamento. I genitori devono potere prendere parte alle decisioni che riguardano il loro bambino, chiunque sia la persona che se ne occupa. Nel mio libro, *Working and Caring*, affronto nel dettaglio ciascuno di questi argomenti. In caso di ricorso quotidiano a una terza persona, il rapporto bambini-adulti è cruciale – non più di tre bambini per adulto. È certamente caro, ma è cruciale per il bambino e per la tranquillità dei genitori.

Talvolta i genitori mi chiedono per quanto tempo consiglierei di rimanere a casa se avessero la possibilità di scegliere liberamente. Se devo essere sincero, se fosse possibile consiglierei un anno intero. Al secondo anno di vita un bambino può stare con compagni di gioco e quindi l'essere inserito in un gruppo non risulterebbe per lui molto stressante. Ma prima di arrivare a questa possibilità, la situazione ottimale sarebbe quella in cui uno solo o entrambi i genitori possano lavorare part-time, in modo che almeno uno dei due sia a disposizione del bambino per gran parte della giornata.

Questa eventualità è per me importante tanto per lo sviluppo dei genitori quanto per quello del piccolo.

Se una famiglia si può permettere questa opzione, cerco di aiutarli a programmare le cose per bene. Per esempio una madre che allatta può prevedere di continuare ad allattare, magari tirandosi il latte durante il lavoro e somministrandolo poi al bambino all'ora di pranzo: sia lei sia il piccolo ne trarranno beneficio. È bellissimo per una madre potere attaccare il bambino al seno quando torna a casa dal lavoro.

Inoltre se le madri (o i padri) hanno in programma di restare a casa per un certo periodo, li esorto tuttavia a rispettare la necessità di ritagliarsi del tempo per se stessi. Dopo questi grandi cambiamenti di vita legati alla maternità e alla paternità, hanno senza dubbio bisogno di ri-consolidare la loro relazione passando del tempo insieme. Potrebbe essere questo il motivo giusto per pensare a una baby-sitter e passare del tempo senza il bambino; anche poco tempo sarà abbastanza per loro. È pertanto di vitale importanza per i genitori trovare una baby-sitter di cui fidarsi.

La difficoltà a separarsi dal bambino può essere l'ostacolo più significativo per dei genitori che devono lasciare il figlio. Il bambino potrebbe sentire la loro mancanza, ma è certo che i genitori si sentiranno persi senza di lui. I genitori hanno bisogno del bambino più di quanto possa sembrare che il piccolo abbia bisogno di loro. I neo-genitori hanno bisogno di prepararsi a questi sentimenti, peraltro del tutto normali. Brevi periodi di assenza possono aiutare a tenere questi sentimenti di separazione e di abbandono sotto controllo. Quando lasciano il bambino per la prima volta, alcune madri preferiscono tornare a casa per ogni poppata. Comunque, se proprio necessario, la madre potrebbe tirarsi il latte prima di uscire da casa e lasciarlo alla baby-sitter.

Qualche volta le madri domandano se il bambino le riconoscerà ancora dopo che lo avranno lasciato a un'altra persona per tornare al lavoro, e io le rassicuro dicendo che le riconoscerà certamente e che lo dimostrerà attraverso i movimenti e i ritmi particolari che hanno imparato insieme. Una madre deve osservare questi segnali in modo da non sentire tanto la sensazione di separazione dal figlio.

Durante questa visita i genitori mi chiedono spesso se possono portare il bambino con loro quando escono per una passeggiata o per andare in ufficio. È ovvio che possono, ma ricordo loro che potrebbe sorgere qualche problema nel portare il bambino in posti molti affollati, in quanto altre persone potrebbero avere infezioni che i piccoli possono contrarre. Sarebbe una buona idea evitare a persone sconosciute o raffreddate di tenere in braccio il bambino o di chinarsi su di lui per farlo giocare. Si sa che tutti vorrebbero prendere in braccio un bambino piccolo. A tutti i genitori a spasso con il proprio bambino è capitato di incontrare qualche anziana signora (ma anche qualche signore) che hanno cercato di prenderlo in braccio, e a cui è talvolta capitato di starnutire proprio in faccia al piccolo. A tutte queste persone, sicuramente ben intenzionate ma senza dubbio invadenti, vorrei poter dire: "Spiacente, è meglio di no, e mi creda se le dico che lo faccio per il Suo bene. Sa, il mio bambino è sotto controllo per una grave infezione – sifilide o encefalite, temo". Di sicuro nessuno vorrà più prenderlo in braccio.

6

QUATTRO MESI

Nei tanti anni di lavoro, ricordo di avere sempre atteso con trepidazione la visita prevista a quattro mesi di vita. I genitori e il bambino sono adesso "un unico elemento", in quanto i legami affettivi stanno trasformando saldamente tre o più individui in una famiglia. Anche i neo-genitori si mostrano più sicuri a questa visita. Il bambino arriva nello studio portato indifferentemente da uno dei due genitori i quali, sedendosi in sala d'aspetto, sistemano la carrozzina del bambino davanti a loro per potergli sussurrare paroline sommesse con vocina infantile. Se dorme lo svegliano per fargli ripetere tutto quello che ha imparato a fare, mentre guardano le altre persone vicine per verificare se stanno notando e ammirando questo straordinario loro prodotto. Gli ignari astanti della sala d'aspetto vengono deliziati con gli ultimi prodigi del piccolo. E siccome questo atteggiamento dei genitori è alquanto frequente, è probabile che amici e colleghi di lavoro siano già alquanto annoiati dai loro racconti sulle imprese del figlio.

Una volta entrati nel mio studio entrambi i genitori tendono a stuzzicarlo e a parlargli con tono infantile per stimolare una delle adorabili risposte del bambino. Quando arriva il momento di svestirlo, i genitori mi tengono sotto controllo per essere sicuri che lo muovo correttamente. Se gli pratico una vaccinazione, trasalgono al momento della puntura e subito dopo lo strappano via da me. Adesso hanno imparato a conoscerlo bene e sono all'apice della loro relazione amorosa verso di lui. Tutto questo è davvero bello per me da vedere e gioisco nell'osservare il bambino mentre interagisce con i genitori. Il piccolo avrà con ciascuno dei due genitori comportamenti ancora più nettamente diversi rispetto alla visita precedente – tranquilli con la madre, scattanti e giocosi con il padre. Sorriderà ed emetterà suoni diretti verso di me fino a quando ci troveremo ai due lati della scrivania, ma scoppierà in lacrime se mi avvicinerò troppo o se mi chinerò verso di lui per esaminarlo. Io e il mio studio siamo per lui elementi estranei, e il suo comportamento rappresenta l'inizio della consapevolezza di ciò che gli è sconosciuto. Questa consapevolezza giunge a mano a mano che il bambino fa progressi nello sviluppo cognitivo. Mi esamina per confrontarmi con le figure familiari del suo mondo – genitori, fratelli, baby-sitter.

Il nuovo intenso sentimento di paternità e maternità può prendere totalmente alcuni genitori. "Non riesco a parlare o a pensare a nient'altro che al mio bambino. I miei amici non sposati non ne possono più di me. Quando lo porto in giro tendo sempre a esibirlo. Sono diventata/o per caso narcisista?" Rassicuro i genitori dicendo che questo turbine di sentimenti non è altro che innamoramento. I genitori sono talmente innamorati da pensare che il bambino sia una parte di loro. Ogni nuova conquista realizzata dal piccolo viene sentita come se fosse loro, e parallelamente a ciò hanno la sensazione meravigliosa di vedere all'opera un piccolo essere umano mentre sta imparando qualcosa di nuovo. Guardare così dettagliatamente il bambino mentre impara è per i genitori una cosa molto affascinante. Appare chiaro che i genitori sono totalmente presi dal bambino. Chiunque abbia avuto un bambino conosce questo sentimento e dal punto di vista di un pediatra posso dire che è la cosa migliore che possa capitare. Questo profondo attaccamento diventerà un'ancora per un'infanzia sicura.

Ma nel frattempo questa nuova famiglia ha dovuto affrontare molte altre cose. In soli quattro mesi la famiglia ha dovuto riorganizzarsi, e adesso ogni membro è più sicuro del proprio ruolo. Il difficile adattamento necessario per conoscere il piccolo è stato ormai superato. Il periodo di irritabilità alla fine di ogni giornata ha lasciato il posto a una fase di intensa comunicazione, e questo momento della giornata, temuto fino a poco tempo prima, diventa adesso il periodo più eccitante dedicato al gioco. Se il pianto o le "coliche" costituiscono ancora un problema è necessario discuterne le cause scatenanti.

Dopo avere condiviso l'esuberante contentezza dei genitori per il loro bambino, posso ascoltare le preoccupazioni relative all'alimentazione e al sonno. L'evoluzione del comportamento del bambino offrirà ai genitori le possibili alternative da scegliere nell'organizzazione giornaliera dell'alimentazione e del sonno. Utilizzo questo *Touchpoint* per aiutare i genitori a comprendere dal punto di vista del bambino i problemi che sorgeranno. Infatti se riescono a capire le sue esigenze di sviluppo potranno fare le scelte necessarie per prevenire i problemi legati all'alimentazione e al sonno.

Nel campo dell'alimentazione, le normali routine subiranno interferenze per il sorgere di nuovi interessi – il bambino vorrà infatti guardarsi intorno e ascoltare. Non resterà a lungo attaccato al seno o al biberon e potrebbe perfino diventare difficile dargli da mangiare. I genitori potrebbero pensare che si tratta di una loro incapacità, ma se riescono a considerare questo breve periodo (una-due settimane) come un eccitante slancio di conoscenza e di interesse per l'ambiente circostante che può interferire con l'alimentazione, non lo prenderanno come un fallimento da parte loro.

Nel campo del sonno, è utile istituire dei rituali che possano servire per prima cosa a fare capire al bambino quando è il momento di andare a dormire, e a dormire per un periodo di otto-dodici ore senza svegliarsi. A questo punto della crescita il sistema nervoso centrale è abbastanza sviluppato da consentire un periodo più lungo di sonno. Aiutare i genitori a comprendere i cicli di sonno del bambino li preparerà a indirizzarlo verso uno schema di sonno indipendente. Come si vedrà qui di seguito, questi nuovi problemi relativi all'alimentazione e al sonno sono argomenti che i genitori e il medico devono discutere prima che si manifestino, piuttosto che dopo la comparsa del problema.

Alimentazione

L'avere degli orari ormai stabiliti rende nuovamente possibile ai genitori la conduzione di una vita normale. Il bambino non sente più la necessità di scegliere da solo gli orari delle poppate. È possibile svegliarlo la mattina per adeguare le sue esigenze agli orari della famiglia, e può essere gestito con poppate ogni tre-quattro ore, inframmezzate da un sonnellino a metà mattina e uno nel pomeriggio. Cinque poppate al giorno rientrano nella media a questa età. L'ultima poppata può essere stabilita dai genitori subito prima dell'orario in cui vanno solitamente a dormire. Se il bambino acquisisce regolarità, risulta conseguentemente possibile per i genitori riconoscere quando si verifica un cambiamento, mentre se è irregolare, è più difficile per loro riuscire a capirlo. Per questo motivo incoraggio i genitori a guidare il bambino verso una precisa organizzazione dei ritmi della giornata. Se acquista peso e cresce florido con l'allattamento materno o artificiale, i genitori possono essere sicuri del fatto che queste nuove regole gli vanno bene.

Una madre che è già tornata al lavoro può tirarsi il latte una o due volte al giorno e portarlo a casa per il suo bambino, in modo che la persona che si prende cura di lui possa darglielo il giorno dopo. Lei e il bambino possono godersi altre tre poppate – una al mattino prima di andare al lavoro, una al pomeriggio quando rientra a casa e una terza prima di andare a dormire. È importante per la sua riserva di latte svegliare il bambino per la terza poppata alla fine di una giornata di lavoro. È per entrambi una cosa meravigliosa quando la madre tornando a casa si dedica al bambino per un'intima poppata. Questo significa ritagliarsi dei "momenti di gran valore"!

È sempre sorprendente per me rilevare come il seno di una donna possa adattarsi alla crescente richiesta del bambino. Nel corso di questi primi mesi, il piccolo deve avere più che raddoppiato il peso che aveva alla nascita e deve essere cresciuto di 10-12 cm. Il seno è un organo dotato di straordinarie capacità di adattamento, e starà al passo con quello che il bambino gli richiede. Anche dopo che l'orario delle poppate si sarà regolarizzato in un prevedibile schema di tre-quattro ore, ci saranno dei giorni irregolari in cui il bambino chiederà di mangiare ogni due ore. Queste irregolarità disturbano l'equilibrio raggiunto dal seno, ma mangiando più spesso il bambino stimola il seno a produrre latte più ricco e in quantità maggiore.

Quando questi periodi di richiesta di più poppate continuano per una o più settimane, e se il bambino ha più di quattro mesi, è arrivato il momento di prendere in considerazione la somministrazione di cibi più complessi che si possono definire anche cibi diversi dal latte o cibi solidi. All'incirca in questo periodo della loro vita i bambini cominciano ad avere bisogno di un'alimentazione che possa supplementare il solo latte. La American Academy of Pediatrics ritiene che quattro mesi siano l'età giusta per iniziare a mangiare cibi solidi (oggi la raccomandazione condivisa a livello internazionale è quella che l'età giusta siano i 6 mesi). La tendenza in voga venti anni fa di introdurre cibi solidi nell'alimentazione del lattante prima dei quattro mesi è stata abbandonata. Questa tendenza si basava sul credo che iniziandone precocemente la somministrazione i genitori potevano evitare il rifiuto dei cibi solidi che si pensava potesse verificarsi nei lattanti più grandi. In ogni caso, il sistema di suzione del lattante non si adatta bene all'atto di deglutizione volontario fino a dopo i tre mesi.

Deglutire cibi solidi, somministrati con un cucchiaino, è un grosso processo di transizione per un neonato. Quando assaggiano per la prima volta i cibi solidi molti bambini si irritano, sputacchiano, sbavano e li rifiutano. I genitori ci chiedono se non sia il caso di cominciare con il dargli qualcosa di dolce, in quanto sembra che gli alimenti salati non gli piacciano. Ovviamente il primo cibo solido dovrebbe essere di consistenza semiliquida o cremosa: è infatti probabile che il problema per il bambino non sia costituito dal gusto. La vera sfida per il bambino sta nell'imparare a deglutire invece di succhiare, azione già familiare per lui. Ogni nuova conquista richiede del tempo, quindi c'è da aspettarsi che un lattante reagisca con fastidio ai cibi solidi per la prima settimana. Un genitore dovrebbe non fare caso alla quantità di cibo che ingerisce ma considerare questo come un periodo in cui il bambino impara a deglutire. Il loro ruolo è quello di insegnare al piccolo come fare, pazientemente e lentamente. Ovviamente il bambino deve stare in posizione eretta, altrimenti potrebbe inalare il cibo. Certamente metterà le mani dentro il cibo, lancerà via il cucchiaio e userà le dita per aiutarsi a mandarlo giù. Le mani sono un elemento di esplorazione importante a questa età, pertanto se fossi un genitore non gliele legherei ma indosserei un indumento per ripararmi e lo lascerei esplorare.

I genitori dovrebbero introdurre un nuovo cibo solido per volta. Un intervallo di una settimana tra un cibo nuovo e l'altro è importante per scoprire se il bambino è allergico a uno di essi. Prima dei sei mesi, un bambino potrebbe non avere manifestazioni immediate di eventuali intolleranze a un cibo. L'intolleranza, che si manifesta solitamente sotto forma di eczema o di disturbo gastrico, potrebbe inoltre non comparire subito dopo l'assunzione di cibo. A mano a mano che si avvicina ai sei mesi, il bambino manifesterà un'eventuale allergia nell'arco di pochi giorni, pertanto l'assunzione di cibi solidi diventa più sicura dopo i sei mesi. Prima di quel momento potrebbe essere necessaria più di una settimana per individuare una intolleranza alimentare. I genitori possono prevenire l'allergia al cibo agendo con molta cautela a questa età. Evitare le sensibilizzazioni ai cibi previene le allergie. Quando si scatena una reazione allergica è molto più difficile trattarla. Se il bambino risponde negativamente nell'arco di una settimana, il cibo può semplicemente essere eliminato (Si veda allergie al Capitolo 14).

Sarebbe una buona idea iniziare con una pappa a base di un solo cereale alla sera. I cereali misti sono rischiosi, perché contengono tre o quattro fattori potenzialmente allergizzanti. I genitori dovrebbero introdurre solo cereali per le prime due settimane finché il bambino ha imparato a deglutire. Se la pappa gli viene data di sera, prima del latte, è probabile che venga accettata più facilmente e inoltre porterebbe al bambino uno stato di maggiore sazietà che lo aiuterebbe a dormire più a lungo di notte. Successivamente si può aggiungere un frutto da mangiare al mattino e, dopo una settimana, un vegetale a mezzogiorno. Infine si può iniziare con la carne di manzo o di pollo, una settimana dopo. Ogni pappa dovrebbe essere a base di un solo cibo per volta e non contenere altri ingredienti: pertanto i genitori dovrebbero leggere attentamente le etichette dei vasetti. Se il bambino dovesse manifestare una irritazione cutanea dopo uno di questi cibi, i genitori dovrebbero sospenderne la somministrazione e poi provare con un cibo nuovo. Se dovesse verificarsi una nuova eruzione cutanea si dovrebbe sospendere qualunque nuovo cibo.

Quando si inizia a somministrare un nuovo cibo, per esempio piselli o carote, è possibile ritrovare tracce di questi cibi, dal colore verde o arancio brillante, direttamente nelle feci del bambino. I genitori non si devono preoccupare, perché questi cibi non vengono completamente digeriti all'inizio in quanto l'intestino si deve abituare a ogni nuova assunzione. Intorno ai cinque-sei mesi un tipico schema alimentare quotidiano potrebbe essere il seguente:

7:00 latte
8:30 frutta
12:00 carne, vegetali e latte
15:00 succo di frutta o altro liquido
17:00 pappa ai cereali
18:30 latte
22:30 quarta poppata di latte

Separando i pasti solidi e quelli a base di latte alla fine di ogni giornata, il bambino si abitua a quattro poppate.

La capacità di recepire e di prendere coscienza delle cose che circondano il bambino, che si sviluppa intorno ai quattro mesi e mezzo-cinque di vita, renderà più movimentato ogni pasto. Questo potrebbe infastidire i genitori e generare in essi un senso di frustrazione se non sono stati preparati per tempo a quello che può avvenire. Cerco di trasformare questo problema in una opportunità per aiutare i genitori a vedere il cambiamento come normale e divertente. La bella notizia è che ogni pasto può trasformarsi in momento di gioco e comunicazione. La recente scoperta fatta dal bambino sulla capacità di presa trasformerà ogni momento dedicato all'alimentazione in un allegro gioco. Il bambino vorrà afferrare il cucchiaio, sentirà la necessità di spalmarsi il cibo sul viso e sui capelli e, se è in braccio a un adulto, lo spalmerà anche su questi. Questo genere di esplorazione è per lui tanto soddisfacente quanto l'atto del mangiare in sé e per sé. E se è vero che tutto questo rende più difficile il dargli da mangiare, è anche vero che rappresenta un segno di crescita.

A questo punto, molte mamme che allattano al seno mi dicono che il loro bambino è "pronto per essere svezzato". Quando ricordo loro che intendevano allattare per il primo anno di vita, mi rispondono: "È vero, ma lui non vuole più. Ogni volta che inizio ad allattarlo, si allontana e non vuole stare attaccato al seno. Ogni suono o movimento lo distrae. Non mangerà abbastanza a ogni poppata. Penso di non avere più latte". L'atteggiamento della madre non fa che dimostrare ulteriormente la presenza di questa nuova spinta evolutiva verso la consapevolezza cognitiva. Il bambino è improvvisamente consapevole delle immagini e dei suoni percepiti in un modo del tutto nuovo. Dato che ogni nuovo suono o nuova immagine lo distrae, è difficile dargli da mangiare, e nel girarsi verso la provenienza dell'interesse si tira dietro anche il seno a cui è attaccato. Ogni nuova proposta richiama la sua attenzione. Per esempio i bambini si eccitano davanti a nuovi giocattoli, letteralmente smaniando nell'ansia dell'attesa quando vedono qualcosa di nuovo.

Le madri che hanno assaporato la calda ininterrotta intimità dell'allattamento al seno si sentono spesso abbandonate a questo punto dello sviluppo del loro bambino. Questa nuova indipendenza del piccolo e la concentrazione su cose diverse da lei vengono vissute come un abbandono. Fino a questo momento la madre ha potuto pensare a se stessa e al bambino come a un'unica entità.

Adesso non più. Infatti psicoanalisti come Margaret Mahler hanno parlato di bambini che "si schiudono" in questo periodo, o anche di "nascita psicologica" diversi mesi dopo quella fisiologica. Se le madri non riconoscono cosa sta accadendo, possono rattristarsi e sentirsi frustrate. Si sentono come se stessero perdendo quella meravigliosa storia d'amore che hanno sviluppato. Non riconoscono la separazione come una spinta nell'autonomia del bambino. Alcune decidono persino di rimanere nuovamente incinte per riempire il senso di vuoto percepito.

Quando ho l'impressione che le madri stiano vivendo questo sentimento faccio notare che il bambino non sta perdendo interesse nell'allattamento al seno, ma è soltanto preso da molti nuovi interessi competitivi, che sono temporaneamente più importanti della familiare routine dell'allattamento al seno. Questa nuova spinta di interesse verso il mondo dura una o due settimane, dopo di che i bambini torneranno al seno con rinnovata energia. Non c'è motivo di rinunciare all'allattamento. La madre può consentire al bambino di guardarsi intorno e di esplorare, e può persino dargli un giocattolo da maneggiare mentre allatta. Durante questo periodo le poppate quotidiane possono non stimolare sufficientemente le riserve di latte. Il bambino potrebbe essere troppo eccitato durante il giorno e non mangiare adeguatamente, pertanto per ovviare a questo inconveniente la mattina e la sera le poppate dovrebbero avere luogo in una stanza tranquilla e non troppo illuminata in cui non ci siano altri interessi che possano attrarre il bambino. Un accorgimento che potrebbe aiutare a mantenere la produzione di latte in questo periodo. I bambini adesso preferiscono spesso i cibi solidi, perché la situazione che si crea durante questi pasti è più complessa e loro possono sentirsi più coinvolti mentre vengono nutriti. Allattare al seno potrebbe rivelarsi troppo passivo in questo periodo, e i bambini a quest'età sono tutt'altro che passivi! Il neonato tranquillo e cooperativo è diventato un turbine di attività. È molto più eccitante capire e conquistare tutto un nuovo mondo.

I pasti non sono più momenti facili per i genitori. Le distrazioni possono essere una vera minaccia per l'istinto insito in tutte le madri, che ritengono loro compito fondamentale quello di dare cibo al bambino. Se i genitori riescono a comprendere cosa c'è dietro la distrazione del bambino e il suo rifiuto del cibo all'ora dei pasti non dovranno sentirsi in errore. Anche sostenere il desiderio del bambino per l'apprendimento è una parte vitale dell'essere genitori.

Quando cominciano a mangiare cibi solidi, alcuni bambini chiedono meno latte e si aspettano i cibi solidi tutte le volte che devono mangiare. Alcune volte mi sono chiesto se questa scelta non venga scoraggiata da una madre che allatta e che è gelosa di dare da mangiare qualsiasi altra cosa che non sia il suo latte. Quella cucchiaiata di pappa ai fiocchi di riso è il primo passo di allontanamento dalla completa unione idilliaca che lega una madre che allatta e il suo bambino. "Mi rattrista davvero l'idea che ha bisogno di tutto tranne che di me", disse una madre. "È stato così piacevole averla completamente alle mie dipendenze." Molte madri che vivono questa situazione ritengono meglio prima allattare, poi dare cibi solidi.

Altre madri manifestano sentimenti del tutto diversi: "Finalmente posso iniziare i cibi solidi. Tutti le mie amiche hanno iniziato mesi fa e i loro bambini sono molto più avanti del mio". Quando chiedo cosa intendono dicendo "avanti", potrei sentirmi rispondere: "Be', pesano di più, e conoscono più gusti. E poi non si soffocano con il cucchiaio come fa il mio". Rispondo dicendo che i bambini grassi non sono più sani, e i cibi solidi possono apportare più grasso ai bambini. Inoltre il soffocamento è una reazione normale nell'acquisizione di una nuova capacità. Il vero problema per i genitori è capire se vogliono crescere il bambino con un atteggiamento competitivo nei riguardi di quelli dei loro amici che hanno fatto più progressi. Cerco di sollevare il problema nel rispetto dell'universale desiderio dei genitori che il loro bambino sia "il migliore", più perfetto degli altri. Questo aspetto naturale dell'affetto dei genitori può condizionare il difficile processo di adattamento al nuovo compito di genitore che devono affrontare. Quando i genitori sembrano troppo spinti verso questa direzione, e sono privi di senso del ridicolo nei confronti di questo atteggiamento competitivo, è necessario far notare loro il prezzo che il bambino dovrà pagare a causa di tutta questa pressione esercitata da genitori competitivi.

Sonno

Arrivati ai quattro mesi di età molti neonati non hanno più bisogno della poppata a tarda serata. Perché un bambino possa dormire per tutta la notte è necessario che sia preparato ad alternare ciclicamente e più volte sonno profondo e sonno leggero. Capire questa ciclicità costituisce il nostro primo *Touchpoint* per evitare problemi di sonno. Gli esperti del sonno hanno scoperto che tutti noi alterniamo sonno profondo e sonno leggero, manifestando uno stato di sonno leggero, chiamato REM (*Rapid Eye Movement)*, ogni novanta minuti. Ogni tre-quattro ore si giunge invece a uno stato più attivo, più vicino allo stato di veglia. Il ciclo REM è caratterizzato da schemi di attività del tutto individuali. Quando un bambino giunge allo stato di sonno leggero, è probabile che si metta a strillare, che si disorganizzi, che si agiti nel letto. Se è prono la resistenza opposta dallo stesso lettino tiene solitamente sotto controllo questa attività disorganizzata. Se invece è disteso sulla schiena è probabile che inizi ad agitarsi, a muovere all'infuori braccia e gambe, a innervosirsi e a piangere. Più piange e si agita nel letto più si innervosisce. Se conosce un metodo di auto-consolazione, come succhiarsi il pollice o la coperta, o se riesce a trovare una posizione "accovacciata" che sia per lui confortevole, si assopirà nuovamente. Alcuni bambini si spingono fino all'angolo del letto, come a cercare la pressione sulla testa che avevano nel grembo materno. Un bambino attivo e vivace ha maggiori difficoltà a calmarsi. Dimenandosi nel letto sempre più nervosamente, finisce con lo svegliarsi completamente. A questo punto desidera essere preso in braccio e confortato. Non ha ancora imparato a tranquillizzarsi da solo. I genitori di un tale bambino si sentiranno costretti a intervenire per dargli tutto il conforto di cui ha bisogno per acquietarsi.

La maggior parte dei bambini riesce a calmarsi da solo dopo ogni ciclo di 90 minuti. Cicli più lunghi, cioè quelli di 3-4 ore di risveglio, sono più difficili da gestire. In questi momenti, peraltro prevedibili, i comportamenti sono decisamente più esasperati e difficili da tenere sotto controllo. Al termine di questi cicli di quattro ore i bambini giungono allo stato di veglia completa. Molti piangono come se avessero male o paura. Non sono svegli, ma si possono svegliare a causa del loro stesso comportamento eccessivo e incontrollato. I genitori trovano molto difficili questi momenti. Sentono di dovere fare qualcosa per aiutare il bambino a calmarsi. La poppata data alle dieci di sera o alle due di notte o alle sei del mattino è prevedibile sulla base di questi momenti di risveglio. Se i genitori diventano parte dello schema dei risvegli del piccolo, saranno costretti a essere presenti ogni tre-quattro ore per aiutarlo a calmarsi. Se intervengono per dargli da mangiare o per cambiargli il pannolino o per cullarlo, non imparerà a calmarsi da solo e a riaddormentarsi profondamente. Comprendere il significato di questi comportamenti ritmici e l'effetto sul bambino della risposta a essi da parte dei genitori aiuterà questi ultimi a rimanere al di fuori di un ciclo che il bambino deve imparare a gestire.

In questa importante fase, quando i genitori esprimono la loro angoscia per i risvegli notturni del bambino, è necessario per prima cosa rendere chiara la differenza tra l'aiutarlo a imparare a calmarsi e il "lasciarlo piangere". Non penso che ogni bambino debba sempre essere "lasciato piangere" per ogni cosa. Essere lasciato da solo a piangere non insegna al bambino nient'altro se non che i suoi genitori lo abbandonano quando ha bisogno di loro. Il compito dei genitori è quello di sviluppare un rituale di sostegno per l'ora del sonno e di imparare a non accorrere al primo piagnucolio. Quando un bambino viene messo a letto la sera i genitori possono cantargli qualcosa, o dargli l'ultima poppata canticchiando sommessamente in modo diverso da quanto avviene durante gli altri pasti del giorno. Poi il bambino può essere messo nel lettino prima che sia del tutto addormentato, mentre i genitori gli siedono accanto e lo accarezzano tranquillamente ma con fermezza. Se conosce una particolare "coccola" o fa uso del succhiotto si possono usare questi espedienti per aiutarlo. Un bambino al quale viene sempre consentito di addormentarsi attaccato al seno materno non impara ad addormentarsi da solo, ma impara ad utilizzare la madre per quello scopo. Come conseguenza di ciò, la notte, ogni quattro ore, quando arriva alla fase del sonno leggero, ha bisogno della madre come parte della sua modalità di riaddormentarsi.

I "problemi di sonno" sono per lo più problemi dei genitori (si veda Capitolo 37). Molti genitori sono restii all'indipendenza notturna del bambino. Posso capirlo. Ma i genitori che trovano difficile lasciare che il bambino si auto-gestisca durante la notte diventeranno parte della sua modalità di auto-consolazione quando si sveglia durante la notte. Ciò può innescare un'abitudine destinata a durare nel tempo.

Soprattutto i genitori che lavorano trovano difficile separarsi dal bambino durante la notte perché sono stati assenti da casa tutto il giorno. Un affettuoso, intimo rituale la sera e un poco di tempo per coccolarlo la mattina prima di andare al lavoro possono aiutare i genitori a gestire questo sentimento. Ma molte madri lavoratrici sentono di avere comunque bisogno del bambino durante la notte. Discutiamo questa questione e metto in evidenza il rischio che la separazione possa successivamente rivelarsi molto più difficile per il bambino. Ma si tratta comunque di una loro scelta e io la dovrò appoggiare. Alcune famiglie credono fermamente che l'intera famiglia debba dormire nel "lettone". Se i genitori tengono in considerazione questa ipotesi devono rendersi conto del fatto che una tale decisione interesserà la famiglia per molti anni a venire. Una discussione aperta su questa questione può diventare un importante *Touchpoint* tra i genitori e il medico ed evitare crisi non previste. Sebbene sul momento non sembri essere così, dormire tutti insieme è un'esigenza dei genitori, mentre imparare a dormire per tutta la notte è affare del piccolo. Se il bambino può essere aiutato ad adeguarvisi presto non diventerà un "problema" in seguito. Prima o poi i genitori non vorranno più il bambino nel loro letto. E questo potrà sembrare punitivo agli occhi del piccolo, che opporrà una normale resistenza. Anticipare il problema può prevenire un successivo "braccio di ferro".

La nostra cultura prevede che i bambini dormano separati dai genitori, e molti psichiatri sono preoccupati degli effetti a lungo termine sui bambini che dormono nel lettone dei genitori fino a quattro-cinque anni. Quando ai bambini viene consentito di dormire nel lettone dei genitori non possono essere sfrattati ogni volta che i genitori vorranno il letto per sé. Il passaggio richiederà del tempo e potrebbe rivelarsi molto più difficile che abituare il bambino a stare nel suo lettino fin dall'inizio.

In molte culture genitori e bambini dormono insieme per mancanza di spazio. In Giappone questa sistemazione viene chiamata *kawa*, "fiume". La madre rappresenta una delle due rive, il padre l'altra e i bambini in mezzo sono il fiume. Il padre lascia il letto quando nel mezzo ci sono più bambini e quando c'è dello spazio disponibile dove andare a dormire. La madre continua a dormire con i bambini fino a quando non avranno compiuto quattro o cinque anni. In alcune zone dell'Africa e del Messico meridionale il bambino dorme in mezzo ai genitori fino a che la donna non aspetta un altro bambino, momento in cui il bambino che occupava il posto tra loro non viene allontanato dal letto per fare posto a quello in arrivo, cosa che suona alle mie orecchie come una doppia offesa per il figlio sfrattato.

Nella nostra cultura, se esiste l'alternativa, non è giusto allontanare il bambino bruscamente dal letto. Nessun bambino dovrebbe essere lasciato a piangere perché si abitui alla nuova situazione. Pertanto la decisione dovrebbe essere presa in anticipo. Ma ci sono altre cose da tenere in considerazione nella nostra cultura.

Molti di noi hanno tabù ben radicati da tempo sulla possibilità che bambini e adulti dormano insieme. Gli esperti di abusi sull'infanzia sono generalmente contrari per il pericolo di abusi sessuali – nella fantasia dei bambini come pure nella realtà. Tutto ciò fa parte dei nostri pregiudizi culturali sul dormire insieme. I genitori devono esaminare i propri pregiudizi prima di decidere. Se decidono di dormire insieme ai bambini dovranno fare attenzione che il bambino sviluppi autonomia in altri aspetti del suo sviluppo. Molti genitori hanno motivi per sentirsi costretti a rispondere all'irritabilità notturna. I genitori single, che si potrebbero sentire soli, troveranno particolarmente difficile lasciare che il bambino elabori da solo il suo schema comportamentale. I genitori che si sono sentiti abbandonati dai propri genitori non vorranno ripetere questa situazione per il proprio figlio, e trovano impossibile lasciare che il bambino scopra da solo i suoi modi di auto-consolazione. I genitori che lavorano a tempo pieno e nutrono dei sensi di colpa sul tempo che dedicano al bambino o che nel loro passato hanno avuto difficoltà nel separarsi o nello sviluppare indipendenza potrebbero non essere in grado di riconoscere che il loro bambino è pronto all'indipendenza notturna.

Studiosi dell'infanzia hanno dimostrato che, in quasi quattro mesi, il sistema nervoso del bambino si sviluppa abbastanza da renderlo in grado di dormire per dodici ore con un solo risveglio per notte. Dormire per otto ore di fila vuole dire per il bambino riaddormentarsi profondamente almeno due volte. Per riuscire a dormire dodici ore di fila deve essere in grado di riaddormentarsi almeno tre volte. Se è stabilito che il bambino dorma da solo, deve imparare ogni volta metodi di auto-consolazione. Per tutti questi motivi il periodo dai quattro ai cinque mesi costituisce un momento cruciale in cui i genitori devono prendere decisioni sul loro ruolo nell'aiutare il bambino a imparare a dormire.

Dentizione

La maggior parte dei bambini comincia a mettere denti da latte dopo i quattro mesi, solitamente tra i sei e i nove mesi. Esiste un antico detto secondo cui i bambini dovrebbero avere un dentino per ogni mese dopo il quarto, ma non è da prendere alla lettera. Il periodo della dentizione è genetico e i figli di genitori che hanno messo i denti in ritardo metteranno a loro volta i denti in ritardo.

Nessuno dei miei figli ha iniziato a mettere dentini fino a quasi un anno di età. E neanche io, da quanto mi dice mia madre. Una dentizione ritardata non comporta nessun svantaggio per il bambino.

I denti permanenti cominciano a formarsi all'interno delle gengive durante l'infanzia. Lasciare il latte e il lattosio nella bocca del bambino per lunghi periodi (da quattro a otto ore) può causare "carie da biberon", che a sua volta può interessare i denti permanenti. Per questo motivo i genitori dovrebbero evitare di lasciare il bambino con il biberon mentre è a letto.

La dentizione diventa spesso un valido motivo per spiegare ogni fastidio o disturbo del bambino. Ogni volta che il bambino piagnucola o si agita "è colpa dei denti". Dando la colpa di tutto ai denti, i genitori potrebbero perdere di vista altri possibili motivi del comportamento del bambino. Ad esempio un motivo potrebbe essere la frustrazione di non riuscire a fare ciò che desidera fare; oppure potrebbe desiderare afferrare qualcosa o muoversi o concentrarsi su altro. La noia e altre forme di disagio sono altri motivi che solitamente vengono scambiati per fastidi da dentizione.

I denti creano fastidi ai bambini perché sono come un corpo estraneo nelle gengive. Danno come la sensazione di una scheggia in un dito. Il dente causa gonfiore tutto intorno alla sua sede. Quando, durante la poppata, un bambino succhia vi è un aumento di sangue nella gengiva già gonfia, e di conseguenza il bambino piagnucola, si contorce e può rifiutare di mangiare. Se un genitore riesce a massaggiare l'esistente gonfiore prima della suzione, allora la poppata sarà indolore. Non dovrebbe essere difficile capire se un bambino è in fase di dentizione: se gli si preme la parte anteriore della gengiva inferiore si metterà a piangere. Un genitore dovrebbe strofinare vigorosamente la gengiva (con un dito pulito) prima di ogni poppata. Dopo la prima reazione di pianto, gli piacerà. I denti inferiori-anteriori, gli incisivi, sono solitamente gli unici a interferire con l'allattamento. Dopo i primi due, il bambino si abitua al dolore sordo degli altri denti che escono. Il dolore durante la dentizione non dura solitamente più di poche settimane. Improvvisamente si sente un tintinnio al contatto di una tazza o di un cucchiaio con la bocca del bambino. Una fila di puntini bianchi ha tagliato la gengiva, ed è fatta! Ma il tempo di tutto ciò varia da un bambino all'altro.

Comunicazione

Al quinto mese i bambini cominciano a giocare utilizzando tutti ciò che hanno appreso a fare. Imparano a piangere intenzionalmente, ad aspettare per vedere se qualcuno arriva, poi a piangere nuovamente. Questo rappresenta un grande passo avanti verso un processo cognitivo noto come rapporto causa-effetto: se faccio qualcosa, otterrò questo risultato.

I genitori tendono a dare la colpa di questo pianto manipolatorio alla dentizione, alla stanchezza, o all'"essere viziato". Ciascuno di questi aspetti può ovviamente avere la sua parte. Se i genitori pensano che i denti siano la causa del pianto, possono verificarlo, come è stato detto prima. Se pensano che sia la stanchezza, possono tranquillizzare il piccolo fino a farlo addormentare. È possibile che pianga un poco prima di rilassarsi. Se niente funziona, forse i suoi genitori si sono mostrati troppo disponibili ed è necessario cercare di mettere le cose a posto.

Con lo sviluppo della capacità di manipolare, inizia un nuovo divertente dialogo! Tossire, starnutire, soffocarsi e strillare sono solo alcuni dei comportamenti utilizzati a scopo esplorativo. Progressivamente il bambino impara a controllarli, a produrli a suo piacimento. Alla fine imparerà che il suono "ta-ta-ta-ta" richiama l'attenzione del padre, e che se dice piagnucolando "ma-ma-mama" la madre arriverà correndo. Poco dopo imparerà come controllare questi giochi vocali e come utilizzarli per manipolare le persone che lo circondano. La posta in gioco si sta alzando.

I genitori si chiedono come fare a capire che il piccolo li sta manipolando. In effetti all'inizio potrebbe non essere chiaro, ma quando capita ripetutamente si potranno riconoscere dei segnali significativi. Si mette a piangere e poi aspetta per vedere se ottiene una risposta? Rivela dall'espressione del viso che ha "imparato" a ottenere una risposta? Successivamente potrebbe persino mostrare un certo autocompiacimento. Questo segna un'importantissima conquista – il bambino ha imparato non soltanto ad aspettarsi le risposte ma anche a produrle. Per i genitori anche questo costituirà una svolta. Invece di rispondere automaticamente ai pianti e ai segnali del bambino i genitori devono aspettare per riuscire a capire quanto sia necessario ritardare il loro intervento. Nel momento in cui hanno la sensazione di essere manipolati, dovranno prendere una decisione. La maggior parte delle volte questo nuovo dialogo porterà a una relazione più profonda e a un nuovo motivo di divertimento; ciononostante a questo punto le esigenze del bambino e dei genitori avranno bisogno di una rivisitazione alla ricerca di un nuovo equilibrio.

Apprendimento

L'apprendimento motorio e quello cognitivo sono inscindibili a questa età. Tutti gli sforzi di un bambino di quattro-cinque mesi sono concentrati nei tentativi per imparare a sedersi e ad utilizzare le mani per trasferire gli oggetti. Entrambe queste attività aprono nuovi mondi da esplorare. Ogni volta che un genitore tira su per le braccia un bambino fino a metterlo in posizione seduta, questi si sforzerà per rimanere diritto. Attorno ai cinque mesi si impegnerà con tutte le sue forze per riuscire a sollevarsi sulle gambette tese fino alla posizione eretta. Una volta in piedi guarderà in direzione dell'adulto in cerca di approvazione. Ha già fretta di stare in piedi. I bambini a questa età hanno voglia di essere attivi. Alcuni non smettono di agitarsi fino a che un genitore non li mette seduti su un port-enfant o non li prende in braccio. Gli insuccessi sono una spinta potente all'apprendimento. I genitori possono mostrare al piccolo come tirarsi su fino alla posizione seduta, ma gli ci vorrà all'incirca un lungo mese pieno di insuccessi per imparare a farlo. I genitori faranno il possibile per aiutarlo, ma non devono correre dal bambino tutte le volte.

Se i genitori usano un port-enfant o una sdraietta, lo schienale deve essere mantenuto in una posizione tale che il bambino non stia in posizione troppo diritta, perché la sua schiena può essere sottoposta a uno sforzo eccessivo se viene seduto in una posizione troppo inclinata in avanti per tempi prolungati. Una sdraietta oscillante azionata elettricamente calma il bambino e riduce la sua frustrazione, ma non ritengo che sia necessario utilizzarla.

Imparare a passare gli oggetti da una mano all'altra è una grande conquista nel gioco con oggetti. Un bambino di quattro mesi dovrebbe provare a maneggiare e a giocare con un oggetto. A cinque mesi sa solitamente prendere e restituire gli oggetti. Io legherei diversi oggetti facili da maneggiare a una cordicella da una parte all'altra della culletta, in modo da creargli una palestra di divertimento. I giocattoli dovrebbero essere a portata di mano così che li possa toccare ed esplorare. Portarli alla bocca, toccarli ed esaminarli con le dita sono tutti modi per scoprire tutto ciò che può degli oggetti. Mi emoziono sempre quando un bambino di questa età esplora il mio viso mentre lo tengo in braccio. È un gesto così delicato che contiene allo stesso tempo un intenso significato esplorativo. Questo apprendimento porterà all'acquisizione del senso di "permanenza di una persona" – la consapevolezza che le persone sono reali e continuano ad esistere anche quando sono fuori dalla vista.

Rotolare è una conquista imprevedibile per parecchi bambini. Molti, perfettamente normali, non si rigirano mai. Sono soddisfatti di rimanere sulla schiena o sulla pancia e non si preoccupano di rigirarsi. I bambini più robusti hanno troppo "materiale" da spostare ed è probabile che rimangano fermi. La prima volta che un bambino si gira può farlo accidentalmente. Quando i bambini si agitano, molto spesso finiscono con il rotolare e raggiungono repentinamente una inusitata nuova posizione. Questo li spaventa e si mettono a piangere, al che i genitori accorrono e lo trovano nella nuova posizione. Ma potrebbero sentirsi esausti e impiegare settimane prima di provare a ripetere spontaneamente quello che è capitato casualmente.

I genitori che hanno sentito di altri bambini che già sanno rotolare si chiedono se non sia il caso di insegnarglielo. Io non lo consiglio. Questa conquista motoria non è indispensabile e non è obbligatoria. Non esiste un momento specifico nel corso della crescita in cui un bambino debba cominciare a rotolare. È una cosa molto individuale. Quando un genitore si informa su questo io colgo l'opportunità per discutere i motivi per non confrontare i bambini tra loro. I confronti e la competizione possono mettere i genitori sotto pressione, e portarli a incitare il bambino a "mettersi alla pari" con gli altri. È molto più importante entrare nella sua lunghezza d'onda e apprezzarlo per ciò che sa e vuole fare. Quando i genitori apprezzano il bambino, questi apprezzerà se stesso. È ovviamente molto difficile non fare paragoni ed è un modo per sapere cosa ci si può aspettare da un bambino. Ma i bambini capiscono che i genitori non sono contenti di loro.

Quando un bambino passa tutto il tempo sulla schiena, i genitori si chiedono quando e come imparerà a gattonare (andare quadrupede). Li rassicuro dicendo che imparerà a farlo quando si sentirà pronto, tra i sette e gli otto mesi. Se si trova a pancia in giù può già cominciare a provare a gattonare, irrobustendo in questo modo la schiena. Se il bambino sembra deluso da eventuali insuccessi i genitori possono abbassarsi fino a raggiungerlo sul pavimento e interessarlo con giochi e giocattoli da guardare. Ma ciò non è necessario. Alla fine imparerà comunque a gattonare e avrà imparato a farlo da solo.

Guardare avanti

Alimentazione Il comportamento esplorativo di cui si è parlato prima aumenterà nelle settimane successive, per cui suggerisco ai genitori quanto segue. Se il bambino vorrà tenere il biberon potranno porgerglielo capovolto, cioè dal fondo, osservarlo mentre lo esamina con sguardo interrogativo fino a capire che lo deve rigirare per poterlo mettere in bocca dalla parte giusta. Avrà così imparato qualcosa su come soddisfare le proprie aspettative. I genitori dovrebbero sempre sedersi e tenerlo in braccio quando mangia. I momenti dedicati al pasto sono molto di più che una semplice assunzione di cibo. La comunicazione con il bambino è fondamentale. Alcuni studi dimostrano che i liquidi necessari alla digestione (l'acido cloridrico nello stomaco e i succhi duodenali nell'intestino tenue) non vengono attivati se il momento del pasto non è stato divertente. Esiste una sindrome, chiamata *difetto della crescita*, per cui il bambino non acquista peso e non cresce, malgrado un'adeguata nutrizione, se non vive un rapporto positivo con l'ambiente che lo circonda. A questa età il bambino si fermerà durante la poppata e aspetterà che il genitore gli parli, lo guardi e lo abbracci. Poi ricomincia a mangiare con un'espressione compiaciuta sul volto.

Quando si desidera introdurre cibi solidi sempre nuovi, è meglio rimandare i cibi misti, le uova e le farine di grano dopo i nove mesi. Come si è detto prima, questi cibi possono causare con maggiore probabilità la comparsa di allergie in un lattante. Quando gli si danno da mangiare cibi solidi il bambino vorrà tenere un cucchiaio mentre lo si imbocca con un altro. È probabile che ripeterà più volte lo stesso gioco di lasciarlo cadere, abbassare la testa per guardarlo e poi guardare in direzione dell'adulto per farselo prendere. Sta imparando la "permanenza degli oggetti". Quando si comincia a dargli da mangiare da una tazza, è opportuno lasciarlo fare se vuole intervenire. Il gioco e la sperimentazione che accompagnano un pasto devono essere goduti e incoraggiati.

Se il bambino viene allattato con latte artificiale, 700-800 g di latte costituiscono una quantità adeguata per questo periodo. Il latte ha più importanza dei cibi solidi, quindi se il bambino è difficile da allattare al seno o con il biberon diminuite i cibi solidi per essere sicuri che prenda il latte. Si può provare ad allattare il bambino in una stanza silenziosa e in penombra. In questo modo prenderà il latte di cui ha bisogno per crescere e aumentare di peso: un lattante, infatti, non acquista peso se non mangia un'adeguata quantità di latte.

Talvolta i bambini continuano a rifiutare il cibo solido. Devono imparare a mangiarlo, perché fino a questo momento per alimentarsi hanno soltanto adoperato il comportamento automatico della suzione. Molti bambini si mettono le dita in bocca in modo da attivare la suzione che li aiuta a deglutire i solidi. I genitori hanno talvolta l'impressione che i bambini li vogliano provocare quando sputano il cibo. Ma non è così, e una reazione violenta da parte dei genitori non farà che rafforzare questo comportamento. Spesso capita che il bambino sia già sazio e non voglia mangiare altro. È una buona idea interrompere il pasto quando si comporta così. Se il bambino crea una grande confusione bisogna indossare un indumento per ripararsi e sedersi su una sedia lavabile ma non si deve trattenergli le mani. Bisogna lasciarlo giocare a modo suo durante i pasti. Deve avere tempo per potere realizzare il passaggio dalla suzione alla deglutizione. Inoltre ha appena imparato a prendere le cose e desidera partecipare toccando il cibo. Se ci si intromette si possono innescare pericolosi rifiuti nei riguardi dell'alimentazione, che gli potranno creare in futuro un approccio negativo verso il cibo.

Sonno Se il bambino ha imparato una modalità autonoma per addormentarsi, i genitori possono aspettarsi che vada avanti a dormire per tutta la notte. Continuerà sempre ad attraversare la fase di sonno REM, si agiterà nel letto, piangerà e infine troverà il suo modo per riaddormentarsi. Questi schemi di auto-consolazione e la capacità di rimettersi a dormire diverranno ancora più importanti per il bambino nei due mesi successivi. Se durante il giorno il bambino è stato particolarmente sollecitato o ha vissuto una giornata densa di avvenimenti nuovi, è probabile che si sveglierà di continuo durante la notte. Potrebbero essere necessarie diverse notti di auto-consolazione per recuperare il precedente comportamento che gli consentiva di dormire tutta la notte.

Creare momenti di gioco I continui progressi nell'ambito della coscienza e della consapevolezza cognitiva interesseranno ogni momento della giornata del bambino. Non solo i momenti dedicati ai pasti ma anche il cambio del pannolino e il momento del bagnetto diventeranno occasioni per esplorare. Vorrà girarsi da una parte, poi dall'altra agitandosi tra le vostre mani bagnate e scivolose. Un bambino bagnato e scivoloso che si agita e si dimena necessita di molta attenzione da parte dei genitori. È fondamentale non lasciare mai il bambino da solo sul fasciatoio e tenere sempre una mano sopra di lui per trattenerlo. A un certo punto, se sta bene seduto, gli si può fare il bagnetto dentro una piccola vasca o nel lavandino, purché l'acqua calda della caldaia sia regolata sotto i 50 °C. Molte gravi ustioni possono capitare quando un bambino apre il rubinetto dell'acqua calda accidentalmente. Un modo piacevole di fare il bagnetto al bambino è quello di metterlo nella vasca grande insieme a uno dei genitori.

I genitori si chiedono con che frequenza e con che accuratezza devono lavare i genitali del piccolo. Il mio consiglio è quello di non essere troppo energici, perché non è necessario. Per una bambina le eventuali secrezioni vaginali serviranno a tenere puliti i genitali. Quando la si immerge nel bagnetto una volta al giorno, anche i genitali si puliranno. Non bisogna usare mai bagnoschiuma o detergenti quando si lava una bambina, perché riducono il muco protettivo della vagina. Inoltre i detergenti irritanti possono risalire nella vescica e dei batteri possono insediarsi nell'orifizio e causare cistiti e infezioni renali. Sia per i maschietti che per le femminucce, i bagnoschiuma e i detergenti possono causare eritemi da sensibilizzazione e seccare la pelle. Dovrebbero essere proibiti per i lattanti. Per i maschietti non ritengo necessario tirare all'indietro il prepuzio ogni volta che lo si lava.

Non siate troppo pignoli con la pulizia. Il momento del bagnetto può essere una situazione divertente e deliziosa per avvicinarsi al piccolo. Se lavorate tutto il giorno cercate di organizzare il bagnetto quando avete tempo a casa per giocare. Anche cambiare il pannolino può essere un ulteriore momento di gioco e comunicazione. Se necessario, alzatevi presto così avrete del tempo da passare con il bambino prima di uscire, e programmatene dell'altro alla sera quando rientrate a casa. Probabilmente il piccolo si farà prendere da una crisi nervosa e mostrerà di essere arrabbiato con voi quando arriverete. Questo significa che ha sentito la vostra mancanza e ha accumulato la sua "protesta" tutto il giorno per scaricarla al vostro arrivo. Passato il breve periodo di crisi, potrete trascorrere insieme un meraviglioso momento di riconciliazione. Cullatelo e cantategli qualcosa, e dategli la possibilità di "dirvi" quanto è stato terribile un giorno senza di voi.

Acquisizioni motorie Nei due mesi successivi il bambino acquisirà molte nuove competenze eccitanti. Quando lo si tirerà su fino a farlo stare in piedi, gli si potrà leggere la contentezza sul viso. Un bambino di cinque mesi adora stare in piedi, e quando si trova in questa posizione si guarda attorno in cerca di approvazione. Se lo si mette in piedi quando piange, si fa prendere dall'eccitazione e smette di piangere. Dopo tutto lo scopo finale sarà quello di riuscire a reggersi sulle proprie gambe e di stare in posizione eretta.

Nei due mesi successivi cercherà di imparare a stare seduto. All'inizio si siederà con la schiena curva appoggiandosi sulle sue stesse mani. A sei mesi la schiena sarà più robusta e quindi più dritta, ma userà ancora le mani in avanti per sostenersi. Non riuscirà a prendere un oggetto mentre è seduto, e nemmeno tenterà di farlo.

Afferrare, trasferire gli oggetti da una mano all'altra e portarli in bocca per esplorarli saranno ancora elementi fondamentali dell'apprendimento. Il bambino giocherà con una mano sola, mentre userà l'altra per toccare con le dita. Se gli si fornisce una struttura appositamente creata per aggrapparsi e tirarsi su il bambino trascorrerà con essa momenti di gioco.

Se si trova a pancia in giù, ad esempio perché ha perso l'equilibrio della posizione seduta, è probabile che cercherà di imparare a spostarsi e si ingegnerà a strisciare sul ventre. All'inizio si spingerà all'indietro, realizzando l'opposto delle sue intenzioni, e piangerà per la delusione. È difficile per i genitori rimanere inattivi a guardare tanta delusione. Una mano tenuta fermamente contro la pianta dei piedini del bambino può aiutarlo a imparare come spingersi in avanti. In ogni caso lo stesso senso di frustrazione provato costituirà uno stimolo per imparare. Non ripeterò mai abbastanza che niente è più potente del senso di frustrazione per spingere un bambino a imparare – almeno fino a quando non si trasforma in qualcosa di troppo opprimente per lui. Osservatelo mentre tenta di realizzare una nuova conquista, sperimenta una certa sensazione di frustrazione ma alla fine riesce nel suo intento. Sarà così soddisfatto di se stesso quando avrà finalmente raggiunto il suo scopo! E per di più ci sarà riuscito da solo. Quando i genitori avranno capito la spinta, e l'intensità della spinta, che sta alla base dei tentativi fatti dal bambino per imparare tutte queste nuove conquiste, avranno preparato il terreno adatto per diventare i migliori alleati del suo sviluppo e non saranno più di ostacolo alla sua spinta interiore. Se i genitori manifestano preoccupazioni per le eventuali frustrazioni del bambino, affrontiamo l'argomento e lo discutiamo approfonditamente.

Consapevolezza degli estranei La nuova presa di coscienza di tutto ciò che vede e che sente può influenzare la disponibilità di un neonato di cinque-sei mesi di vita ad accettare le persone estranee. Nel periodo precedente è possibile che si sia mostrato contento nel passare dalle braccia di una persona a un'altra, infatti i genitori di bambini di quattro-cinque mesi di vita mi dicono con orgoglio che i loro bambini amano stare con chiunque e resistono senza piangere in una stanza piena di persone. Ma questo atteggiamento è destinato a cambiare in breve tempo. Durante la visita programmata a cinque mesi mi accorgo della nuova consapevolezza sviluppata nei confronti degli estranei. Seduto sulle gambe della madre dall'altra parte della mia scrivania emetterà i suoi gorgheggi e guarderà dolcemente nella mia direzione sorridendo in modo ammiccante mentre la madre parla con me. Ma se mi lascio sedurre dal suo comportamento e lo prendo togliendolo alla madre, o se lo guardo dritto in faccia quando lei lo sistema sul lettino per permettermi di visitarlo, allora inizierà a piangere e continuerà a farlo inconsolabilmente per tutta la visita. Se invece guardo al di là del suo viso e parlo dolcemente senza rivolgermi direttamente a lui, se lascio che la madre gli stia vicino mentre lo controllo, posso portare a termine la visita senza disturbarlo. Se chiedo alla madre di tenerlo ben fermo per le spalle e lo distraggo facendogli guardare qualcosa, posso persino praticargli la vaccinazione senza procurargli molto fastidio. Il nuovo interesse per l'esplorazione visiva è talmente potente da fargli ignorare sensazioni meno piacevoli.

Una persona estranea sottopone un bambino a troppe proposte nuove e non familiari, e il bambino vorrebbe poterle affrontare tutte. In questo periodo i nonni o la baby-sitter possono causargli turbamento se gli vanno incontro troppo velocemente o lo guardano dritto in faccia quando lo incontrano per la prima volta. Il bambino ha bisogno di tempo e spazio per gestire ogni nuovo segnale visivo o sonoro. Questa nuova competenza sensoriale e le acquisizioni motorie della presa e manipolazione degli oggetti si accompagnano e si alimentano reciprocamente. Non c'è da stupirsi se la vita risulta così eccitante e al contempo opprimente!

Questa nuova consapevolezza che gli determina uno stato di ansia in presenza di persone estranee porta anche una maggiore capacità del bambino a protestare in caso di separazione dai genitori. In questo periodo ha più che mai bisogno di una persona fissa che si prenda cura di lui. Se uno dei genitori è ancora a casa dal lavoro il bambino protesterà nei confronti di una baby-sitter serale, e se entrambi i genitori sono già tornati al lavoro ogni variazione nella gestione quotidiana dell'affidamento, sia che avvenga fuori o dentro casa, disturberà il bambino.

Le conseguenze di ciò possono essere sorprendenti per i genitori. "Piange ogni volta che lo lascio con qualcun altro. È una novità, non ci aveva mai fatto caso prima di adesso", mi disse una volta una madre. Questa è una manifestazione dei progressi nel loro sviluppo, è un momento in cui i bambini diventano sempre più sensibili ai cambiamenti e sembrano improvvisamente diventati molto più dipendenti dagli adulti. La fase acuta di questa sua ipersensibilità può durare solo una o due settimane, ma il bisogno di una persona fissa che badi a lui si manterrà più a lungo.

Spesso questa nuova dipendenza coincide con il ritorno della madre al lavoro o con l'arrivo di una nuova tata. Se questi cambiamenti possono avvenire con gradualità, tutta la famiglia ne trarrà beneficio. I genitori vorranno lasciare il bambino con qualcuno che lui conosce e al quale si è già abituato. I genitori dovrebbero possibilmente fare in modo che il bambino si abitui a una nuova persona mentre loro sono ancora a casa. Devono sapere di potere fare affidamento sulla nuova persona che si prenderà cura del loro bambino con la certezza che possa comprendere la nuova sensazione di paura che il bambino ha verso gli estranei e che non si adiri per questo. Questa reazione non è facile per nessun genitore. Lasciare il bambino con una persona nuova per periodi inizialmente brevi e man mano sempre più lunghi renderà più facile il passaggio.

Quando i genitori tornano a casa, si dovranno aspettare che il bambino entri in crisi e si mostri arrabbiato con loro. Ha riservato questo comportamento *proprio per loro*! I genitori si sentono sollevati nel sentirsi dire questo. Molti neo-genitori spesso mi dicono: "Ogni volta che lo lasciamo con qualcun altro, al nostro ritorno appena entriamo in casa 'crolla a pezzi'. La baby-sitter mi dice sempre che non piange mai in quel modo mentre è con lei, e sentircelo dire ci ferisce". Se invece i genitori riescono a vedere in questa frase una rassicurazione da parte della baby-sitter e il segnale del fatto che sono loro le persone più importanti nella vita del piccolo allora gli sfoghi del bambino saranno vissuti in maniera meno penosa. Il motivo per cui i genitori vivono tutta questa situazione in modo così emotivamente intenso è che il dispiacere di lasciare il loro bambino li fa sentire colpevoli e vulnerabili.

I genitori che devono tornare al lavoro hanno spesso paura che il loro bambino ne possa soffrire. Io sono sicuro che se lo affideranno a una persona amorevole che si prenderà veramente cura di lui il bambino si adatterà senza subire traumi permanenti, anche se non sarà proprio come avere uno dei due genitori tutto il giorno a disposizione e potrà dare origine a una certa conflittualità tra il bambino e i genitori. In *Working and Caring* descrivo le qualità da ricercare in una persona che si deve prendere cura di un lattante in casa o al nido. La professionalità insieme a una personalità aperta, affettuosa e tranquilla sono doti fondamentali per avere a che fare con un lattante di quattro-cinque mesi e riuscire a comprenderne le necessità. Mi preoccupo molto quando vengo a sapere che i bambini sono accuditi in gruppi con più di tre neonati o quattro divezzi per adulto professionista.

Insieme ad alcuni colleghi ho studiato bambini di quattro mesi affidati a centri di assistenza giornaliera scelti in base alla loro buona qualità. Sembrava che questi bambini riuscissero ad alternare gli stati di veglia e di sonno nell'arco delle otto ore giornaliere in modo efficace. Non diventavano mai troppo agitati e non erano accuditi dai badanti in modo particolarmente assillante, pur essendo questi persone a modo e ben preparate. Ciò nonostante i bambini sembravano tenere qualcosa in serbo nell'arco della giornata, e quando i genitori andavano a prenderli scoppiavano in pianti violenti, riservando il loro sfogo appassionato alle persone che avevano per loro maggiore importanza.

Dopo questo momento di crisi i bambini diventavano vigili e interagivano attivamente con i genitori. Si può senza dubbio affermare che i bambini sembrano capaci di assimilare abitudini, e adattarsi a esse, meglio di quanto non siano capaci di fare due adulti. Quando i genitori riescono a risparmiare delle energie per la fine della giornata e trarre vantaggio da questo intenso incontro, la separazione sembrerà meno dolorosa. Talvolta incoraggio i genitori a sedersi, a cullare e a cantare qualcosa al bambino quando tornano a casa – provando a parlargli, a chiedergli come ha trascorso la giornata, a dirgli quanto sia loro mancato. Quando i genitori mi chiedono se il bambino capirà tutto questo, spiego loro che certamente ne comprenderà lo spirito e così facendo entrambi avranno dato inizio a un rituale destinato a durare negli anni a venire.

7

SETTE MESI

Quando un lattante di sette mesi entra nel mio studio in braccio a uno dei genitori, mi accorgo che già partecipa attivamente al modo in cui viene portato, infatti si aggrappa energicamente. Se vado incontro a loro in sala d'aspetto il bambino si aspetta di essere preso in braccio e tende le braccia paffute mentre la madre gli dice: "Vieni, su. Andiamo dal dottore". A questa età molti mi accettano subito e mi rivolgono un grande sorriso mentre gioco con loro. Rispondono al gioco e ridono allegramente. Se un bambino si mostra diffidente mentre mi avvicino, l'ansia nei confronti di una persona estranea sta nuovamente prendendolo, per cui chiedo alla madre di tenerlo in braccio mentre lo visito. In ogni caso questa visita, in cui non sono previste vaccinazioni, si svolge solitamente in tono allegro mentre io faccio notare alla madre fiduciosa e sicura tutti i progressi dello sviluppo del suo piccolo. Il bambino a questa età desidera letteralmente essere al centro della attenzione. Seduto dalla parte opposta della scrivania si mette in mostra con me mentre gli parlo. Si nasconde girandosi e poi torna a guardarmi. Ridacchia ed emette gridolini nel tentativo di attirare la mia attenzione. Se non riesce a interrompere la conversazione balzerà davanti al genitore che lo tiene in braccio o metterà la mano davanti alla bocca di questi nel tentativo di intromettersi. Vuole che tutti noi concentriamo la nostra attenzione su di lui! A sette mesi i bambini si guardano attorno come se fossero i padroni del mondo. È un'età da album di fotografie. Un bambino adesso sa stare seduto, ridendo e giocando con un gioco dopo l'altro, con aspetto trionfante. A questa età i bambini prendono un gioco, lo esaminano attentamente, lo portano alla bocca, lo rigirano continuamente tra le mani, poi lo lasciano cadere oltre il bordo del tavolo. Subito dopo alzano lo sguardo in attesa di attenzione, emettendo dei richiami perentori, in seguito ai quali i genitori si dovranno chinare ubbidienti per raccogliere il gioco caduto. Se questo gioco di recupero va avanti per un poco e i genitori dicono "Non lasciarlo cadere perché non te lo prendo più", il bambino alza lo sguardo misurando la determinazione del genitore. A questo punto può interrompere il gioco e riconoscere che il genitore è davvero impegnato a conversare con me, oppure può provare altri giochi, come chiamare "ta", "ma" e poi ridere sonoramente. Se i suoi tentativi di competizione con me falliscono, può gioiosamente decidere di interrompere i tentativi di richiamo e iniziare a giocare da solo con i giochi a disposizione sul tavolo davanti a lui.

A questa età la personalità del bambino sembra più facilmente prevedibile – sia per i genitori sia per chiunque altro lo circondi. Le tendenze e gli indizi del temperamento – lo stile usato dal bambino per affrontare il mondo – già riscontrati a sei settimane di vita, sono ora pienamente espressi. Mi piace condividere le mie osservazioni sul temperamento del bambino con i genitori, in modo che entrambi possiamo comprendere meglio cosa è normale per il bambino che abbiamo di fronte.

Esistono diversi aspetti che fanno parte del più ampio concetto di temperamento. Questi elementi danno vita a una serie di aspettative su come il bambino sarà capace di affrontare nuovi e vecchi eventi e su come gestirà lo stress, e forniscono ai genitori una linea guida a cui fare riferimento per comprendere il bambino. Il temperamento è un concetto importante per i genitori, perché li mette in grado di giudicare se i comportamenti di un bambino sono conformi alle aspettative. I genitori sanno quando il bambino si comporta secondo il suo "solito modo" e quando invece no. Quando non lo fa, i genitori possono valutare se non lo fa a causa di un malessere o invece per reazione allo stress, e possono così rilevare i momenti di transizione da una fase di sviluppo alla successiva proprio nel momento in cui sta per avvenire. Quando il bambino si comporta diversamente dal solito, un genitore deve capire quale dei sopracitati eventi sta verificandosi. Se si tratta di un balzo in avanti (un'accelerazione) dello sviluppo del bambino i genitori vorrebbero rendersi conto di ciò prima di prendere una decisione che potrebbe essere sbagliata.

Secondo quanto indicato da Stella Chess e Alexander Thomas (si vedano le voci bibliografiche), nella valutazione del temperamento vengono osservati i seguenti nove elementi:

1. Livello di attività
2. Tendenza alla distrazione
3. Perseveranza
4. Approccio – Rinuncia – Come gestisce il bambino le situazioni nuove e stressanti?
5. Vigore
6. Adattabilità – Come affronta le transizioni?
7. Regolarità – Quanto sono prevedibili le sue fasi relative al sonno, alle abitudini intestinali e ai ritmi dell'intera giornata?
8. Soglia Sensoriale – È un bambino iper- o iposensibile agli stimoli che lo circondano? È facilmente sovraeccitabile?
9. Umore – È sostanzialmente positivo o negativo nel modo di reagire?

Con questi elementi di base si può definire un bambino e le sfide che pone, a vantaggio di se stesso e di quelli che lo circondano. Nel mio primo libro, *Infants and Mothers*, cerco di tracciare i progressi di tre tipi differenti di bambini – quelli attivi, quelli tranquilli, quelli moderati – mentre attraversano insieme ai genitori le fasi del primo anno di vita, crescendo con loro. Trascorsa la prima metà del primo anno, i genitori, e le eventuali altre persone che assistono il piccolo, farebbero bene a discutere insieme l'emergente personalità del bambino per valutare se la pensano nello stesso modo circa i suoi atteggiamenti comportamentali, proprio nel momento in cui si stanno preparando per le decisioni future.

Competenze motorie

Imparare a stare seduti da soli è una grande conquista. Come già detto in precedenza, a cinque mesi un bambino sa stare seduto inclinato in avanti e sostenendosi con le sue stesse mani, in posizione simile a un treppiedi. Rimane immobile e non è in grado di cambiare la posizione, tranne in caso di caduta per perdita della stessa. A sei mesi la schiena si è irrobustita e il piccolo ha imparato a controllare l'equilibrio dell'oscillazione indietro-avanti, ma usa ancora le braccia per sostenersi da entrambi i lati. Se prova a sollevare un braccio cade dal lato in cui gli viene a mancare il sostegno. Nello stare seduti da soli risulta ancora molto insicuro. Il bambino fa ancora affidamento sulle sue braccia per mantenere l'equilibrio e non riesce ancora a mantenersi seduto da solo.

A sette mesi un bambino non ha più bisogno del sostegno delle braccia e riesce a mantenere, anche se per breve tempo, la schiena eretta. Non può però ancora utilizzare le braccia in modo troppo libero o cadrà da una parte. Può tentare di giocare un poco con dei giocattoli posti davanti a lui, ma se cade non riesce a rimettersi seduto. Gioca ancora cautamente per cercare di mantenere questa nuova eccitante posizione. Ma ad otto mesi avrà acquisito libertà di movimento anche da seduto. Un bambino di quell'età riesce a girarsi da una parte o dall'altra e a piegarsi in avanti o da una parte. Si è impadronito della posizione e si sente libero di sperimentare nuove cose. Anche se cade fa di tutto per sedersi nuovamente, e spesso ci riesce.

Pediatri e genitori esperti riescono a capire da quanto tempo il bambino ha imparato a stare seduto dalla complessità del comportamento posturo-motorio che mostra mentre è seduto. Se sta immobile, ha acquisito questa posizione di recente, se si gira o si piega da entrambe le parti sa stare seduto da almeno un mese. Se è già al punto in cui riesce a sedersi partendo da una posizione distesa, dimostra una capacità di gestire i propri spostamenti da seduto e nel mettersi sui quattro arti: ciò indica che sa stare seduto da almeno due mesi.

Altre conquiste motorie si sviluppano parallelamente ai progressi appena citati. Quando un bambino riesce a gestire più liberamente il suo corpo, le mani diventano uno strumento più eccitante. A sei mesi le dita si muovono in blocco unico, e quando il bambino afferra un oggetto lo raccoglie dentro il palmo della mano. A sette mesi la sua destrezza aumenta, e mentre trasferisce un oggetto da una mano all'altra comincia a esplorarlo con le dita. Nel fare ciò inizia a separare progressivamente il pollice dall'indice riuscendo a compiere le attività con maggiore abilità. A otto mesi sa utilizzare il pollice e l'indice per prendere piccoli oggetti.

Mentre esplora questa nuova capacità raccoglie ogni cosa che trova, per piccola che sia. Lanugine sul pavimento, una compressa di aspirina caduta qualche giorno prima, un bocconcino di cibo per animali – ogni cosa lo attrae e diventa oggetto di gioco. Ma tutto quello che trova viene immediatamente portato alla bocca per essere ulteriormente esplorato. Pertanto in questo periodo si deve prestare maggiore attenzione alla pulizia dell'ambiente in cui vive il bambino, per evitare di lasciare in giro oggetti pericolosi.

La presa a "pinza", possibile grazie alla opposizione del pollice alle altre dita della mano, la separazione del pollice e dell'indice per la realizzazione di gesti sempre più raffinati sono caratteristiche distintive che differenziano gli uomini dalle grandi scimmie. "Le mani", diceva Maria Montessori "sono gli strumenti dell'intelligenza umana." Il linguaggio e l'abilità manuale rendono l'essere umano capace di imprese più complesse. Non c'è da stupirsi se un bambino è tanto interessato dall'acquisizione di questa abilità e la prova tutto il giorno.

Molto presto comincia a esplorare il mondo con le dita. Indicare gli oggetti per coinvolgere gli adulti che gli stanno intorno, introdurre l'indice in ogni foro, inclusi quelli delle prese elettriche, ogni nuovo uso delle singole dita viene vissuto con meraviglia. Il pollice e l'indice vengono usati per esplorare il viso degli adulti più cari, per perlustrare ogni possibile cavità o zona nascosta. Queste due dita sono diventate efficaci estensioni degli occhi e della bocca. Infatti prima il bambino utilizzava solo la bocca per analizzare il mondo degli oggetti e delle persone, adesso può prolungare questa esplorazione grazie all'uso delle mani.

In questo periodo quasi tutti i bambini mostrano una preferenza per l'uso di una delle due mani. Probabilmente l'hanno già mostrata nello schema comportamentale dei mesi precedenti, ma adesso sceglieranno per esempio di succhiarsi il pollice della mano non dominante per liberare quella dominante a scopi esplorativi. Nel corso di questi piccoli progressi motori che si verificano intorno ai sette-otto mesi di vita, la mano preferita viene facilmente identificata. Se un adulto offre al bambino un giocattolo da prendere, la mano dominante del bambino si farà avanti per prima. Le due dita principali della mano dominante saranno utilizzate per l'esplorazione. Un bambino viene inconsciamente spinto dagli adulti a essere destrimano. Se porgiamo un oggetto a un bambino, quasi sempre lo facciamo verso il suo lato destro. Se il piccolo è tendenzialmente mancino dovrà compiere un gesto innaturale allungando la mano dal lato opposto per afferrarlo. Può essere curioso notare che in questo periodo un bambino comincia a perdere interesse nei piedi perché trascorre meno tempo disteso sulla schiena a fissarsi le dita. Quando imparerà a stare in piedi diventeranno realmente meno agili, in quanto smetterà di usarli come "mani".

Imparare a gattonare (sui quattro arti) offre un'altra spinta verso l'indipendenza. A sette mesi molti bambini imparano a strisciare sul ventre. O perché cade dalla posizione seduta o perché si rigira dalla posizione prona, un bambino di questa età mostra tutto il suo desiderio di muoversi. Impara a mettersi sulla pancia per potersi esercitare ad avanzare sul ventre, cioè a *strisciare*, come viene definito quel tentativo di avanzare inarcandosi sul ventre. A otto mesi, dopo essere riuscito ad avanzare strisciando, comincerà a fare altri tentativi. Proverà a sollevarsi sulle quattro estremità, dondolandosi avanti e indietro, per poi finire con il crollare su tutto il corpo battendo il viso a terra. Sebbene possa fare male, pochi bambini si metteranno a piangere perché se lo sono procurato da soli. Il bisogno di riuscire è troppo potente e compensa ogni eventuale disagio.

Quando il bambino prova per la prima volta a coordinare il movimento delle gambe e delle braccia ritrova il riflesso natatorio osservato nei primi mesi di vita. Comincia a muoversi all'indietro come un granchio. Quando si muove sulle ginocchia e sui gomiti si dice che *gattona* (*va carponi*). Ogni bambino ha un modo caratteristico di gattonare, ma molti non lo fanno proprio. Si dice che se il bambino non impara ad andare carponi, non impara la coordinazione e potrebbe avere successivi problemi di apprendimento. Ma questa credenza è totalmente infondata. Tra i bambini che ho visitato molti non hanno mai imparato ad andare carponi, ma hanno poi camminato in tempi e modi assolutamente normali. Molti bambini passano dalla posizione seduta a quella eretta e poi imparano a camminare senza mai strisciare o gattonare. In effetti gattonare non è una fase di sviluppo necessaria.

Quando un bambino comincia a gattonare i genitori possono vedere un certo sconforto sul suo viso mentre si allontana sempre di più dalla meta desiderata. La delusione aumenta, e potrebbe addirittura mettersi a strillare se questo tipo di cattiva coordinazione tra gambe e braccia lo fa andare all'indietro. Come detto prima, un genitore può fermare la retrocessione sistemando una mano a ridosso dei piedi, così che il bambino possa spingersi in avanti puntellandosi contro quella mano. La sorpresa e la gioia che ne deriveranno potrebbero portarlo a imparare come adattare i movimenti in modo da riuscire a ripetere da solo il moto in avanti. Ma potrebbe ancora trascorrere un mese o più di ripetute frustrazioni prima di riuscire in questo intento. I genitori possono aiutare e incoraggiare il loro bambino, ma non devono cercare di risparmiare questi piccoli dispiaceri quando il piccolo fa questi sforzi per imparare nuove attività.

Come detto precedentemente, in questa fase della crescita i genitori devono proteggere il bambino dalla sua stessa curiosità. Prima di arrivare a questa età i genitori dovrebbero ispezionare la casa alla ricerca di pericoli potenziali per un bambino svelto e preso dalla sua fase esplorativa. Dovrebbero andare alla ricerca di prese elettriche non protette, di scale che necessitano di cancelletti di chiusura, e di detersivi o medicinali riposti all'interno o all'esterno di armadietti. I bambini scovano tutto. Il periodo immediatamente successivo sarà pieno di sorprese inaspettate, e i genitori devono arrivarvi preparati. Mamma e papà dovrebbero tenere a portata di mano medicinali emetici per indurre il vomito in caso di ingestione, e dovrebbero tenere vicino al telefono i numeri telefonici del centro antiveleni più vicino a casa, del pronto soccorso del più vicino ospedale e dell'ambulanza. Essere pronti a intervenire in caso di necessità è estremamente importante, perché quando si verifica un'emergenza i genitori sono spesso troppo in confusione e potrebbero non essere in grado di agire correttamente.

Alimentazione

Le nuove capacità motorie che derivano dallo stare seduto e dalla curiosità esplorativa, oltre all'avvincente presa a pinza, sono *Touchpoints* fondamentali dello sviluppo che influenzano tutti gli aspetti della vita di un bambino. In particolare apportano cambiamenti radicali nei momenti dedicati ai pasti. Un genitore che può utilizzare queste nuove capacità del bambino per aumentare il suo senso di indipendenza al momento dei pasti, riuscirà a evitare diversi problemi. Imparare a giocare con una tazza e a tenerla in mano da solo è un obiettivo eccitante per un bambino. Sebbene non sia ancora del tutto pronto a inghiottire grandi quantità di liquidi da un bicchiere o da una tazza, vuole provare a farlo. Quando un genitore beve da un bicchiere può provare a fargli bere un sorso. L'imitazione è sempre fonte di apprendimento. Se vuole provare a tenere la tazza, i genitori possono lasciargliene una per giocare mentre gli danno da mangiare da un'altra. In una fase successiva potrebbe provare a usare la tazza mentre si trova dentro la vasca da bagno. In questo caso può bere, versare l'acqua e divertirsi rovesciandola tutto intorno mentre impara a padroneggiarne l'uso.

Comunque non bisogna aspettarsi che il proprio bambino sia sempre un passo avanti rispetto alla norma. Anche se i genitori mettono qualcosa in entrambe le mani del bambino – un pezzo di toast in una mano e un cucchiaio nell'altra – il bambino potrebbe mollarle entrambe per prendere quello che vede nelle mani dei genitori. Oppure si distrae giocando con il toast e il cucchiaio. È necessario che i genitori lo lascino fare. In questo periodo mangiare non è importante quanto esplorare. I genitori che vogliono portare avanti la solita noiosa routine possono anche avere successo, ma potrebbero dare l'avvio a situazioni di rifiuto. Non ne vale la pena. È meglio lasciare che il bambino esplori a suo modo per un certo periodo senza preoccuparsi di mangiare. Una volta padroneggiata questa sua nuova capacità tornerà al pasto con rinnovato interesse.

Questo è un momento in cui gli obiettivi dei genitori e quelli del bambino possono scontrarsi, e sarà il bambino a vincere sempre. I genitori devono fare un passo indietro e apprezzare le nuove capacità del figlio. Il bambino tornerà a mangiare regolarmente una dieta regolare e completa dopo che sarà riuscito a padroneggiare queste nuove capacità, ma fino ad allora l'interesse per l'apprendimento prenderà il posto di ogni altra cosa. Fortunatamente il fabbisogno alimentare di un neonato può essere soddisfatto con due-tre buone poppate di latte (mattina, mezzogiorno e sera). Se necessario, lo si può svegliare per una ulteriore poppata alle 22:00, prima che i genitori vadano a dormire.

Sebbene in questo periodo i cibi solidi sono diventati l'elemento principale della tabella alimentare di molti bambini, non sono così importanti come il latte e le vitamine. Se il bambino rifiuta i solidi durante questa spinta evolutiva, io suggerirei la somministrazione di cereali o carne con aggiunta di vitamine e ferro, da proporre a qualunque pasto il bambino lo voglia. Due o tre cucchiai di cibi solidi aiuteranno un bambino di questa età a tirare avanti anche per ventiquattro ore. Somministrare una "dieta completa" è spesso un'esigenza dei genitori, ma non è strettamente necessaria per il bambino.

La nuova presa a pinza porta ovviamente a deliziosi momenti di divertimento durante i pasti. Un genitore può offrire un paio di morbidi pezzetti di cibo all'inizio di ogni pasto, ingeriti i quali gliene può offrire altri due. Il bambino non sarà in grado di masticare ancora per molto tempo, ma può schiacciare con le gengive pezzetti morbidi. Pezzettini di banana, di patate o vegetali bolliti, parti morbide di toast, persino pezzetti soffici di hamburger o di uova strapazzate possono andare bene.

Quando i pezzetti saranno stati mangiati, analizzati, maneggiati, fatti cadere, spalmati o eliminati in qualunque altro modo, altri due possono essere dati al bambino. Se qualcuno offre troppi pezzetti il bambino li schiaccerà o li spazzerà via dal tavolino. I genitori si devono aspettare che alcuni pezzi possano essere lanciati verso la loro direzione o colare di lato dalla bocca, sul mento. L'obiettivo finale è di incentivare questa nuova avventura. Il bambino potrebbe essere così concentrato e divertito da quello che sta facendo da lasciare che qualcuno gli dia da mangiare del normale cibo semisolido mentre lui cerca di impadronirsi dei grumi caduti sul suo tavolino. Ma potrebbe anche opporre resistenza totale e non mangiare affatto. I genitori non dovrebbero insistere, altrimenti aumenteranno il rifiuto. Questa situazione, determinata dal fatto che il bambino vuole avere il controllo della situazione, in genere dura solamente una settimana o poco più.

Sonno

Sebbene il bambino abbia già acquisito l'abitudine di dormire otto-dodici ore a notte, l'eccitazione e la frustrazione derivanti dall'apprendimento di nuove acquisizioni, come stare seduto, strisciare, gattonare, e di tutte le sue nuove capacità motorie possono avere ripercussioni anche la notte. Il sonno potrebbe essere disturbato dal desiderio del piccolo di riprovare anche a letto quello che ha appreso. Potrebbe essere sempre più difficile metterlo a nanna. Questi nuovi disturbi del sonno sono deprimenti per i genitori che hanno da poco iniziato a trascorrere qualche notte tranquilla.

Come già avvenuto per altri *Touchpoints*, questo cambiamento rappresenta un apparente passo indietro che però precede una forte spinta in avanti. Io cerco di aiutare i genitori offrendo loro il seguente consiglio. Riproporre il rituale della nanna in modo che il bambino possa capire quanto ciò sia importante per lui e per loro. Il bambino ha ancora bisogno di due riposini al giorno, uno a metà mattinata e uno a metà pomeriggio. Quindi, sia che dorma sia che non dorma, dovrebbe essere comunque messo a letto nella sua cameretta. Se necessario uno dei genitori può sedersi accanto al lettino, senza però rispondere ai richiami del piccolo né dirgli di mettersi a dormire. Lo si può accarezzare tranquillamente e ritmicamente ma senza guardarlo né rispondergli. Il piccolo potrebbe mostrare di non gradire tutto ciò, ma imparerà presto che i genitori fanno sul serio, che quello a cui viene sottoposto è un rituale per la nanna e non è un gioco.

Se i genitori sono via tutto il giorno devono assicurarsi che la persona a cui viene affidato gli faccia fare un lungo sonnellino nel pomeriggio. Il bambino sarà di conseguenza in grado di restare sveglio più a lungo la sera, ma quando inizia a essere troppo agitato o comincia a dare segnali di cedimento significa che sente il bisogno di andare a dormire. Talvolta si può dimenticare che a un certo punto della giornata ha pur bisogno di andare a letto. La fermezza dei genitori e la regolarità dell'orario possono essere d'aiuto per il bambino. Se i genitori hanno un atteggiamento poco deciso, il bambino lo capisce e finisce con l'approfittarne. Di conseguenza aumenterà il suo stato di agitazione a cui non sarà in grado di porre fine. Una volta portato in camera da letto, potrebbe essere necessario provare a cullarlo e calmarlo, sempre però con la ferma convinzione di metterlo a nanna.

Alcuni bambini di questa età iniziano a svegliarsi nuovamente alle 2:00 e alle 6:00 di notte. Piangono accoratamente anche senza essere del tutto svegli. Talvolta si sollevano su braccia e ginocchia, dondolandosi, senza essere svegli. I genitori si chiedono se non sia il caso di svegliare il bambino, dargli una poppata e poi metterlo di nuovo a dormire. Poiché questi comportamenti sono caratteristici della fase REM, o di sonno leggero, descritta in precedenza e che si verifica ritmicamente ogni quattro ore nella maggior parte delle persone, io consiglio ai genitori di non muoverlo dal lettino. Suggerisco di non svegliarlo e di non prenderlo perché questo comportamento non diventi in nessun modo un'abitudine. Al massimo lo aiuterei a rimettersi a dormire calmandolo, accarezzandolo e canticchiandogli qualcosa, dandogli il succhiotto o facendogli le coccole. Anche se arriva a svegliarsi del tutto e un genitore è nelle vicinanze, cercherei di intervenire il meno possibile e lo incoraggerei a ritrovare il suo rituale per addormentarsi profondamente. I genitori che in questi frangenti lo prendono in braccio, corrono il rischio di diventare per molto tempo necessari ai suoi rituali per addormentarsi. I genitori che sono stati fuori casa tutto il giorno possono passare un momento difficile a causa di questi risvegli notturni. È in effetti più un problema dei genitori che del bambino, cosa facilmente comprensibile. I genitori con pesanti orari di lavoro hanno bisogno di dormire, e alla lunga i risvegli notturni finiscono con il logorare l'intera famiglia.

Comunicazione

A sette-otto mesi un bambino non solo usa sillabe formate da consonante e vocale ("da", "ma", "ba") ma le prova tutto il giorno. Le ripete in sequenza a iniziare dal mattino, mentre è ancora disteso nel suo lettino. Le prova e le riprova, usandole per richiamare gli adorati adulti. Raramente assegnerà la sillaba giusta alla persona giusta. I bambini di questa età riescono a capire il significato di un "no", ma non rispondono a esso.

Ogni progresso nello sviluppo motorio e cognitivo è fonte di gioco e divertimento. Ogni genitore dovrebbe giocare con il proprio figlio in un modo attivo, che si adatti al temperamento del piccolo. Spesso in questo periodo le madri rimproverano ai padri di essere troppo rudi, al che i padri spesso ribattono dicendo che le madri sono troppo tenere e smettono di giocare troppo presto senza accorgersi che il bambino desidera giocare ancora. I genitori dovrebbero rispettare reciprocamente queste differenze di comportamento e imparare a utilizzarle. In questo modo un bambino impara che ciascun genitore è un individuo ben distinto e separato. Non è necessario che i due genitori trattino un bambino allo stesso modo.

Apprendimento

Nei momenti di gioco il bambino potrà verificare le sue nuove capacità cognitive. Nasconderà un gioco sotto un pezzo di stoffa, poi toglierà la stoffa e saluterà allegramente la scoperta del gioco con gridolini tipo "ooh" e "aah". Sta iniziando a rendersi conto del senso di permanenza degli oggetti, cioè sa che l'oggetto non è scomparso anche se si trova al di fuori della sua vista, e vuole provarne tutte le sfaccettature. Quando impara a strisciare o a gattonare fa di tutto per raggiungere un oggetto desiderato. Se ci riesce lo esplora e subito dopo vi perde interesse, respingendolo lontano dalla sua portata. Successivamente, si avvierà nuovamente in direzione dell'oggetto con rinnovato interesse.

L'interesse per gli specchi è già comparso da circa un mese. Mentre si guarda sembra cercare una risposta dalla sua stessa immagine, e talvolta allungherà una manina nel tentativo di toccarsi allo specchio. Se per caso ottiene una risposta può trasalire per la sorpresa. A sette-otto mesi, se i genitori compaiono dietro le sue spalle, può dapprima tentare di interagire con la loro immagine riflessa, poi si girerà per verificare l'esatta posizione della persona cara. In questo modo acquisisce cognizioni sullo spazio e sulle relazioni spaziali.

La consapevolezza della esistenza delle persone estranee è un aspetto della grande spinta che il bambino ha dentro di sé per lo sviluppo delle competenze cognitive. Per cercare i giocattoli che non trova solleva pezzi di stoffa o scatole finché non li avrà trovati. Sperimenta la presenza delle persone giocando a nascondersi e a ricomparire all'improvviso con il gioco del cucù. Gioca a imitare le smorfie e le espressioni facciali, a fare pernacchie e altri suoni. Nei due mesi successivi, il suo sviluppo cognitivo sarà basato sull'osservare e poi provare piacere nel riprodurre quanto visto. I genitori non dovrebbero preoccuparsi molto per gli eventuali insuccessi e le relative delusioni provate dal piccolo, perché egli ha in sé le capacità per gestirle; e infatti lo saprà fare.

In questo periodo, in cui il bambino apprende rapidamente i segnali e gli indizi che provengono da chi lo circonda, alla fine della giornata resterà in attesa di sentire un rumore conosciuto che gli farà capire che la mamma, o il papà, sono tornati a casa. La sua sensibilità dovrà essere rispettata in tutti i modi possibili. Esporre il bambino a rumori troppo forti, a cambiamenti troppo bruschi, o lasciarlo, anche se in un ambiente familiare o con qualcuno che era stato familiare in precedenza, potrebbe far venire alla luce la fragilità insita in questi periodi di veloce apprendimento. Tutte le energie del bambino sono concentrate sulla padronanza e sull'esplorazione di queste nuove capacità cognitive.

L'acquisizione del concetto di permanenza delle persone segue lo stesso corso di quello relativo alla permanenza degli oggetti. Cosa significa questo? Per evitare al bambino episodi traumatici, consiglio ai genitori di evitare contatti troppo bruschi con altre persone. Dovranno evitare che persone estranee o anche familiari corrano incontro al bambino per prenderlo in braccio. Dovranno avvertire i nonni di aspettare che il bambino li abbia esaminati e abbia perso l'iniziale diffidenza prima di prenderlo in braccio. Ricordo loro di aspettarsi che i momenti di necessaria separazione, come quelli dell'accompagnamento all'asilo nido o dell'arrivo della baby-sitter, potranno essere penosi e dolorosi. Consiglio loro di non nascondere al piccolo che stanno per andarsene e di assicurarsi che rimanga in buone mani. Quando poi rientrano a casa potrebbe essere una buona idea fargli sapere che avete sentito la sua mancanza. È comunque opportuno ridurre al minimo separazioni e cambiamenti non strettamente necessari almeno per un certo periodo.

I genitori possono giocare a cucù o ad altri giochi che possono aiutare a ridurre l'ansia della separazione presente in ogni distacco. Possono nascondersi dietro un angolo e tornare, fargli esplorare i vestiti e il viso, fare giochi allo specchio con il piccolo, e fare entrare nella sua vita delle persone estranee che abbiano un ruolo importante, in modo che impari ad abituarsi a loro. I genitori non devono essere iperprotettivi con i bambini, ma devono comunque comprendere che il bambino attraversa un importante e impegnativo momento della fase di crescita, un vero *Touchpoint* nell'area dello sviluppo cognitivo e della socializzazione.

Guardare avanti

Alimentazione I problemi relativi all'alimentazione continueranno a essere quelli derivanti dal desiderio del piccolo di esplorare e di avere il controllo di tutto. Anzi questo aspetto si intensifica. Se rifiuta di mangiare, si può provare a dargli pezzettini da prendere con le dita, o bastoncini di pane un poco raffermo con cui giocare. Non bisogna assillarlo con la propria presenza, anzi è meglio allontanarsi da lui e occuparsi di altre faccende in cucina. Se si insiste a volergli dare da mangiare, il bambino potrebbe accentuare il suo comportamento diventando addirittura provocatorio, facendo cadere il cibo o rifiutandolo. Si può anche provare a dargli un cucchiaio e farlo giocare con quello mentre lo si fa mangiare con un altro. Il bambino potrebbe mangiare mentre è distratto dal gioco, ma potrebbe anche rifiutarsi ancora. In questo caso è meglio non insistere. Non mi stanco di ripetere che è sbagliato cercare di fermare il suo gioco o cercare di forzarlo a mangiare quando si rifiuta. Non serve a niente. Vi chiedete: se non mangia ora avrà fame in seguito? È ovvio che ne avrà, a meno che non sia nel frattempo scattata una sorta di sfida, ma in questo momento il desiderio di conoscenza è prepotente come lo è ogni altro bisogno fisico.

Sonno Prima che un bambino impari a gattonare o provi a mettersi in piedi, oppure impari ad abituarsi a persone estranee, potrebbe ricominciare a svegliarsi più volte di notte. In questo caso ritornate al rituale usato in precedenza per aiutarlo a riaddormentarsi. Durante il giorno, quando gli capita di sentirsi frustrato mentre si impegna per imparare un nuovo compito, bisogna aiutarlo a consolarsi, magari con l'aiuto di un particolare giocattolo o di una copertina. Se ha l'abitudine di succhiarsi il pollice o utilizza il succhiotto, bisogna aiutarlo a ricorrere a questa abitudine quando è agitato o in crisi. Quando si tranquillizza è una buona idea dirgli quanto è stato bravo a farlo.

Sicurezza In questo periodo un piccolo recinto può essere d'aiuto per sapere il bambino al sicuro quando lo si lascia da solo. Se non lo si vuole utilizzare, bisogna poter disporre di una camera sicura tutta dedicata al piccolo. La sua acquisita capacità di muoversi e la necessità di soddisfare il suo impulso di curiosità e conoscenza lo sottoporranno a ogni possibile rischio. Bisogna essere preparati!

Vizi Durante questa visita molti genitori manifestano ancora una volta le loro preoccupazioni sulla possibilità di viziare il piccolo. Se sono preoccupati del fatto di dare a un bambino di otto-nove mesi troppo amore e attenzione, sicuramente si tratta di una preoccupazione infondata. Per me un cosiddetto bambino viziato è in realtà un bambino ansioso, alla ricerca di limiti. Se nessuno gliene dà, allora continuerà a fare tentativi e a mettere i genitori alla prova. Nei mesi successivi si vedranno comportamenti che sono chiaramente una richiesta di tali limiti. Quando per esempio un bambino arriva gattonando per la prima volta fino alla TV e si guarda attorno per verificare se i genitori lo stanno osservando, li sta proprio mettendo alla prova. In questo caso lo si può allontanare dalla TV o lo si può distrarre in qualche modo, ma bisogna stabilire chiaramente dei limiti fin dall'inizio. Insegnare la disciplina è responsabilità dei genitori, ma dare a un bambino piccolo dei limiti ben precisi da acquisire come regola generale è un compito che richiede anni, quindi non è il caso di scoraggiarsi ai primi tentativi.

8

NOVE MESI

Quando un bambino di nove mesi viene portato in visita nel mio studio difficilmente resta a lungo in braccio della madre o del padre. È tanto desideroso di andare sul pavimento o di sollevarsi in piedi appoggiandosi a una sedia o a un tavolo quanto lo sono i genitori di esibire tali sorprendenti capacità. La maggior parte delle domande che i genitori mi pone nel corso di questa visita ha a che fare per l'appunto con questo sviluppo motorio. Con un bambino così, in continuo movimento, le normali attività quotidiane – dargli da mangiare, farlo dormire, cambiargli il pannolino – assumono ogni volta un aspetto diverso. Ogni giorno, mentre il bambino esplora il mondo dimenandosi, rotolando, gattonando, arrampicandosi, appendendosi e traballando dalla mattina alla sera, sorgono nuovi problemi di sicurezza e disciplina e ovviamente nuove ansie.

Tutte queste nuove difficoltà richiedono una riorganizzazione della routine familiare e inducono i genitori a richiedere un sostegno. Il grande impulso delle attività motorie e la conseguente modificazione, quasi una regressione, delle abitudini acquisite relative sia all'alimentazione sia al sonno, che si verificano solitamente, fanno di questo periodo una tappa importante nello sviluppo del bambino e mi offrono l'opportunità di intervenire a sostegno dei genitori. È probabile che l'uno o l'altro dei genitori di questo piccolo esuberante "energumeno" di nove mesi arriverà nel mio studio pronto a esplodere. "Bene, come va?" domando, aspettandomi l'inevitabile sfogo. "Terrificante!", risponde la madre che, notando il mio stupore, prosegue dicendo "Sì, Alexander è totalmente 'fuori di testa'. O si aggira per casa con grande schiamazzo o si succhia il pollice guardandomi in cagnesco. Rifiuta il cibo che cerco di dargli e, se vuole saperla proprio tutta, non dormo più. È in continua agitazione, giorno e notte. Si sveglia almeno una o due volte ogni notte. È un disastro, e io sono a pezzi!"

Dopo avere ascoltato attentamente, cerco di aiutare i genitori a vedere il perché di questo comportamento dal punto di vista del bambino. Suggerisco che sia disorganizzato e difficile da trattare perché è impegnato ad apprendere nuovi compiti e mentre lo fa, le vecchie abitudini, soprattutto il mangiare e il dormire, possono diventare difficili da gestire.

Competenze motorie

Questo è il periodo in cui il bambino impara a stare in piedi. Il bambino utilizzerà ogni possibile cosa a cui aggrapparsi – una sedia o un tavolo – per tirarsi su. Con le gambe ben divaricate, il corpo sporto in avanti, lotterà e ce la metterà tutta contro la forza di gravità. Traballerà cercando di aggrapparsi al bordo del tavolo, e quando lo avrà raggiunto starà a lungo fermo in piedi. Se, quando è nel mio studio, cerco di interromperlo offrendogli un giocattolo, o prendendolo in braccio per visitarlo, mi fisserà con uno sguardo fulminante come a dirmi "Lasciami in pace. Non lo vedi che ho da fare?" Se comincia a innervosirsi mentre lo visito, lo si può calmare mettendolo in posizione eretta. Una volta in piedi, sorriderà compiaciuto. Il suo scopo è chiaro e la sua determinazione è tanto forte da provocare veementi proteste a ogni intromissione.

I bambini di questa età restano in piedi tutto il tempo che possono, poi si mettono a frignare ma più per frustrazione che per dolore. Se cadono, piangono, non perché si siano fatti male ma perché l'eccitazione dello stare in piedi è finita e ciò li infastidisce.

Per fortuna le ossa della testa, grazie anche alla permanenza della fontanella, sono ancora elastiche. La natura ha previsto che la testa dei bambini sia ammortizzata per proteggerli nelle cadute. Nei primi due anni di vita il cranio dei bambini è elastico e cede a ogni colpo. Il cervello pertanto non subisce contusioni, come invece può accadere agli adulti in caso di cadute o traumi alla testa. La natura ha previsto tutto. L'avvallamento soffice in cima alla testa, cioè la fontanella, non si chiude e le ossa del cranio non si cementano fino a dopo i diciotto mesi di vita, periodo in cui i bambini hanno raggiunto un equilibrio più sicuro e hanno imparato a camminare bene.

Nonostante questa protezione naturale i genitori devono sorvegliare i piccoli con estrema attenzione. Se il bambino non piange immediatamente dopo una caduta, oppure appare sonnolento, bisogna valutare che non si sia verificata una commozione cerebrale. Mi assicurerei di mettere un tappeto nei posti i cui il bambino si esercita a stare in piedi. La testa di un bambino può probabilmente sopportare un colpo contro un pavimento di legno ma più difficilmente contro uno di cemento. Dopo qualche caduta il bambino impara a cadere piegandosi e cadendo sul sedere. Sporgendo il sedere all'infuori il bambino impara gradualmente a bilanciarsi e a lasciarsi andare giù lentamente, giungendo a terra con un tonfo pacato.

Il muoversi è il vero obiettivo. Quando sta in piedi aggrappato all'oggetto più vicino, il bambino è praticamente immobile, anche se in realtà desidera andare avanti. Se gli viene data una sedia capovolta o un passeggino a cui aggrapparsi, imparerà molto velocemente a spingerlo in avanti. Le antiche sedie dei pionieri americani sono piatte nella parte posteriore, lato a cui bambini dei pellegrini si appoggiavano per spingersi avanti mentre imparavano a camminare. La spinta a stare in piedi e a camminare è innata nei bambini.

Durante questa visita i genitori mi chiedono spesso se non sia già il caso di comprare le prime scarpette al bambino. Io non lo consiglio. Se il bambino sta a piedi nudi le dita fanno presa sul pavimento e aiutano il bambino a stare in equilibrio. Se gli si mettono le scarpe il bambino scivolerà e traballerà di più. Quando avrà imparato a camminare sarà opportuno utilizzare scarpette solide e dalla suola rigida che gli consentiranno di fare presa sulla suola per flettere il piede, e che gli irrobustiranno l'arco plantare.

Un bambino di questa età riesce spesso a passare dalla posizione prona alla posizione seduta per poi sollevarsi in piedi. È incredibile come abbia imparato una sequenza così complessa di abilità motorie in soli nove mesi! Tutto ciò gli ha dato la sensazione di essere in grado di controllare il suo corpo e di realizzare tutto ciò che vuole. Adesso può esplorare il mondo dalla posizione eretta! E si occuperà di questo ambito compito tutto il giorno e tutta la notte. Sarà il suo primo obiettivo non appena si sveglia al mattino e di notte il suo subconscio gli farà rivivere quanto fatto di giorno, spingendolo a ripetere le azioni durante le fasi di sonno leggero. Non c'è da meravigliarsi se ciò gli crea qualche problema e se lui, a sua volta, ne crea ai genitori.

Mentre si regge in piedi aggrappandosi a quanto trova a portata di mano, cerca in tutti i modi di mettere alla prova le sue nuove capacità. Se sente della musica, prova a ballare al suo suono, accompagnato da cenni di approvazione da parte di tutti gli adulti che lo circondano. E in effetti, ballare è divertente! In seguito proverà a camminare lateralmente seguendo la disposizione dei mobili. Anche questa è fatta! Allora proverà ad andare da una parte all'altra della stanza. A questo punto, gli oggetti dimenticati sul tavolo possono essere raggiunti. Il mondo non è più piatto. Il bambino ha conquistato la terza dimensione.

Prime norme disciplinari

Anche il mondo dei genitori è cambiato. Invece di approvare ogni nuova azione, i genitori devono cominciare a pronunciare qualche "no". Devono decidere se rimuovere gli oggetti sistemati in posti accessibili al piccolo o se devono vietargli alcune cose, cercando di limitare il suo raggio d'azione ampliato dalla nuova eccitante attività del piccolo. Stufe, lampade, lavatrici, TV e personal computer sono diventati giochi divertenti. Le piante da appartamento, le cui foglie possono essere tossiche, attirano improvvisamente la sua attenzione. A questo punto il problema è: rimuovere le tentazioni o impartire le prime norme disciplinari? Secondo la mia esperienza, più si riducono le situazioni di conflitto e meglio è. Le questioni più importanti, come ad esempio non toccare la stufa, sono apprese meglio dal bambino se non vengono sminuite da tante altre limitazioni di minore importanza. Pertanto, rimuoverei gli oggetti facilmente rimovibili e bloccherei l'accesso verso quelli più voluminosi e pericolosi con una sedia o un mobile, riducendo il più possibile i motivi di conflitto.

Malgrado un genitore possa sviare in qualche modo l'attenzione di un bambino di questa età, il suo negativismo è in agguato. La distrazione funziona soltanto con le cose di poca importanza e può essere trasformata facilmente in gioco. Ma questo è il momento di prepararsi al negativismo del secondo anno, per il bene di tutti. I genitori mi chiedono quando iniziare a impartire una certa disciplina. Nel momento in cui per la prima volta un bambino si avvia gattonando verso la TV o il termosifone e si *guarda attorno* per essere certo che gli adulti lo stanno guardando, chiede che la sua azione venga in qualche modo disciplinata. Con il suo comportamento il piccolo dimostra la consapevolezza del proibito e il bisogno di limiti. I genitori devono capire che è arrivato il momento in cui il bambino richiede la loro partecipazione per imparare a fermarsi (si veda Capitolo 19). Questo è il primo *Touchpoint* per apprendere quando e come cominciare a disciplinarlo. I genitori devono decidere in che modo affrontarlo e soprattutto devono iniziare ad affrontarlo. Sarà un lungo cammino!

Un'altra sorpresa da batticuore in serbo per i genitori di un bambino di nove mesi è quella di trovarlo per le scale. Se, come è ovvio, i genitori non possono essere sempre accanto al bambino per aiutarlo, è necessario mettere un cancello di protezione a ogni estremità della scala. In un secondo momento potranno insegnare al piccolo come salire e scendere, ma è troppo presto per farlo adesso.

La vasca da bagno è un altro luogo di divertimento e di possibile pericolo. La prima regola vitale è quella di non lasciare mai un bambino da solo dentro la vasca da bagno, neanche per un solo momento. Potrebbe scivolare e inalare dell'acqua. Nella migliore delle ipotesi il bambino potrebbe uscirne con un grosso spavento, nella peggiore delle ipotesi il danno potrebbe essere ben più serio. Se c'è una piscina nel raggio d'azione di un bambino è necessario assicurarsi che questa sia coperta adeguatamente o che sia completamente recintata. Come pediatra ho visto molti bambini con danni cerebrali dovuti a uno scampato annegamento in piscine per mancanza di adeguate protezioni.

Per quanto riguarda il resto della casa, la cosa più sicura da fare è di renderla a misura di bambino. Se non è possibile farlo in tutta la casa, i genitori dovrebbero organizzare una o due camere e assicurarsi che il bambino stia esclusivamente in quelle.

Sonno

Come detto in precedenza, un bambino che impara ad alzarsi in piedi, lo farà anche di notte, per esercitarsi! Affrontare questo problema diventa un altro *Touchpoint* quando faccio notare le decisioni che i genitori devono prendere per ribadire che il sonno è una cosa “sua”. A ogni ciclo REM, mentre il bambino si trova nella fase di sonno leggero, le sue nuove conquiste motorie affioreranno. Quando viene posto a letto, il bambino si metterà in piedi dentro il lettino non appena i genitori lasciano la camera. Ogni volta che viene rimesso in posizione distesa si rialza, ripetendo quest'azione per molte volte.

Per superare questa fase consiglio ai genitori di rimettere il bambino disteso e rimboccargli le coperte ogni volta che rientrano nella camera e lo trovano in piedi nel lettino. Dopo la seconda o la terza volta che si mette in piedi, devono provare a rimanere con lui tenendolo disteso e calmandolo per farlo dormire. Si dimenerà, cercherà di liberarsi e griderà: bisogna evitare di rispondergli, facendo sempre le stesse cose, perché per lui diventerebbe un gioco divertente. Bisogna mostrarsi più decisi di lui. Avrà bisogno del suo pupazzo preferito per addormentarsi, tuttavia non lo accetterà di buon grado. Deve avere la certezza che voi ritenete che è giunta per lui l'ora di dormire.

In questo momento un rituale legato al momento dell'andare a dormire assume una nuova importanza. Consiglio di utilizzare l'allattamento, al seno o con il biberon, come parte della routine adottata per mettere il bambino a dormire. Si deve evitare comunque di lasciarlo a letto con il biberon pieno di latte, come detto in precedenza: potrebbe danneggiargli i dentini. Bisogna dargli il latte tenendolo in braccio, cullandolo e cantandogli qualcosa per acquietarlo, senza però farlo addormentare tra le proprie braccia. È meglio metterlo nel suo lettino mentre è ancora sveglio, dandogli una copertina o un giocattolo da stringere tra le manine. Si può rimanere seduti al suo fianco accarezzandolo fino a quando non si addormenta. Non mi stancherò di ripetere che lo scopo dei genitori deve essere quello di aiutarlo a sviluppare un suo modello comportamentale da utilizzare per addormentarsi. Ciò può richiedere del tempo, ma ne varrà comunque la pena.

Alcuni bambini si consolano cullandosi da soli. Si dondolano energicamente, tanto da fare talvolta battere il lettino contro la parete, come a provare piacere dal rumore che provocano. Dato che questo rumore serve a farlo calmare non lo eliminerei. Il forte rumore (o gli eventuali danni alla parete) possono essere risolti mettendo i montanti del lettino dentro sostegni di gomma che non si muovono. Il bambino potrà dondolarsi e fare cigolare la struttura per la sua gioia, senza fare muovere il lettino. Ovviamente bisognerà stringere le viti di tanto in tanto.

Solitamente, dopo che il bambino avrà iniziato a camminare e a realizzare con successo attività motorie maggiori, sarà meno frustrato di notte e diminuirà l'abitudine di cullarsi da solo. Tuttavia alcuni bambini continuano per diversi anni a dondolarsi di notte per rilassarsi. Questo non deve essere considerato un segnale di qualcosa di più grave. Forse dandogli una copertina o un giocattolo da stringere tra le manine potrebbe smettere di cullarsi da solo, ma se dovesse continuare a farlo non mi preoccuperei affatto. Gli serve una strategia di comportamento per essere indipendente di notte, e per alcuni bambini questo è quello di cui hanno bisogno.

Ogni nuovo salto in avanti nello sviluppo potrà aver dato luogo a cambiamenti per imparare ad andare a dormire. Ogni volta però dovrebbe essere stato più semplice, soprattutto se i genitori si sono mostrati determinati. Mentre il bambino cresce e si sviluppa tenta modi sempre diversi e sempre più complicati per distrarre i genitori dal loro compito di metterlo a dormire. Ma impara nello stesso tempo tecniche sempre più complesse di auto-consolazione e apprende che ci sono nuovi limiti alla sua libertà di azione.

Spesso i genitori mi dicono che il bambino sembra diventare sempre più nervoso la sera. Avanzo l'ipotesi che vuole trasmettere loro un certo messaggio. Ha bisogno di lasciarsi andare, e pochi bambini sanno farlo da soli. Molti hanno bisogno dell'intervento dei genitori. Il momento della giornata in cui il bambino ha raggiunto il livello massimo di sopportazione e diventa sempre meno organizzato è il segnale sicuro che ha bisogno di qualcuno che lo tranquillizzi e lo metta a dormire. Purtroppo quando entrambi i genitori sono via da casa tutto il giorno per lavoro è difficile essere decisi a separarsi dal piccolo per metterlo a dormire. Se prestano attenzione al momento in cui il bambino ha solitamente bisogno di fermarsi e trasformano l'istante di andare a dormire in un intimo e piacevole rituale, tutta la famiglia imparerà a contare su questo momento e a valorizzarlo. Chi si prende cura del bambino durante il giorno dovrà però evitare di far fare un lungo riposino al bambino nel pomeriggio. Talvolta qualche mamma mi dice: "Ma piange disperatamente! *Devo* aiutarlo a mettersi giù. Rimane aggrappato al bordo del lettino e non si mette a dormire. Sembra disperato". Quando chiedo se il bambino sa lasciarsi cadere durante il giorno quando se ne sta diritto appoggiato ai mobili, solitamente mi rispondono: "Si, certo. Lo sa fare benissimo di giorno. Si lascia cadere delicatamente". Questo spunto mi serve per suggerire che forse il bambino non dimentica proprio tutto durante la notte. Perché non andare da lui e dare un'occhiata per vedere se non si piega in avanti flettendo il corpo, come per sedersi? Ricordargli come si fa, accompagnando l'azione con parole rassicuranti, può essere quello di cui ha bisogno. Dopo poche notti saprà farlo da solo. I bambini imparano molto presto a includere nel ciclo REM un compito appreso. Se chiamano per aiuto, i genitori possono rispondere confermando la loro presenza. Ma sarà comunque compito del bambino mettersi giù e accovacciarsi per addormentarsi. Occasionalmente qualche genitore si chiede se non sia il caso di legare il bambino al letto per evitare questo fastidio. Non mi piace per niente l'idea di utilizzare cinghie o briglie di qualunque tipo. L'insegnamento paziente darà come risultato l'apprendimento di strategie di comportamento che aiuteranno il bambino per anni. Questa tappa dà ai genitori l'opportunità di imparare come aiutarlo nel cammino verso l'indipendenza, in questo caso riferita al sonno notturno.

Alimentazione

L'ora dei pasti non è esente dalla tirannia delle nuove prodezze motorie. "Non lascia più che gli dia da mangiare", mi dice una madre. "Rifiuta quasi tutto quello che gli offro. Non fa altro che sobbalzare su e giù sulla sedia". Come al solito, il miglior modo di agire non è lottare contro il suo comportamento ma assecondarlo. Suggerisco ai genitori di tenere impegnate le dita e la curiosità del bambino lasciandogli mangiare da solo più cose possibili. Mentre la madre sbriga le sue faccende attorno a lui, può lasciare piccoli bocconcini di vari cibi fondamentali – incluse le proteine (uova, formaggio, carne), cereali, frutta e verdure – alla portata del bambino, lasciando qualche pezzetto morbido per volta e allontanandosi. Il bambino adora fare le sue scelte e mangiare da solo. Potrebbe anche lasciare che la madre gli dia da mangiare qualcosa mentre lui è impegnato a mangiare da solo con entrambe le mani ma, come già detto, potrebbe anche non essere così. In questo periodo ha bisogno di fare il più possibile da solo.

Invece di lottare con lui per tenere diritta una tazza piena di liquidi, basta dargli una tazza tutta per lui. Dato che solitamente la capovolge, è meglio mettervi dentro solo una piccola quantità di liquido alla volta. Sarà felice di bere da solo, se lo sa fare. I bambini adorano utilizzare i bicchieri o i piccoli contenitori termici di plastica come oggetti di passaggio alle tazze vere e proprie. Anche se non saprà utilizzare bene il cucchiaio prima del secondo anno di vita, usarlo per imparare a imitare, o per fare rumore battendolo contro ogni cosa che ha a portata di mano, è una cosa divertente per un bambino di nove-dieci mesi. Suggerisco ancora una volta di dargliene uno tutto per sé, mentre la madre usa il suo per dargli da mangiare.

Tutte queste nuove distrazioni portano i genitori a pensare che sia arrivato il momento dello svezzamento. Alcuni di loro pensano che se rimandano troppo questo momento sarà più difficile per il bambino staccarsi dal seno della madre o dal biberon. Io non sono d'accordo. I genitori dovrebbero assecondare il bambino quando mostra segnali di volere rinunciare all'allattamento. Ma non conosco motivi validi per fare altrimenti. Certamente non esiste un momento particolare in cui lo svezzamento risulta più facile, un momento che non si ripeterà. Esistono però diversi momenti nello sviluppo di un bambino in cui questi troverà più interessante imparare altre cose piuttosto che essere allattato al seno o con il biberon. Molte volte il cibo sarà al secondo posto negli interessi di un bambino. Come sfondo a tutti questi tentativi di indipendenza, potrebbe risultare difficile continuare l'adorato, caloroso, sicuro rituale dell'allattamento. Tutte le volte che mangia da solo cibi solidi il bambino compie un atto di indipendenza. Perché non permettergli di regredire per prendere solo il latte – ed essere in questo modo sicuri che ne stia prendendo abbastanza? Tranne i momenti di allattamento, al seno o con il biberon, i pasti per un bambino di nove mesi non possono richiedere molto tempo. Quando comincia ad agitarsi su e giù e smette di mangiare vuole dire che si è stancato. I genitori devono allora farlo scendere immediatamente dal seggiolone e non continuare a seguirlo per farlo mangiare ancora. Inoltre non gli si deve dare da mangiare tra un pasto e l'altro. Facendolo aspettare fino all'orario successivo stabilito imparerà il ritmo dei pasti.

Quando i genitori mi chiedono come svezzare un bambino, consiglio di iniziare eliminando l'allattamento al seno di metà giornata e di togliere per ultimi quello della sera e del mattino presto. Assicurarsi che prenda abbastanza latte artificiale dalla tazza nell'arco della giornata (400-500 g circa) quando si toglie l'allattamento al seno, perché quando si comincia lo svezzamento il latte materno comincerà a diminuire e non vi si potrà più fare affidamento. Se la madre vuole mantenere l'abitudine dell'allattamento al mattino e alla sera per il piacere di prolungare l'intimità fisica con il bambino non deve esitare a farlo. È un modo così piacevole di iniziare e finire una giornata! Ricordo ancora una volta che non consiglio di fare addormentare il bambino in braccio, ma di metterlo nel suo lettino quando è tranquillo ma non ancora addormentato, e lasciare fare a lui il resto (per consigli dettagliati di madri esperte sullo svezzamento, vedere Huggins alle voci bibliografiche).

Apprendimento

L'acquisita autonomia nel muoversi porta con sé la necessità di conoscere i possibili pericoli. Per esempio, subito dopo avere imparato a gattonare, un bambino apprende che può mettersi in una situazione di pericolo gattonando lungo il bordo di una superficie. L'eminente studioso di sviluppo infantile Robert Emde e i suoi colleghi hanno utilizzato questa consapevolezza del precipizio per escogitare un affascinante esperimento allo scopo di verificare il concetto di "riferimento". Questi studiosi hanno dimostrato che un bambino nel prendere decisioni fa uso dei suggerimenti dei genitori – cioè il bambino "fa riferimento" alla loro approvazione o disapprovazione. Se lo si fa gattonare su una superficie di plastica trasparente sotto cui è stata sistemata l'immagine di un "precipizio", il bambino si fermerà in corrispondenza dell'orlo del precipizio. Anche se in realtà potrebbe continuare ad avanzare senza rischio, il bambino si accorge della fine della superficie del tavolo e si ferma sulla lastra di plastica. Se sua madre dall'altra parte del tavolo gli fornisce indizi con le espressioni del viso, il bambino la guarda in attesa di segnali. Se la madre gli sorride il bambino continua ad avanzare oltre il pericolo percepito. Se la madre lo guarda con un'espressione arcigna di avvertimento il bambino si ferma e non avanza. Questo esperimento enfatizza le capacità del bambino di usare i genitori per prendere decisioni importanti. Il bambino capisce tutti i loro indizi – espressioni facciali e gestualità, come pure il tono della voce – e li usa per riconoscere gli atteggiamenti dei genitori e il loro significato a proprio beneficio.

Il gioco del nascondino e altri giochi ripetitivi – come battere ripetutamente la fronte – sono il modo con cui il bambino comincia a verificare e sviluppare il concetto di aspettarsi delle cose. Se si fa con il bambino il gioco di battere delicatamente e ritmicamente la fronte, il bambino chiuderà gli occhi a ogni contatto. Se poi si cambia un poco il ritmo, il bambino chiuderà gli occhi secondo il ritmo precedente, aspettando l'arrivo del contatto. Se il colpo contro la fronte non arriva, il bambino guarderà il suo interlocutore sorridendo. Ha sviluppato una certa aspettativa e gli piace che venga infranta.

La percezione della permanenza degli oggetti ("L'oggetto è ancora al suo posto anche se non lo vedo") si trasforma in percezione della permanenza delle persone ("Mamma e papà esistono ancora anche se vanno in un'altra stanza"). Giochi come quello del nascondino, in cui un oggetto o una persona vengono nascosti, servono a evidenziare questo concetto. Giocando continuamente con queste azioni ripetute il bambino impara a padroneggiarle. Impara a controllarle e a riprodurle. Non teme di interrompere qualcosa perché sa che questa può essere ripetuta. Impara questo con oggetti neutri. Il nascondino e altri giochi simili sono più eccitanti perché coinvolgono le persone. Lo sviluppo della fiducia nel proprio ambiente è intimamente collegato all'essersi impadronito della permanenza degli oggetti e delle persone. Un bambino verificherà i ritmi di questi giochi e anche l'alterare questi ritmi per ridere. Se l'interlocutore altera il ritmo, il bambino lo guarda e ride aspettando che il gioco riprenda. Questo implica il senso del tempo. Questi giochi preparano la strada alla successiva comunicazione, alla parola e alla condivisione del ritmo della conversazione.

Tutti i giochi che prevedono una gestualità conseguente – come l'applaudire, il gesto del "grande così", fare "ciao-ciao" – danno al bambino la possibilità di giocare con un adulto. L'aspetto eccitante di questi giochi è provocato dall'approvazione dell'adulto. Questi sono soprattutto i giochi dei nonni! Utilizzano l'acquisita capacità di imitazione – uno dei più potenti metodi di apprendimento che un bambino di questa età ha a propria disposizione.

Il bambino proverà tutta una serie di nuovi suoni come "ga-ga", "ma-ma", "pa-pa", "ciao-ciao" anche se non corrisponderanno ancora a significati particolari. Esplora i suoni del linguaggio. Nel lettino può emettere trilli, usare intonazioni e provare ripetutamente suoni e sillabe nuovi. Li usa anche per chiamare i suoi genitori. Adesso piangere non è il suo unico stratagemma. E può anche aumentarne l'effetto utilizzando gesti e sillabe mentre inizia a provare a "manipolare" i genitori.

La *causalità* è un concetto nuovo per un bambino di nove mesi e sta affiorando proprio in questo periodo. Come funzionano le cose? Cosa fa correre un camioncino? A questa età l'esplorazione è limitata a sforzi del tipo spingere un camioncino per fare girare le ruote. Il bambino può spingerlo davanti a sé per seguirlo. Questo è già un esempio di verifica e padronanza dello spazio. Ma a un certo punto il bambino capovolgerà il camioncino per esaminarne le ruote, come per scoprire come fa a spostarsi – proprio mentre lui stesso sta imparando come fare per muoversi.

Aspettative di successo o fallimento A questa età è possibile dire dal comportamento adottato se un bambino si aspetta di riuscire a realizzare o di fallire i compiti che si propone o che altri gli propongono. Al Children's Hospital di Boston ci capita spesso di esaminare bambini dei quali sappiamo molto poco. Quando proponiamo a un bambino di nove mesi un compito preso dalla scala di valutazione infantile che utilizziamo, osserviamo il suo comportamento perché quello è il suo modo di esprimersi. Possiamo per esempio dire molte cose di un bambino attraverso il semplice test che prevede di dargli due oggetti della stessa forma e della stessa misura. Il bambino, che è conscio di realizzare con successo il nuovo compito, prende gli oggetti, ne porta uno in bocca, lo strofina sui capelli e poi lo fa cadere per vedere se un adulto lo prende per ridarglielo. Infine, dopo una serie di valutazioni ed esplorazioni, metterà i due oggetti vicini dimostrando che sa che hanno la stessa dimensione. Alla fine solleverà lo sguardo per guardare la persona che lo sta esaminando con espressione deliziata e fiera. Si aspetta di essere lodato.

Al contrario, un bambino che sa di poter fallire prende diligentemente i due oggetti ma poi non li utilizza, come se pensasse che a nessuno importa quello che fa. Metterà i due oggetti uno vicino all'altro, dimostrando di essere in grado di riconoscere che sono della stessa dimensione, ma poi li lascerà scivolare senza interesse. Rivolgerà all'esaminatore uno sguardo apatico come a esprimere il suo senso di fallimento, o come a volere dire "Picchiami. Non lo so fare. Merito di fallire". Successivamente, a dodici mesi, lo stesso bambino potrebbe fare cadere un oggetto precedentemente impilato sopra un altro e alzare lo sguardo verso l'interlocutore con la stessa espressione timida e disperata. A quindici mesi, quando un bambino simile inciampa, alzerà lo sguardo con una timida espressione di fallimento. Non si aspetta di avere successo nel fare le cose.

A nove mesi non sappiamo se tale aspettativa di fallimento sia insita nel bambino o derivi dall'ambiente esterno. Se è causata da una famiglia poco attenta che non lo ha mai ricompensato, sappiamo che è di natura ambientale e che il bambino non è stato mai incoraggiato ad avere successo. Se invece non si tratta di questo i genitori e il pediatra devono osservarlo più attentamente. Il bambino potrebbe avere problemi nell'integrazione delle informazioni per l'apprendimento. Potrebbe avere un disturbo di apprendimento e non essere in grado di assimilare le proposte provenienti dall'esterno, integrarle e rispondere a esse senza un ulteriore sforzo. O potrebbe essere ipersensibile e avere un disturbo dell'attenzione. Un bambino che non sa concentrarsi a lungo su un compito, o uno con lievi problemi neuromotori, con il suo comportamento ci farà capire che considera per lui ogni compito talmente difficile per cui si aspetta di fallire. Questi bambini hanno bisogno di un lungo, paziente e attento aiuto. Se compresa, la loro difficoltà può essere superata con il tempo. Il deficit più grave per un bambino con difficoltà di apprendimento o con lievi menomazioni non è il disturbo in se stesso; ma è l'immagine negativa che ha di sé e la coscienza di poter fallire. Se si riesce a identificare il disturbo in anticipo, se ne possono forse prevenire le gravi conseguenze. Osservo sempre attentamente un bambino di questa età per ricercare se mostra segni di eccitazione interiore o se ha aspettative di successo mentre affronta un problema.

Guardare avanti

Alimentazione Da questo momento in poi il bambino vorrà avere sempre più controllo sulla sua alimentazione. Quando sottolineo questo aspetto ai genitori, mi sento rispondere, soprattutto dalle madri, che sentono la necessità di dargli una dieta completa. I genitori devono tenere bene in mente che, a questa età, il cibo non è l'interesse principale del bambino. La necessità di imitare, esplorare, imparare a rifiutare diventa prioritaria. A un anno egli deve essere in grado di controllare la situazione. Esorterei però entrambi i genitori a riconsiderare il loro atteggiamento nei confronti dell'alimentazione del bambino e di non prevaricarlo nelle scelte, ma di farne invece un momento di gioco e di apprendimento. Quando la mia figlia maggiore aveva un anno le sue stramberie, i rifiuti e le esplorazioni durante i pasti per poco non mi fecero venire l'ulcera. Io e mia moglie abbiamo imparato a lasciarla mangiare da sola. Poi poteva unirsi a noi durante i pasti o giocare accanto alla tavola, ma mai sulla tavola. Non ci si può aspettare molto da un bambino di questa età in termini di buone maniere o di "dieta completa". È troppo importante per il bambino cominciare a imparare a mangiare da solo. Per la maggior parte dei genitori la difficoltà sta nel fatto che nella loro infanzia al cibo era stata data troppa importanza ed è difficile per loro non ripetere gli stessi errori.

Sonno Avverto i genitori che con un bambino di nove mesi bisogna aspettarsi che ricominci a svegliarsi di notte nel momento dell'apprendimento di ogni nuova attività motoria – lo stare in piedi, l'andare in giro e il camminare. Acquisire queste nuove capacità è così eccitante. Come si è visto in precedenza, l'eccitazione, come la frustrazione, ricompaiono di notte, durante la fase di sonno leggero. Bisogna essere pronti a ricostruire una modalità di comportamento confortante e definita, che aiuti il bambino a rimettersi a dormire ogni volta che si ripresenta il ciclo di sonno leggero. Userei lo stesso rituale adottato per ogni imminente separazione. È opportuno avvertire il bambino che è arrivato il momento del sonnellino pomeridiano o del sonno notturno. Se protesta, bisogna confortarlo facendogli comunque capire che è il momento di dormire.

Educazione alla pulizia Una delle ragioni che determinano problemi a proposito dell'educazione alla pulizia è la pressione esterna che viene esercitata sui genitori sul come educare il bambino. Considerando che l'obiettivo del bambino sarà quello di imparare da solo, non c'è motivo di iniziare proprio in quel momento. Se invece lo avete fatto, state educando voi stessi o gli sfinteri del bambino, come facevano le persone in passato quando non esistevano i pannolini monouso. Avverto i genitori che potrebbero ricevere in regalo da uno dei nonni un vasino per il primo compleanno del loro bambino e questo regalo li farà sentire in colpa per non averci pensato prima. Il regalo arriverà con il messaggio silenzioso che è il momento di cominciare a usarlo. Invece non lo è. Quando arriva questo regalo i genitori devono ringraziare il donatore e dirgli che in proposito hanno un loro piano. Quando il bambino avrà due anni sarà pronto a farlo. I genitori per questo motivo dovrebbero programmare di aspettare fino a quell'età, quando abituare il piccolo a usare il vasino sarà facile e senza problemi. Se ricevono altri suggerimenti faranno bene a ignorarli o a fare notare che hanno molte altre cose di cui occuparsi.

Il distacco Nei mesi successivi la separazione sarà più difficile. I genitori devono assicurarsi di preparare il piccolo ogni volta che devono andare via. All'inizio è bene che lo lascino per brevi periodi con qualcuno che lui conosce. E quando rientrano è molto importante fargli sapere che sono tornati. Sarebbe opportuno aumentare gradualmente il tempo in cui si è assenti. Questa fase passerà, tuttavia può rappresentare un momento particolarmente difficile. In questa fase dello sviluppo il bambino sta elaborando il concetto del diventare indipendente e muoversi intorno. Mentre lo fa, in realtà diventa sempre più *dipendente*.

Tutti i cambiamenti ora sono di maggior peso perché comportano implicazioni più complesse. Quando il bambino viene accompagnato al nido il distacco del mattino sarà particolarmente difficile. Questo è un preludio alla crescente indipendenza del piccolo. È anche il momento giusto per valutare come gli assistenti si prendono cura del bambino. Una buona idea è quella di andare a trovare il bambino senza preavviso e osservare se è sereno e contento o no. Si può controllare se il personale del nido è attento o no ai ritmi del bambino – sonno, gioco, orari dei pasti eccetera. Inoltre, quando il bambino li cerca, sono sensibili alle sue esigenze, gli rispondono con rispetto e sguardo amorevole? Se le osservazioni hanno dato esiti rassicuranti, il distacco dal bambino sarà più facile. In caso contrario potrebbe essere il momento di cambiare nido. Alla fine della giornata è bello continuare ad avere momenti di intimità con il bambino, magari su una sedia a dondolo. Affiorerà il rimorso per essere stati lontani dal piccolo tutto il giorno, ma questo è un sentimento normale per i genitori. Riconoscere questi sentimenti li farà sentire ancora più vicini al piccolo.

Sicurezza Bisogna rivedere periodicamente quali tipi di precauzioni bisogna prendere per la sua sicurezza. A ogni nuova fase evolutiva, specialmente a fronte dei progressi delle sue capacità motorie, è necessario ricontrollare quanto si è fatto in precedenza. Molti ospedali pediatrici e negozi di giocattoli espongono opuscoli sulla sicurezza per ricordare ai genitori tutte le insidie che potrebbero avere dimenticato (si veda anche la *New Child Health Encyclopedia* del Children's Hospital di Boston alle voci bibliografiche).

9

UN ANNO

Compiere un anno merita sempre una festa. Tutti gli album di fotografie contengono una foto con un bambino paffutello in procinto di demolire la torta in cui spicca al centro una sola candelina. Questo compleanno merita anche di essere vissuto come l'attimo di quiete prima della tempesta. Il comportamento del bambino infatti sta per entrare in un periodo di disorganizzazione, prima del successivo balzo in avanti nello sviluppo. Proprio prima di iniziare a camminare, il futuro divezzo comincia a svegliarsi di notte ogni quattro ore. Strilla tutte le volte che un genitore si allontana da lui. Dietro questo comportamento c'è la sensazione che voglia essere lui l'unico ad allontanarsi. Ogni nuova azione, ogni nuovo confronto, ogni nuova richiesta, possono determinare uno scatto di rabbia. Tutta questa agitazione deriva dalla volontà di realizzare lo scopo principale della sua giovane esistenza – camminare, e andare verso l'indipendenza!

Ricordo una famiglia (la chiameremo convenzionalmente Lowry), che portò in visita da me una bambina di un anno. Pur chiuso nel mio studio, ho capito che erano arrivati. Quando mi sono recato nella sala d'aspetto per salutarli sono stato investito da urla di protesta. "A Dana piaceva venire qui", dissero i Lowry imbarazzati, "ma adesso reagisce a ogni novità in questo modo eccessivo." Quando la misero giù, la bambina si calmò. Aveva visto la vasca con i pesci e vi si diresse come un razzo. Il padre, pensando di doverla alleggerire di qualche indumento, le corse dietro, si precipitò sulla figlia e lei si mise a gridare, in parte contenta per avere coinvolto il padre in questo gioco. Ma non appena capì che il padre voleva "farle qualcosa", ricominciò a urlare per protesta. Dopo averle tolto il cappello e il cappottino, la lasciò andare e lei partì di nuovo. Questa volta si fermò alla vasca dei pesci. Nella sua eccitazione ruzzolò per terra e batté la testa con un gran rumore. Si mise nuovamente a strillare. I Lowry accorsero in suo aiuto, sicuri che si fosse fatta male. Mentre vedevo accadere tutto questo, potevo dedurre dal suo viso vigile e dallo sguardo attento che non si era fatta male. Era solo delusa. La aiutai a rimettersi in piedi. Si calmò del tutto, sembrando compiaciuta di se stessa.

Quando capì che ero accorso in suo aiuto, mi guardò per controllare se la stavo guardando dritto in faccia. Mi aspettavo una reazione simile e sapevo di dovere guardare da un'altra parte. Nella fase di rivendicazione della propria indipendenza, il timore che vengano violati i suoi diritti raggiunge il massimo dell'intensità nel bambino di un anno di età. Intromettersi nel suo spazio personale guardandola in faccia è un comportamento destinato a generare sentimenti di autodifesa. Guardai quindi oltre Dana, che emise dei suoni gutturali. Pensando che questa fosse una risposta, le rivolsi un cenno di saluto. La sentii irrigidirsi e poi la vidi iniziare a frignare di nuovo. Capii di avere bruciato le tappe e me ne andai. Questo mio comportamento la incuriosì e cominciò a seguirmi. Adesso sapevo che potevamo entrare nel mio studio senza proteste.

Quando voglio visitare un bambino di questa età e voglio che resti sereno per tutta la visita, chiedo a uno dei genitori di tenerlo sulle gambe e di iniziare a svestirlo. Non mi avvicino a lui fino a quando non noto che inizia a rilassarsi e giocare con uno dei giocattoli sistemati sul tavolo accanto a lui. A quel punto, senza guardarlo in faccia, posso avvicinarmi e sistemarmi cautamente sul pavimento davanti a lui e al genitore che lo tiene sulle gambe. Mi siedo e fisso un punto al di là del suo viso. Lui si sarà irrigidito durante il mio avvicinamento. Nel frattempo continuo a parlare con i genitori seduti alle sue spalle e gli porgo il suo oggetto preferito – una copertina o un pupazzo. Se non ne ha portati di suoi, gli porgo uno dei pupazzi che tengo in studio. Quando lo accetta e inizia a rilassarsi, provo a iniziare la visita. Appoggio il fonendoscopio sulla mano del genitore, poi sul suo braccio, poi ancora sul pupazzo. Se il bambino non si sente minacciato da questo oggetto provo a poggiarlo brevemente sul suo corpicino, ma passo di nuovo rapidamente sul pupazzo o sul genitore. Ripeto con diverse mosse questo gioco di avvicinamento al bambino passando dal genitore o dalla bambola finché il bambino non inizia a rilassarsi.

Quando è rilassato, posso passare gradualmente a visitare il torace, il cuore e l'addome. Ma non gli dò mai la possibilità di cogliermi con lo sguardo fisso sul suo viso.

Visitare le orecchie di un bambino di un anno può essere un grosso trauma. Quindi osservo prima le orecchie del pupazzo, poi quelle del genitore e infine chiedo al genitore di girare il bambino da una parte trattenendo il braccio esterno. Gli faccio vedere che visito le orecchie del genitore e poi gli visito rapidamente un orecchio. Chiedo al genitore di girare il bambino dall'altra parte e gli controllo l'altro orecchio. Successivamente mostro al piccolo come spalancare la bocca. Chiedo al genitore di "aprirla molto", di dire "aaaah" e di tirare fuori la lingua. Molti bambini imiteranno me e i loro genitori. Se non lo fanno, chiedo a uno dei genitori di tenere il bambino seduto sulle gambe con la faccia rivolta verso di me, e di mettere un braccio sopra le braccia del bambino. Con la testa del bambino bloccata tra le braccia del genitore secondo la presa di Nelson, riesco ad aprirgli velocemente la bocca con un abbassalingua e visitargli la gola, compiendo questa manovra molto rapidamente.

Quando tutto questo procede secondo le normali previsioni, il lattante non protesta. Accetta le mie manovre e capisce che rispetto il suo timore di intromissione nel proprio spazio. Il gioco sostenuto con la madre o il padre e con il pupazzo è risultato abbastanza interessante da catturare la sua attenzione e distrarlo dai suoi timori. Inoltre queste manovre sono costate solo cinque minuti in più del tempo normale di una visita, ma ne meriterebbero anche di più dato che hanno reso il bambino contento dell'incontro con me. Quando il bambino è tranquillo posso verificare la qualità del suo modo di giocare e, mentre converso con i genitori, posso anche osservare e valutare i suoi progressi evolutivi. Avendo avuto modo di osservare le sue capacità motorie nel breve incontro precedente in sala d'aspetto, posso già valutare la esistenza di eventuali danni motori. Dato che ho potuto osservare anche il comportamento dei genitori, posso verificare la qualità del loro rapporto. Nel momento in cui mi accingo a visitare il bambino, in realtà ho già acquisito diverse informazioni sul bambino stesso, sui suoi genitori e su come interagiscono tra di loro.

La prima domanda che mi viene rivolta nel corso di questa visita riguarda spesso la nuova improvvisa condizione di "irritabilità" del bambino. "Ogni volta che vogliamo fare qualcosa ci fa dannare. Vuole prendere tutte le decisioni, noi non possiamo decidere nulla." Un comportamento di questo genere dimostra che stanno nascendo dei sentimenti di indipendenza. Ripensando ai mesi trascorsi, tutto quello che hanno già affrontato sembra facile al confronto del momento in cui il bambino entra in una fase completamente nuova. Quando un bambino appare particolarmente tenace i genitori risultano sorpresi: "Vuole dire che tutti i bambini di un anno fanno così? Nessuno dei nostri amici riesce a crederci. Pensiamo di avere creato un mostro". Quando i genitori manifestano i loro timori per tutto questo stato di agitazione, risulta per loro consolante il fatto che io collochi questo atteggiamento nel contesto del normale sviluppo del bambino.

Non tutti i bambini rivendicano la loro indipendenza così improvvisamente e criticamente, ma quando lo fanno sono sempre contento che accada. Se i genitori riescono a comprendere quale grande evoluzione ciò rappresenti allora possiamo considerare questo momento come una vera tappa dello sviluppo. Malgrado indichi che la "passione amorosa" del primo anno è finita, questa spinta di autonomia è perfettamente normale e fisiologica. Lo sforzo compiuto dal bambino per esprimere se stesso e per scoprire i propri limiti richiederà molti anni. Questo tipo di bambino ci mostra che lo farà in modo scoperto e spontaneo. Ma, che ci crediate o no, con il tempo il tutto diventerà più facile. Un bambino troppo arrendevole finirà comunque con il ribellarsi e questa evenienza potrebbe rivelarsi molto più difficile da gestire. Un bambino tranquillo e arrendevole permette ai genitori di attraversare il primo anno di vita quasi senza problemi, fino a quando giunge lo shock del primo atto di negativismo con tutte le sue difficoltà.

Quando giunge questa nuova esigenza di indipendenza i genitori si preoccupano inevitabilmente del rischio di viziare il bambino. Un bambino di un anno indipendente non è un bambino viziato! Come già detto in precedenza, un bambino viziato è un bambino a cui non sono stati insegnati dei limiti. Non ha ricevuto nessuna disciplina e non conosce quali siano i propri limiti o quando debba aspettarsi limitazioni dagli altri. Quel comportamento definito "di bambino viziato" è il suo modo di chiedere limitazioni, di cui sa per istinto di avere bisogno. Il comportamento deciso e i limiti stabiliti dai genitori potranno aiutare un tale bambino, ma certamente non ridurranno o aboliranno il normale fermento evolutivo del secondo anno di vita. Quando il bambino avrà superato l'ambivalenza e le paure portate da questa nuova indipendenza sarà più ragionevole. L'agitazione si calmerà. Ma la necessità di disciplina non verrà meno. Questo aspetto sarà affrontato più dettagliatamente nei capitoli dedicati ai mesi successivi.

Competenze motorie

In un momento imprecisato all'inizio del secondo anno, a volte anche subito all'inizio, il bambino inizia a camminare. Un nuovo mondo si schiude davanti a lui – il mondo dell'indipendenza. Con l'impulso di camminare, un bambino inizia a sperimentare una tumultuosa ambivalenza. Me ne starò per conto mio, lo voglio davvero? Voglio camminare, oppure no? Devo fare questo come mi dicono i miei genitori, o posso farlo a modo mio? Nessun altro periodo nella vita di un bambino è così pieno di domande combattute – neanche l'adolescenza, nonostante sia un periodo con lo stesso tipo di inquietudine. Il conflitto tra "Devo o no? Lo faccio o no?" è così intenso che non si risolverà per almeno un anno e mezzo. All'improvviso, quando meno te lo aspetti, un divezzo si butterà per terra e farà un grande capriccio semplicemente per passare da una porta. Questi capricci improvvisi aumenteranno notevolmente durante il secondo e il terzo anno di vita, e sono parte di questa lotta per l'indipendenza. I genitori tendono inevitabilmente a colpevolizzarsi, ma non è il caso di farlo. Un capriccio è l'espressione di una lotta interiore. I genitori possono averlo provocato, ma le loro azioni non sono la causa di tutto questo stato di agitazione del bambino, né possono porvi fine sostituendosi alla personalità del bambino stesso.

Questa spinta a diventare indipendente e il negativismo che lo accompagna iniziano con l'imparare a camminare. Questo segna una tappa particolarmente importante, uno straordinario impulso di crescita per il bambino e una sfida difficile per i genitori. Se questi riescono a comprendere cosa li aspetta, molte crisi possono essere evitate. La forte interazione tra le realizzazioni motorie e lo sviluppo emotivo diventa evidente. Per esempio, madri di divezzi immobilizzate da una ingessatura mi raccontano che il bambino era condiscendente e desideroso di compiacere ed essere compiaciuto, fino a quando non finiva il periodo di immobilizzazione. Quando i bambini cominciano a camminare con i loro piedini il concetto del loro mondo cambia. Niente è più arrendevole e condiscendente, non è più possibile compiacerli con modi semplici. Camminando, un bambino dice "Posso andarmene e tornare. Ma cosa accadrà se lo farò? Controllo il mio destino, ma che cosa desidero veramente?"

In realtà iniziare a camminare non è qualcosa che avviene all'improvviso. Durante tutto l'anno precedente il bambino si è esercitato provando le varie componenti della deambulazione. Come ricordato nei capitoli precedenti l'automatismo della *marcia automatica* è presente alla nascita e dura alcuni mesi. Include molte delle capacità motorie che riemergono successivamente. Nella seconda metà del primo anno, tale automatismo ha ceduto il passo alle capacità di strisciare e di gattonare. E intorno ai cinque mesi di vita, può accadere di osservare che, mentre si tira su un bambino per metterlo seduto, questi irrigidisce il corpo per mettersi in piedi, con un largo sorriso stampato sul viso a dimostrazione dell'innata eccitazione che lo stare in piedi gli provoca. Il bambino sta imparando il controllo dei muscoli del busto che saranno necessari per stare in posizione eretta. Dato che strisciare, gattonare, stare in piedi e infine muovere i primi passi sono acquisizioni che si sviluppano in successione, il bambino si impadronisce gradualmente delle componenti dell'intero processo, fino a quando non è in grado di combinarle nel loro insieme. Camminare seguendo il percorso dei mobili ha preparato il futuro divezzo a muovere le gambe mantenendo la posizione del corpo eretta e l'equilibrio. Quando infine il bambino si sente abbastanza coraggioso e osa lasciare l'appoggio con entrambe le mani, traballa e cade. Ma continua a provare intrepido, finché mette finalmente insieme tutte le conquiste motorie e sensoriali per muovere i primi passi vacillanti. La soddisfazione per questa nuova conquista risplende sul suo viso. Il bambino cammina, cammina, cammina con un enorme sorriso di grande soddisfazione. Ce l'ha fatta!

Prima di questo grande momento tutta la sua energia, sia di giorno che di notte, viene concentrata su questa impresa. Vedere camminare qualcuno può farlo strillare. Ogni volta che un genitore si allontana da lui, si mette a gridare per la frustrazione. Continua a cadere, nei ripetuti tentativi di stare al passo con un fratello che sa già camminare. Durante la notte, la stessa frustrazione si manifesta a ogni ciclo di sonno leggero. Ogni tre-quattro ore balza in piedi tenendosi alla sponda del lettino, strillando con disperazione nel ricordare i tentativi fatti per avere la meglio in questa nuova impresa. Dormire per tutta la notte diventa praticamente impossibile per lui e per gli esausti genitori.

Lo sforzo del bambino per imparare una azione importante come il camminare richiede l'impegno di tutta la famiglia. Può succedere infatti che, mentre sta seduto felicemente sul suo seggiolone, venga preso dall'impulso di alzarsi e camminare. Il suo sguardo cambia improvvisamente, le mani, fino a quel momento impegnate a raccogliere pezzetti di cibo, si immobilizzano per qualche secondo e poi, spazzato via il cibo dal ripiano del seggiolone e sparso sul pavimento o su chi gli sta vicino, si aggrappano allo schienale del seggiolone mentre il suo corpo si contorce per liberarsi della parte anteriore che lo blocca. Balza in piedi sul seggiolone, pronto a buttarsi giù. La sua più immediata priorità è quella di stare in piedi e camminare, mentre la fame e il mangiare sono al momento aspetti secondari.

Tutte le normali attività della vita vengono vissute con grande difficoltà. Provare a metterlo disteso per cambiargli il pannolino è un'impresa disperata. È certo che si metterà ad agitare le braccia, scalciare e strillare al solo pensiero. I genitori devono imparare a cambiargli il pannolino lasciandolo in posizione eretta. Improvvisamente, tenerlo fermo anche solo per togliergli i vestiti rappresenta per lui un'invadenza superiore a quella che può sopportare. Avere gli occhi coperti per sfilare una maglietta o un pullover significa per lui perdere la visione del suo obiettivo. Potrebbe farsi prendere da una crisi di capricci a ogni limitazione della mobilità – visiva o motoria.

I genitori di un bambino che non ha ancora imparato a camminare a un anno, si preoccupano chiedendosi il perché di tale ritardo. Malgrado dica loro di considerarsi fortunati di potere approfittare di alcuni mesi di grazia prima dell'assedio del "piccolo camminatore", non si sentono rassicurati. Esistono molte ragioni per le quali un bambino di un anno non si sente pronto a muovere i primi passi. I bambini dal carattere più tranquillo possono semplicemente non avvertire la fretta di camminare. Per i bambini americani di razza bianca l'età media per iniziare a camminare varia dai dodici ai quattordici mesi. I figli non primogeniti possono iniziare a camminare anche dopo tale periodo: ci vuole infatti il doppio del coraggio per osare muovere i primi passi se ci sono altri fratelli che gli girano intorno, mettendo in pericolo l'equilibrio appena acquisito. I bambini che pesano di più tendono a camminare in ritardo perché devono imparare a gestire la loro grande mole.

I bambini corpulenti hanno maggiori probabilità di avere articolazioni troppo lasse; un bambino con articolazioni troppo estensibili può iniziare a camminare con un ritardo persino di sei mesi. Quando riesco a piegare le ginocchia o i gomiti di un bambino oltre un angolo di 180 gradi suppongo che abbia legamenti muscolari troppo estensibili e una muscolatura più flaccida attorno a ogni articolazione. Questa caratteristica non è necessariamente un difetto, ma rende difficile al bambino iniziare a camminare. Con l'andare del tempo un bambino con simili caratteristiche sviluppa una forza muscolare supplementare in grado di tenere sotto controllo le articolazioni insicure.

Un bambino con simili caratteristiche vive maggiori sentimenti di frustrazione rispetto a un altro della sua stessa età con articolazioni normali. Questo bambino avrà bisogno per camminare della spinta supplementare che deriva da tale frustrazione. Ma l'incapacità di mettersi in piedi potrebbe anche causare al bambino un inasprimento del carattere, maggiori pretese e rabbiosa aggressività. Inoltre potrebbe manifestare minore capacità di sopportare altre fonti di frustrazione, cosa che potrebbe protrarsi per diversi mesi. Fino a quando i genitori non comprendono cosa sta succedendo, possono scoraggiarsi, perché molti dei bambini con tali caratteristiche sono stati buoni, pacifici e facili da trattare nel primo anno di vita. L'improvvisa inversione di carattere viene vissuta dai genitori come un fallimento da parte loro. Molti si chiedono cosa possono avere fatto di sbagliato se, quando provano a mettere il figlio in piedi per aiutarlo e per mostrargli come si fa a camminare, questi si affloscia sul pavimento. Stentano a credere che il piccolo abbia davvero voglia di camminare. Ma bisogna ricordare che l'aiuto dei genitori non può funzionare in questo caso, perché in realtà un bambino vuole riuscirci da solo. Lo stesso senso di frustrazione lo spingerà ad imparare. Molti di questi bambini che impiegano più tempo per imparare a camminare e a correre diventeranno atleti una volta cresciuti, come se le difficoltà incontrate per l'acquisizione di questa capacità li spingessero verso traguardi ben più grandi in un periodo successivo della loro vita.

L'irrequietezza che si manifesta solitamente nel periodo in cui un bambino impara a camminare può portare alcuni genitori a chiedersi se il bambino è "iperattivo". L'impulso a muoversi e a stare in piedi lo porta a camminare costantemente – spostarsi appoggiato ai mobili, gattonare freneticamente, perfino rotolare per raggiungere alcuni posti e, una volta raggiunti, ricominciare verso qualcos'altro. Tutto questo non significa che il bambino sia iperattivo; vuole solo imparare a muoversi e a stare sulle sue gambe.

A questa età è possibile riconoscere un bambino veramente iperattivo dal fatto che si distrae facilmente. Non riesce a soffermarsi su una attività perché è troppo attratto da ogni nuovo suono e immagine. Ogni nuovo suono o nuovo stimolo prende il sopravvento sul precedente. Se invece si trova da solo e non viene sottoposto a distrazioni, riesce a concentrarsi e a imparare. Ma se sente un rumore o avverte un qualche cambiamento si ritrova subito esposto alla sua stessa reazione a tali stimoli. Per esempio, persino un avvenimento banale come la caduta di uno dei blocchi di plastica delle costruzioni può fargli perdere la concentrazione. Il rumore o l'immagine visiva della caduta lo distrae. A un anno, un bambino realmente iperattivo e ipersensibile si aspetta di fallire davanti a ogni impegno complicato; questo senso di fallimento pervade tutto quello che fa. Tale modo di comportarsi è evidentemente molto diverso rispetto alla necessaria concentrazione per una singola azione che deve avere un bambino che impara a camminare (si veda Capitolo 26, ipersensibilità e iperattività).

Sonno

L'impulso a imparare a stare in piedi e a camminare sconvolge tutti i ritmi quotidiani. L'orario dei due sonnellini giornalieri diventa meno prevedibile di quanto non sia stato fino a questo momento. Al momento del riposino il bambino potrebbe trascorrere tutto il tempo a saltare su e giù dentro il lettino. Io consiglio comunque ai genitori di mettere ancora il bambino nel lettino, anche se per poco tempo, sia di mattina che di pomeriggio, ma di non preoccuparsi se non dorme. Come detto in precedenza, tutte le volte che un bambino che sta imparando a camminare si sveglia durante la notte balzerà in piedi dentro il lettino. Durante il processo di apprendimento può svegliarsi oppure no. Può anche balzare in piedi e spostarsi lungo le sponde del letto ancora mezzo addormentato. Ma mentre lo fa le sue urla di frustrazione svegliano la casa. Questa fase non dura molto a lungo. Come già detto nei capitoli 7 e 8, il bambino deve ogni volta imparare come rimettersi tranquillo a dormire. Ogni nuova conquista realizzata di giorno, oppure lo sforzo per compierla, riemergerà in questi cicli di sonno leggero. I genitori possono aiutare il bambino reagendo con calma e fermezza e ripristinando tutti i rituali familiari. Possono accarezzarlo dolcemente per un poco, poi lasciarlo solo. Se i genitori assecondano il comportamento del bambino rimanendo con lui o mettendosi a giocare, gli faranno credere che finiscono con il cedere se lui insiste abbastanza a lungo. Anche i genitori che hanno deciso di fare dormire il bambino nel loro letto devono aspettarsi questi risvegli ciclici, e anche loro avranno bisogno di trovare una soluzione per evitare che la famiglia al completo si svegli e si "riunisca" ogni tre-quattro ore.

Un altro metodo utile per garantire a tutta la famiglia un'intera notte di sonno può essere quello di svegliare il bambino alle 10 o alle 11 di sera, prima che i genitori vadano a dormire. Possono coccolarlo o perfino dargli l'ultima poppata se necessario, e poi aiutarlo ad addormentarsi di nuovo con parole rassicuranti sulla loro presenza, che non mancherà anche in caso di risvegli notturni. Per una ragione inspiegabile, interrompere il ritmo di sonno del bambino prima che lui si svegli da solo ha quasi un effetto magico. La possibilità che si svegli alle 2:00 di notte diminuisce sensibilmente.

Quando un bambino di dodici mesi si sveglia al mattino, è pronto e capace di intrattenersi da solo. Se i genitori non accorrono appena sentono il primo suono provenire dalla camera del bambino, possono venire deliziati da monologhi allegri e cantilene: è senza dubbio piacevole iniziare la giornata di buon umore.

Alimentazione

I genitori che non hanno ancora istituito la pratica di fare mangiare al bambino bocconcini di cibo con le sue stesse mani incontreranno qualche resistenza alla somministrazione di cibo. Una madre mi disse di riuscire a fare mangiare il figlio solo distraendolo. Per farlo aveva escogitato di accendere la televisione a un volume talmente alto da lasciare il bambino letteralmente a bocca aperta per lo stupore. La madre riempiva la bocca di cibo fino a quando il bambino la chiudeva saldamente. Allora la madre spegneva la TV per qualche minuto e la riaccendeva per inserire altro cibo nella bocca spalancata. Per quanto un simile espediente possa sembrare ingegnoso, in realtà non affrontava minimamente il vero problema. A questa età il controllo del cibo deve essere del bambino. Riempirlo di cibo grazie a una manipolazione esula dal vero controllo della situazione. Non soltanto in questo periodo tutto il cibo dovrebbe essere mangiato a pezzetti presi dalle stesse mani del bambino, ma i genitori saranno costretti a ridurre le loro aspettative per quanto riguarda la varietà del cibo ingerito da un bambino. Infatti durante il secondo anno di vita non si può avere come obiettivo una "dieta completa". A quattro anni un bambino può essere pronto a mangiare di tutto e a imitare i genitori nello stare a tavola, ma il secondo e il terzo anno di vita saranno ricchi di strane sperimentazioni.

Una settimana il bambino vorrà mangiare uova o carne e la settimana successiva niente uova ma solo latte. Sporadicamente assaggerà anche le verdure, ma non si può fare affidamento su questo, anzi più i genitori insisteranno a dargliele e meno il bambino sceglierà di mangiarle. Nell'arco di tempo di un mese un bambino riuscirà a consumare una dieta completa. Ma che lo faccia o no non deve essere motivo di preoccupazione per i genitori. Un lattante è estremamente sensibile alle reazioni degli adulti riguardo al cibo. Questo è probabilmente segno dell'importanza dell'autonomia che vuole esercitare in questo periodo della sua giovane vita. Per aiutare i genitori a delegare al bambino la scelta alimentare, ho cercato di delineare una minima dieta giornaliera che per il secondo e il terzo anno può essere articolata come segue:

1. circa 500 g di latte o l'equivalente in formaggio, yogurt o gelato;
2. circa 50 g di proteine contenenti ferro (carne o un uovo), o cereali con aggiunta di ferro;
3. circa 30 g di succo d'arancia o frutta fresca;
4. un integratore multivitaminico, consigliato per compensare la mancata assunzione di verdure.

Quando le madri scrupolose e idealiste mi sentono fare questo elenco mi chiedono "Intende dire che questo è tutto quello di cui ha bisogno in 24 ore?" Le rassicuro dicendo che le quantità indicate servono a coprire il fabbisogno nutrizionale minimo di base durante questo periodo di atteggiamento negativistico. Crescendo, il bambino inizierà a mangiare meglio, e le vitamine non saranno più necessarie. Ma usandole in questo periodo i genitori possono evitare di forzare il bambino a mangiare le verdure. "Neanche le verdure verdi e gialle?" mi chiedono le madri. Per alleggerire il peso della responsabilità avvertito dai genitori circa la scelta del cibo da dare, devo sempre sottolineare che per l'assunzione di verdure e l'acquisizione di una dieta completa dovranno aspettare che passi questo periodo. Ma anche se riesco a convincere le madri, le nonne si mostreranno sempre preoccupate.

L'alimentazione è un argomento caratterizzato da una grossa dose di indipendenza e di negatività del bambino, atteggiamenti che colpiscono i genitori in un loro punto debole. Le ragioni che fanno di questo aspetto un'importante tappa della vita del bambino sono diverse. I genitori pensano che nutrire un bambino sia una responsabilità tutta loro. Lasciarla a lui genera nei genitori un sentimento di incapacità, la sensazione di avere trascurato il bambino. È compito dei genitori comprendere e gestire questi sentimenti.

Quando parlo con i genitori, do loro alcuni consigli. Nel momento in cui un bambino di questa età perde interesse e inizia a fare dispetti spalmando il cibo sul seggiolone o facendolo cadere a terra, oppure alzandosi in piedi sul seggiolone, consiglio loro di metterlo immediatamente a terra e di terminare il pasto solido con un biberon o con l'allattamento al seno, finito il quale bisogna lasciarlo stare. Non si deve mai cercare di prolungare il pasto "ancora un pochino". Quando il pasto è finito, si intende finito fino a quello successivo. Se avrà fame prima, imparerà a rispettare l'orario dei pasti. Imparerà con il tempo a mangiare quando gli verrà proposto. I genitori non devono aver paura di fare aspettare il bambino quando ha fame. La fame dei bambini a questa età sarà facilmente controllata dal più interessante dei giochi: fare dispetti ai genitori. Se si prova a dare da mangiare al bambino tra un pasto e l'altro, o se gli adulti mangiano quando il bambino decide di mangiare, non soltanto si sminuisce l'importanza del momento del pasto, ma si fa uso di una certa pressione per farlo mangiare in un modo non tanto furbo. A questo gioco perdono sempre i genitori. E inoltre in questo modo si dà quasi certamente inizio a problemi di alimentazione. Il bisogno del bambino di avere il controllo dei genitori e di quello che mangia prenderà il sopravvento sulla fame e su qualunque desiderio di cibo.

Se il bambino inizia a tenere il cibo in bocca, o a sputarlo, oppure a soffocarsi e vomitare, significa che vive l'alimentazione come un momento di pressione. I genitori lo stanno mettendo consciamente o inconsciamente sotto pressione. È necessario fermarsi un attimo e riconsiderare il proprio comportamento.

Durante questi mesi i genitori sono a volte talmente preoccupati di fargli bere del latte da consentirgli di restare tutta la notte con il biberon, e poi magari scoprire che il bambino beve ancora meno latte del solito. Io non condivido questa abitudine perché sminuisce il valore del latte come cibo mentre lo usa come elemento di conforto, o come modo per tiranneggiare i genitori.

Una volta instaurata questa abitudine, non è poi facile porvi fine. Un bambino può arrivare a supplicare per avere il biberon o fare i capricci per portarselo sempre dietro. I genitori dovranno avere molta pazienza e fermezza, dicendo al bambino che può avere il suo pupazzo preferito durante il giorno ma il biberon solo all'ora dei pasti. Poi possono legare il biberon vuoto alla bambola, all'animale di pezza, alla copertina o a qualunque altro oggetto preferito per un certo periodo. Quando avrà sostituito l'attaccamento per il biberon con qualcos'altro, il biberon può essere rimosso dal suo oggetto preferito con il suo permesso. Nel frattempo però non bisognerà mettere del latte nel biberon. Se il bambino non beve abbastanza latte i genitori possono ricorrere allo yogurt, al gelato, al formaggio (circa 30 g di formaggio equivalgono a circa 120 g di latte). Inoltre, se il bambino prende il latte, i genitori possono fare rientrare questo momento all'interno di un rituale più ampio, tenendolo in braccio e coccolandolo mentre gli danno la poppata.

L'insopprimibile impulso di schiacciare e spremere il cibo per tutta la durata del pasto coinvolgerà anche i genitori. Il bambino fa queste cose con scopi esplorativi, ma si rende molto presto conto di una alternativa – quella di fare dispetti ai genitori. Una volta innervositisi, i genitori possono decidere di smettere di dargli da mangiare, toglierlo dal seggiolone fino al pasto successivo, oppure lasciarlo giocare con il cibo. Le reazioni negative dei genitori alimenteranno la sua voglia di fare dispetti.

Anche se un bambino di questa età si divertirà a giocare con un cucchiaio, in realtà non sarà in grado con questo di raccogliere il cibo. Non riuscirà a farlo fino all'età di quindici-sedici mesi. Ma nel frattempo imparerà a maneggiare degli utensili – il che costituisce un gioco veramente importante.

Se ha l'abitudine di usare il succhiotto, non è questo il momento di toglierlo. Ma non mi dilungherei su questo argomento. Più i genitori si intestardiranno nell'idea di toglierlo, più il bambino ne farà uso assumendo un chiaro atteggiamento di sfida. Durante il secondo anno il bambino ha bisogno di avere qualcosa che lo consoli per alleviare lo sforzo che comporta questo periodo della sua vita. Quando il bambino perde il succhiotto o lo fa cadere attraverso le barre del lettino perché i genitori accorrano a raccoglierlo, lo fa perché si diverte a tormentarli. I genitori possono legare il succhiotto al polso del bambino con un nastrino durante il giorno oppure all'oggetto preferito del piccolo durante la notte, o legarlo al lettino con un nastro corto in modo che non possa attorcigliarsi attorno al collo durante il sonno. Il bambino lo può recuperare da solo se gli viene mostrato come fare ed eviterà di usarlo a scopo di ricatto.

Dentizione

Durante il secondo anno di vita il lattante inizia a mettere i molari. Masticare cose che leniscono il fastidio nella parte posteriore delle gengive aiuta a diminuire il gonfiore di queste. I bambini masticano di tutto. In questo periodo bisogna preoccuparsi del rischio per il piccolo di ingerire sostanze tossiche, tipo vernici contenenti piombo, perché molti bambini iniziano a sviluppare il "picacismo", la tendenza a mangiare di tutto. Le vernici contenenti piombo hanno un gusto dolciastro, e i bambini più piccoli ne possono mangiare anche in grandi quantità. Il pericolo di avere vernici contenenti piombo dovrebbe essere meno comune nelle case moderne, perché i prodotti moderni non ne contengono; possono essere però presenti nelle vecchie case. Se il bambino vive in una vecchia casa è opportuno sottoporlo a degli esami del sangue per controllare i livelli di piombo.

Linguaggio

A questa età sono presenti segnali che indicano la sua capacità di comprendere il linguaggio. Se si chiede a un bambino di prendere un giocattolo o un pannolino, egli mostrerà di conoscere cosa gli viene chiesto, sia facendolo sia rifiutando chiaramente di farlo, anche se sa che cosa si intende dire. Le richieste semplici danno risultati migliori di quelle più complesse. Il suo linguaggio diventa sempre più divertente. Il bambino si metterà in piedi sul letto, con un braccio alzato, declamando con l'inflessione e la cadenza di un oratore. Nel suo discorso si possono distinguere pochissime parole, ma sta ponendo le basi per il linguaggio e la conversazione futura. Di solito si riescono a capire poche parole, tipo "mamma", "bimbo", "palla" e "no". Sa collegare i nomi alla persona giusta. Può iniziare a indicare le cose e a compiere gesti; userà gli occhi e la mimica facciale per accompagnare le sue parole. Indicare e gesticolare diventano chiari segnali di comunicazione. Quando il bambino vuole ottenere o mantenere l'attenzione degli adulti, inizierà a indicare e a emettere vocalizzi. Se i suoi vocalizzi non sono abbastanza chiari i genitori lo correggono suggerendo le parole giuste. In questo modo, danno al bambino il messaggio di aspettarsi che il suo linguaggio diventi sempre più definito. Il bambino potrebbe perfino ripetere subito dopo la parola detta dai genitori: è senza dubbio desideroso di imparare.

Apprendimento

Il concetto della permanenza degli oggetti e delle persone domina ancora la giornata del bambino. Fa parte infatti di questa esperienza il nascondersi dietro un angolo e il chiamare uno dei genitori per assicurarsi che è ancora presente. Se infatti questi si trova al di fuori della sua vista, il bambino proverà a fare un rumore o a fare qualcosa di proibito per provocare una reazione o fare accorrere la persona desiderata. Altre volte, momenti di incredibile silenzio saranno rotti dall'improvviso suono della televisione sparata a tutto volume. L'accorrere dei genitori sarà proprio la reazione che il bambino si aspettava per questa sua azione. Nessun rimprovero o divieto sminuirà il piacere che prova per avere attirato l'attenzione degli adulti. I momenti di separazione – durante il giorno, come pure al momento di andare a dormire – acquistano nuovamente una grande importanza. È possibile che finora il bambino non abbia sofferto per i momenti di distacco, invece adesso può cominciare a protestare energicamente, scoppiando in lacrime. Desidera avere il controllo dei momenti di separazione; lui può decidere di separarsi dalle persone care, ma non vuole che le persone care si separino da lui.

Per aiutare il bambino a superare questo periodo, consiglio ai genitori di comunicargli sempre quando escono, o meglio di parlargliene con un certo anticipo. Prima che si metta a protestare per il distacco è opportuno prepararlo a questo momento dicendogli che torneranno presto e saranno di nuovo con lui. Come già detto nei capitoli precedenti, se il bambino attraversa un periodo veramente difficile, per la prima volta è meglio lasciarlo solo per poco tempo (ad esempio quindici minuti). Al rientro a casa è importante che i genitori gli ricordino che gli avevano promesso che sarebbero ritornati. In questo modo imparerà ad avere fiducia in loro e a gestire gradualmente il trauma psicologico della separazione. Ma nel frattempo, protestare è la cosa migliore per lui. Se rimane con una persona familiare che gli vuole bene, ricorrerà a lei singhiozzando per farsi consolare. Dopo che i genitori saranno usciti si tranquillizzerà presto, e ogni volta reagirà sempre meglio. Lasciatemi ripetere che è comunque importante che i genitori gli ricordino di avergli promesso che sarebbero tornati, e che l'hanno fatto.

Capacità di prendere gli oggetti Si tratta di un nuovo concetto. Se a un bambino che non ha ancora compiuto un anno vengono porti due oggetti, egli ne prenderà uno per ogni mano. Se gliene viene dato un terzo, ne farà cadere uno per prendere quest'ultimo. A un anno, il bambino cercherà invece di capire come fare per riuscire a prenderli tutti e tre. Ne afferrerà uno con la bocca oppure ne sistemerà uno o entrambi nella piega delle braccia per potere prendere il terzo. Se gli oggetti sono abbastanza piccoli ne terrà due in una mano. Ha così imparato a tenere più oggetti.

Sovrapposizione di blocchi Un bambino di questa età giocherà spesso a mettere i blocchi di plastica uno sull'altro. Se cadono, si mostrerà deluso e si dedicherà a qualche altro gioco. Con il tempo imparerà a impilare gli oggetti con sempre maggior precisione.

Imitazione Giochi tipo il cucù o altri giochi gestuali diventano adesso più stimolanti e accattivanti. Il bambino imiterà parti del gioco anche se non saprà ripeterlo del tutto. Questo dimostra che l'imitazione diventa per lui fonte di maggiore interesse. Siamo nel periodo in cui un lattante inizia a imparare molto dai fratelli maggiori, che gli faranno da insegnanti; a sua volta, lui si impegnerà a imparare da loro. Imiterà in parte alcuni loro comportamenti che non ha potuto o non ha voluto imparare prima da un genitore o da un altro adulto. I bambini piccoli sono molto più attratti da un bambino più grande di quanto non lo siano da un adulto!

Causalità Prima di compiere un anno, il bambino spingerà una macchina a carica per farla correre. A un anno capisce che esiste qualcosa che la fa correre. La capovolge per guardare cosa c'è sotto, ma alla fine la restituisce a un adulto per farla correre nuovamente.

Paure A causa del rapido aumento delle dimensioni del mondo, lo spazio personale di un lattante è diventato per lui improvvisamente ancora più prezioso. Questa consapevolezza è accompagnata e condizionata dal sempre più crescente senso di indipendenza e controbilanciata nel contempo dal senso di dipendenza. Questi due aspetti sono le due facce della stessa medaglia. Un bambino di un anno vorrà essere preso in braccio da un genitore, ma quando si renderà conto di essersi messo in condizione di essere dipendente da un'altra persona, si contorcerà per essere messo a terra. Vuole una cosa e allo stesso tempo non la vuole. Ogni vicinanza o contatto mettono a rischio il senso di spazio personale e di controllo sul mondo. Se riesce a esaminare le persone estranee e ad acquisire i loro lineamenti mentre se ne sta stretto a uno dei genitori, riuscirà gradualmente ad accettarli. In questo periodo una persona *quasi familiare* – come la sorella della madre o il fratello del padre oppure un nonno visto di rado potrebbe diventare l'"estraneo" più minaccioso. Per potere dare al bambino il senso di controllo di cui ha bisogno mentre esamina le differenze tra le persone, impercettibili o evidenti che siano, è necessario che queste persone estranee usino molta pazienza.

Guardare avanti

Negativismo La spinta verso l'indipendenza aumenterà e si consoliderà durante l'anno successivo. "No" diventa la parola preferita. Scuotere la testa da una parte all'altra mentre dice "no" con sguardo arrabbiato diventa il comportamento più frequente del bambino. Ogni richiesta sarà accolta con un atteggiamento di negativismo imbronciato o non controllato. I genitori devono essere preparati a questo. Se riesco, approfittando del *Touchpoint* del primo anno, a metterli a conoscenza delle ragioni per cui un lattante condiscendente si trasformerà presto in un bambino testardo e tenace, non si sentiranno colpevoli e soprattutto incapaci di gestirlo. Altrimenti potrebbero vivere questo negativismo con troppo coinvolgimento personale e cercare di reprimerlo o controllarlo.

Capricci Sono caratteristici del secondo anno, e tutti i genitori pensano che succedano a causa di qualche loro mancanza. Ma come si è detto prima non è colpa loro. L'intensità e l'impegno con cui un lattante vive ogni decisione vengono riflessi in questi capricci. Pur provando, non è sempre possibile prevenire tali picchi di negativismo. Spesso un atteggiamento fermo e distaccato aiuta maggiormente ad affrontare il comportamento del bambino, se si riesce a fare considerazioni del tipo: "Vorrei aiutarti ma non posso. Decidi quello che vuoi e io te lo permetterò oppure ti dirò di no. In ogni caso ti aiuterò a prendere la tua decisione". So che può sembrare crudele ignorare "terrificanti" capricci, ma tutti quelli che si sono trovati in queste situazioni sanno che il tentativo di intervento dei genitori può involontariamente prolungare l'agitazione. Allontanarsi dal bambino fino a quando non smette, oppure temporeggiare, può dare dei risultati.

I genitori si chiedono spesso perché i bambini fanno i capricci in luoghi pubblici. Per prima cosa sono ipereccitati dalla situazione ambientale diversa, inoltre si rendono conto che l'attenzione dei genitori è attratta da qualcosa di diverso da loro e la pretendono. Sanno infine che possono mettere a disagio la mamma e il papà, che in pubblico sono ovviamente più a disagio che in casa. L'avvilimento dei genitori e i loro tentativi di calmarli possono sortire l'effetto contrario. Entrambe le mie migliori raccomandazioni si rivelano pressoché impossibili da realizzare: (1) Prendere il bambino e interrompere lo shopping, ritornare alla macchina e lasciarlo sfogare in tutta tranquillità. Fargli sapere con assoluta serenità che, a quelle condizioni, non potete rimanere nel negozio. (2) Comportarsi come se non fosse il proprio figlio e ignorarlo. Smetterà molto in fretta. Poi sedersi e abbracciarlo, dicendogli "È terribile essere così fuori di sé, vero?" (Per maggiori dettagli sui capricci, si veda Capitolo 10).

Disciplina Anche quando i genitori riescono a distrarre un bambino nel pieno della sua attività cambiandogli il pannolino mentre resta in piedi o eliminando tutti gli oggetti fragili e di valore, sarà comunque necessario applicare una certa disciplina. I genitori dovrebbero però riservarla per le cose importanti, di modo che il farne ricorso possa acquisire un certo significato.

I bambini hanno bisogno di trovare qualcosa che faccia effetto sui genitori. Come dico sempre ai genitori, è facile prevedere i momenti della giornata in cui il bambino potrà dare il peggio di sé: alla sera quando entrambi sono stanchi, ogni volta che ricevono visite importanti, quando sono al telefono, oppure quando sono in qualche negozio, di preferenza le drogherie. La comparsa nel bambino di questo nuovo e difficile atteggiamento porterà i genitori a ricercare nuove soluzioni. Se riescono a comprendere ciò che sta veramente succedendo, ciò costituirà con certezza un altro importante *Touchpoint.*

A questa età, quando un bambino richiede attenzione, ha bisogno di un comportamento affettuoso o di un minimo di apprezzamento, e non di atteggiamenti di collera o di insofferenza. Le punizioni fisiche, come gli schiaffi o le sculacciate, acquisiscono per lui due significati negativi: uno, che gli adulti sono più grandi di lui e che possono disfarsi di lui; due, che gli adulti credono nell'aggressività. Nel parlare di questo con i genitori, consiglio il seguente approccio. Cercare un modo per prendere tempo o tenerlo in braccio stando seduti su una sedia a dondolo per cullarlo e interrompere la tensione accumulata. Questo aiuterà anche i genitori. In questo momento di rilassamento sussurrare al bambino: "Scusami. Io ti voglio bene, ma non mi piace affatto quello che stai facendo. Ti devo frenare almeno fino a quando non imparerai a fermarti da solo".

Insegnare la disciplina è per importanza la seconda cosa che un genitore può fare per il proprio figlio. La prima è amarlo. Disciplinare significa insegnare, non punire. Lo scopo è che il bambino impari i propri limiti, i limiti entro i quali deve rimanere. Ogni occasione in cui si debbano applicare norme disciplinari diventa un'opportunità di insegnamento. Pertanto dopo ogni intervento disciplinante è opportuno sedersi e confortare il bambino, dicendo: "Non devi fare questo. Io sono costretta a fermarti fino a quando non imparerai a fermarti da solo".

Uso del vasino Se a questo punto della vita del bambino i genitori non hanno ancora ricevuto consigli più o meno velati da parte di parenti e amici riguardo l'insegnamento dell'uso del vasino, possono ritenersi fortunati: è ancora troppo presto per un bambino di questa età. Verso la fine del secondo anno di vita il bambino potrebbe essere più pronto a farlo. Pensate un attimo quale impegno si chiede al bambino nel volere cercare di convincerlo a usare il vasino: imparare a sentire arrivare lo stimolo della pipì o quello della popò, saperlo trattenere con molta attenzione, andare con passo incerto fino a un luogo scelto dagli adulti, sedersi e finalmente liberarsi. Non si chiede forse un po' troppo a un bambino in un periodo in cui è impegnato a lavorare duramente per acquisire la propria personalità? Garantisco che se si aspetta che il bambino sviluppi da solo l'idea di usare il vasino e decida di darle seguito, si eviteranno vestitini sporchi, macchiati, bagnati, oppure sforzi per trattenersi. Se si inizia troppo presto si possono avere questi inconvenienti in risposta alla pressione a cui è stato sottoposto. Quindi anche l'uso del vasino deve essere una conquista del bambino. Perciò bisogna avere pazienza e aspettare!

Morsi, schiaffi e graffi Nel normale corso della crescita, questi comportamenti emergeranno presto, insieme ad altri atteggiamenti spiacevoli. Sebbene siano mortificanti, sono in questo periodo prevedibili. Iniziano come comportamenti esplorativi: un modo per verificare le sue capacità. Sono associati a periodi di grande eccitazione in cui il bambino non riesce a controllarsi. Se in questi frangenti anche gli adulti non mantengono un comportamento equilibrato, il bambino si spaventerà e peggiorerà il suo comportamento. In ogni caso bisogna aspettarsi che simili cose accadano. Quando succedono, è opportuno prendere il bambino e tentare, anche abbracciandolo, di contenere il suo modo di comportarsi, evitando di stimolarlo sia in modo negativo sia in modo positivo. Provare a dirgli il più tranquillamente possibile: "Non mi piace quello che stai facendo e non piace neanche alle altre persone. Non puoi farlo. Ti fermerò tutte le volte che lo farai fino a quando non riuscirai a fermarti da solo". Il sapere che anche altri bambini hanno mostrato atteggiamenti simili può aiutare a dirgli queste cose in modo convincente.

10

QUINDICI MESI

I genitori di bambini di questa età hanno scarse possibilità di poter leggere in pace una rivista quando sono in attesa della visita per il proprio figlio nel mio studio. Dal momento in cui arrivano in sala d'aspetto sono sempre all'erta e controllano il loro piccolo terremoto per essere certi che sia al sicuro e per distrarlo prima che si metta nei guai. Le domande che mi rivolgono e il modo in cui la loro attenzione è costantemente focalizzata su più problemi mi fanno comprendere come le loro giornate trascorrano nell'impegno costante di evitare che il loro piccolo danneggi se stesso e l'ambiente che lo circonda. Durante la visita i contatti che hanno con me sono minimi.

Anche l'attenzione del bambino è divisa su più fronti. Egli tiene un occhio sui genitori per essere sicuro che lo stiano guardando, e l'altro sui giocattoli. E in tutto questo mantiene anche un atteggiamento cauto nei miei riguardi per cercare di capire quale strana idea di invadere la sua privacy mi stia frullando per la testa.

Mentre lo osservo giocare, la mia attenzione non è rivolta soltanto al suo sviluppo neurologico e fisico ma cerco anche di capire quanto efficacemente cerchi di gestire le varie attività. Si aspetta di avere successo in quello che fa? Continua a provare se non riesce al primo tentativo? Quando riesce nel suo intento si aspetta cenni di approvazione da coloro che lo circondano? Oppure molla tutto con facilità? Cerca di distogliere l'attenzione da una attività che sa di non potere gestire? Capisce quando ha fallito in qualcosa e guarda gli adulti in cerca di un segnale di disapprovazione? Se un bambino è turbato dalla novità e da una non ben chiara minaccia che gli deriva dall'essere nel mio studio, risulta più difficile per me potere emettere un giudizio sul suo comportamento e il suo sviluppo. Per questo motivo cerco insistentemente di incoraggiarlo a venire a farsi visitare, perché in tal modo posso aiutare i suoi genitori a favorire il suo benessere. Un rapporto pediatra-paziente non può limitarsi solamente alla visita fisica e alla somministrazione di vaccini.

Se il bambino sa già camminare, chiedo ai genitori di venire con me nel mio studio e lasciare che lui li segua ed entri sui suoi piedini. Non sempre funziona, ma prima impariamo a rispettare la sua indipendenza e meglio è.

Quando i genitori mi dicono che il bambino ha paura di me, so che gli sono già stati dati segnali sbagliati, ai quali lui reagirà di conseguenza, cioè piangendo tutte le volte che mi avvicino. Ai bambini non piace essere visitati e odiano le pur necessarie iniezioni per la somministrazione dei vaccini. E ovviamente hanno conservato il ricordo di tutto questo dall'ultima visita. Tuttavia i genitori possono sottovalutare la capacità del bambino di essere all'altezza della situazione. Tutti i bambini amano essere al centro dell'attenzione, quindi se si tiene in giusta considerazione il loro stato di tensione, è possibile compiere tutto ciò che richiede una visita. Giocattoli nuovi nello studio e una meritata ricompensa dopo la visita sono cose che i bambini ricordano da una visita a quella successiva. Quando riesce a controllare la sua ansia, prova un intimo senso di successo.

Mentre gioca nel mio studio posso osservare tutte le sue nuove acquisizioni. Per alzarsi dalla posizione seduta, spingerà in alto il sedere, tenendosi in equilibrio con entrambe le mani poggiate sul pavimento. Quando le gambe sono completamente distese, raddrizza tutto il corpo, barcollando leggermente, ma riacquista subito l'equilibrio divaricando le gambe. Se ha cominciato a camminare da poco terrà le braccia in fuori per sentirsi più sicuro mentre cammina. Camminare a gambe larghe è un altro segnale del fatto che si tratta di una conquista recente. Man mano che diventa più esperto la divaricazione delle gambe diminuirà, e quando si sentirà sicuro nel camminare, riuscirà a riavvicinare i piedi e ad allungarsi per prendere un giocattolo posto al di sopra della sua testa. In un periodo precedente, quest'azione lo avrebbe sicuramente confuso e gli avrebbe fatto perdere l'equilibrio. Osservando queste azioni si può capire da quanto tempo il bambino ha iniziato a camminare.

A quindici mesi tutte le nuove capacità cognitive del bambino entrano in gioco nel momento in cui cerco di stimolare la sua partecipazione. Quando ho bisogno di misurare la circonferenza della sua testa (la crescita della testa di un bambino è importante quanto il suo sviluppo in altezza, sia per la normale crescita del cervello sia per una misurazione comparativa in caso di lesioni cerebrali), misuro prima la mia testa. Il bambino guarda il metro e si metterà a ridere per la stranezza di vederlo attorno alla mia testa. Così facendo, mi permetterà di misurare la sua. Allo stesso modo utilizzo l'otoscopio prima nell'orecchio di un bambolotto, poi in quello della madre o del padre, infine nel suo. Per pesarlo, chiedo ai genitori di salire sulla bilancia da soli, poi insieme a lui, e infine sottraggo il primo peso dall'ultimo. Qualche volta questo gioco spinge il bambino a salire da solo sulla bilancia per semplice curiosità, altre volte no. Se siamo fortunati riusciamo a effettuare una visita completa senza pianti.

In ogni caso, riesco a osservare il bambino in diverse condizioni. Posso vedere se riesce a relazionarsi con me in modo indipendente. Se viene spinto a farlo, si ribellerà. È un comportamento giusto. Mi dimostra che, usando una nuova acquisizione cognitiva – il gioco simbolico – può trasferire la sua ansia per la visita su un bambolotto e sentirsi rassicurato nell'osservare la procedura effettuata sulla bambola. L'imitazione dei genitori è molto forte in questo periodo. Quindi li uso come modelli e osservo per vedere se è disposto ad imitarli. Tutti questi sono processi cognitivi in "boccio". Nel frattempo posso valutare a quanta capacità di auto tranquillizzarsi riesce a fare appello di fronte a una visita invadente. Se riesce ad affrontare e gestire lo stress, usando i genitori, un bambolotto o me stesso in aiuto, ha iniziato con il piede giusto.

Se alla fine della visita devo iniettargli il vaccino trivalente (morbillo-parotite-rosolia), sarà per lui un grosso colpo e gli sembrerà un tradimento. Chiedo ai genitori di tenerlo. Lo preparo dicendogli cosa sto per fare e mostrandogli l'iniezione con un orsacchiotto o una bambola. Chiedo ai genitori di stringerlo bene mentre inietto il vaccino e poi di ballare tutto intorno e distrarlo quando l'iniezione è terminata. Quando tutto è finito gli offro un premio che spesso rifiuta. Gli spiego allora che so di averlo fatto arrabbiare e che lo capisco, ma anche che l'iniezione serve a mantenerlo in salute. Voglio essere suo amico e contemporaneamente anche il suo medico. Un medico è qualcuno che mantiene i bambini in buona salute così che possano giocare. Un medico ama i bambini. A questo punto il mio regalo viene talvolta accettato. Ma l'aspetto più importante è che sia io sia i genitori abbiamo agito nel totale rispetto delle sue paure e della sua nuova, meravigliosa e fragile certezza di essere una persona indipendente.

Disciplina

Nel secondo anno di vita la disciplina diventa importante, anche se deve comunque essere intesa come un progetto educativo a lungo termine. Il primo passo, che è anche il più importante in quanto costituisce per i genitori la base per tutte le future decisioni disciplinari, consiste nel capire che il bambino deve imparare che esistono dei limiti. Gli interventi dei genitori, in termini di disciplina, sui singoli episodi sono meno importanti rispetto agli atteggiamenti generali che hanno una valenza a lungo termine. Per questo motivo, come ho detto prima, sceglierei soltanto questioni importanti su cui confrontarsi. L'inevitabile preoccupazione dei genitori di tenere sotto controllo un bambino decisamente indipendente è una tappa importante per noi.

Molte coppie, soprattutto quelle che hanno il primo figlio in età non giovanissima, sono restii a cambiare il proprio stile e le proprie abitudini di vita. Vogliono insegnare al bambino che non può toccare gli oggetti preziosi sparsi per la casa. Anche se è possibile insegnare una simile cosa, tutto ciò richiederà ai genitori un tale spreco di energie e di tempo che sarebbe meglio riservare a cose più importanti. Perché non metterle da parte per qualche tempo? In questo modo, ogni giorno, ci si dovrà confrontare solo su poche questioni. Il bambino è in grado di imparare l'autodisciplina e il rispetto dei diritti degli altri da qualsiasi possibile situazione che avrà occasione di osservare. Ogni volta che i genitori adottano un atteggiamento severo, il bambino lo recepirà, anche se non lo mostrerà immediatamente.

I genitori di un bambino tranquillo chiedono talvolta come fare a capire quando un bambino sente il bisogno di imparare la disciplina. Tutto quello che devono fare è prestare ascolto al bambino. Quando tocca qualcosa di vietato e guarda indietro per essere sicuro che lo stanno guardando, o quando assume atteggiamenti sempre più provocatori, significa che sta chiedendo ai genitori di intervenire e dire: “No, questo non si fa”.

I genitori si chiedono se a questa età è il caso di continuare o iniziare a utilizzare un recinto. La mia risposta è senza dubbio no. Però un bambino ha bisogno di un posto sicuro dove potere essere lasciato libero ad esplorare. Se i genitori non possono fare in modo che la sua cameretta sia sicura o non possono organizzare una parte della cucina per lui, allora potrebbe essere il momento di relegarlo in un recinto. Ma io spero proprio che non sia così, perché suonerebbe come un insulto in un'età in cui l'esigenza di sperimentare libertà e movimento è al massimo. Preferirei di gran lunga che gli venisse lasciata la libertà di esplorare, anche se lasciarlo libero non significa che debba esserci sempre qualcuno a portata di mano.

Solitamente i capricci hanno già fatto la loro sgradita comparsa prima che il bambino abbia compiuto quindici mesi (si veda Capitolo 9). Queste situazioni sono tremendamente imbarazzanti per i genitori quando accadono in pubblico: tutti i presenti si raccolgono attorno, guardando i genitori come se fossero comprovati molestatori di minori. Di fronte a una tale situazione i genitori dovranno rivolgersi agli spettatori facendo presente di essere in grado di gestire il bambino da soli: tutti si dilegueranno rapidamente.

Quando i genitori mi raccontano, afflitti, dei primi capricci, siamo di fronte a un nuovo *Touchpoint,* una opportunità per me per fare loro notare che si tratta di aspetti normali del comportamento del bambino. Un bambino irascibile è in genere più soggetto a questi comportamenti durante il secondo anno. Un bambino che non fa mai capricci durante il secondo o il terzo anno di vita diventerà un adolescente o un adulto volubile o impulsivo, che dovrà elaborare tutta la sua inquietudine in un periodo successivo. Come già detto in precedenza, anche se potrà sembrare che o un determinato comportamento o una richiesta dei genitori possano avere scatenato la comparsa di capricci, in realtà questi sono dovuti al conflitto interno del bambino, e solo lui può risolvere l'indecisione che vi sta dietro: la lotta del bambino tra dipendenza e indipendenza. Quando avrà imparato a gestire questo contrasto sarà un bambino più forte e più sicuro.

Ricordo ai genitori alcune misure da prendere. Per prima cosa ricordare la scelta fatta di non prevaricarlo. Prendere il bambino in braccio e trattenerlo tranquillamente, portarlo in un luogo sicuro dove possa risolvere da solo il momento di crisi, o allontanarsi momentaneamente da lui. Quando il bambino non vedrà i suoi genitori, i capricci diminuiranno di intensità. Tornare subito dopo da lui e dirgli "Mi dispiace ma non posso aiutarti più di così. Sono qui e ti voglio bene, ma questi capricci devi gestirteli da solo". Dare al bambino l'opportunità di risolvere la sua inquietudine non è la stessa cosa di abbandonarlo a se stesso. Bisogna farlo in un modo tale per cui possa capire che i genitori desiderano aiutarlo. Tuttavia sia loro sia il bambino sanno che tutti gli sforzi per aiutarlo prolungheranno i capricci. Fissare dei limiti lo rassicurerà del fatto di non essere pericolosamente fuori controllo.

Alcuni genitori trovano difficile lasciare la scena perché temono che il bambino possa farsi male. È in effetti preoccupante vederlo dimenarsi violentemente o battere la testa sul pavimento. È comunque improbabile che possa farsi del male da solo. Se sembra troppo violento può essere spostato su un tappeto o messo nel lettino. Per fortuna nella maggior parte dei casi si fermerà prima di perdere il controllo. Anni fa in Oregon ho trascorso una settimana con i cinque gemelli Anderson, di due anni di età. Uno di loro ebbe una violenta crisi di capricci. Gli altri quattro si affollarono intorno a lui per cercare di fermarlo. I loro tentativi lo resero più violento. Uno cercò di tenerlo per le braccia, un altro si distese accanto a lui per calmarlo cantandogli una canzoncina. Un altro lo sgridò. Il quarto gli buttò addosso dell'acqua fredda. Poiché nessuno di questi tentativi diede un qualche risultato, i quattro fratellini smisero di provare e si allontanarono. Appena lo fecero il bambino smise di piangere, si alzò in fretta e iniziò a giocare con loro come se niente fosse accaduto. Questa esperienza rappresentò per me una dimostrazione lampante del fatto che i capricci sono il riflesso di inquietudini interne. L'unico aiuto può essere il sostegno, non l'intromissione. Quando finisce la crisi i genitori dovrebbero trovare il modo di comunicare al bambino che si rendono perfettamente conto di quanto sia difficile avere due anni.

Trovare modi sicuri e semplici per impartire la disciplina, modi che non reprimano eccessivamente il bambino, è un obiettivo importante.

Provare a temporeggiare per molti genitori funziona. Prendere il bambino con una certa decisione e portarlo nella sua cameretta o nel suo lettino sono modi per interrompere brevemente l'intensificarsi di un comportamento capriccioso prima che possa diventare incontrollabile. Quando la crisi termina i genitori dovrebbero prima chiarire a se stessi di avere agito in risposta a un certo comportamento, e poi correre ad abbracciare con grande affetto il piccolo.

Paure

Insieme al crescere della sua indipendenza e alla comprensione delle cose che deriva dall'esplorazione, a questa età un bambino è portato a sviluppare sensi di paura. Una paura comune è quella della vasca da bagno. A questo punto, un genitore potrebbe fare il bagno insieme al bambino, facendo attenzione a non lasciarlo da solo perché potrebbe scivolare dentro l'acqua o evitando che rimanga precariamente in piedi nella vasca. Lavargli la testa può causare urla e strepiti, quindi non è necessario lavargliela spesso. Quando lo si fa, il bambino ha comunque bisogno di essere ben trattenuto. La paura di perdere l'equilibrio o di cadere all'indietro per un risciacquo è ciò che il bambino teme di più in questo periodo.

Competenze motorie

Quando il bambino impara a camminare passa tutto il giorno a farlo, con la schiena inarcata e la pancia sporgente in avanti, a passi larghi come già detto in precedenza: sembrerà una papera che cammina a zampe larghe. Mano a mano che impara a camminare e a gestire l'equilibrio, rivolgerà i piedi verso l'interno e li terrà paralleli. Solo quando sarà passato un poco di tempo sarà in grado di fare altre cose mentre cammina. Se riesce a tenere un giocattolo mentre cammina, ha imparato a camminare da almeno un mese. Se riesce ad afferrare oggetti situati più in alto della sua testa o a guardare verso l'alto mentre cammina, avrà mosso i primi passi almeno due mesi prima. Se riesce a girarsi e ad accovacciarsi ha già due-tre mesi di esperienza.

Come già detto nel Capitolo 9, l'ideale sarebbe che il bambino impari a camminare a piedi nudi. Le scarpe diventano un sostegno necessario solo successivamente. Mentre un bambino impara a camminare, le sue dita faranno presa sul pavimento e l'arco plantare si svilupperà. Le scarpe sono necessarie solo per proteggere i piedi dal freddo o da superfici irregolari: camminare scalzo è l'esercizio migliore per i suoi piedi.

Lasciatemi ripetere ancora una volta che è importante che le scale siano protette da cancelletti in cima e in fondo. I bambini sono attratti dalle scale e dalla possibilità di salirle e scenderle. Hanno bisogno di imparare a farlo, ma con l'assistenza di un adulto. Le scale ricoperte da tessuto sono più facili e più sicure.

Alimentazione

Durante questa visita la mia preoccupazione principale è che il bambino sia indipendente nell'alimentazione. Sia in grado di operare delle scelte sul cibo, e i suoi genitori gliele lascino fare. Ricordo ai genitori la dieta minima indispensabile per un bambino di questa età, perché so quanto possa essere difficile per loro (soprattutto per una madre) lasciare totalmente la scelta al bambino.

I genitori credono spesso di dover loro mangiare del cibo passato perché il bambino non sia tentato da cibi diversi da quelli che gli sono consentiti. Ma un bambino di questa età non ha bisogno di cibo passato. Ogni pezzo di cibo passato che viene offerto al bambino, gli può essere tranquillamente dato in bocconcini da prendere con le dita o in altri modi. Quando una madre protesta dicendo "Non sopporto di farmi in quattro per preparare qualcosa di speciale per lui, per poi vedermelo rifiutare", le dico di non preoccuparsi tanto. Si sta lamentando di vedere rifiutato il cibo che prepara, ma la verità solitamente è che sente il bisogno di controllare quello che il bambino mangia. La soluzione è di smettere di cucinare per lui e di rispettare quello che il bambino sta cercando di dire: "Voglio fare da solo". Le allusioni dei genitori – tipo "Guarda cosa la mamma ha preparato per te" oppure "Vuoi un poco di questi squisiti fagiolini di papà?" o ancora "Guarda tua sorella; lei adora le verdure" – sono pressioni sfacciate che stancheranno sicuramente il bambino e causeranno problemi alimentari. Il bambino di norma mangerà, a meno che i genitori non si mostrino troppo preoccupati al riguardo e non siano assillanti. Devono soltanto assicurarsi che ciò che danno da mangiare al bambino corrisponda al minimo indispensabile di cui si è parlato prima: carne contenente ferro, uova o cereali, latte, frutta e vitamine (si veda Capitolo 9).

A quei bambini che non bevono latte si possono dare in sostituzione yogurt, formaggi, gelati o altri cibi di pari valore nutritivo. Quando un bambino vuole provare a mangiare dalla tazza ma versa la maggior parte del contenuto, i genitori possono risolvere il fastidio sistemando una tela cerata sotto la sua sedia e lasciandogli versare liberamente il contenuto della tazza, o dandogli da mangiare dentro la vasca da bagno. Farebbero meglio a non preoccuparsi della pulizia per un certo periodo: adesso, altre questioni ben più importanti sono in gioco.

Questo approccio all'alimentazione privo di regole e apparentemente disordinato crea dei problemi a molti genitori, soprattutto alle madri. L'alimentazione viene posta sullo stesso piano dell'istinto materno. Malgrado la denutrizione sia un terribile problema mondiale, è improbabile che colpisca le famiglie che stanno leggendo questo libro. Quando per i genitori diventa difficile gestire questo aspetto dell'indipendenza del bambino, vado alla ricerca di quello che la psicanalista Dr Selma Fraiberg ha chiamato "fantasmi nella nursery". Le madri mi raccontano storie terribili sull'essere state lasciate a tavola per ore a finire il cibo. La conseguenza estrema di una tale costrizione a lungo termine può portare a una condizione chiamata anoressia nervosa. Questa compare solitamente nell'adolescenza e ha inizio proprio con problemi di alimentazione. I genitori non dovrebbero far correre un tale rischio ai loro bambini. La migliore garanzia per non creare e per non continuare ad avere problemi alimentari è intervenire il meno possibile e lasciare fare al bambino. Lui saprà trovare sicuramente il suo equilibrio e nel contempo avrà conservato la sua indipendenza. Ogni adulto sa che il cibo scelto personalmente ha un gusto migliore. In questo periodo il bambino può imparare a utilizzare tazza e cucchiaio. Se ciò viene fatto per gioco, l'uso di questi utensili può aumentare il suo senso di padronanza degli oggetti. Nel frattempo il solo cibo mangiato con le mani sarà sufficiente.

Sonno

La solita questione dei rituali di autoconsolazione già discussa nei capitoli precedenti si ripresenta anche a questa età. Di solito, quando il bambino impara a camminare bene, ritorna a dormire nuovamente per tutta la notte. In questo periodo un solo sonnellino può bastare, meglio se nel primo pomeriggio in modo da non influenzare il sonno notturno. Svegliare il bambino nell'ora in cui i genitori sono pronti per andare a dormire può continuare a essere un modo efficace per assicurare un buon riposo notturno per tutta la famiglia.

Questo è il periodo in cui i genitori che hanno scelto di fare dormire il bambino con loro nel lettone possono riconsiderare questa loro decisione. Un bambino a letto con i genitori è più soggetto a svegliarsi intorno alle 2:00 e alle 5:00 del mattino e aspettarsi di essere allattato, cullato o confortato. Questo può talvolta causare spaccature tra i genitori. "Mio marito odia questa situazione", qualche madre potrebbe dire. "Si sente respinto. Ma cosa posso fare? Non posso lasciare gridare il bambino tutta la notte." Non potrei neanche io, e d'altra parte non mi sentirei neppure di consigliarlo. Ma non penso che sia una buona cosa che si crei una frattura in famiglia per una simile questione. Quando faccio presente che questa situazione potrebbe durare per molti anni, potrei sentirmi dire dalla madre: "O mio Dio, mio marito andrebbe su tutte le furie se ne avesse la minima idea". Una possibilità per superare questo inconveniente è di sistemare il lettino accanto al letto dei genitori per un periodo di transizione. I genitori possono così girarsi verso il bambino e accarezzarlo tutte le volte che sopraggiunge la fase di sonno leggero, senza doversi alzare a loro volta. I genitori che hanno dovuto subire rinunce nel passato, o che hanno avuto problemi di sonno e di separazione durante l'infanzia, troveranno difficile rinunciare al bambino durante la notte. Pertanto ogni lieve rumore o lamento diventa un motivo per accorrere da lui e confortarlo. Ogni bambino farà di tutto per ottenere questo tipo di sostegno.

Gioco

Nel mio studio, lo scopo principale di un divezzo sarà quello di distogliermi dall'interagire con i suoi genitori, utilizzando i giochi. Passando da un gioco all'altro cercherà di provocare una nostra risposta ripetendo: "Guarda. Guarda". Anche se la durata dei tempi di attenzione è ancora breve, voglio essere sicuro che esamina gli oggetti con vero interesse. Riesce a concentrarsi nel gioco per lungo tempo o l'ansia esaurisce tutta la sua attenzione?

A questa età, la differenza tra l'enorme energia e la normale breve durata dell'attenzione da una parte e la fisiologica naturale iperattività dall'altra comincia a essere evidente. In un bambino iperattivo la durata dell'azione sarà di una frazione di secondo, e passerà continuamente da un gioco a un altro. Non concederà mai del tempo per un esame accurato o per un intrattenimento prolungato con i giocattoli. La tendenza alla facile distrazione interferisce con tutto il resto. Ogni stimolo sonoro o visivo lo attrae. La soglia per recepire informazioni è bassa, ostacolata dalla tendenza alla distrazione. Si muove costantemente, nello sforzo di controllare la sua ipersensibilità. Solitamente sul suo viso si manifesta una espressione preoccupata e si avverte un leggero tremore alle mani mentre cerca di prendere un gioco. Se qualcuno batte ripetutamente le mani, un bambino realmente ipersensibile trasale tutte le volte. Non riesce a escludere i segnali visivi e sonori in arrivo. Si trova pertanto alla mercé di tutti gli stimoli che lo circondano. La sua iperattività sembra essere una risposta a un sistema nervoso ipersensibile.

Se riusciamo a individuare precocemente un simile bambino, io posso aiutare i genitori a ridurre le sollecitazioni attorno a lui. Ciò sarà particolarmente importante in momenti specifici, in cui ha bisogno di prestare attenzione ad attività di apprendimento o ad attività quali il mangiare o il dormire. Con il tempo potrà imparare alcuni modi per controllarsi quando è sovraeccitato – adottando frequenti momenti di pausa, stringendo un oggetto preferito, o trovando dei modi per non reagire all'eccesso di sollecitazioni provenienti dall'esterno. Se i genitori non riconoscono l'esistenza di questo problema, possono pensare che il bambino sia viziato o stia esternando un certo comportamento. La loro reazione eccessiva si somma a quella del bambino, e l'accumulo di tensione all'interno della famiglia raggiunge livelli insopportabili. I genitori di un bambino con simili caratteristiche hanno bisogno di sostegno a ogni visita, o forse anche di una segnalazione a servizi specialistici in caso di intervento urgente (si veda Capitolo 26).

A questa età la maggior parte dei bambini è in grado di impilare quattro cubi. Riescono generalmente a trovare un giocattolo nascosto se gli viene dimostrato che è stato nascosto sotto non solo uno, ma due, pezzi di stoffa. Questo test è noto con il termine "doppia dislocazione". Questo test di permanenza degli oggetti è non solo un gioco molto piacevole, ma anche un'attività cognitiva significativa. All'inizio del secondo anno iniziano anche i giochi simbolici. Prova a dare il latte a una bambola con un piccolo biberon giocattolo? Canta una canzoncina a una bambola o la trasporta nel modo in cui i genitori portano in giro lui? Fa un garage per le macchine con i cubi (una rappresentazione simbolica)?

Se si fanno con lui giochi ritmici – per esempio "Trotta, trotta cavallino..." – il bambino anticipa il finale? Ride mentre qualcuno gli fa battere le manine e poi si ferma? Conosce il concetto dell'interruzione in una azione ripetitiva? Il bambino comincia a comprendere meglio il rapporto di causalità tra due cose. Se gioca con un giocattolo a carica, invece di restituirlo a un adulto quando termina la carica, il bambino potrebbe adesso provare a caricarlo da solo. Ogni aspetto del gioco – che, come disse Montaigne, è "l'azione più seria di un bambino" – rivela il livello di maturità di un divezzo. Nel gioco è possibile vedere l'aspetto dominante dell'apprendimento, delle acquisizioni motorie, e dello sviluppo emotivo.

La parola

La produzione a cantilena dei suoni continua, per lo più di notte e nel lettino. La cadenza e l'esercitarsi con le parole e le frasi mostrano che un divezzo si sta preparando a parlare. Gli adulti si sentono obbligati a correggere e a modellare il linguaggio dopo ogni tentativo. In questo modo i genitori guidano i bambini alla fase successiva. La maggior parte delle volte l'obiettivo finale è l'apprendimento dei nomi, non dei verbi, degli aggettivi o degli avverbi – si sentiranno parole come "io", "mamma", "papà", "biscotto" e talvolta un occasionale "di più" e ovviamente "no". A questa età i bambini cominciano a mostrare un vero dispiacere per non sapere parlare, ma sanno gesticolare con estrema chiarezza e capiscono quasi tutto quello che un adulto dice.

Guardare avanti

Il secondo anno è il momento per reimparare di nuovo il mestiere di genitori. Nel rapporto affettivo del primo anno, il comportamento del bambino è stato prevedibile e solitamente gratificante. Gli sforzi dei genitori incontravano una risposta immediata nel comportamento del bambino. Tutto questo non sarà più così. D'ora in avanti un bambino sarà in grado di fare "lui" le sue scelte. "Ma è sordo?" si chiedono i genitori. "Mi sente ma non mi risponde? Cosa devo fare per poter mantenere il suo controllo?" Il secondo anno è terribile per i genitori ma non per i bambini. È un periodo in cui le modalità di apprendimento sono estremamente rapide. La spinta verso l'indipendenza porta con sé una capacità e una forza di esplorazione e di apprendimento del mondo veramente notevole. Nel secondo anno imparare a essere genitori significa prevalentemente trarre insegnamento dagli errori. Le gratificazioni ricevute nel primo anno hanno incoraggiato i genitori nel loro compito di seguire il bambino per impartirgli le giuste direttive.

Adesso devono trovare il loro modo di comportarsi a un livello completamente diverso.

Il principale *Touchpoint* a questa età è quello del controllo. Chi comanda? Quando i genitori sentono il bisogno di intervenire per controllarlo il bambino risponde con negativismo e resistenza. I genitori avvertono la sensazione di avere in qualche modo fallito. Un costante tentativo di riorganizzarsi mentalmente per trovare un nuovo modo per gestire un bambino "resistente" diventa l'aspetto principale del compito dei genitori durante il secondo anno di vita del bambino. Per genitori poco flessibili può essere davvero un anno terribile. Affrontato invece con un certo senso dell'umorismo, il secondo anno può diventare straordinario.

Ovviamente mantenere il senso dell'umorismo durante questo periodo è una cosa più facile da dire che da fare. "Ogni volta che gli chiedo di fare qualcosa, rifiuta" mi dicono i genitori. "Dice di no anche con l'atteggiamento corporeo. Si lascia andare come uno straccio floscio oppure si infuria come una belva, inarcando il corpo nell'atto di allontanarsi da me." Questo negativismo sorge perché ogni proposta o richiesta da parte dei genitori pone un dilemma al bambino "Lo faccio o no? Voglio o non voglio farlo?" Come consiglio ai genitori, se si vuole realmente fargli fare qualcosa, dirgli di non farlo può essere un tentativo efficace. Tuttavia, se si vuole ottenere una cosa importante, insisterei. Se invece non è importante lascerei perdere. Meno occasioni di contrasto si creano con il bambino e meglio è. Alla fine si scoprirà che quei pochi contrasti che si hanno diventano davvero importanti esperienze di apprendimento.

Uso del vasino A ogni visita effettuata nel corso di questo anno ripeto l'importanza di aspettare fino alla fine del secondo anno per iniziare ad abituare il bambino all'uso del vasino. I genitori che hanno fretta sostengono che il bambino è già consapevole di defecare perché si tira i pantaloncini quando si rende conto di essere sporco, oppure perché scappa a nascondersi quando la fa nel pannolino. Tutti questi sono segnali particolarmente chiari, e stanno semplicemente a indicare che al momento giusto il bambino saprà avere il controllo dei suoi bisogni fisiologici.

Allergie Come si è visto nei capitoli precedenti, il modo migliore per trattare le allergie è prevenirle. Molti di noi hanno una tendenza genetica a sviluppare allergie in certi periodi – momenti di stress, stagioni con maggiori quantità di pollini nell'aria, occasioni in cui si è mangiata o inalata la cosa sbagliata. Ma la predisposizione alle allergie si trasforma raramente in aperta manifestazione, perché sono necessari diversi fattori scatenanti per dare l'avvio alla crisi. Molti allergeni leggeri possono non fare comparire i sintomi se rimangono entro certi limiti. Ma se si somma l'esposizione al contatto con più sostanze allergizzanti, quali pelo di gatto o di altri animali, polvere, muffe, cuscini di piume, materassi di pelo, uova, prodotti di pesce, stress o qualsiasi altro "allergene" comune, il sistema immunitario non riesce a sopportare tutte queste insidie, e può reagire con la comparsa di respiro affannoso, raffreddore da fieno ed eczema. Talvolta può agire da causa scatenante un certo fattore, e la volta successiva un altro. Lo stress emotivo o una separazione del bambino dai genitori possono causare la comparsa di questi sintomi. I genitori temono queste cause scatenanti di natura psicosomatica e cominciano a evitare di fare cose che possano causare danno al bambino. Un rifiuto del bambino può trattenerli dall'intervenire e così evitare molti dei possibili fattori che possono scatenare ricadute.

Esiste una seconda ragione per una prevenzione precoce delle allergie. Più il bambino diventa grande, più diventa difficile che si manifesti l'allergia. Consiglio sempre ai genitori di adoperarsi con impegno nella prima infanzia per prevenire reazioni allergiche e di adoperare le seguenti misure. Se compare un eritema, prenderlo subito in seria considerazione. Eliminare il nuovo cibo introdotto. Se l'eritema continua, usare un sapone ipoallergenico per lavare i suoi vestitini. Eliminare abiti e coperte che contengono lana, cuscini, puff e materassi di piume. Se la causa scatenante è data da un giocattolo, sostituirlo gradualmente con un altro. Se la casa è fornita di impianto di riscaldamento ad aria, coprire le bocchette dell'aerazione della camera del bambino con otto strati di mussolina come filtrante. Durante la stagione dei pollini, chiudere le bocchette di aerazione e non aprire la finestra della sua camera durante la notte. Un depuratore d'aria può essere d'aiuto.

Quando un bambino cresce è meglio informarlo su come agire se è affetto da questo fastidioso inconveniente. Bisogna insegnargli a chiedere quando ha bisogno di qualcosa per alleviare i disturbi della pelle, le difficoltà respiratorie o per la rinite. Quando a questo scopo gli viene somministrata una medicina, i genitori farebbero bene a ricordarsi di dirgli quando la crisi è passata: “Vedi, tu hai imparato cosa fare. Lo hai fatto e ha funzionato”.

Per un bambino l’aspetto più angosciante di una crisi allergica è la sensazione che nessuno sappia cosa fare. Ai genitori do diversi consigli. Per prima cosa, come ho appena detto, è fondamentale agire preventivamente. Poi, quando si manifesta un sintomo, telefonare a un medico e chiedere aiuto tempestivamente. Comunicare al bambino cosa si sta facendo e perché. Successivamente, lasciargli il controllo dei sintomi è la migliore prevenzione per l’ansia e per il sentimento di impotenza che accompagna e accentua le manifestazioni allergiche, tipo asma ed eczema (si veda Capitolo 14).

Diversificare gli affetti Un bambino tratterà quasi sempre i genitori in modo diverso. Sarà più spietato con il genitore su cui può contare di più, solitamente la madre, mentre potrebbe trattare il padre più come se fosse una persona speciale. Questo diverso modo di trattare due persone così vicine a lui può provocare gelosie. I genitori devono capire che ciò invece è normale e che rappresenta un aspetto importante della verifica dei suoi affetti più importanti.

Tali dinamiche mutevoli nella famiglia continueranno nei mesi successivi mentre il bambino, che è diventato il centro dell’attenzione di tutti, continuerà a lottare per diventare sempre più indipendente. Se viene ancora accudito da un genitore a casa, sta per giungere il momento in cui questo inizierà a pensare di tornare al lavoro, anche solo part-time, o di inserire il bambino in uno “spazio gioco”. Non è probabilmente una coincidenza che l’evidente ambivalenza presente nel bambino di questa età tra la esigenza di indipendenza e la dipendenza che lo mantiene nella sfera dei genitori porta i genitori stessi a prendere in considerazione tali soluzioni. L’inserimento in un piccolo “spazio gioco” rappresenta un’ottima soluzione a questa età. Il divezzo imparerà così molte cose dai suoi coetanei nell’anno che segue. Dopo essersi abituato a un piccolo gruppo costituito da uno o due bambini della sua età diventa più facile decidere che tipo di attività giornaliera scegliere per lui. Il secondo anno è il momento giusto per iniziare a socializzare con altri bambini.

Differenze individuali Il secondo anno mette in risalto differenze tra i bambini. Quelli più tranquilli e prudenti diventano ancora più riflessivi e sedentari, in contrapposizione a quelli più attivi e agitati che sono sempre in continuo movimento. Questi ultimi a stento si mettono tranquilli, giusto il tempo necessario per imparare a dire qualche parola o per dimostrare ciò che hanno imparato di recente. Sono sempre in movimento. I genitori li definiscono iperattivi perché sembrano davvero avere periodi di attenzione estremamente brevi. Il movimento è per loro uno stimolo potente. Per i meno attivi, il massimo della attività viene esplicato in piccole attività motorie o di osservazione.

I genitori spesso si preoccupano di queste differenze. Nel caso di bambini che si trovano alle due estremità di comportamento è necessario che si intervenga per rassicurare i genitori. I genitori sono soliti paragonare il proprio bambino agli altri. "Perché il mio bambino non sa ancora camminare?" "Non sembra muoversi come gli altri bambini", oppure "Non smette mai di muoversi. Non riesce a stare seduto abbastanza a lungo per guardare un libro o per stare in braccio a me. Tutti i suoi amici sono così coccoloni".

Dato che molti genitori si perdono in questi paragoni, mi domando quale possa essere il loro scopo. I genitori apprendono i processi evolutivi osservandoli negli altri bambini. Analizzando le differenze tra bambini i genitori possono farsi un'idea completa delle possibili varianti. Nel mio lavoro è stato gratificante vedere quanto si possa imparare dai comportamenti individuali estremamente differenti dei vari bambini. Ciò che mi provoca apprensione è l'enorme quantità di energia e di preoccupazione che può essere sprecata nell'ansia generata da tali paragoni. Invece di accettare il proprio bambino così come è, i genitori sembrano volerlo spingere verso il "modello" di un bambino ideale. Se nel mio ruolo di pediatra mi è concesso di realizzare una singola cosa, mi auguro che sia almeno quella di riuscire ad aiutare i genitori ad apprezzare l'individualità del loro bambino. Il rischio nel fare paragoni sta nel fatto che potrebbero considerare il proprio bambino con un complesso di inferiorità. Per esempio, si sa che i maschietti sono quasi sempre un po' più lenti nello sviluppo motorio rispetto alle bambine. E spesso i genitori dei maschietti li vorrebbero veloci ed attivi. A me sembra più importante che i genitori si concentrino sul proprio bambino e si compiacciano dei suoi progressi, piuttosto che tentare di adeguarlo a una immagine media del bambino a quella età.

Quando i genitori iniziano a fare paragoni, dirotto la conversazione su altri argomenti, e faccio notare i progressi e i livelli di apprendimento raggiunti dal loro bambino – le sue peculiarità, i suoi sforzi e i suoi successi.

11

DICIOTTO MESI

Quando un bambino di diciotto mesi arriva nel mio studio inizia un'attività esplorativa. Se, avvicinandosi alla scrivania o alla lampada da tavolo oppure alla libreria dice "No!", riesco a immaginare in anticipo le domande dei genitori. Quasi tutte riguarderanno il crescente negativismo del bambino. "Non mi ascolta più! Mi porta al punto di sculacciarlo anche se non vorrei farlo veramente. Ma continua a provocarmi fino a che sono costretta a fare qualcosa. Per fare i capricci sceglie sempre il momento e il luogo più imbarazzante." Le madri arrivano quasi alle lacrime mentre parlano dei cambiamenti del bambino; i padri invece cercano di sollevare l'argomento punizioni. A questo punto io so che il mio compito principale sarà quello di fare comprendere loro la continua spinta verso l'indipendenza e il negativismo del loro bambino. Le loro domande riflettono il bisogno di instaurare un meccanismo di controllo. Questo è il momento per ribadire l'importanza della disciplina e per ricordare loro che si tratta comunque di un progetto educativo a lungo termine.

Sottolineo anche il fatto che "questo comportamento è assolutamente normale. Tutti i bambini nel secondo anno di vita attraversano una fase simile". I genitori si mostreranno sollevati. Ma le mie rassicurazioni saranno loro di aiuto solo per poco. Diventa importante far loro capire che il comportamento negativo serve ad aiutare il bambino a elaborare la sua indipendenza. Gli atti provocatori che il bambino mette in atto e che inducono i genitori a impartirgli una certa disciplina riflettono in realtà il suo intenso desiderio di ricercare dei limiti. I genitori dal canto loro devono trovare dei modi efficaci per disciplinarlo insegnandogli tali limiti. L'inquietudine che porta a fare tanti capricci è anche un riflesso della sua determinazione per la conquista dell'indipendenza. Se riesco a far capire ai genitori che questi comportamenti sono espressione di una ricerca, potrebbero imparare a vedere il lato positivo di tutto questo.

Oggigiorno, molti genitori di bambini nel secondo anno di vita stanno entrambi fuori casa tutto il giorno per motivi di lavoro. Quando rientrano a casa, desiderano passare un'intima e tranquilla serata tutti insieme. Ma purtroppo in genere non potranno realizzarla. Il bambino infatti riserverà per loro tutte le espressioni più intense dei suoi sentimenti. I genitori dopo una giornata di lavoro troveranno un bambino che, in casa oppure al nido, ha accumulato tensione tutto il giorno. Quando vede i genitori, il bambino si lascia andare, vinto da tutta questa tensione. Si butta per terra, urlando e scalciando, spesso battendo la testa sul pavimento. Al nido, se un genitore cerca di prenderlo in braccio per rivestirlo e andare a casa, si metterà a scalciare e a urlare disperatamente. Un padre una volta mi raccontò che per poco il bambino non gli cadeva dalle braccia per il troppo dimenarsi. "Quel che è peggio è che avrei proprio voluto mollarlo. Avevo fatto di tutto per finire in fretta il lavoro e correre da lui. Avevo così desiderio di vederlo. Ma trovai un mostriciattolo urlante che destò in me solo odio. La cosa peggiore fu che la sua maestra, guardandomi dritto negli occhi, mi disse che con lei non si comportava mai in quel modo. Ragazzi, questo è stato proprio tremendo."

In effetti una persona non di famiglia difficilmente diventa la vittima di tali sfoghi appassionati, che invece vengono riservati ai genitori. La maestra voleva probabilmente solo rassicurare il padre del fatto che il bambino era contento e soddisfatto durante la sua permanenza al nido. Ma la sua osservazione era un chiaro esempio di quella che è stata da me definita precedentemente "custodia privilegiata". Si è già parlato della competizione inconscia e silente che nasce tra genitori. La stessa cosa accade tra gli operatori e i genitori. Sfortunatamente l'osservazione della maestra arrivò in un momento della giornata in cui il padre era esausto e vulnerabile. Se invece la maestra avesse detto "L'ha aspettata tutto il giorno. Questo è il legittimo sfogo di tutta la tensione che ha dimostrato durante la giornata", il padre avrebbe interpretato il cedimento del bambino nella maniera corretta e positiva.

Il negativismo è solo un lato della medaglia; l'altro è la cooperazione e l'affetto. In ogni importante e intenso processo evolutivo si manifestano sentimenti opposti. Il bambino deve mettere alla prova sia i sentimenti negativi sia quelli positivi. Senza un periodo di intenso negativismo il bambino potrebbe essere passivo e maturare conflitti interiori. Durante il secondo anno è necessario che si manifestino i conflitti del bambino. Compito dei genitori è quello di riconoscerli come parte di un importante processo evolutivo e di accettarli, ma nel contempo di aiutare anche il bambino a imparare a contenerli. Imparare a esercitare l'autocontrollo e a convivere con i conflitti è un processo a lungo termine, e le prime lezioni sull'argomento potrebbero essere burrascose. "Lei dà l'impressione di amare i bambini negativi", mi disse una madre irritata mentre ammiravo il negativismo di suo figlio. È vero – finché non sono miei!!

Disciplina

Un bambino nel secondo anno di vita ha bisogno di verificare i limiti di sopportazione delle varie persone che si prendono cura di lui. I suoi genitori da un lato e una eventuale terza persona dall'altro avranno modo di osservare aspetti diversi dello stesso bambino. Per esempio, una tata o una nonna potrebbero dirmi che, mentre si prendevano cura del bambino, hanno individuato il modo per aiutarlo a calmarsi dopo momenti di nervosismo. "Se non lo faccio, diventa sempre più nervoso, rompe gli oggetti e fa i capricci. Sembra infelice. Quando gli faccio fare una pausa abbracciandolo, si calma. Quando alla fine della giornata arrivano i genitori, comincia a tormentarli. Quei poverini sembrano sopraffatti da lui. Non sopporto vederli perdere il controllo, ma come posso aiutarli?" Per rispondere a una domanda simile, rassicuro prima la persona che accudisce il bambino dicendo che il piccolo sta imparando l'autodisciplina grazie a lei. Successivamente faccio notare che i bambini si comportano in modo diverso con i vari adulti. Infine, che mi aspetto che il bambino si comporti male con i genitori alla fine della giornata, e consiglio alla terza persona di allontanarsi dal gruppo familiare quando arrivano i genitori. Altrimenti la situazione diventa triangolare e nessuno ne uscirà vincitore. Proprio come il bambino impara un approccio diverso con ciascun genitore, allo stesso modo farà con le altre persone che lo accudiscono.

Nelle poche ore che i genitori che lavorano hanno a disposizione alla fine della giornata, esercitare una disciplina ferma può sembrare impossibile. I genitori mi dicono: "Siamo così felici di vederlo, ma dopo trenta minuti passati a subire i suoi calci e le sue urla cominciamo ad avere voglia di lasciarlo nuovamente. Durante il week-end, sembra quasi che voglia verificare fino a dove si può spingere. Ci mette alla prova fino a quando non diventiamo esausti e furiosi. So che ci punisce per essere stati via da casa tutta la settimana, ma in questo modo non ci divertiamo più insieme". I sensi di colpa provati dai genitori alimentano questa situazione. Non riescono a sopportare l'idea di dovere imporre una disciplina dopo essere stati fuori casa tutto il giorno. Ma la disciplina è importante per il bambino. Un bambino che mette gli adulti alla prova manda dei messaggi molto chiari. Dice di avere bisogno di aiuto per distinguere cosa può e cosa non può fare. Punirlo non è la soluzione corretta, mentre stabilire dei limiti e insegnare al bambino a rispettarli è ben diverso dal punirlo.

Se i genitori riescono a considerare che impartire una disciplina tranquilla e coerente è un aspetto necessario del loro amore per il bambino non svilupperanno sensi di colpa. Consiglio però ai genitori di riservare la disciplina per le cose importanti. Quando poi il bambino manifesta un comportamento provocatorio, è bene cercare di interromperlo subito, provando a prenderlo in braccio per contenere il suo comportamento, e se ciò non funziona fargli fare una pausa – nella sua stanza o nel suo lettino o su una seggiolina. Successivamente ci si deve sedere vicino a lui e provare a fargli comprendere perché è stato fermato. Non bisogna aspettare molto tempo né parlare troppo a lungo quando lo si fa. È opportuno fargli sapere che si intendeva fare proprio quello che si è fatto e che ci si aspetta che lui smetta di comportarsi in quel modo.

Se un genitore mi dice "Quando perde il controllo non mi consente di intervenire. È troppo nervoso, e anche io lo sono", do i seguenti suggerimenti. Pianificare in anticipo ciò che bisogna fare, e agire rapidamente. Dire al piccolo che lo si ama ma che non si può tollerare quel comportamento. Non si deve essere indecisi, altrimenti lo capirà. Abbracciarlo quando si comporta in modo sbagliato. Sedersi e cullarlo: ha bisogno di sapere che non si è sempre arrabbiati con lui. La disciplina fa parte dell'affetto e dell'insegnamento dei limiti, ma richiede tanto tempo: nessun metodo funziona magicamente in modo rapido ed efficace. Sculacciare non è la soluzione giusta, come si è detto prima, perché trasmette l'impressione che si crede nella violenza per mettere a posto le cose – e io non credo in questo metodo.

Alimentazione

La questione dell'alimentazione deve essere argomento da trattare in occasione di ogni visita. Un bambino deve poter sperimentare ogni tecnica esistente sui libri. Un bambino di diciotto mesi imparerà a usare cucchiaio e forchetta, ma a un certo punto vorrà tornare all'uso delle dita. I genitori devono proporgli del cibo che può mangiare con le dita o può prendere con la forchetta, a seconda di quello che desidera fare.

Le madri che allattano ancora al seno in genere a questo punto hanno alcune perplessità. "Volevo interrompere alla fine del primo anno. Adesso è difficile per me farlo smettere. Continua a venire da me e a sbottonare la camicetta. Lo trovo imbarazzante ma difficile da non assecondare." L'unica ragione per cui incoraggerei lo svezzamento sarebbe una eventuale interferenza con la sua indipendenza. Ma se il bambino è autonomo in tutti gli altri aspetti della crescita, il contatto con la madre può solo essere positivo. Ho studiato culture in cui la madre allatta l'ultimo nato a un seno e gli altri bambini all'altro seno fino a che non hanno compiuto cinque anni (loro stessi non lo richiedono più dopo i cinque anni). Ai bambini fa bene, ma le madri appaiono sciupate. "Tutti mi dicono che dovrei smettere, che sto solo assecondando un mio piacere", mi dicono spesso le madri che allattano. Perché no?, dico io. Incontrarsi nel momento dell'allattamento è così piacevole dopo una giornata di lavoro per la madre o di negativismo e agitazione per il bambino.

Con i bambini di questa età le madri si chiedono spesso come svezzarli dal biberon. Molti non lo usano più per nutrirsi, ma continuano a portarselo dietro durante il giorno tenendolo penzoloni dalla bocca. Un simile uso del biberon mi dà fastidio, perché i bambini lo utilizzano come oggetto consolatorio – non per bervi il latte. Quando non viene utilizzato per la sua funzione nutritiva e comunicativa il biberon perde il suo significato. Come si è detto nel Capitolo 9, si può gradualmente aiutare il bambino ad adottare, per scopo consolatorio, una copertina o un bambolotto oppure un altro oggetto preferito, legandolo al biberon. Consiglio ai genitori alcune azioni particolari. Dargli il latte dal biberon solo tenendolo in braccio e solo ai pasti. Se chiede il biberon tra un pasto e l'altro, promettergli che lo avrà prima del riposino pomeridiano e del sonno notturno, confermando che glielo si vuole dare. Fare rientrare l'uso del biberon nel rituale adottato per andare a dormire. Iniziare con un libro, sulla sedia a dondolo, poi dargli il biberon. In questo modo si può condurre il bambino a uno stato rilassato e sonnolento. Non metterlo mai nel suo lettino da solo con il biberon. Il bambino merita, e ne ha bisogno, di trascorrere un momento particolare di intimità con i genitori. Oltretutto il latte può rovinare i suoi dentini se viene lasciato a contatto con loro per tutta la notte, come già detto nei capitoli precedenti. Ma oltre a correre questo rischio, il bambino perde un importante rituale e un senso di sicurezza. Se il bambino ha ancora bisogno del biberon significa che ha ancora bisogno dei genitori.

Sonno

I risvegli notturni compariranno al verificarsi di ogni nuova situazione di stress, come l'assenza di un genitore, la visita di un nonno, un evento particolare in città o un gruppo di gioco particolarmente vivace. È necessario un approccio deciso e consolante. I genitori stanno insegnando al bambino a essere indipendente durante la notte. Possono ricorrere agli schemi adottati in momenti precedenti – usando i tentativi fatti dal bambino durante il giorno per essere indipendente e aiutandolo quando si mostra in grado di consolarsi da solo. Allora, lo stesso schema correlato all'aspettativa di averlo indipendente di notte acquista maggiore significato.

Durante il secondo anno i genitori possono aspettarsi che il bambino faccia un solo sonnellino al giorno. Io consiglio di fare pranzare il bambino presto, di metterlo a nanna dalle 12:00 alle 14:00, e di non farlo dormire più dopo le 14:00 o al massimo le 14:30. Altrimenti sarà sempre più difficile metterlo a letto la sera in un orario ragionevole.

Le difficoltà per metterlo a dormire aumenteranno comunque.

Raccomando ai genitori di raddoppiare i rituali serali e la loro determinazione per *mantenere sempre la stessa linea di condotta* al momento di andare a dormire. Maggiore è lo stato di eccitazione in cui un bambino si trova al momento di andare a dormire e più difficile diventa per lui fermarsi. Mettere un bambino di questa età a letto non è un compito per persone dall'animo tenero. Il rituale della sedia a dondolo e della favola della sera può aiutare. Un oggetto preferito – tipo una copertina o un orsetto – diventa sempre più necessario al momento di andare a dormire. Il bambino potrebbe ricorrervi durante il giorno e nei momenti di risveglio, la notte. I genitori spesso non sono d'accordo sull'uso di questi oggetti, soprattutto quando sono sdruciti e francamente patetici. I genitori pensano che che fa uso di simili oggetti dia l'impressione di essere trasandato. In realtà, secondo la mia esperienza è il contrario. Quando al Children's Hospital di Boston esaminiamo un bambino senza avere alcuna nozione del suo background, siamo felici di vedere che sa consolarsi da solo utilizzando il pollice o un qualche oggetto. Questo bambino ha già dimostrato in tal modo la sua forza interiore. E questo ci dimostra che è stato allevato in casa. La capacità di autoconsolarsi viene accresciuta se è stato accudito dai genitori.

Competenze motorie

La postura del bambino nel secondo anno di vita spaventa i genitori: avrà sempre il pancione così prominente? La posizione con la schiena inarcata all'indietro, e la pancia ben in vista continuerà fino al terzo anno di età. Poi, come per magia, la schiena si raddrizzerà e la pancia si appiattirà.

Dai diciotto mesi ai due anni il bambino trascorre l'intera giornata esplorando e sperimentando sempre nuove esperienze. Arrampicarsi su tutto diventa sempre più eccitante. Ma non ci si può certo aspettare che faccia attenzione all'altezza, pertanto i genitori devono proteggerlo da questo pericolo. Devono assicurarsi che ci siano tappeti e protezioni imbottite sotto le sue scale preferite, se gli viene già consentito di arrampicarvisi. Invece di camminare il bambino adesso correrà dovunque.

Inizierà a danzare, a ruotare, a mettere alla prova tutte le sue nuove capacità motorie – stare in equilibrio, fare le piroette, spingere. Cercherà di allontanarsi dai genitori tutte le volte che se ne presenterà l'occasione – in un negozio, per strada, in pratica ovunque. I genitori dovranno avere sempre una mano libera per tenerlo vicino, altrimenti scapperà via.

Distacco

Durante il secondo anno lasciare un bambino può diventare molto doloroso per lui. Per cui può mettere in atto proteste molto violente. Ho spesso pensato che il grado di protesta sia proporzionale alla forza del suo ego. Perché mai dovrebbe piacergli di essere lasciato quando adesso può legittimamente pensare di essere all'altezza dei genitori e quindi essere lui a effettuare il distacco?

Al Children's Hospital, abbiamo studiato le proteste dei bambini che venivano lasciati al mattino dalle loro madri. I bambini che erano stati opportunamente preparati a casa dai genitori, avevano già iniziato ad abituarsi all'idea. Arrivavano preparati al momento in cui si rendeva necessario il distacco; figli e madri si lasciavano serenamente, senza indugi e senza proteste. I bambini che non venivano preparati a casa reagivano in due modi diversi. Alcuni protestavano vivacemente. Altri, quelli che si chiudevano in se stessi e si mettevano a piangere, ci preoccupavano di più. Questi bambini non erano in grado di vincere il loro dolore e di giocare serenamente con gli altri.

Per affrontare la separazione, il primo passo che i genitori dovrebbero fare è quello di preparare il bambino in anticipo; poi dovrebbero essere pronti ad accettare un sano sfogo e infine devono promettere che ritorneranno. Una volta tornati, è opportuno far notare al bambino che lo avevano promesso e hanno mantenuto la promessa. Questo significa porre le basi per il futuro rapporto di fiducia.

Imparare e giocare

Gli evidenti progressi dello sviluppo del bambino sono per i genitori la gratificante ricompensa per il suo "tempestoso" comportamento. Quando i genitori saranno abbastanza sereni per apprezzare lo straordinario e rapido apprendimento che accompagna questo periodo di inquietudine e turbolenza del bambino, non ricorderanno più questo anno come "il terribile secondo". Nel secondo anno imparare dagli altri bambini per imitazione è l'attività che si sviluppa maggiormente. Il bambino ha bisogno dei suoi coetanei con cui confrontarsi. Avere uno o due compagni di gioco abituali è la condizione ideale. Fare uscire il bambino dal guscio composto da madre-padre-bimbo e buttarlo nella mischia del mondo degli altri bambini costituisce senza dubbio un momento particolarmente critico. Se il bambino ha fratellini più grandi, ciò è meno difficile, perché avrà la possibilità di imparare da loro. Questo è il momento per imparare a conoscere se stesso e relazionarsi con gli altri. Il bambino imparerà di più su se stesso dagli altri bambini che non dai genitori.

Non esiste per me cosa più bella di guardare due bambini di questa età giocare a distanza ravvicinata. Giocano a lungo fianco a fianco. Il loro gioco è parallelo. Sembrano non guardarsi mai l'un l'altro, e tuttavia ciascuno imita gran parte del comportamento ludico dell'altro. Sembrano assorbire schemi ludici attraverso la visione periferica e non quella diretta. Vengono ripetute intere sequenze di gioco e di comunicazione, anche se non si guardano reciprocamente. Il primo bambino colpisce un gioco, dicendo "No! No! No!". Il secondo fa lo stesso. Il primo bambino fa una torre. Il secondo bambino fa una torre. Il primo bambino dice "No!" e butta giù i blocchi della torre. Il secondo bambino ripete esattamente la stessa cosa. La gestualità decisa, l'atteggiamento corporeo e l'espressione facciale sono simili in entrambi. Provate a pensare alla quantità e qualità di apprendimento contenuti in tanta imitazione ravvicinata.

Hildy Ross, una psicologa canadese, ha affiancato un bambino di due anni e uno di un anno nel gioco parallelo. Il desiderio di comunicare e di imitare spinse ciascuno dei due a cambiare le proprie tecniche individuali a favore dell'altro. Il bambino di due anni si calò al livello di gioco di un bambino di quindici mesi e il bambino di un anno si sforzò fino a raggiungere lo stesso livello. Il desiderio di identificarsi l'un l'altro era fortissimo. Questo studio mi ha dimostrato quanto possa essere importante il rapporto tra pari livello.

Il desiderio di esaminarsi a vicenda può anche uscire dalla retta via. Mordere, tirare i capelli, graffiare, picchiare e venire imitati nel farlo possono essere aspetti di tale deviazione. Spesso queste azioni sono riservate al "miglior amico" del bambino. Genitori e insegnanti scandalizzati reagiscono esageratamente e puniscono l'autore di tali azioni, ma una simile reazione esagerata consolida lo schema comportamentale piuttosto che eliminarlo. Questi comportamenti apparentemente aggressivi non nascono con intento offensivo, ma si verificano nei momenti in cui il bambino è sotto pressione e perde il proprio controllo. Una volta accaduto il fatto, l'aggressore è sconvolto quanto l'aggredito. Quando intervengono i genitori, si instaura il senso di colpa. Questo schema comportamentale si ripeterà al verificarsi di un successivo accumulo di tensione. L'intromissione degli adulti lo consolida.

Il comportamento più preoccupante è senza dubbio il morsicare. Tutti i genitori lo temono – sia che il loro bambino morsichi o che venga morsicato. Ciò che viene più temuto è la perdita della capacità di controllarsi: "Continuerà così per sempre?" Io cercherei di confortare entrambi i bambini – quello che morde e quello che viene morso. Il primo necessita di maggiore attenzione perché sarà spaventato dalla perdita di controllo, molto più di quanto non lo sia la vittima per essere stata attaccata. L'adulto che si sta prendendo cura dei bambini in quel momento farà meglio a sedersi e dire: "A nessuno piace essere morso. Neanche a te piacerebbe. La prossima volta che ti senti in procinto di farlo, ricordati che io ti posso aiutare". Questa frase dovrà essere ripetuta diverse volte. Una madre ingegnosa ha comprato al suo bambino un osso di gomma per cane, da mordere quando si manifesta l'impulso di attaccare i suoi amici.

In passato ho tenuto nel mio studio elenchi di bambini di due anni con le stesse caratteristiche in modo che i genitori potessero farli incontrare fra di loro. Due o tre che si trovano a livelli simili di apprendimento possono imparare il massimo reciprocamente. Due bambini con la tendenza a mordere e due con la tendenza a colpire possono essere messi insieme. Se uno dei due si innervosisce, morderà l'altro. Questi restituirà il morso. Allora si guarderanno reciprocamente come a dire "Fa male! Perché lo hai fatto?", e non lo faranno più. Io penso che i bambini di questa età non capiscono veramente che il loro gesto può far male. Non intendono fare del male e, subito dopo avere commesso il fatto, sono spaventati. Poiché il comportamento è il risultato della perdita di controllo, è troppo tardi fermarlo nel momento in cui si manifesta. Ma con il tempo i bambini possono imparare a controllarlo, perché è in effetti quello che desiderano. Il rapporto reciproco tra divezzi è per loro il modo migliore per imparare. L'intervento degli adulti può solo causare dannose interferenze.

Le madri dei bambini che hanno il vizio di mordere si chiedono se non sia il caso di morderli a loro volta. No! Questo significherebbe abbassarsi al livello del bambino e sarebbe degradante per lui e per la madre. La vera questione sta nell'insegnargli con tranquillità l'inammissibilità del suo comportamento e di cercare di trovargli un sostituto soddisfacente, tipo un giocattolo da maltrattare – un modo cioè per risolvere il problema.

Il gioco rimane il più efficace metodo di apprendimento per un bambino. Durante il gioco il bambino può sperimentare diverse situazioni e azioni e scoprire quale funziona meglio per lui. Non sarà mai sopravvalutata l'importanza del gioco per un bambino piccolo.

Immagine di sé Lo psicologo Michael Lewis ha ideato un esperimento geniale per scoprire che immagine un bambino ha del suo corpo. Al bambino viene dato uno specchio in cui guardarsi. Dopo un poco il ricercatore porta il bambino lontano dallo specchio e applica un segno di colore rosso sul naso senza farglielo notare. Quando il bambino si trova nuovamente davanti allo specchio, la sua reazione dipende dall'età. A un anno si guarda attentamente e riconosce lo strano colore sul naso. A quindici mesi il bambino tocca il suo naso riflesso sullo specchio e cerca di togliere il segno rosso su quel naso: il bambino si riconosce e capisce che c'è qualcosa di diverso. A diciotto mesi il bambino cerca decisamente di togliere il segno rosso dal suo naso.

L'autoesplorazione a questa età aumenta. Il bambino è incuriosito dai suoi occhi, dal naso, dalla bocca. Quando gli viene data la possibilità è incuriosito anche dall'ombelico e dai genitali. Quando sono senza pannolino sia i maschietti sia le femminucce esplorano le loro parti più intime. Queste parti del corpo restano coperte per la maggior parte del tempo, quindi non c'è da meravigliarsi se sembrano speciali nei momenti in cui li vedono esposti. Non è necessario che i genitori interrompano questa esplorazione. Sono parti del loro corpo ed è giusto che possano familiarizzarvi.

Guardare avanti

Uso del vasino Consiglio ai genitori di ritardarlo ancora per un poco. Sebbene molti genitori comprendano i motivi per cui è meglio aspettare che il bambino maturi il concetto di ciò che ci si aspetta da lui e sia pronto a farlo da solo, alcuni saranno impazienti di farlo. "Non voglio che vada al liceo con il pannolino." Un reale motivo di pressione è la richiesta di molti asili che i bambini non usino più il pannolino e sappiano andare in bagno. Molti asili nido vogliono che i bambini non facciano più uso del pannolino al più tardi a partire dai due anni e mezzo. Se fosse possibile, cercherei una scuola che rispetta la necessità del bambino di decidere quando vuole iniziare a usare il vasino o il bagno. I due anni e mezzo di età non sono un momento "magico" in cui i bambini imparano a usare il vasino. Ripeto che la cosa importante è lasciare al piccolo questa decisione. Mentre sono pochi i genitori che vogliono costringere al vasino i loro bambini, se non sono coscienti della propria spinta interiore ad avere un bambino pulito e asciutto ci saranno buone possibilità che li forzino in tal senso.

A questo punto può essere d'aiuto per i genitori guardare avanti e sapere a che cosa fare attenzione. Verso i due anni di età si verificheranno contemporaneamente molti progressi nello sviluppo. Quando ciò avverrà, il bambino sarà pronto, e sarà arrivato il momento di lasciare a lui il controllo delle proprie abitudini.

1. Sarà finita l'eccitazione legata alla capacità di camminare acquisita da poco e sarà disposto a sedersi.
2. Sarà pronto a comprendere parole e concetti del tipo: "Questo è il tuo vasino. Il mio è quello grande. Un giorno lo userai anche tu".
3. C'è un periodo intorno ai due anni in cui i bambini vogliono imitare. Un maschietto camminerà come il padre e una femminuccia come la madre, identificandosi impercettibilmente con gli adulti più cari a loro. Vogliono mettere i loro vestiti. Cercano persino di impadronirsi dei gesti degli adulti che li circondano. L'istinto imitativo può allora essere utilizzato per acquisire il comportamento relativo all'abitudine all'uso del vasino o bagno.
4. A due anni i bambini cominciano a riporre le cose al loro posto. Hanno il concetto di ordine e del posto in cui i genitori mettono le cose. Questo impulso a riporre gli oggetti, come fanno i genitori, può essere trasferito a cose come la pipì e la cacca.
5. Il negativismo ha il suo inizio ma anche la sua fine nel secondo anno di vita. Tuttavia prima di scomparire totalmente può essere sempre in agguato e tornare a manifestarsi. Insegnare ad acquisire una nuova abitudine quando il bambino è ancora nella fase del negativismo porterebbe a un sicuro fallimento.

Tutte queste capacità del bambino possono essere utilizzate per aiutarlo a rispondere alla richiesta di chi lo vuole pulito e asciutto giorno e notte.

"Su quali suoi comportamenti mi dovrò basare per capire che è arrivato il momento giusto?", chiedono i genitori. Quando un bambino brontola e si tira i pantaloni mentre la sta facendo nel pannolino, significa che è consapevole della sua azione. Quando raggiunge un periodo relativamente tranquillo del suo sviluppo – né troppo negativo né troppo esuberante – potrebbe essere il momento per vedere se è interessato all'abitudine che hanno i genitori di utilizzare il bagno. Sta diventando ordinato? Ha iniziato a imitare molto gli altri? Riesce a seguire due o tre istruzioni? Se, per esempio, gli viene chiesto di andare nel ripostiglio, prendere le pantofole e portarle a chi le ha chieste, riesce a eseguire quella sequenza di tre richieste? Tutte queste cose sono un segnale di acquisizione della capacità di eseguire ordini e di ricordare due o più istruzioni sequenziali.

Viste tutte le insidie insite nei tentativi di regolamentare le abitudini fisiologiche, alcuni genitori si chiedono se non sia il caso di non fare proprio niente in modo da evitare errori.

Così facendo, un bambino potrebbe però non comprendere cosa ci si aspetta da lui. È necessario quindi mostrargli le varie modalità, lasciandogli tuttavia la possibilità di rifiutarle, se lo vuole. Poiché è impensabile che i genitori si aspettino collaborazione sotto questo aspetto da un bambino di diciotto-ventiquattro mesi, la miglior cosa da fare è rimandare finché non dimostrerà di essere pronto.

È tempo di essere risoluti In alcune situazioni, come l'attraversamento di una strada, non è assolutamente possibile aspettare che sia il bambino a decidere cosa fare. Quando si presentano situazioni di questo tipo, consiglio ai genitori di far capire subito e con fermezza la loro posizione. Se nel proporgli una nuova verdura non è il caso di imporre la propria volontà di adulto, ci sono dei momenti in cui l'autorità di un genitore deve prevalere. Per esempio, i genitori mi telefonano disperati quando devono dare una medicina al bambino. Se la situazione è importante, bisogna fargli capire che non c'è spazio per le trattative e che quella determinata situazione è ben diversa da altre che riguardano il mangiare. *Deve* fare quello che gli viene chiesto. Se necessario, si potrebbe ficcargliela in bocca mentre lo si tiene disteso. Se gli va di traverso e la sputa, bisogna riprovare fino a quando la prende. Ricordo il mio cocente disagio quando, in qualità di pediatra, mi viene richiesto di fare una cosa simile. Uno dei miei figli sputava le pillole direttamente contro di me, guardandomi sempre dritto negli occhi. Alla fine però si arrendeva. E quando lo abbracciavo alla fine dell'impresa, non so dire chi dei due si sentisse più sollevato.

Un altro modo per dare medicine si può fare con la collaborazione di un adulto che tenga il bambino in grembo in posizione leggermente inclinata all'indietro trattenendo – secondo la presa di Nelson – con un braccio le braccia del bambino e con l'altro la testa. Gli si può dare la medicina mentre sta con la testa inclinata all'indietro, in modo che non la possa sputare, ma si trovi nella situazione di scegliere se soffocare o mandarla giù. Il bambino sicuramente farà la scelta giusta.

Tutto ciò sembra brutale e deve essere riservato per *situazioni di reale emergenza* (si veda Capitolo 27). Quando un bambino capisce che si sta facendo sul serio, solitamente in breve tempo smette di ribellarsi.

Questa è l'età in cui i bambini iniziano a scavalcare le sponde del lettino per scendere. Nasce pertanto la necessità di mettere cuscini o materassi sotto il lettino. Può certamente capitare che il bambino possa cadere dal lettino, ma non capita spesso. Quando comincia a scavalcare è opportuno tenere abbassate le sponde del lettino. La cameretta allora assumerà le funzioni di un grande lettino con un cancelletto alla porta. Spero sempre che questo non capiti troppo presto. La cosa bella del lettino consiste nel potere dire: questo è il tuo rifugio per la notte. Quando i bambini cominciano a dormire in un letto o sul pavimento non ci solo più limiti al loro vagabondare. Il lettino è il simbolo dei limiti necessari per proteggerlo durante la notte. Inoltre la cosa più pericolosa che conosco è lasciare che un bambino vaghi solo di notte per la casa.

Un bambino di diciotto mesi può di fatto non avere timore di nulla. Sulle scale, allunga dritto il passo e può facilmente lanciarsi nel vuoto. È opportuno quindi insegnargli a salire e scendere gattonando oppure facendo i gradini mentre viene tenuto per mano da un adulto. Imparerà abbastanza in fretta. Ma un cancello alle due estremità della scala è ancora fondamentale. Tutta l'impavida, sfrenata energia di un bambino di questa età deve essere valorizzata ma anche contenuta. Cancelletti, lettini con le sponde e solide braccia per trattenerlo rappresentano per lui simboli di sicurezza e al contempo costituiscono dei limiti.

12

DUE ANNI

Maggiore è l'intervallo tra le visite, più interessante ed emozionante è per me osservare i progressi nello sviluppo del bambino. Per i genitori è gratificante mostrarli a me, che rappresento un pubblico interessato. Sorridono radiosi quando mi rivolgo a loro commentando "Non è meraviglioso?"

Una delle caratteristiche più deliziose di un bambino di due anni è il modo di camminare impettito, che rispecchia la camminata di uno dei due genitori. Spesso l'identificazione con quello dello stesso sesso è impressionante. Un bambino cammina, gesticola e sorride come il padre, una bambina come la madre. Siamo già di fronte a una identificazione alquanto raffinata!

Il negativismo è ancora predominante, ma sia il bambino sia i genitori hanno imparato a gestirlo al meglio. Sarà necessario parlarne ancora, ma senza quell'ansia, quella preoccupazione che tale atteggiamento possa interferire con il loro modo di vivere, timore che i genitori avevano manifestato nel corso della visita precedente. Solitamente, mentre parlo con i genitori, il bambino è impegnato a giocare con molta concentrazione nell'angolo giochi della stanza. Se invece non gioca e se ne sta troppo attaccato ai genitori, spaventato dall'idea di staccarsene, è opportuno chiedersi il perché di questo comportamento. Infatti a questa età dovrebbe essere ormai molto indipendente. Sono contento quando i genitori mi rivolgono domande del tipo "Quanta indipendenza dobbiamo lasciargli?", "Fino a che punto dobbiamo lasciarlo fare?" o ancora "Che genere di disciplina dobbiamo applicare?". Se un bambino a questa età è "troppo buono", io mi preoccupo.

Appena un bambino entra nel mio studio, cerco di capire quale e quanta fiducia e sicurezza dimostra e se è inquadrabile nel tipo di sicurezza a fiducia che deve avere un bambino che si aspetta di avere successo nella vita. Capisco subito se questi aspetti sono presenti in lui. In quel breve periodo di osservazione posso valutare alcune delle seguenti cose:

1. *Fiducia in sé* – Quando un bambino entra nel mio studio deve possedere il ricordo della visita precedente. Un bambino sicuro punterà dritto all'angolo giochi della stanza come se riconoscesse il luogo. Entra camminando davanti ai genitori, certo del fatto che lo seguiranno. Nel suo avanzare sicuro dimostra di essere pronto a controllare la situazione. La sua curiosità per i miei giocattoli dimostra una mente curiosa pronta a vincere nuove sfide.
2. *Competenza* – Un bambino di due anni avanza senza incertezze, a gambe parallele e con le braccia lungo i fianchi, in posizione eretta. Quando decide di utilizzare i giochi e li prende, lo fa con una presa sicura e coordinata.
3. *Linguaggio* – Parole come "ciao", "macchina" o "no" suonano adesso vivaci e melodiose, non stridule. Hanno un invitante suono musicale.
4. *Identificazione sessuale* – Un bambino ha già assimilato il comportamento del padre, una bambina quello della madre. Questa identificazione è chiara a due anni e mostra due cose: la grande capacità imitativa e una prima consapevolezza della sessualità del bambino.
5. *Manualità* – Un bambino destrimano cercherà di prendere un giocattolo con la mano destra. Potrà persino tendermi questa mano per salutarmi. Se è mancino, userà la mano sinistra con sicurezza. Se si mostra confuso e ambidestro dovrò annotarmi questa tendenza per evitare che questa incertezza possa interferire con la sua destrezza.

Gioco e sviluppo

Mentre parlo con i genitori acquisisco importanti indizi. Intanto osservo il bambino mentre gioca e, guardandolo, cerco di capire qualcosa in più sulla sua capacità di controllo delle acquisizioni cognitive che devono risultare adeguate a un bambino di due anni. Per esempio, un bambino potrebbe costruire un quadrato con i blocchi delle costruzioni per cercare di rappresentare una stanza. Dentro la stanza mette una bambola e rivolgendosi al personaggio maschile, compagno della bambola, dice "Vai a casa" e poi, facendolo fermare davanti alla casa, continua dicendo "Toc, toc. Posso entrare?". A questo punto sposta lateralmente un blocco per fare entrare il personaggio maschile, concludendo il tutto con l'abbraccio tra i due personaggi.

In questa scena, il bambino dimostra la capacità di usare il *gioco simbolico*. Fa uso delle bambole per imitare le due persone adulte più vicine alla sua vita. Il grande evento evocato da questo bambino è il ritorno a casa del padre alla sera. Il gioco simbolico fa ricorso *all'imitazione*. Nell'applicazione delle *differenze sessuali* e del comportamento dei bambolotti, il bambino esprime le sue fantasie. Spesso, l'imitazione che un bambino fa delle conversazioni e dei dialoghi che avvengono all'interno del nucleo familiare dimostra la sua capacità di assimilare il comportamento dei genitori e di imitarlo. Manifesta inoltre la capacità di cogliere anche le sottili inflessioni personali. Quando sposta lateralmente uno dei blocchi per fare entrare il personaggio maschile il bambino dimostra di possedere il senso del rapporto *mezzo-fine* (cosa si deve fare per realizzare un compito) e il concetto di *causalità* (se apri la porta puoi entrare).

Anche una piccola azione come questa è una conferma della tipologia delle sue capacità. Il bambino potrebbe portare una macchina vicino alla "casa", e mettervi dentro i bambolotti delicatamente, distendendoli fianco a fianco paralleli al pavimento in modo che non possano cadere fuori. Alla fine girerà la chiave della carica per fare muovere la macchina. I giochi di fantasia in un bambino di due anni rivelano la capacità di assimilare e interpretare il comportamento e il significato degli eventi che lo circondano. Sono la prova non soltanto delle sue capacità cognitive ma anche di una certa libertà emotiva. I giochi di fantasia in un bambino teso e infelice saranno modesti o inesistenti.

Il grado di delicatezza con cui un bambino maneggia un giocattolo, la *competenza nella motricità fine* mentre, per esempio, gira la chiave della carica, dimostra che il suo sistema neuromotorio è integro e perfettamente funzionante. Un bambino affetto da una lieve paralisi cerebrale o da qualunque danno neurologico ha movimenti maldestri e tremolanti; ha spesso difficoltà a coordinare il suo comportamento motorio e a centrare il bersaglio. Tutto questo può essere rilevato osservando un breve periodo di gioco.

Allo stesso tempo mi rendo conto della fatica che comporta per un bambino acquisire le informazioni, assimilarle e organizzarle per potere agire. In altre parole, il suo sistema nervoso riesce a ricevere e ad utilizzare efficacemente le informazioni? O deve superare lievi difficoltà nell'elaborazione delle stesse? L'attenzione prolungata del bambino, la capacità di escludere tutti gli altri giocattoli e di scegliere quelli che si adattano al gioco simbolico sono tutte prove delle sue buone capacità di controllo sulle informazioni che riceve. Quando un bambino ha un sistema nervoso ipersensibile, viene facilmente distratto da ogni nuovo segnale visivo o uditivo. Passa con eccessiva rapidità da un gioco all'altro. Se qualcuno parla vicino a lui viene distratto dalle voci. Qualche volta, a due anni il bambino ha già imparato i modi per controllare i suoni che lo possono distrarre. Per esempio i suoi occhi possono sussultare al suono delle nostre voci ogni volta che parliamo. Quando ciò avviene, il bambino può avvicinarsi di più, in particolare con la testa, verso i giocattoli per superare l'interferenza che le nostre voci hanno sul suo sistema nervoso non ancora maturo. Sebbene sia ancora indifeso di fronte agli stimoli uditivi, ha imparato a dominarli intensificando l'attenzione su quello che sta facendo (un adattamento faticoso ma efficace). Terrà sotto controllo la sua ipersensibilità con una maggiore attività motoria. Questi segnali possono indicare la presenza di sindrome da deficit dell'attenzione e richiedono controlli più accurati. Un simile bambino avrà bisogno di tutta la nostra attenzione quando arriverà all'età prescolare o scolare, perché sarà difficile per lui controllare gli effetti distrattivi causati da un gruppo di altri bambini.

Per individuare eventuali sintomi di ipersensibilità, batto ripetutamente le mani per vedere se il bambino riesce a escludere gli stimoli uditivi ripetuti. Per individuare difficoltà nell'organizzazione delle informazioni, gli do un semplice puzzle: un bambino incapace di comprendere le relazioni spaziali vi perderà presto interesse. Per determinare difficoltà nel controllo dell'equilibrio e dello spazio, cerco di scoprire se il bambino deve aggrapparsi a qualcosa con una mano per liberare l'altra per giocare.

Tutte queste osservazioni possono essere fatte mentre il bambino gioca e io ascolto le preoccupazioni dei genitori. Se riscontro uno dei problemi citati visito il bambino per ricercare con maggiore attenzione eventuali danni neurologici minori e/o per valutare se ha problemi nell'elaborazione delle informazioni o nell'attenzione. Se individuo qualcosa che mi preoccupa consiglio una visita specialistica da un neurologo. Sono assolutamente convinto dell'importanza di identificare per tempo eventuali difficoltà. Se i genitori sono buoni osservatori saranno spesso i primi a notare questi problemi. Molti di loro mi hanno detto di avere notato abbastanza presto che il bambino mostrava maggiori difficoltà nel risolvere piccoli compiti rispetto agli altri figli. Avevano notato che (1) il bambino aveva un'espressione accigliata quando si concentrava per realizzare un compito, (2) impiegava il doppio del tempo necessario per realizzare un qualcosa che già conosceva, (3) rinunciava rapidamente a quell'impresa per dedicarsi a un'azione abituale più familiare e praticata e (4) utilizzava tutti i tipi di espedienti per sviare l'attenzione degli adulti se gli veniva proposto un puzzle che sapeva di non potere risolvere. Tutte queste osservazioni dei genitori mi hanno fatto conoscere i tentativi ingegnosi e coraggiosi fatti dai bambini per superare le difficoltà nell'acquisire e utilizzare informazioni. Quando confermo le loro preoccupazioni e discutiamo di come aiutare il bambino i genitori si sentono rassicurati.

Se le difficoltà del bambino sembrano lievi, consiglio ai genitori di essere meno oppressivi e di offrire al bambino maggiore sostegno e comprensione. Per prima cosa, fare sapere al bambino che comprendono le sue difficoltà ma che sono certi che sarà in grado di farcela. Scegliere poi un momento libero per entrambi da distrazioni esterne, sedersi in un luogo tranquillo e provare a risolvere un certo compito insieme a lui. Parlargli dolcemente e utilizzare un solo modo di comunicare per volta – solo la voce, solo il movimento o solo gli occhi. Senza sottoporlo a troppa pressione, che lo deprimerebbe, dimostrargli le varie fasi del compito che deve eseguire. Lasciare che sbagli e riprovi più volte, mostrargli ogni volta le singole fasi del suo compito, con calma e attenzione. Quando impara una fase, lodarlo per quello che ha fatto, ma senza troppa enfasi. Dopo che ha eseguito una singola fase, incoraggiarlo a tentare la successiva. Se riesce a realizzare una nuova fase, può acquisire la fiducia necessaria per provarne un'altra. Ogni nuova realizzazione aumenterà il suo senso di competenza, che ha subito tante frustrazioni. Permettergli di interrompere, riposarsi, e tornare a riprovare.

Per questi bambini è importante il ritmo dell'azione. Se un bambino nell'eseguire le cose impara a darsi un certo ritmo avrà fatto un grande passo nel saper controllare il suo sistema nervoso sottoposto a eccessiva stimolazione. Il compito più difficile per i genitori sarà quello di non esagerare nel proteggerlo troppo. I genitori devono lasciargli provare dei piccoli insuccessi cosicché, quando realizzerà un certo compito, lo sentirà come un successo suo e non dei genitori. È importante tirarsi un po' indietro e lasciarlo provare da solo. Fare i genitori di un simile bambino non è un compito facile, ma se riescono a trasmettergli il senso della capacità di realizzare le cose lo avranno preparato per il futuro. È superfluo dire che, nel proporgli compiti da risolvere, sceglierei sempre di iniziare e terminare con le cosa che sa fare meglio (si vedano i Capitoli 18, 26 e 34).

Abituarsi al medico

Quando arriva nello studio medico, un bambino di due anni deve decidere se sedersi in braccio a uno dei due genitori o se adagiarsi sul lettino delle visite. Se un bambino mi permette di partecipare alla sua vestizione o svestizione, sono certo che mi considera un amico fidato. Non gli tolgo il pannolino perché ho scoperto che è importante lasciargli addosso qualche vestito in rispetto della sua privacy. Se la fortuna mi assiste, il bambino avrà con sé una bambola o un orsacchiotto sporco e malridotto, la cui faccia sporca e il corpo sbrindellato dimostrano quanto sia amato. Se non ne ha di suoi, ne può prendere uno del mio studio. Gli chiedo: "Posso essere il dottore di Teddy (o qualunque altro nome abbia)?" A queste parole il bambino solitamente sorriderà e probabilmente ripeterà "Il dottore di Teddy". Lo considero un assenso e gli chiedo: "Perché non appoggi il fonendoscopio sul suo corpo?" Gli lascio utilizzare il fonendoscopio e anche l'otoscopio. "Puoi tenere stretto Teddy così non avrà paura mentre gli controllo le orecchie?", gli chiedo. Il bambino tiene Teddy appoggiato al suo torace, girandolo in modo da farmi visitare prima un orecchio e poi l'altro.

A questo punto, controllare anche le sue orecchie sarà un gioco da ragazzi. "Fai vedere a Teddy come deve aprire la bocca – aaaahh. Se gli fai vedere che deve aprire tanto la bocca non sarà necessario usare l'abbassalingua." Dopo avere fatto questo, mi farà visitare il pancino di Teddy e poi il suo pancino e i genitali. "Teddy è proprio bravo! E anche tu." Il bambino sorriderà orgoglioso e, una volta liberato dall'impegno della visita, quasi sarà facile portarlo sullo statimetro per misurare l'altezza e il peso. Non c'è bisogno di premiarlo alla fine della visita, perché l'essere stato capace di controllare lo stress della visita sarà già per lui una ricompensa. Se riusciamo a instaurare un buon rapporto, abbiamo raggiunto un importante traguardo per entrambi, una conquista per lui e una finestra aperta per valutare il suo sviluppo per me.

Linguaggio

Un bambino di due anni userà frasi contenenti verbi e inizierà a usare aggettivi e avverbi: "Vado al negozio", "Bel vestito", "Voglio quello. È bello". Non ha ancora la cognizione degli avverbi spaziali, ma potrebbe dire "su" se vuole essere preso in braccio e "giù" se, una volta in braccio, vuole tornare a terra. Se gli viene detto "Vai a prendere un giocattolo nell'altra stanza, portalo qui e mettilo sulla sedia", il bambino mostrerà di comprendere chiaramente tutti e tre i livelli del linguaggio ricettivo. Ovviamente il momento in cui si verifica tutto ciò varia da bambino a bambino. La psicologa Dr. Elizabeth Bates di San Diego mi ha detto che, in un bambino che tarda a parlare, un sicuro metodo diagnostico è valutare se è capace di usare il linguaggio dei gesti. Se il bambino sa fare un uso chiaro dei gesti e sa utilizzare il suo corpo per esprimersi, dimostra di aver appreso e di comprendere i codici di comunicazione, per cui si può stare certi che prima o poi parlerà. E di sicuro non è affetto da ritardo intellettivo. Il linguaggio gestuale si può anche osservare nei bambini che parlano, quando non riescono a dire quello che vogliono. Indicheranno ed esprimeranno a gesti i loro desideri in modo che risultino comprensibili.

Se un genitore desidera che un bambino di due anni dica una determinata parola, può spingerlo a farlo dicendogli: "Penso di sapere quello che vuoi, ma devi dirmelo. Prova a dire: è una macchina... o una casa... o una bambola?" Il bambino potrebbe provare per imitazione a ripetere la parola.

Il dialogo con i genitori non è affatto l'unica fonte di sviluppo del linguaggio in un bambino di questa età. Katherine Nelson, psicologa della City University di New York, ha registrato su nastro il linguaggio di un bambino dai ventuno mesi ai tre anni di età. Le registrazioni includevano anche i lunghi monologhi prodotti dal bambino mentre si trovava da solo nel lettino. La dottoressa Nelson e colleghi, un gruppo di persone eminenti tra cui figuravano Jerome Bruner e Daniel Stern, hanno successivamente analizzato le registrazioni e descritto le loro osservazioni in un libro dal titolo *Narratives from the Crib* (vedere alle voci bibliografiche). Una delle più interessanti teorie derivate da queste osservazioni è quella secondo cui i monologhi di ogni singolo bambino non sono semplici esercizi o giochi, ma tentativi di dare un senso alla sua esperienza quotidiana. È stato dimostrato che il bambino, anche così piccolo, cercava effettivamente di ricrearsi il suo mondo. Esperienze fondamentali della sua vita quotidiana, come l'essere lasciato al nido (in un bambino di trentadue mesi) venivano ripetute e interpretate: "Il suo papà e la sua mamma... restano tutto il tempo... ma la mia mamma e il mio papà no. Loro mi spiegano quello che succede e poi vanno subito a lavorare, perché io non..., perché io non..., perché io non piango".

Da questi monologhi emerge quanto per il bambino sia importante l'esperienza acquisita e quanto si stia sviluppando il senso di se stesso.

La comparsa del linguaggio potrebbe ritardare per diversi motivi:

1. Per la presenza di disturbi uditivi, che dovrebbero essere *sempre* esclusi in caso di dubbio.
2. Nel caso di un bambino che riesce a capire e a utilizzare chiaramente il linguaggio corporeo e di conseguenza potrebbe rifiutarsi di parlare – usando questo modo per manifestare il suo negativismo. I genitori di questo bambino dovrebbero chiedersi se forse non intervengono troppo in suo aiuto rendendogli tutto troppo facile, tanto che il bambino non ha bisogno di parlare per ottenere quello che desidera.
3. È improbabile che un bambino nato come terzo o quarto figlio parli presto, perché i fratelli più grandi fanno tutto per lui. In questo caso i genitori dovrebbero essere attenti a osservare il linguaggio gestuale con cui il piccolo cerca di esprimersi nei loro confronti.

4. Nelle famiglie con genitori bilingui i bambini tendono a ritardare il linguaggio di circa un anno, perché devono utilizzare suoni linguistici differenti per formare le parole. Parleranno, ma in ritardo rispetto a bambini che devono esprimersi in una sola lingua. Penso però che valga la pena attendere, visto che alla fine il bambino saprà parlare due lingue diverse.
5. Disturbi nell'elaborazione uditiva possono anche causare ritardi nel linguaggio. Questi problemi possono essere individuati da un esperto in disturbi dell'udito e dell'apprendimento. I genitori dovrebbero chiedere al pediatra a chi rivolgersi in caso di difficoltà prolungata.

I genitori si preoccupano se il bambino balbetta. La maggior parte dei bambini di due e tre anni balbetta perché le parole arrivano alle labbra troppo in fretta e loro non riescono a stare al passo. È come cadere sui propri passi quando imparano a camminare. Correggerli o dire le parole al posto loro aumenta nel bambino il senso di pressione. Bisogna lasciargli del tempo e non opprimerlo. Inconsapevolmente tutti noi adulti esercitiamo una certa pressione su un bambino che sta imparando a parlare. Ogni volta che dice qualcosa, noi la ripetiamo correttamente subito dopo di lui, come se fossimo programmati a guidarlo verso il linguaggio degli adulti. Ogni ulteriore pressione in questo periodo può trasformare delle banali; temporanee difficoltà in problemi cronici. Con il tempo la maggior parte delle difficoltà scomparirà. Se invece un bambino mostra di essere davvero in ritardo nel comprendere e nell'esprimersi deve essere sottoposto a controlli accurati. In questo caso un logopedista può essere di aiuto nel definire le capacità di un bambino di due anni.

Molti genitori usano un linguaggio infantile quando parlano con i bambini piccoli. Molti si chiedono se ciò ritarderà il bambino nell'imparare a parlare come gli adulti? Io credo di no! In genere tutti parlano ai bambini con un linguaggio infantile. È un modo carino di dirgli: "Adesso sto parlando proprio *con te* e con nessun altro". A un certo punto però io consiglierei di cambiare il modo di parlargli, quasi a volergli dire: "Sono fiero del fatto che stai crescendo e che vuoi parlare con un linguaggio adatto alla tua età". Il linguaggio dell'adulto costituisce senza dubbio un modello su cui il bambino costruisce e sviluppa il proprio linguaggio.

Sonno

Le nuove parole acquisite possono ricomparire nei momenti in cui il bambino tenta di passare dal sonno leggero al sonno profondo. Non del tutto sveglio, comincia a parlare, ripetendo le nuove parole. Ciò può servire a farlo calmare da solo, fino a riaddormentarsi profondamente.

In questo periodo possono iniziare a manifestarsi i "terrori notturni" (*pavor nocturnus*). Se capita, sia il bambino che i genitori possono spaventarsi. I terrori notturni si verificano durante il sonno profondo e si manifestano con urla e movimenti del corpo incontrollabili. Se viene eseguito un elettroencefalogramma, questi episodi appaiono come piccole convulsioni.

Se gli episodi sono molto gravi è opportuno consultare un esperto del sonno, altrimenti la tranquilla presenza di un genitore che sveglia il bambino per calmarlo può essere sufficiente. Il bambino vede il genitore, viene consolato e si rimette a dormire. I terrori notturni si verificano solitamente dopo una giornata difficile e stressante. Per esempio c'è stata agitazione in casa per visite di parenti o amici oppure i genitori hanno sgridato il bambino poco prima di metterlo a dormire. Il *pavor nocturnus* può essere un modo per liberarsi da tutto lo stress accumulato durante la giornata.

I genitori che non fanno più parte della modalità di comportamento utilizzata dal bambino per addormentarsi saranno ora contenti di sentirlo parlare da solo prima di prender sonno. Disteso nel suo lettino, dopo il rituale dell'andare a letto, ripassa tutto quello che ha fatto durante il giorno.

Questi "racconti dal lettino", per usare il titolo del libro di cui si è detto prima, sono talvolta indirizzati a una bambola o a un animale di peluche. I genitori possono riconoscere la connessione fra quello che dice il bambino e le sue esperienze vissute durante la giornata. I monologhi possono durare circa mezz'ora o tre quarti d'ora, poi il bambino si addormenta. Tutti i precedenti sforzi fatti dai genitori per insegnare al bambino ad addormentarsi da solo vengono adesso ripagati. Questa acquisizione di autonomia rende possibile una gratificante sicurezza di sé. Ripassando quanto fatto durante il giorno e interpretandolo, il bambino tiene sotto controllo le frustrazioni e le tensioni accumulate nella giornata.

Alimentazione

Quando, durante la visita dei due anni, chiedo ai genitori come procede l'alimentazione, la risposta che ricevo è: "È uno sporcaccione". Quando al bambino cade il cibo dalla forchetta, si sente frustrato. Allora lo spargerà tutto intorno a lui, oppure getterà il piatto sul pavimento. Se il bambino ha il controllo del pasto, non permetterà ai genitori di farsi aiutare. Se i genitori fanno un commento o cercano di suggerirgli come fare, va in crisi. Deve essere ignorato. Il bambino ha un tale desiderio di padroneggiare le posate che ogni insuccesso è per lui un duro colpo. Vuole disperatamente fare come fanno i suoi genitori.

È davvero difficile lasciargli tutta questa autonomia. Tutto quello che i genitori possono fare è non incalzarlo. Più grandi sono i tentativi di "stabilire qualcosa di preciso", maggiore sarà la sua ostinazione. *Deve* dimostrare di avere il controllo della situazione. Il desiderio dei genitori di fargli mangiare "qualcosa di particolare" lo mette in all'erta. Nello stesso momento in cui i genitori pronunciano un suggerimento, per quanto utile – come per esempio che i piselli si prendono meglio con un cucchiaio che con una forchetta – il bambino va in crisi e protesta: "No piselli!" I genitori che insistono rischiano di creare problemi di alimentazione. Se rispettano gli sforzi fatti dal bambino per imparare a mangiare come un adulto, le sue scelte, e accettano il disordine dovuto all'apprendimento dell'uso delle posate, i pasti diventeranno alla fine dei momenti piacevoli. A questa età è assolutamente necessario aspettare ancora del tempo per insegnargli a stare a tavola. Tutto ciò non durerà per sempre, anche se così sembra, ma passerà dopo circa un anno o poco più. Se i genitori insistono troppo per farlo mangiare in modo corretto possono causare problemi di alimentazione destinati a durare anche tutta la vita.

Uso del vasino

Come abbiamo detto, forse fin troppe volte ormai, solo il bambino può decidere quando è arrivato il momento di usare il vasino per fare i suoi bisogni. Ogni pressione che i genitori possono ricevere dai nonni, dall'asilo nido o da amici prodighi di consigli deve essere ignorata. Deve essere una conquista del bambino, non loro.

Non è il caso di iniziare l'addestramento fino a quando non saranno evidenti tutti i segnali della sua disponibilità a farlo di cui si è parlato nel capitolo precedente (il linguaggio, il desiderio di imitazione, il senso di ordine e pulizia, la diminuzione del negativismo). Questo accadrà probabilmente nel corso del terzo anno di vita. Quando parlo con i genitori di questo importante *Touchpoint*, raccomando loro i passaggi qui riportati:

Primo Lasciargli il vasino sul pavimento, cosicché possa portarselo dove vuole. Definirlo sempre come *suo* e lasciare che si abitui a esso come a una cosa tutta sua. Quello grande è per i genitori, quello piccolo è per lui, per impararne l'uso.

Secondo Dopo circa una settimana, farlo sedere sul suo vasino, *senza ancora togliergli i vestiti*, mentre uno dei genitori si siede sul water. Leggergli qualcosa o dargli un biscotto per trattenerlo lì momentaneamente. Queste serve solo a istituire l'abitudine quotidiana di sedersi sul vasino. Togliergli adesso i vestiti potrebbe risultare troppo invadente e spaventarlo.

Terzo La settimana successiva, una volta al giorno, chiedere al bambino se è d'accordo a togliere il pannolino in modo da sedersi meglio sul vasino. Un genitore si siederà sul water mentre il bambino si siederà nel vasino. Ripetere: "Mamma lo fa ogni giorno. Papà lo fa ogni giorno. Anche la nonna lo fa. La tua bambola (o il tuo orsacchiotto ecc.) possono farlo. La fanno nel vasino quando sono grandi come te".

Quarto La terza settimana portare il bambino al vasino per togliergli il pannolino sporco, poi buttare il contenuto nel water. Nel frattempo dire qualcosa del tipo: "Un giorno potrai fare i tuoi bisogni in questo grande vaso. Mamma e papà lo fanno tutti i giorni. Questo piccolo è il tuo vasino. Questo grande è il mio". Non fare scorrere l'acqua nel water per rimuovere il contenuto mentre il bambino guarda. I genitori mi dicono che i bambini rimangono affascinati quando vedono i loro bisogni andare via insieme all'acqua. Può essere, ma il bambino si chiede anche dove vanno i suoi bisogni quando scompaiono alla vista: un bambino potrebbe chiedersi per anni dove sono andati a finire. Ogni bambino pensa che siano una parte di sé, quindi non eliminateli fino a quando non vi avrà perso interesse e si sarà allontanato.

Quinto Il passo successivo è a completa discrezione del bambino. Infatti, se si oppone a uno dei passaggi suddetti, sarà necessario sospendere l'addestramento per un poco. In questa fase si stanno solo mostrando al bambino i vari passaggi in modo che possa ripeterli da solo. Al momento opportuno, quando avrà mostrato interesse a quanto esposto nei punti precedenti, si può provare a togliergli i vestiti e a farlo girare per casa con il sederino nudo. Se è disposto a provare da solo, gli si può proporre di portare il vasino nella sua cameretta oppure nel cortile, in modo da poterlo usare quando ne ha voglia. Successivamente, gli ricorderei ogni ora di provare a usarlo. Se il bambino è pronto sarà disposto a collaborare. Se vi depone qualcosa, lasciatela nel vasino in modo che la possa ammirare. Ci si può congratulare con lui, ma senza esagerare. Troppi elogi possono spegnergli l'eccitazione per quanto realizzato.

Sesto Se il bambino è davvero pronto lo si può lasciare senza pantaloncini per periodi sempre più lunghi. Se bagna o sporca il pavimento si deve tornare immediatamente all'uso del pannolino, ma senza fare troppi problemi. Dire semplicemente. "Proveremo di nuovo. Non abbiamo premura. Un giorno farai come mamma, papà e nonna". Il successo dipende dal desiderio del bambino di imitare e identificarsi con le persone importanti della sua vita.

Ogni passo deve essere affrontato rispettando i suoi tempi. Se si mostra preoccupato o riluttante, non insistete e lasciate il tutto per un po'. Alcuni bambini cominciano a preoccuparsi così tanto della faccenda da fare capricci per decidere se usare o meno il vasino. Stanno in piedi davanti al water, saltando su e giù e dicendo "Voglio andare". L'inquietudine sui loro volti e il loro comportamento mostrano lo sforzo che devono fare per rifiutarsi di collaborare. Messi sul vasino, tratterranno le feci. Se in questo momento li si spinge a provare, li si mette ulteriormente sotto pressione. Il bambino è sottoposto a un eccesso di sollecitazioni esterne. Come con tutti gli altri capricci, anche in questo caso l'intervento di un adulto li rafforza e ne prolunga la durata. In un argomento come questo, in cui l'autonomia è un ingrediente fondamentale, il bambino deve risolvere la sua lotta interiore e decidere da solo. Come per ogni altro capriccio, l'intervento di un adulto può prolungarlo ma non è d'aiuto. La decisione spetta solo a lui. Deve risolvere il problema da solo, anche se la scelta può risultare dolorosa, prima di ottenerne un successo. Si può ritornare all'uso del pannolino, soprattutto per il sonnellino pomeridiano e di notte. Si può anche tralasciare l'addestramento per un poco. Adesso però lui sa che cosa ci si aspetta da lui, e lo farà solo quando si sentirà pronto.

Spesso le madri mi dicono: "Trattiene i bisogni. Resta fermo davanti al vasino gridando come se avesse male. Gli dico "Prova. Sai cosa fare. Se la fai nel vasino il dolore andrà via". Ma questo è sbagliato perché il dolore è nella sua testa; è espressione della intima sofferenza del suo conflitto interno. Il coinvolgimento della madre contribuisce ad alimentare questo stato di indecisione conflittuale. La madre non deve interferire e deve rimettergli il pannolino. Se la madre mi dice che "si comporta come se mettergli il pannolino fosse per lui una punizione", forse per il bambino ha assunto una importanza eccessiva tutto ciò che si è fatto per abituarlo a usare il vasino. Si può allora sospendere il tutto per un po' di tempo e lasciare a lui la scelta di provare di nuovo quando lo vorrà. La madre potrebbe dire al bambino: "Il pannolino serve ad aiutarti a fare la popò solo quando lo vorrai tu". Quando entrambi i genitori mi chiedono: "Ma così andrà a scuola ancora con il pannolino?" capisco dalla loro domanda quanto siano preoccupati per non essere riusciti ad addestrare il bambino. In questo caso dovranno riconsiderare le modalità del loro comportamento e lasciare la decisione al piccolo. Molti di noi sono stati addestrati troppo presto e troppo forzatamente, ed è difficile non ripetere questo errore sui propri figli. Ma non fatelo.

Quando un bambino comincia a trattenere le feci, dimostra una volontà di opporsi alle pressioni che riceve – sia interne sia esterne. Per ragioni che possono non avere niente a che vedere con i genitori, potrebbe avere capito e volere realizzare l'addestramento all'uso del vasino prima di essere veramente pronto a farlo. Trattenere le feci può causare il rapido instaurarsi di una fastidiosa stitichezza. La vecchia convinzione secondo cui la stitichezza "avveleni" l'organismo è del tutto infondata. I bambini possono evacuare anche solo una volta la settimana ed essere perfettamente sani sotto tutti gli altri aspetti. Il colon si dilaterà per adattarsi a questa condizione. Quando le evacuazioni assumeranno un ciclo più normale, il colon ritornerà nuovamente alla sua forma normale. Pertanto ancora una volta la cosa migliore da fare è astenersi dall'intervenire e lasciare che risolva da solo le sue problematiche.

Il problema legato alla ritenzione delle feci è rappresentato dal loro relativo aumento di volume e soprattutto dall'eccessivo indurimento. Le feci possono conseguentemente lacerare lo sfintere anale quando vengono emesse e causare un doloroso taglietto (ragade) nell'ano. In seguito, comunque sia la consistenza delle successive defecazioni, la presenza della ragade le rende dolorose. Lo sfintere anale si contrae per trattenere le feci, dando origine a un circolo vizioso: il trattenere le feci per motivi psicologici causa di riflesso una ritenzione a livello dello sfintere anale. Ne possono scaturire stitichezza ciclica, ragadi anali croniche e persino una condizione anomala detta megacolon.

Se si sviluppa nel bambino questo problema, *bisogna* eliminare ogni tipo di insistenza e di pressione. Bisogna ritornare all'uso del pannolino per lo meno per il sonnellino pomeridiano e per la notte. Dire al bambino: "Puoi fare i tuoi bisogni senza problemi, e io controllerò che non ti faccia male". Applicare dei medicamenti all'orifizio anale per curare la ragade e lenire il dolore provocato. Inoltre farsi prescrivere dal pediatra un prodotto che mantenga le feci morbide, da usare anche per molto tempo, almeno fino a quando il bambino *e* lo sfintere non avranno dimenticato le dolorose evacuazioni precedenti. Bisogna mantenere le feci del bambino morbide in modo da non causare nuovamente lesioni allo sfintere. Si deve essere preparati a dire: "Tutte queste storie per non farla nel vasino ti hanno fatto venire male al culetto. Adesso controlliamo che non ti faccia più male, così puoi farla nel vasino tutte le volte che vuoi. È una scelta tua, non nostra".

Settimo Quando impara a fare la pipì nel vasino, un bambino deve cominciare da seduto. Ogni bambino che impara a farla stando in piedi non vorrà sedersi più: è troppo divertente stare in piedi e schizzare la parete posteriore del vasino, sentire il rumore della pipì e manipolare il pisellino. Quando il bambino avrà imparato l'uso del vasino, il padre potrà mostrargli come fa lui la pipì.

Alcuni padri non sono sicuri di non sentirsi imbarazzati. Se riescono a pensare che il bambino sarà felicissimo di condividere con loro questo momento, allora possono dimenticare la ritrosia. Se il bambino non vuole sedersi più dopo avere provato l'eccitazione di fare la pipì in piedi e di schizzare dovunque, un padre può fargli da esempio anche in questo. Modificare questo comportamento diventa una cosa naturale.

Un padre deve essere pronto all'eventuale confronto del bambino sulle misure dei rispettivi genitali. Il bambino potrebbe persino volere toccare quelli del padre. Un padre può semplicemente dire: "I miei genitali sono più grandi dei tuoi proprio come io sono più grande di te – i miei piedi, le mie mani, tutto il mio corpo è più grande del tuo. Un giorno anche tu diventerai più grande, come me, e anche tutto il tuo corpo crescerà". Se un bambino fa domande sui peli del pube, il padre può aggiungere: "Un giorno ti spunteranno peli sulla faccia, sul corpo e attorno al pene, proprio come è successo a me". Questo tipo di risposte incoraggia altre domande.

Ottavo L'addestramento notturno non deve essere iniziato fino a quando il bambino non resterà asciutto durante il riposo pomeridiano o non dimostra di volere restare asciutto durante la notte. Bisogna aspettare fino a quando non sarà davvero pronto – cioè con il pannolino asciutto o senza fare la pipì per almeno quattro-sei ore durante il giorno. Un bambino dovrà essere veramente disposto a collaborare durante la notte perché si abbiano effetti duraturi. Fino a quando chiede di essere aiutato o gli scappa senza accorgersene sospenderei il progetto notturno a quando avrà tre anni o anche più. Molti bambini non sono pronti fino a quattro o cinque anni.

Le bambine sono solitamente pronte prima dei bambini. In realtà non si sa il perché. Un bambino deve essere veramente pronto a svegliarsi e ad alzarsi per fare la pipì almeno una o due volte nella notte. Trattenerla e controllarla durante il giorno non è sufficiente. Quando il bambino sarà abbastanza grande, sentirà un segnale mentre dorme che gli consente di svegliarsi per svuotare la vescica. Non serve che i genitori lo sveglino e lo portino in bagno di notte. Una volta mostrati i vari passaggi, è finito il compito del genitore. Dopo di che bisogna tenersi al di fuori di tutto. I bambini possono avere bisogno anche di un anno di tempo, o perfino di più, per essere pronti. A causa delle esigenze del vivere comune, noi ci preoccupiamo troppo di addestrare il prima possibile i bambini all'uso del vasino. E a pensarci bene, non mi piace per niente la frase "addestramento all'uso del vasino". Sarebbe meglio "apprendimento dell'uso del vasino".

Se si hanno più bambini, sarà necessario addestrare solo il primo. I bambini che hanno fratelli più grandi imparano da questi. Potrebbe però essere necessario informare il maggiore di non pretendere troppo dal piccolo. È sorprendente quanto un bambino piccolo possa imparare dai fratelli maggiori – apparentemente senza troppi sforzi.

La sessualità L'addestramento all'uso del vasino aumenterà l'interesse per i genitali, in entrambi i sessi. L'esplorazione e i tentativi di masturbazione, come altri *Touchpoints* dello sviluppo, sono del tutto normali a questa età. I bambini giocano con il proprio pene. Le bambine scoprono la vagina e possono persino introdurvi degli oggetti, come parte della normale esplorazione. I genitori chiedono "Quando dobbiamo considerare queste esplorazioni eccessive?" Se il bambino si apparta per masturbarsi quando ci sono altre cose interessanti da fare, oppure si masturba in pubblico per provocare i genitori e gli altri adulti, potrebbe essere espressione di uno stato di tensione nella sua vita. Se il bambino comincia a masturbarsi in pubblico, bisogna assicurargli che è del tutto normale indagare e giocare con il proprio corpo, ma che si tratta di una cosa intima e sarebbe meglio riservarsi di farla in un posto privato. Alle altre persone non piace vedere quello che fa. Comunque, se lo fa troppo spesso, bisogna ricercarne i motivi. Come avviene in caso di eccessiva suzione del pollice, o per il troppo dondolio, o il battere la testa, l'eccessiva masturbazione può essere segnale di uno stato di esagerata pressione per il bambino. Questi descritti sono comportamenti che possono essere considerati normali e fisiologici se si manifestano alla fine della giornata o in tutti i momenti in cui ha bisogno di scaricare la tensione accumulata, ma se si verificano molto frequentemente i genitori dovrebbero fare luce su eventuali eccessi di pressione esercitati da loro stessi in circostanze diverse, come il pretendere un certo comportamento durante i pasti, imparare le buone maniere, imparare l'uso del vasino e altre ancora. Quando il bambino crescerà, troverà dei modi più accettabili per liberarsi dalle tensioni.

I genitori non devono preoccuparsi quando una bambina cerca per la prima volta di inserire un oggetto in vagina, perché non rischia di farsi male o di lacerare l'imene. Se i genitori provano fastidio per queste esplorazioni, faranno meglio a imparare a rilassarsi. Se la bambina sembra particolarmente interessata alla masturbazione, come detto prima, i genitori dovrebbero ricercarne la causa, ma tutte le bambine cercano di "scoprire dov'è il loro "pisellino" e perché loro hanno la vagina. Anche i maschietti si esplorano. Qualche volta si procurano un'erezione con la masturbazione. Non è il caso di agitarsi, dico ai genitori. Se fanno delle domande bisogna dargli delle risposte adeguate, senza essere troppo prolissi o complicati. Altrimenti finiranno con il chiedersi perché gli adulti sono così interessati a quella parte del loro corpo.

Ci domandiamo spesso se sia il caso di incentivare l'interesse del bambino per la sessualità già a questa età. Nel mio studio ho una bambola con un buco nella schiena. All'inizio volevo buttarla via perché rappresentava una realtà diversa da quella immaginata dal bambino. Adesso la uso con scopi diagnostici. Quando mi accorgo che un bambino osserva questa bambola con sguardo interrogativo, gli dico "Ti chiedi perché ha quel buco, non è vero? Tu e io sappiamo che tutti noi abbiamo buchi in altre parti – nell'ombelico, nel pene o nella vagina, nel sedere. Ma la bambola non è come noi, non è vero?" I bambini, anche quelli che hanno solo diciotto mesi di età, mi guarderanno con gratitudine. Sanno già dove si trovano ano e vagina. Quello che cercano è la condivisione della loro curiosità e una risposta alle loro domande sull'ombelico e sui genitali, le parti più segrete del corpo.

Negativismo e aggressione

I bambini di due anni continuano ad avere violenti sbalzi di umore. Diventano nervosi e perdono il controllo all'improvviso. Se i genitori cercano di aiutarli, potrebbero reagire mordendo o scalciando o battendo la testa contro qualcosa.

In questi momenti possono manifestarsi anche i cosiddetti spasmi respiratori affettivi (periodi di apnea più o meno prolungati). Questi fenomeni spaventano a morte i genitori che si chiedono se il bambino riprenderà a respirare. Esiste il rischio di sviluppare cianosi e di causare danni al cervello? È improbabile. Quando interrompe la respirazione, il bambino si rilassa; e se perde conoscenza la respirazione riprende automaticamente e la circolazione si riattiva immediatamente. Questi periodi di apnea spaventano molto ma è improbabile che arrechino danni al bambino. Possono però angosciare i genitori, i quali potrebbero sentirsi frenati nel cercare di dare una disciplina al figlio. Tuttavia questo dubbio è sbagliato perché il bambino ha bisogno di disciplina, in questo caso forse con maggiore urgenza, ma anche con maggiore decisione, affetto e sostegno. Quando il bambino manifesta queste crisi, la risposta più efficace da parte dei genitori consiste nel prenderlo e portarlo al sicuro nella sua cameretta, poi andare via e dirgli:

"Quando superi questo momento, torno da te. Non mi piace questo comportamento e non mi sembra di poterti aiutare a superarlo". Quando ritorna la normalità, i genitori possono consolare il piccolo dicendogli: "Un giorno imparerai a controllare questi momenti".

Un bambino che si comporta in modo troppo aggressivo in gruppo, togliendo sempre le cose agli altri bambini e picchiandoli quando questi cercano di difendersi, è un bambino che non riesce a fermarsi. Gli altri genitori potrebbero non trovarlo piacevole e non fidarsi di lui. E questo sarà un problema per lui perché capirà di non piacere e non essere ben accetto. I genitori di un bambino con simili caratteristiche potrebbero parlargli *prima* di portarlo in gruppo e ricordargli che agli altri bambini non piace essere respinti e maltrattati. Gli devono anche dire che se comincia a comportarsi in quel modo minacceranno di portarlo via, e poi saranno costretti a farlo sul serio. Quando succede, devono dirgli che egli ha un compito da eseguire: imparare a controllarsi. Nel frattempo i genitori dovrebbero trovare un compagno di giochi ugualmente aggressivo. I bambini impareranno reciprocamente cosa significa essere aggressivi, e apprenderanno anche a controllarsi.

Se un bambino ha difficoltà a condividere le cose con gli altri, suggerisco di affrontare il discorso con lui prima dell'arrivo di un altro bambino. I genitori possono decidere insieme al bambino quali giocattoli lasciare usare all'altro bambino e mettere via quelli che non vuole concedere. Imparare a condividere le cose è un'impresa difficile dell'infanzia. Se ci si aspetta che il bambino lo faccia, sarà più facile per lui imparare. Questa è l'età giusta per iniziare.

Guardare avanti

Aiutare in casa A che età un bambino può imparare ad aiutare nei lavori di casa? Iniziare a questa età non è troppo presto. Nelle famiglie in cui entrambi i genitori lavorano e sono molto impegnati, è bene che tutti diano una mano. Per un bambino sentirsi utile e in grado di fare le cose accresce l'autostima.

Ovviamente all'inizio insegnare a un bambino come aiutare richiede uno sforzo maggiore. I genitori devono dedicare del tempo durante la giornata per mostrare al bambino come apparecchiare la tavola, come sciacquare un piatto di plastica, come staccare le foglie della lattuga – e altre cose che pensano sia in grado di fare. Poi possono lodare il bambino per il suo contributo dato alla famiglia. Ogni momento trascorso in questo modo è un investimento per il futuro. I bambini e le bambine di questa generazione che imparano ad aiutare in famiglia saranno molto più preparati per un futuro in cui entrambi i genitori dovranno lavorare. Saranno pronti a condividere i lavori domestici e non si aspetteranno di essere serviti.

La televisione I bambini piccoli vengono "esauriti" dalla televisione. È un mezzo troppo esigente, che richiede un tipo "quasi fanatico" di attenzione sia visiva sia uditiva. Se si osserva un bambino alla fine di un programma al quale ha prestato attenzione, lo si trova irritabile e fuori controllo. Molti di noi conoscono la sensazione provata quando si esce in strada di giorno dopo aver visto un film al cinema, ci si sente nervosi e privi di sincronia con il mondo esterno.

Fortunatamente la maggior parte dei bambini di questa età non resta seduto a lungo davanti alla televisione; sono troppo presi dalle altre attività. Se invece desiderano stare sempre davanti al televisore mi preoccuperei. Nessun bambino dovrebbe guardare i programmi televisivi per più di trenta minuti, e anche in questo caso alla fine di questo periodo dovrebbe essere confortato. Se i genitori usano la TV al posto di una babysitter, dovrebbero rendersi conto che i programmi coinvolgono tutti i sensi del bambino, e questo è un prezzo troppo alto da pagare.

D'altra parte è anche possibile trarre dalla televisione buoni insegnamenti. Così come modellano l'aggressione e la violenza secondo quanto visto in TV, i bambini possono imparare l'empatia da un personaggio gentile e paterno. Queste potenzialità del mezzo televisivo rendono ancora più necessario da parte dei genitori il controllo della qualità oltre che della quantità dei programmi. I programmi devono essere scelti accuratamente e seguiti per non più di mezz'ora alla volta, non più di due volte al giorno. La cosa ideale sarebbe che i genitori potessero essere presenti in almeno una delle due volte.

Un nuovo fratellino "Qual è il momento ideale per avere una altro bambino?" mi chiedono le madri. "Ideale per chi?" domando in genere a mia volta. "Beh', mi piacerebbe che lui/lei (intendendo il bambino che hanno portato in visita) volesse un altro bambino e lo considerasse un po' suo". È un pio desiderio da parte dei genitori, ma nessun primo figlio desidera l'invasione di un secondo bambino, quindi i genitori dovranno decidere da soli quando si sentono pronti a gestire un altro bambino. Spesso si preoccupano di un probabile strappo nell'affetto con il primo figlio. Quando vengo messo al corrente di questa loro preoccupazione sono davvero contento perché i genitori che riescono ad amare così intensamente un bambino nel suo secondo anno di età, dimostrano di essere davvero innamorati di lui! Se i genitori si sentono in grado di gestire un secondo bambino, allora il primo figlio potrà sicuramente gestire a sua volta un fratellino. Anche se non sarà facile, alla lunga l'aver dato al primo figlio un fratellino sarà come avergli fatto un regalo. Il più grande dovrà imparare a condividere le cose con un fratello. Un figlio unico può imparare o no a condividere le sue cose; la presenza di un fratello lo costringe comunque a farlo.

Il figlio maggiore potrebbe identificarsi con i genitori e aiutarli con il fratellino. Potrebbe non gradire un nuovo bambino, ma imparerà ad accettarlo come fratello e apprenderà anche molte altre cose nel corso degli anni (si veda Capitolo 36).

13

TRE ANNI

Appena il bambino arriva al traguardo dei tre anni, sia lui sia i genitori possono rivivere una sorta di seconda luna di miele. Il negativismo e i continui contrasti sembrano risolversi miracolosamente. Dai due anni e mezzo ai tre anni il bambino diventa tranquillo e collaborativo, come a compensare gli ultimi diciotto mesi appena trascorsi. I genitori non riescono a credere che stia davvero accadendo. Si sentono riportati indietro al delizioso periodo di innamoramento della metà del primo anno, quando era tutto roseo. Questo nuovo periodo di tranquillità arriva tra la negatività del secondo anno e "l'inizio di una prima adolescenza" che cade tra i quattro e i sei anni. Tra i quattro e i sei anni infatti i bambini saranno presi dalla conflittualità che deriva dalla identificazione sessuale e dall'aggressività, l'età dei tre anni invece è in genere un periodo fortunato in cui i bambini in tutta tranquillità raggiungono un momento di assestamento psicologico.

Se persistono alcuni dei problemi del periodo precedente, è il momento buono per affrontarli e cercare di risolverli. Al Children's Hospital di Boston abbiamo un reparto dedicato ai bambini con problemi manifestatisi nei primi tre anni di vita. A questo punto, con un bambino di tre anni, molti genitori sembrano in grado di affrontare problemi sorti in precedenza. Sembra che, prima di questo momento, la mancanza di tempo e di energia, sia per i genitori che per il bambino, non abbia consentito di fermarsi e affrontare prima i problemi esistenti da lunga data.

Tra i problemi non ancora risolti esiste quello dell'incapacità del bambino di *dormire* da solo per tutta la notte. Imparare a dormire per un periodo di otto-dodici ore richiede, come già detto nei precedenti capitoli, la capacità del bambino di superare tre periodi ciclici di sonno leggero e risveglio. Quando il bambino si sveglia deve sapere gestire il sentimento della separazione e della paura della notte piena di "mostri" e anche il ricordo dei conflitti della giornata trascorsa. Non esiste nell'arco delle 24 ore un periodo privo di tutte queste sensazioni, neanche quello notturno, anche se il bambino può sembrare tranquillo.

Un altro problema che si presenta di notte può essere quello delle *paure*. Un bambino di tre anni comincia ad avere coscienza dei sentimenti di aggressività. La paura in sé si associa agli impulsi di aggressività che iniziano a emergere. La paura sarà manifestata e sognata durante la notte. Se il bambino non ha ancora attivato uno schema di comportamento notturno, i sogni si presenteranno nei cicli REM, ed è probabile che siano sogni di aggressione, accompagnati da una sensazione di paura. Questi sogni interromperanno il sonno del bambino durante il terzo e quarto anno di età. Quando l'ambiente in cui vive il bambino è stressante, o quando il piccolo deve adattarsi a una nuova situazione, affiorerà la paura durante la notte. Il bambino ha bisogno di imparare a consolarsi da solo, e questo può richiedere del tempo (si veda Capitolo 37).

Ogni volta che i genitori si rendono conto di essere entrati in conflitto con il bambino dovranno ripensare con attenzione a cosa sta accadendo. L'indipendenza e l'autonomia sono fondamentali per lo sviluppo nel bambino di una buona immagine di sé. Il controllo è un problema dei genitori. I genitori devono rispettare l'esigenza di autonomia del piccolo. Ma questo non deve necessariamente verificarsi attraverso uno stato di conflittualità, a meno che i genitori non siano a loro volta bloccati da "fantasmi" del loro passato – conflitti irrisolti della loro infanzia. Per arrivare a una soluzione, i genitori hanno spesso bisogno di affrontare questi loro profondi conflitti personali.

I pasti

A tre anni di età un bambino è in grado di mangiare regolarmente ai pasti principali. I pasti possono adesso diventare un momento di condivisione familiare. I bambini non hanno bisogno di mangiare tra un pasto e l'altro e neppure di fare piccoli spuntini. Quello di cui hanno bisogno adesso è il piacere di condividere la conversazione e il divertimento della famiglia riunita. È importante quindi organizzare la sua giornata in modo che ciò avvenga. Ci si può alzare tutti un po' prima al mattino in modo da fare colazione insieme e anche cenare insieme alla sera, anche se il bambino dovrà fare uno spuntino per arrivare fino a quell'ora. Le famiglie possono mettere in evidenza che "a casa nostra mangiamo tutti insieme quello che ci siamo preparati. Diamo tutti un aiuto e ne siamo fieri".

Per un bambino che non mangia volentieri, la dieta minima di base non è particolarmente elaborata: 450 g circa di latte, 30-40 g circa di proteine (incluse quelle presenti nel latte), del pane integrale o dei cereali, un poco di frutta e un integratore multivitaminico (quest'ultimo solo se il bambino non mangia correttamente). Anche in questo caso i genitori devono fare attenzione ai fantasmi della loro infanzia, come ad esempio il ricordo di una madre che li costringeva a stare seduti a tavola per due ore, e che molto arrabbiata metteva da parte il cibo rimasto per riproporlo al pasto successivo. Il rifiuto di mangiare da parte del bambino dovrà far venire in mente ai genitori la disperazione e l'umiliazione provate nella loro infanzia in casi analoghi. Se ricordano queste cose, possono evitare di ripetere gli stessi errori con il proprio bambino. I genitori possono fissare delle regole anche per se stessi, oltre che per il bambino, ciò che può aiutarli a modificare vecchi schemi.

Per il bambino

Non si fanno spuntini tra i pasti (a meno che non sia prevista una cena a tarda sera).

Non si torna a tavola dopo averla lasciata. Non è necessario che il bambino resti per tutta la durata del pasto, ma se si alza da tavola non vi deve più tornare.

Per i genitori

Provare a dare un esempio di buone maniere a tavola, ma senza tormentare il bambino perché le metta in pratica.

Non usare i dolci come mezzo di "corruzione".

Non parlare di cibo e non implorare il bambino di mangiare.

Non cucinare cibi particolari esclusivamente per il bambino – si resterà delusi quando li rifiuterà.

Se il mangiare non è diventato una sorta di guerra, un bambino di tre anni comincerà a seguire l'esempio delle persone che lo circondano. Mangerà il cibo che mangiano loro. Prenderà da loro anche alcune buone maniere di comportamento a tavola. Se i genitori fanno del pasto un momento familiare divertente e piacevole, non avranno problemi. Per le famiglie che lavorano, in cui i genitori possono avere orari diversi, tempi limitati e altri problemi simili, ciò non sarà facile. Ma uno o due pasti consumati insieme diventano ancora più importanti se la famiglia è particolarmente impegnata.

Queste intense attività esterne sono un motivo ancora più valido per coinvolgere tutta la famiglia ad aiutarsi reciprocamente. I genitori non dovrebbero fare sempre tutto per il bambino. Apparecchiare la tavola, preparare del cibo semplice e pulire la tavola dopo il pasto sono un buon allenamento per il futuro del bambino. Sebbene coinvolgere il bambino possa richiede il doppio del tempo impiegato dai genitori per fare tutto, non dovrebbero chiedere al bambino di fare in fretta. Al contrario, devono saper aspettare rispettando i suoi tempi, mostrargli come fare le cose, incoraggiarlo e spiegargli che deve aiutare tutti i giorni. Quando lo fa, merita di essere premiato. Alla lunga il tempo e gli sforzi dedicati daranno i loro frutti.

Poiché molti amichetti mangiano dolciumi e bevono bevande gassate, i genitori mi chiedono se devono abituare il loro bambino in modo diverso eliminando dalla sua dieta questo tipo di cibi e bevande. I genitori che decidono in tal senso possono proprio sottolineare il fatto che questa scelta appartiene al loro modo di essere; e che gli altri sono "diversi da noi". I biscotti e i dolciumi possono essere concessi quando si vuole festeggiare qualcosa. Se il bambino va dal vicino per avere merendine e altri stuzzichini, i genitori dovrebbero affrontare un discorso serio con questa persona o con altri eventuali colpevoli, tipo i nonni, spiegando quanti sforzi fanno per aiutare il bambino a sviluppare abitudini alimentari decenti e regolari. I colpevoli dovrebbero aiutare i genitori. Se non lo fanno, i genitori sapranno chi è loro alleato e chi non lo è. Ogni persona che si prende cura del bambino in assenza dei genitori deve essere al corrente di tale posizione.

Abitudine all'uso del vasino

Un bambino di tre anni deve ormai avere imparato a fare i bisogni nel vasino, almeno durante il giorno. Ogni errore, tipo sporcarsi o bagnarsi, sarà preso da lui molto seriamente. Eventuali regressioni durante il periodo di apprendimento si potranno verificare in momenti prevedibili, come quando uno dei genitori va via o in correlazione alla nascita di un fratellino. I genitori devono aiutare il bambino a capire e spiegargli perché è successo quell'incidente, altrimenti il piccolo potrebbe sentirsi colpevole e frustrato per il suo errore. Se comprende le cause dell'errore non si sentirà preoccupato dalla possibilità che possa ripetersi. Gli errori possono verificarsi a causa di pressioni da parte dei genitori o perché il bambino non era del tutto pronto per tale passo. I genitori non dovrebbero fare sentire il bambino incapace, e l'eventuale ritorno all'uso dei pannolini non deve essere presentato come una punizione ma come un modo per liberarlo dalla paura di fare errori. Quando il bambino riprende il controllo della situazione i genitori possono ricordargli di avere realizzato una cosa importante, che è stato solo merito suo e che sono orgogliosi di lui.

Non appena il bambino si rende conto di avere il controllo della situazione, è pronto per provare a usare le mutandine. La cosa bella delle mutandine è che le può abbassare facilmente. Usarle prima che sia pronto può certamente annullare quanto già acquisito: se ne deve quindi riservare l'uso per quando il bambino sarà pronto. Se fa la pipì nelle mutandine e bagna il pavimento il bambino dimostra di non essere pronto e potrebbe vivere questo incidente come un fallimento. Potrebbe arrendersi e ricominciare a bagnarsi e sporcarsi. Io consiglio di stare sempre un passo dietro il bambino, perché scavalcarlo ai suoi occhi apparirebbe come una prevaricazione.

Il riuscire a comprendere appieno la necessità di rispettare i tempi propri di ogni bambino fa dell'apprendimento dell'uso del vasino un vero *Touchpoint* ed è anche un'opportunità per prevenire problemi come fare la pipì a letto (enuresi) e la stitichezza. Il bambino farà capire ai genitori quando non vorrà più il pannolino per la notte. Comincerà con il rimanere asciutto durante il riposino pomeridiano e non sporcarsi nella prima parte della notte. I genitori devono aspettare fino a quando non sono sicuri che il bambino sia pronto. Il piccolo dimostrerà durante il giorno di riuscire a resistere e rimanere asciutto anche dopo avere detto ai genitori che deve fare la pipì. L'interesse del bambino a rimanere asciutto tutta la notte è ciò che i genitori stanno aspettando – e il bambino stesso traccerà la strada.

A un certo punto i bambini cominciano a rendersi conto di volere crescere. Vogliono essere come le persone che li circondano. La maggior parte dei bambini acquisisce intorno a quattro anni la consapevolezza di essere asciutti di notte. Gli stessi bambini di tre anni al nido esercitano pressioni reciproche "Usi ancora il pannolino di notte? Io no, io resto asciutto", dirà uno di loro, al che un altro, arrossendo, replicherà "Anch'io", anche se non è vero. La competizione tra pari inizia presto. Aggiungervi la pressione dei genitori non serve.

Anche se rassicuro spesso i genitori sul fatto che il bambino imparerà certamente a usare il vasino, loro immaginano che terrà il pannolino per sempre. Nessun genitore è sicuro del fatto che il proprio bambino riuscirà a realizzare veramente il passo successivo. A proposito dell'enuresi, evenienza che ha una grande importanza, la ansia repressa dei genitori ne può essere un elemento causale. I genitori si preoccupano troppo. Esistono dei bambini (sembra prevalentemente i maschi) con la vescica immatura. Questi bambini hanno delle difficoltà a imparare a trattenere l'urina mentre la vescica si riempie nelle otto ore notturne. Molti di loro non sono pronti a restare asciutti fino a quando non hanno compiuto sei-otto anni di età e la loro vescica non si è completamente maturata. Molti dormono troppo profondamente per riuscire a svegliarsi. Anche la struttura del loro sonno è immatura, ma va comunque rispettata. Le pressioni provenienti dalla famiglia e dai suoi pari aumentano il senso di colpa e la conflittualità sulla capacità di restare asciutto. I genitori devono sapere rassicurare il bambino in modo che non si senta sottovalutato. Alcune manovre possono aiutare i bambini, ma solo quando me li chiedono offro suggerimenti del tipo: "Cerca di trattenerti un poco più a lungo ogni volta che senti lo stimolo di fare la pipì durante il giorno". In questo modo i bambini possono consapevolmente "insegnare" alla vescica a trattenersi più a lungo. Ma i genitori devono essere attenti – anche questi semplici suggerimenti possono diventare pressioni esterne e fare sentire il bambino sottovalutato. Deve essere un successo del bambino, altrimenti si sentirà un fallito.

Se i genitori desiderano aiutare il proprio figlio suggerisco loro i seguenti passaggi. Quando il bambino esprime il desiderio di rimanere asciutto, proporgli di mettere il vasino accanto al letto: anche se la sua cameretta si trova vicinissima al bagno, è sempre uno sforzo scendere dal letto e andare in un'altra stanza. Un vasino particolare può indicare che si vuole proprio aiutare il bambino. Si può farglielo dipingere con tinte fosforescenti e decorare con disegni scelti da lui. Si può proporgli di svegliarlo prima che i genitori vadano a dormire. Se il bambino lo vuole veramente ed è pronto a farlo si sveglierà davvero quando i genitori si recheranno nella sua cameretta. Se non si sveglierà, è inutile continuare. Prenderlo per fargli svuotare la vescica non serve a niente. Ciò che bisogna fare è insegnargli come *svegliarsi da solo* durante la notte. Quando sarà pronto, riconoscerà lo stimolo dato dalla vescica piena durante il sonno leggero della fase REM e allora si alzerà e andrà in bagno. Si sveglierà da solo al mattino. I genitori devono assicurarsi di non togliergli il pannolino per la notte finché non sarà pronto e non riuscirà a farlo facilmente. Se fallisce per alcune notti consecutive e bagna il letto il suo interesse a rimanere asciutto diminuirà. E a un certo punto inizierà a preoccuparsi enormemente: fallire è una cosa terribile per lui.

Un'altra deviazione sulla strada di una corretta ed efficace abitudine all'uso del vasino è la capacità di trattenere le feci. Come si è detto nei capitoli precedenti, è naturale che un bambino abbia dei dubbi se cedere o meno alla tazza del water le proprie feci. Non ho mai capito perché alcuni lo fanno e altri no, ma il loro conflitto inconscio deve essere rispettato. Il dolore causato dalla evacuazione delle feci comincia a mettergli paura. A causa della ritenzione delle feci si viene a creare un circolo vizioso – si formano delle feci voluminose e dure, che fanno sempre più male a ogni evacuazione. La paura consapevole del dolore raddoppia il desiderio inconscio di trattenere le feci. Questo circolo vizioso deve essere interrotto non appena viene individuato. I genitori dovrebbero seguire il suggerimento dato nel Capitolo 3 sulla somministrazione di qualcosa che mantenga le feci morbide, una dieta ricca di fibre e l'applicazione di medicamenti adatti attorno all'ano lacerato. È importante rassicurare il bambino dicendogli che tutto questo serve per evitare che le feci possano causargli dolore. Parlandogli di quello che succede, i genitori combatteranno le sue paure conscie e inconscie. Quando il bambino va di corpo, i genitori dovrebbero lasciare le feci nel water fino a quando il piccolo non vi perde interesse. Il bambino potrebbe preferire farla di nuovo nel pannolino, e pertanto i genitori dovrebbero proporgli di permetterglielo per il riposino pomeridiano e per la notte. Ripeto ancora una volta che questi disturbi si verificano maggiormente nei bambini che nelle bambine, anche se non se ne conosce il motivo (si veda Capitolo 42).

Paure e fobie

La conoscenza sempre più ampia del mondo porterà a un bambino di tre anni nuove paure e fobie. Potrebbe cominciare a preoccuparsi del forte rumore dei motori o dell'abbaiare dei cani. Potrebbe comparire la fobia di andare in posti strani e nello studio medico. Queste reazioni potrebbero essere causate da motivazioni reali, e i genitori dovrebbero cercare di aiutare il bambino preparandolo con grande comprensione, senza però aspettarsi che i tentativi rassicuranti eliminino le paure. Motivazioni importanti potrebbero essere alla base di tali paure.

Per esempio, un bambino ha paura di tutti i bambini del vicinato. Non si avvicina alla casa accanto perché i vicini hanno un neonato. La sua stessa sorellina ha nove mesi, e i suoi genitori sono perplessi del fatto che il piccolo sia diventato improvvisamente così nervoso. Pensavano che dovesse essersi ormai "abituato" alla nuova situazione. Ma in realtà un bambino più grande non si abitua mai alla presenza di un altro bambino in famiglia. A ogni nuovo stadio dello sviluppo del fratellino minore riaffiorerà la rivalità. Mentre il più piccolo diventa meno statico e più attraente, il bambino più grande proverà nuovi sentimenti di gelosia e di rivalità. Al di là del suo terrore per gli altri bambini, il bambino di tre anni sarà alle prese con l'elaborazione dei propri sentimenti di aggressività. Si sente sempre sul punto di reagire, e deve fare sempre più sforzi per controllarsi. E questi sforzi comportano non poca fatica. Paure, fobie e incubi si presentano in certi momenti.

Rappresentano il costo da pagare per il controllo di sensazioni e di sentimenti sgradevoli.

I genitori possono parlare con il bambino delle sensazioni che lui prova in questo periodo e cercare di prepararlo a reagire in modo contenuto alla paura che sente nell'udire il rumore di un motore o l'abbaiare di un cane. Il bambino avrà anche bisogno di imparare ad aprirsi e sviluppare un'aggressività positiva. Per aiutarlo in tal senso offro alcuni consigli ai genitori: il bambino può imparare identificandosi con il modo in cui i genitori esprimono la loro aggressività. Potrebbero portarsi dietro il bambino quando vanno a correre o a praticare qualche sport; parlargli dei modi corretti con cui gestire sentimenti pericolosi. Il bambino potrebbe non capire proprio tutto, ma si sentirà comunque confortato dalla conversazione con i genitori. Quando emergono i sentimenti aggressivi, potrebbe provare a trasformarli in parole e a fare domande.

Nei periodi in cui appaiono paure e fobie, è più importante che mai limitare il tempo trascorso a guardare la televisione. È necessario che i genitori siano presenti durante programmi potenzialmente paurosi. È già più che sufficiente un'ora al giorno davanti la TV, metà della quale trascorsa a guardare i programmi insieme ad almeno uno dei genitori, a cui fare seguire una breve conversazione su quanto si è visto. Queste discussioni non servono soltanto a rassicurare il bambino ma gli offrono anche l'opportunità di conoscere i valori fondamentali dei genitori.

Immaginazione e fantasia

Questa è l'età in cui la fantasia di un bambino inizia ad accendersi. Comincerà a guardare in modo nuovo tutte le persone che lo circondano. Apprenderà da loro non solo osservandoli ma anche immaginando interi scenari che li coinvolgano. Assimilerà queste nuove informazioni nel suo gioco immaginario. Il gioco simbolico (in cui usa giocattoli e pupazzi per ricreare eventi e interazioni) si è già manifestato nel secondo anno, ma adesso il bambino sa utilizzare le persone che lo circondano come simboli. Inventerà le sue persone immaginarie.

I figli che non hanno ancora fratelli con cui giocare sviluppano amici immaginari a questa età. Gli amici immaginari possono realizzare miracoli. Possono fare tutte le cose negative e sperimentare tutte le cose buone che un bambino di tre anni sogna. Un bambino parlerà del suo amico immaginario come se fosse vero. I genitori che sono abituati a essere tutto per il loro bambino possono perfino provare gelosia per questo amato compagno e preoccuparsi per la mancanza di realtà. Ma non dovrebbero. Tutti i figli soli possono sviluppare un amico immaginario, hanno bisogno di contare su di lui. I secondi o terzi figli difficilmente sviluppano un tale amico, perché la presenza dei fratelli più grandi ne riduce la necessità. Per un primo figlio invece l'amico immaginario serve a tanti scopi. L'amico può raffigurare tutte le esperienze immaginate.

Gli adulti devono rispettare la natura privata di tali fantasie: è preziosa. Non appena un adulto invade questo aspetto privato rivolgendogli domande sull'amico fantastico, collegano le fantasie del bambino alla realtà. Gli amici immaginari si dissolvono quando gli adulti parlano di loro. Una volta condivisa la loro "esistenza" con qualcuno, i bambini potrebbero non nominarli più. O diventano presenze segrete o perdono la loro magia. Una volta, chiesi a mio nipote che aspetto avesse il suo "amichetto", e lui mi rispose sprezzante "Nonno! Ma lui non esiste!" Come disse Emerson: "Rispettate il bambino... Non violate la sua solitudine".

Insieme a questa spumeggiante fantasia, compaiono due nuove caratteristiche positive. Potrebbe infatti emergere un certo senso dell'umorismo e diventare evidente la capacità del bambino di mostrare empatia nei confronti degli altri. Quando un bambino piange, potrebbe desiderare di volersi avvicinare a lui. Quando un altro bambino si fa male, lo osserverà attentamente per vedere come gestisce la situazione. Potrebbe persino mostrare comprensione per il suo dolore.

Queste due caratteristiche sono importanti per fare una valutazione dei bambini di questa età in termini di flessibilità della personalità e dimostrazione di una buona immagine di sé. Da dove provengono queste nuove caratteristiche della personalità? Vengono dalle varie fonti di ispirazione di cui si è parlato in precedenza – l'identificazione con i genitori e con le altre persone che lo circondano, e dall'attenta osservazione delle loro reazioni in determinate situazioni. Provengono anche dalla consapevolezza di sentimenti sempre più complessi – l'aggressività e il desiderio di trasgredire. La fonte più ricca di umorismo, empatia e comprensione dei problemi altrui è l'immaginazione del bambino e tutte le complesse esperienze che le sue fantasie gli forniscono.

Relazioni tra pari

Durante il terzo e il quarto anno diventa sempre più importante fare esperienze con altri bambini della stessa età. Ogni bambino ha bisogno di queste esperienze tra pari età. Da questi contatti il bambino non solo può imparare modelli comportamentali dagli altri bambini, ma può anche sperimentare i propri modelli in tutta tranquillità. Tutti i bambini di tre anni si fanno reciprocamente dispetti. Si spingono l'un l'altro fino a limiti che non oserebbero mai raggiungere da soli. Provocano fino a fare andare l'altro bambino in collera, o fino a farlo piangere. Non possono aspettare per rivedersi. Si abbracciano reciprocamente, stringendosi l'un l'altro quasi con ferocia, usando braccia e gambe. Imparano reciprocamente quali sono i modi sicuri e quelli pericolosi per sperimentare questi sentimenti nuovi e complessi. L'amicizia è importante e la rivalità è un aspetto critico dell'amicizia. Di volta in volta un bambino di tre anni tratterà un amico caro e fidato come fosse un rivale, o come un bambino da coccolare, o come un genitore, o come ogni possibile partner. L'esplorazione sessuale diventa rapidamente parte di questo apprendimento. Molti bambini di tre anni giocano al "medico" e all'"infermiera". Ciò consente un sano tentativo di esplorazione del proprio corpo.

Il gioco esplorativo e le esperienze con gli altri portano a un maggiore senso di sicurezza di sé. Mi preoccuperei se un bambino di questa età non cominciasse ad avere relazioni solide. Se il proprio figlio non piace ad altri bambini, i genitori dovrebbero prender in considerazione seriamente il problema. I bambini sentono se un altro bambino è in difficoltà e si tengono a distanza. Un bambino ansioso o rabbioso minaccia l'equilibrio che ciascuno ha raggiunto con le proprie paure e la propria aggressività. Se un bambino viene isolato dai suoi pari esiste sempre un motivo.

Qualche volta i genitori possono aiutarli nel far loro fare le prime esperienze di gruppo. Se un bambino non ha mai fatto esperienze con altri bambini della sua stessa età, i genitori possono prima farlo incontrare con un solo amico. Devono trovare qualcuno che abbia una personalità simile a quella del proprio bambino, fare dei grandi sforzi per farli stare insieme, poi portarli in gita insieme e lasciare che ciascuno dei due impari dall'altro. Se un bambino può farcela con un solo elemento di un gruppo, imparerà come gestire se stesso e l'altro bambino lo aiuterà ad entrare nel gruppo.

Se condividere con altri le proprie cose è un problema, i genitori possono spiegargli, prima dell'incontro con altri bambini, che è una cosa normale che nessuno voglia condividere le proprie cose con altri. E anche possono aiutarlo proponendo delle soluzioni "tecniche". Io suggerirei di dargli la possibilità di portarsi dietro uno o due giocattoli a cui tiene maggiormente e che non dovrà condividere con nessuno, dicendogli invece di essere pronto a condividere con gli altri bambini tutti gli altri giocattoli. Quando lo vedono realizzare anche piccoli progressi nella condivisione degli oggetti, i genitori dovrebbero renderglìene merito. Imparare a condividere le cose è uno dei compiti più difficili della vita.

La comparsa dell'empatia per gli altri si verifica quando un bambino condivide spontaneamente le sue cose con un altro. Si sarà di certo sentito dire ripetutamente "Devi imparare a condividere", e all'improvviso lo fa senza pressioni esterne: "Vuoi un pezzetto del mio biscotto?" Poi guarda l'amichetto dritto in viso per controllare se questa nuova generosità verrà ripagata. Il bambino sa di avere bisogno di un amico e lo vuole. Questo è il primo indizio di un processo cognitivo molto importante chiamato altruismo.

Guardare avanti

I genitori di un bambino di tre anni devono aspettarsi un periodo di intenso sviluppo nei tre anni successivi. L'apprendimento tumultuoso e impetuoso che un bambino acquisisce in questo periodo mi sembra un anticipo di quanto avverrà nel tumultuoso sconvolgimento adolescenziale.

L'approccio che il bambino di quattro-cinque anni avrà nei riguardi della sessualità e dei sentimenti aggressivi sarà probabilmente simile a quello con cui affronterà gli stessi sentimenti durante la fase adolescenziale. Alcuni genitori vedono ciò come una prospettiva alquanto inquietante. "Avrei preferito che non me lo avesse detto", mi dicono spesso. In realtà questo periodo può essere divertente da osservare e da condividere, se si riesce a vederlo come espressione di un grande impulso evolutivo. È un meraviglioso dischiudersi di nuove esperienze, a patto che il genitore impari a non prendere come fatto personale i vari comportamenti del figlio: il suo mettersi alla prova, le sue inquietudini e la sua conflittualità.

Identità sessuale Che cosa vuol dire per un bambino entrare in un periodo simile? Ha bisogno di imparare come gestire i sentimenti forti in modo più sicuro e maturo di quanto non abbia fatto prima. Deve imparare come identificarsi con ciascun genitore. Ha bisogno di imparare come sono i suoi genitori – in cosa può essere simile a loro e in cosa no. Come fare? Oscillerà da un genitore all'altro. In questo periodo concentrerà la sua passione su uno dei due assorbendone completamente i vari aspetti, e ignorerà l'altro. Se si osserva attentamente un bambino di questa età, alcune caratteristiche impercettibili ma chiaramente identificabili di un genitore possono essere riconosciute nel modo di camminare, nelle inflessioni vocali, nelle preferenze alimentari e in molti altri aspetti del bambino. Ma subito dopo abbandonerà del tutto questi atteggiamenti e si comporterà come se quel genitore non esistesse più. L'altro genitore diventa il favorito. Il bambino sceglie il nuovo favorito per ogni cosa, comportandosi come se il primo non fosse più credibile. Ignora il primo genitore per acquisire ogni gesto e ogni parola dell'altro. Perché questo bisogno di oscillare tra due diverse preferenze? Penso che sia per una questione legata all'utilizzo delle risorse personali. Per assorbire completamente ogni singolo genitore, il bambino ha bisogno di concentrarsi su uno di loro. Se la sua attenzione fosse divisa su entrambi, l'acquisizione sarebbe incompleta e più faticosa. Gli episodi di attaccamento al genitore di sesso opposto sono stati definiti "edipici" da Freud. In realtà quando si manifestano durante l'adolescenza essi sono ancora più intensi e passionali. Le "prove" durante l'infanzia preparano un bambino – e i suoi genitori – al compito di risolvere l'importante questione dell'identificazione sessuale durante l'adolescenza.

È superfluo dire che queste oscillazioni di fedeltà possono essere dolorose per il genitore escluso. "Prima aspettava il mio ritorno a casa", mi ha detto un padre con tono malinconico. "Era così allegro e divertente quando arrivavo. Adesso mi volta la schiena. Anche se può sembrare sciocco, mi sento respinto." Se i genitori sanno cosa sta succedendo e riescono a essere pazienti e comprensivi durante questo oscillare di passioni, si sentiranno meno feriti. Io dico sempre loro di non mollare, perché il bambino tornerà a loro. Ma nel frattempo non devono dargli la sensazione di essere respinto. In un momento di calma si potrebbe dirgli "Desidero stare un poco con te da solo". Potrebbero leggergli qualcosa la sera – da soli – o ritagliarsi un momento particolare durante il week-end in cui potere uscire da soli con il bambino. Anche se non si dovranno aspettare molto da lui, potrebbe sempre essere una buona occasione per cementare il loro rapporto proprio mentre il bambino è impegnato nel suo compito del momento – imparare tutto di ciascuno dei due genitori. Questo comportamento durerà pochi mesi e poi cambierà. Allora il genitore che è già stato al centro dell'attenzione potrà aiutare l'altro a riconoscere e sopportare le prime spiacevoli sensazioni che si provano nell'essere respinto.

Qualche volta anche essere il genitore favorito può essere non del tutto gradevole. Quando una bambina diventa carina e seducente un genitore può trovarsi a disagio. Ancora una volta, tutto questo può essere vissuto più serenamente se viene visto come un modo normale per provare l'identificazione con la madre. Questa seduzione può essere usata anche verso altri uomini. In questo modo una bambina può manifestare o celare i suoi sentimenti intensi per il padre. È l'altra faccia della stessa medaglia.

Sentimenti aggressivi Per un bambino l'impresa più difficile e meno ovvia di questo periodo è quella di imparare a gestire l'ira e l'aggressività. Si tratta di un processo davvero lungo, che può assumere diverse forme. Mettere alla prova ciascuno dei due genitori fino al punto di causarne una reazione è uno dei modi in cui un bambino impara ciò che è accettabile e ciò che non lo è. Un altro può essere il ritorno ai capricci. Inoltre il bambino potrebbe diventare manifestamente irascibile e imprevedibile. O al contrario "troppo buono e troppo condiscendente". Da parte mia mi preoccupo maggiormente quando si verifica quest'ultimo caso. Preferisco infatti che un bambino di questa età diventi irascibile, faccia dispetti e provochi i genitori. In questo modo esprime apertamente la sua inquietudine e impara più cose. Un bambino che compiace sempre tutti quelli che lo circondano paga un caro prezzo a discapito della propria personalità e sarà destinato a verificare le proprie possibilità in un momento successivo (si veda Capitolo 19).

Abitudini Molti "sintomi" quali balbettare, mentire, rubare e masturbarsi si presenteranno nei tre anni a venire. Li considero tutti atteggiamenti esplorativi. I bambini li attraversano, ne provano i vari aspetti e poi passano ad altri modelli esplorativi. Se i genitori hanno avuto problemi in merito durante la loro infanzia, allora tenderanno a reagire in modo esagerato. Di conseguenza questi atteggiamenti possono fissarsi come abitudini nel bambino. I genitori che si preoccupano o possono fare pressioni affinché il bambino smetta o possono deliberatamente ignorare il sintomo. Il bambino in ogni caso sente la tensione che lo circonda e reagisce a essa ripetendo il sintomo, che in conseguenza di ciò potrebbe diventare abitudine.

Se ai genitori sembra che ciò stia accadendo, consiglio loro di sedersi con il bambino e discutere il problema, mettendo bene in evidenza che non si intende rimproverarlo. Cercando di fargli capire che se si comporta in quel modo non è perché è "cattivo" e che certamente quando diventerà più grande imparerà a controllarsi. Bisogna assicurarsi che il bambino ha capito che lo si tiene in grande considerazione e che certamente riuscirà a gestire il problema da solo. I genitori possono solo aiutarlo se desidera aiuto, rimanendo comunque al di fuori della situazione e sostenendolo. I bambini di tre anni hanno continuamente bisogno di capire che sono amati e rispettati per quello che sono (si veda Capitolo 24).

Sviluppo cognitivo Molti genitori di bambini di tre anni o addirittura meno si chiedono quando sia il momento di iniziare a insegnare ai piccoli a leggere e scrivere. Io sostengo che non bisogna farlo fino a quando i bambini non lo domandano. È troppo facile esagerare nell'insegnare lettere e numeri. Secondo me non è tanto importante il momento in cui iniziare quanto piuttosto l'effettivo desiderio di imparare manifestato dal bambino. È necessario inoltre che l'idea di imparare venga dal bambino. È infatti facile spingere all'insegnamento precoce un piccolo compiacente e disponibile, ma ciò alla fine può essere più di danno che di giovamento. Questa è una cosa ormai da tempo risaputa.

Negli anni '60 esisteva un movimento favorevole all'insegnamento precoce, guidato dal Dr. O.K. Moore di Yale. Il Dr. Moore sosteneva che se i bambini fossero riusciti a imparare presto a leggere e scrivere, sarebbero stati più competitivi una volta iniziata la scuola. Era vero. Per compiacere gli adulti che li circondavano, bambini di tre anni riuscivano a leggere e a scrivere con successo. Non sembravano capire cosa stessero leggendo, ma riuscivano a farlo. Quando arrivavano alla prima elementare erano avanti rispetto agli altri bambini e ricevevano la doverosa approvazione degli adulti. Ma agli altri bambini non piacevano particolarmente, e molti di questi bambini "precoci" non avevano imparato le modalità necessarie per andare d'accordo con i loro pari. Erano più orientati verso il rapporto con gli adulti.

Nel secondo e terzo anno di scuola cominciavano a peggiorare. Il processo meccanico di apprendimento che avevano utilizzato per imparare precocemente non si adattava all'apprendimento più complesso delle classi più elevate. Sembravano arenarsi in metodi di apprendimento più primitivi. Quando iniziavano a perdere la posizione di primi della classe, perdevano anche l'approvazione di quegli stessi adulti per cui si erano dati da fare. Questi bambini sfortunati allora toccavano il fondo. Non erano più le star, gli altri bambini li avevano abbandonati, gli adulti erano delusi di loro, e tutto ciò li faceva sentire tristi e abbandonati. Nonostante questo e altri studi successivi abbiano dimostrato che l'apprendimento precoce esige un prezzo eccessivo, molti genitori mostrano ancora il desiderio di dare ai bambini un certo "vantaggio". Continuano a proliferare libri e programmi che promettono metodi per "insegnare a leggere al vostro bambino". Tenetevi alla larga da questa roba!

I bambini imparano meglio quando lo fanno per se stessi, non per gli altri. E il modo migliore per imparare è il gioco. Quando imparano giocando, i bambini provano diverse tecniche, per scoprire quella che funziona meglio per loro. Quando non riesce a realizzare qualcosa che desidera tanto fare, il bambino si sente frustrato e la sensazione di frustrazione lo porta a riprovare ancora fino a riuscirci. E quando finalmente ce la fa, prova la meravigliosa sensazione di avercela fatta da solo! Questo è il carburante più gratificante per l'apprendimento futuro! I genitori ambiziosi devono imparare a osservare il bambino, a rimanere in disparte e a lasciare che impari da solo. È difficile ma necessario. Il compito di un genitore è quello di ammirare e approvare, ma non di esercitare pressione.

Nello scegliere la scuola materna bisogna utilizzare la stessa filosofia. A questa età il gioco costituisce la modalità più importante ed efficace attraverso cui i bambini imparano i compiti più importanti – come giocare con gli altri bambini, come gestire gli altri adulti, come diventare parte della società civile. I compiti di un gruppo di bambini di questa età sono enormi: (1) sperimentare la socializzazione, (2) imparare a gestire l'aggressività e (3) imparare come identificarsi con le altre persone che li circondano. Sono compiti dello sviluppo emotivo, non cognitivo. Sceglierei una scuola materna in base alle persone che vi lavorano e che interagiscono con i bambini, non per il programma di studio che offre. Se viene esercitata troppa pressione per il rendimento scolastico e per l'apprendimento, potrebbe rimanere troppo poco tempo ai bambini per imparare qualcosa di sé. I genitori dovrebbero recarsi a scuola a osservare e verificare personalmente quanto tempo viene lasciato ai bambini per il gioco e per imparare a conoscersi come esseri umani. Imparare a conoscersi e imparare a conoscere i propri pari età è il migliore apprendimento che i genitori possono procurare al bambino negli anni prescolari. Vorrei che tutti i bambini di questa età potessero avere di se stessi una sola sensazione: Sono importante! Tutti mi vogliono bene!

due

LE PROBLEMATICHE DELLO SVILUPPO

14

ALLERGIE

Il modo migliore per curare le allergie è prevenirle. Trattarle quando si sono già instaurate è molto più difficile. Nell'esercizio della mia professione, ho sempre considerato doveroso lavorare con i genitori per capire se il bambino è potenzialmente allergico. D'altra parte, nella ricerca di possibili allergie, si corre il pericolo che i genitori possano considerare a rischio un bambino che in realtà è perfettamente sano. Tuttavia, se si riesce a evitare questo pericolo, è chiaro che prevenire le allergie, o curarle dall'inizio, possa evitare che il bambino si senta debole e fragile, e che si instauri il circolo vizioso costituito dai sintomi, dalla conseguente depressione e dalle relative manifestazioni psicosomatiche presenti in modo tipico nello sviluppo delle patologie allergiche.

Allergie e ansia

Per il benessere futuro di un bambino è molto importante evitare la comparsa di gravi crisi di asma o di eczemi. Oggi, grazie ai numerosi modi conosciuti per venire in aiuto a simili pazienti, vale la pena fare il possibile fin dall'inizio. Se si scatena l'allergia, e non si trova una cura che funzioni, il bambino si trova in balia di sentimenti di ansia crescente e di impotenza. Ed è a questo punto che entrano in gioco gli aspetti psicosomatici della malattia.

Sebbene le manifestazioni allergiche, tipo l'asma, possano essere aggravate dall'ansia e possano riconoscere una forte componente psicosomatica, specie in seguito ad alcuni episodi particolarmente intensi, vorrei puntualizzare che non credo che l'asma o l'eczema siano causati solo *per* problemi psicologici del bambino o per problemi familiari di fondo. La causa più probabile è la predisposizione genetica, consolidata dalla presenza di allergeni nell'ambiente. È solo quando la malattia si manifesta che iniziano la paura e il coinvolgimento emotivo di chi ne è colpito.

I bambini asmatici tendono a manifestare le loro ansie ai genitori e a "usare" i sintomi per tutti i possibili tentativi di manipolazione – come la ribellione, la stanchezza, la provocazione o la semplice richiesta di attenzione. Inevitabilmente, con l'aumentare delle loro stesse ansie, i genitori saranno sempre più coinvolti nel problema. Se non sono in grado di controllare i sintomi del bambino, il loro senso di colpa, la rabbia e la preoccupazione aumenteranno la tensione nell'ambito della famiglia e nel rapporto con il bambino. In tal modo l'asma può facilmente diventare un problema psicosomatico per tutta la famiglia.

Nei bambini con reazioni allergiche, anche le infezioni più banali possono durare più del normale e avere aspetti più complessi. Un raffreddore, per esempio, può durare fino a due-tre settimane, per poi fondersi con quello successivo, il quale a sua volta aggiunge congestione a quella lasciata dal precedente. Allo stesso modo, un semplice mal di gola può venire complicato da problemi congestizi, con il prolungamento del periodo infettivo anche di una settimana. Le mucose si gonfiano e fanno russare il bambino; le adenoidi aumentano di volume e iniziano a bloccare i canali dell'orecchio interno o dei seni nasali. Le infezioni dell'orecchio interno necessitano di trattamenti antibiotici per ridurre la tumefazione che causa pressioni dolorose al timpano.

Eczema e asma sono le manifestazioni più gravi della predisposizione all'allergia; esse tendono a sviluppare un meccanismo di auto mantenimento. In caso di eczema, il prurito porta a grattarsi e il grattarsi accentua a sua volta l'eczema. La necessità di grattarsi può diventare una risposta automatica all'ansia o perfino alla noia o alla frustrazione e può ben presto diventare una cattiva abitudine nei bambini.

In caso di asma, quando il bambino ha affanno e non riesce a respirare, si instaura un senso di paura. Il respiro affannoso lo rende ansioso, e l'ansia peggiora la crisi respiratoria. Il bambino viene assalito da un sentimento di impotenza, di incapacità a controllare la malattia o di paura della stessa. Non c'è da meravigliarsi se queste manifestazioni allergiche diventano "psicosomatiche" prima ancora che si manifestino molte altre crisi.

Non è certo il caso di lasciare che l'eczema o l'asma arrivino fino a questo grado di intensità. Quando so che altri membri della famiglia hanno manifestato tendenza alle allergie, cerco di fare presente ai genitori un aspetto rassicurante del problema, e cioè che più grande è il bambino quando si manifestano i sintomi allergici, maggiore è la possibilità che questi siano più lievi e più facilmente curabili. Se per esempio un bambino dovesse manifestare un eczema, questo potrebbe interessare tutto il corpo in caso di comparsa nel primo anno di vita mentre, se si manifestasse nel corso del secondo anno, potrebbe localizzarsi soltanto nella piega dei gomiti e nell'incavo posteriore delle ginocchia.

Sembra esistere una soglia di tolleranza agli stimoli allergici che aumenta gradualmente con l'età. La probabilità di superamento della soglia aumenta in caso di attacco combinato di più allergeni, piuttosto che di uno solo di essi. Sebbene un bambino possa essere del tutto allergico a una cosa sola – tipo il pelo dei gatti o il cioccolato o il pesce – e manifestare i sintomi dopo una sola esposizione, al contrario molti altri bambini sviluppano le loro allergie nel tempo. È come se impilassero i blocchi di una costruzione uno sull'altro. Potrebbero riuscire a convivere con diversi allergeni, ai quali sono lievemente sensibili, senza manifestare sintomi. Ma quando sviluppano un'infezione respiratoria, o mangiano troppe uova, o entrano in contatto con un cuscino di piume, allora la torre di blocchi può crollare e si manifestano i sintomi allergici.

Misure preventive

La prevenzione deve iniziare presto. Insisto sempre che una neomamma con precedenti di allergie in famiglia allatti al seno il suo bambino. Questo perché non ho mai visto bambini allergici al latte materno, mentre ne ho visti troppi con sensibilizzazione al latte vaccino, nei quali si manifestavano reazioni di congestione nasale, vomito, diarrea e, nei casi peggiori, eczema diffuso in tutto il corpo. Basta eliminare il latte vaccino e sostituirlo con latte di soia per eliminare i sintomi, anche se può essere necessaria un'intera settimana prima che scompaiano del tutto. So per esperienza personale che si può prevenire l'eczema nei bambini perché negli ultimi quindici anni ho riscontrato solo un caso di eczema generalizzato nelle migliaia di bambini che ho curato.

Altro espediente, secondo per importanza dopo il latte materno, è evitare che i bambini entrino in contatto con giocattoli allergizzanti. Pertanto i genitori devono assicurarsi che il giocattolo preferito, sia esso un orso o una copertina, sia fatto di materiale sintetico. È necessario inoltre utilizzare saponi leggeri per la pulizia personale del bambino e per il lavaggio della sua biancheria. Residui dei detergenti possono rimanere negli abiti e causare nei bambini sensibili fastidiose reazioni cutanee. Alcuni oli, polveri e lozioni per bambini contengono ingredienti che possono scatenare reazioni cutanee. In questo caso si possono utilizzare in sostituzione farina di granturco e olio minerale.

La causa più probabile di manifestazione di reazioni cutanee in un bambino inferiore a un anno di età è l'introduzione di un nuovo cibo al quale può manifestare sensibilizzazione. L'irritazione appare solitamente quattro o cinque giorni dopo la prima assunzione del cibo incriminato. Per usare la metafora della torre di blocchi, il nuovo cibo è il blocco di troppo che fa crollare l'intera costruzione.

Per evitare questo problema, invito i genitori ad aspettare il più possibile nei primi cinque mesi di vita prima di introdurre un nuovo cibo nella dieta del bambino. La maggior parte delle allergie al latte cominceranno a manifestarsi in questi mesi, sebbene potrebbero non emergere fino a quando non saranno aggiunti nuovi allergeni, tipo alcuni additivi nei cibi pronti o nei cereali. Più precisamente, consiglio ai genitori di adottare le seguenti misure. Quando si iniziano a somministrare nuovi cibi, introdurne uno solo alla volta, aspettando almeno una settimana o dieci giorni prima di aggiungerne un altro. Non usare mai miscele di cibi a meno che non si sia sicuri che uno solo degli ingredienti sia del tutto nuovo per il bambino. Usare cereali misti e cibi misti, tipo frutta mista a farina o tapioca, è il modo migliore per mettersi nei guai. Leggere le etichette sui barattoli dei cibi e comprare quelli più genuini o, meglio ancora, preparare in casa il cibo per il bambino. Per fare ciò non è richiesto un procedimento speciale prima di ogni pasto. Basta preparare la quantità di cibo sufficiente per una settimana, surgelarla e poi riscaldarne una o due porzioni alla volta.

Le uova e il frumento sono i cibi che causano maggiore sensibilizzazione, ma la loro attività diminuisce se vengono somministrati al bambino dopo il compimento del sesto mese. Quindi i genitori dovrebbero aspettare che il bambino sia cresciuto un poco prima di introdurre tali sostanze nella sua dieta. Questo è un altro esempio del fatto che la tolleranza del bambino aumenta con l'aumentare dell'età. Chiedo ai genitori di aspettare che il bambino abbia compiuto nove mesi prima di dargli pane contenente farina di grano, di aspettare poi altre due settimane prima di introdurre il tuorlo d'uovo e ancora due settimane prima di aggiungere l'albume. Quando un bambino viene colpito da un'eruzione cutanea o manifesta sintomi gastrointestinali acuti causati da un nuovo cibo, l'introduzione graduale dei cibi è il metodo più efficace per scoprirne facilmente la causa. Si può infatti tornare immediatamente a una dieta più semplice prima che i sintomi allergici possano consolidarsi e diventare un problema. L'eruzione cutanea scomparirà e al bambino saranno evitati fastidi e disagi. Fortunatamente, i cibi non mantengono a lungo l'effetto di allergeni, e molti bambini perdono la tendenza alle allergie più lievi durante il secondo anno di età.

Imparare a controllare le allergie

Una volta che il sintomo allergico si è manifestato è più difficile liberarsene. A quel punto si rende necessario non solo eliminare la causa immediata ma anche gli allergeni più leggeri. Se un genitore è determinato e capace di farlo, il bambino può essere in grado di tollerare di tanto in tanto anche gli stimoli più potenti. Pertanto, se un bambino sviluppa febbre da fieno a ogni raffreddore, o eczema ogni volta che mangia del grano, o asma ogni volta che si innervosisce, un approccio preventivo mirerà a eliminare *tutti* gli allergeni con cui il bambino convive, anche se sono quelli con cui entra in contatto per la maggior parte del tempo.

Consiglierei per prima cosa di "decontaminare" il letto e la cameretta del bambino, dato che trascorre la maggior parte della sua giornata in questo ambiente. Si tratta certamente di un grosso lavoro: materassi di piume o di crine, coperte o puff di lana o di kapok, animali di pezza, tranne quelli di gommapiuma o di materiale sintetico, animali domestici, bambole con capelli veri, pelouches che possono diventare ricettacolo di polvere e piante fiorite devono essere tutti eliminati dalla cameretta del bambino. Se la condizione persiste, sarà necessario eliminare anche tappetini e tende (anche loro ricettacolo di polvere) e lucidare il pavimento settimanalmente per tenere sotto controllo polvere e muffa. Condizionatori e filtri d'aria, per quanto costosi, aiutano a proteggere il bambino dall'inquinamento atmosferico e dagli allergeni dispersi nell'aria.

Sebbene tutto ciò possa sembrare eccessivo e desolante, deve essere messo in bilancio se il bambino comincia a entrare nel circolo vizioso con manifestazione di raffreddore da fieno o asma. Nel momento in cui il bambino manifesta il secondo attacco di bronchite con infezione respiratoria lieve o contrae il secondo raffreddore con complicazioni all'orecchio o con congestione prolungata, metterei in atto i provvedimenti sopracitati. In aggiunta a ciò suggerirei l'uso di antistaminici: un bambino può combattere meglio il raffreddore se le vie respiratorie non sono ostruite.

L'aspetto più importante di un approccio preventivo consapevole, come quello appena descritto, consiste nel fatto che i genitori, e anche il bambino, possono cominciare a provare a controllare i sintomi allergici. Evitando che tali sintomi possano svilupparsi e aggravarsi, i genitori possono prevenire l'instaurarsi della componente psicologica della malattia.

Ho imparato da un bambino che chiamerò convenzionalmente Timothy quanto sia importante questa sensazione di controllo. Tim era un bambino vivace che amava giocare al pallone e stuzzicare i suoi amici, e scherzava con me quando veniva in visita per un controllo di routine. Ma Tim soffriva d'asma. Quando cominciò ad avere affanno, il suo aspetto e il suo modo di comportarsi cambiarono. Divenne abbattuto e preoccupato; aveva uno sguardo triste. Era molto pallido e i suoi occhi evitarono i miei quando mi avvicinai per visitarlo.

Tim sedeva sul mio tavolo con le spalle curve, ansimando leggermente, il torace che si abbassava e si alzava con un ritmo più frequente e marcato di quanto l'entità della sua asma potesse giustificare. "Tim", gli dissi, "sembri preoccupato per la tua salute." "Anche tu lo saresti", mi rispose, "se nessuno sapesse cosa fare con il tuo problema, e qualunque tentativo fosse sbagliato." Con queste poche parole Tim mi stava comunicando moltissimo: aveva paura, si sentiva scoraggiato e impotente. Mentre gli facevo un'iniezione di adrenalina per alleviare la sua asma, gli spiegai cosa mi aspettavo che sarebbe successo. Quando il farmaco fece effetto, gli dissi: "Vedi, noi sappiamo cosa funziona con il tuo problema. Adesso dobbiamo stabilire delle cose che tu e i tuoi genitori possiate fare per bloccare l'asma prima che tu abbia bisogno del mio aiuto".

Discutemmo insieme delle medicine che i suoi genitori potevano dargli, sottolineando che se il farmaco funzionava lui avrebbe notato subito la differenza. Poi gli diedi dei compiti da fare per il suo stesso bene: pulire la sua cameretta, stare alla larga dai gatti, che erano estremamente negativi per la sua condizione, accendere purificatori d'aria quando ne sentiva la necessità e considerarsi libero di chiedere ai genitori delle medicine contro l'asma quando sentiva arrivare la crisi. Nei controlli successivi, quando i miei consigli avevano iniziato a funzionare, discutemmo di come lui riusciva a tenere sotto controllo la sua asma.

Un giorno Tim irruppe nel mio studio. Era raffreddato e presentava un leggero affanno, ma era allegro e con aria alquanto canzonatoria mi chiese di non fargli la solita iniezione perché aveva una medicina in tasca che avrebbe preso dopo che io gli avessi auscultato i polmoni, per dimostrarmi come riusciva a controllare da solo l'incipiente crisi d'asma. Dopo averlo visitato prese la medicina tutto d'un fiato e chiese di potersi sedere un poco in sala d'aspetto. Quando, trascorsa mezz'ora, lo richiamai per visitare i suoi polmoni, dal suono ormai quasi del tutto limpido, Tim mi guardò con occhi scintillanti quasi a volermi dire: "L'abbiamo in pugno adesso, non è vero?"

Tim si liberò dell'asma nell'adolescenza, come succede a molti altri bambini le cui allergie vengono tenute abbastanza sotto controllo. L'esperienza di Tim, comunque, fu per me un grande insegnamento sugli effetti psicologici che ricadono su un bambino quando una malattia si ripresenta più volte e nessuno degli adulti che gli vivono accanto sa cosa fare, e anche su come un bambino, se supportato, riesce a tenere la situazione sotto controllo.

Ai genitori dedico le seguenti istruzioni per il controllo delle allergie:

1. Controllate il vostro panico in modo da non trasmetterlo al bambino. Questo è il primo passo e forse il più difficile.
2. Eliminate dal letto del bambino gli allergeni più comuni come polvere, muffa, grassi, pollini, pellicce o pelo animale, giocat-

toli o animali di pezza imbottiti di kapok o piume, cuscini di piume, coperte di lana, materassi di crine.

3. Se le infezioni respiratorie durano più di una settimana nei bambini piccoli o causano dispnea o congestioni insolite, chiedete al medico se la causa dell'aggravamento è legata alla presenza concomitante di allergie. In questo caso, un approccio energico a ogni infezione delle prime vie respiratorie può evitare l'aggravarsi dei sintomi.
4. La comparsa di asma deve essere trattata immediatamente con una pulizia accurata dell'ambiente in cui vive il bambino e con la somministrazione di farmaci efficaci. Possono essere necessari antibiotici per la cura delle infezioni e farmaci antiallergici per l'asma. Quando le condizioni del bambino migliorano, gli si può ricordare che i farmaci hanno fatto effetto. Rassicurare il bambino del fatto che "sappiamo quello che facciamo" gli darà una sensazione di controllo e combatterà il panico naturale che potrebbe essere associato alla difficoltà respiratoria.
5. Consultatevi con il medico per l'eventuale uso di adrenalina o di aminofillina se i farmaci abituali non dovessero funzionare. È più facile interrompere il circolo vizioso dell'asma e del panico correlato se viene somministrata per tempo una cura efficace.
6. Se la cura fatta a casa o quella somministrata dal medico non dovessero avere effetto, consultate un allergologo che possa effettuare dei test per identificare gli allergeni e programmare una cura più mirata.
7. Siate pazienti e ricordate che l'adolescenza potrebbe rappresentare una vera svolta nella malattia. Molti bambini si liberano delle allergie quando avvengono nel loro organismo le modificazioni tipiche della adolescenza.

15

BAGNARE IL LETTO (ENURESI)

Fare la pipì a letto è un problema che preoccupa molto. La domanda importante da farsi è di chi sia il problema. All'inizio, è un problema dei genitori. Non appena vengono a sapere che altri bambini della stessa età rimangono asciutti durante la notte – certamente intorno ai tre-quattro anni – cominciano a preoccuparsi del fatto che il loro bambino non ha ancora realizzato questa conquista.

Quando inizia il confronto fra bambini di pari età, allora diventa anche un problema per il bambino. All'interno di un gruppo di bambini di tre-quattro anni la competitività affiorerà molto presto. "Non uso più i pannolini. E tu?" "No." "Ti bagni la notte?" "No." Spesso gli adulti ascoltano questi dialoghi e sanno che chi ha dato l'ultima risposta in realtà non sta dicendo la verità. Questo bambino (si tratta solitamente di un maschietto) si sente in colpa e sotto pressione. Purtroppo, nella nostra società, se un bambino di cinque anni continua a bagnare il letto di notte, il fatto viene vissuto come un problema.

Livello di maturazione del bambino

Quando i genitori devono iniziare a preoccuparsi dell'enuresi? Come si è visto nel capitolo precedente, intorno ai tre anni il bambino avrà acquisito l'abitudine all'uso del vasino e la rispetterà con successo durante il giorno. È possibile prevedere se esiste un momento in cui comincerà a controllare i bisogni fisiologici anche durante la notte? Molti bambini non sono "pronti" a rimanere asciutti quando gli adulti si aspettano che lo facciano. Il Dr. Ronald MacKeith in Inghilterra è stato tra i primi a fare notare che molti bambini hanno la vescica immatura, cosa che rende difficile il controllo notturno. Esistono anche bambini che non hanno ancora maturato in modo completo la struttura del sonno. I loro ritmi di risveglio nella fase di sonno leggero (REM) non sono abbastanza sviluppati da indurli a svegliarsi e alzarsi dal letto per andare a fare la pipì. Questi bambini devono potersi sviluppare secondo i propri tempi maturativi, e ciò dovrà essere rispettato. La pressione esercitata dai genitori o dai suoi pari età può aggiungere sensi di colpa e sentimenti di inadeguatezza, ma non modificherà i tempi di sviluppo del bambino. I genitori di questi bambini devono essere pazienti e sapere aspettare. Inoltre, devono aiutare il bambino a comprendere le ragioni di tale "mancanza di successo", altrimenti il bambino potrebbe sviluppare un'immagine di sé negativa, caratterizzata dal senso di fallimento. Una volta un bambino di sei anni, guardandomi con aria implorante, mi chiese "Riuscirò mai a farlo?", in cui "farlo" significava rimanere asciutto la notte e compiacere tutti quelli che gli vivevano accanto. Il suo sguardo mostrava un senso di sconfitta e di disperazione – a soli sei anni!

Se i bambini continuano a bagnare il letto, bisogna controllare l'urina per escludere infezioni. L'esame delle urine fa parte di un normale controllo di routine ed è particolarmente importante in caso di problemi urinari. L'analisi delle urine può escludere problemi ai reni o alla vescica che potrebbero contribuire all'incontinenza urinaria sia nei bambini che nelle bambine.

Il controllo delle funzioni urinarie durante il giorno sembra più facile per le bambine (queste lo realizzano mediamente circa 2 mesi e mezzo prima dei maschietti), e sono sempre le bambine quelle che si bagnano di meno durante la notte. Questo può essere in parte dovuto a differenze anatomiche, ma è certamente correlato anche alle diverse aspettative sociali, alle sottili differenze comportamentali legate al sesso e alle maggiori aspettative che i maschietti hanno di se stessi. Un bambino di cinque anni cercherà di nascondere il suo "difetto". Rifiuterà di ammetterlo e non vorrà condividere i propri sentimenti di vergogna o fallimento. Quando visito uno di questi bambini nel mio studio, lo vedo subito sulla difensiva. Incrocia le gambe quando cerco di visitargli i genitali e arrossisce o diventa più agitato quando parliamo della sua pulizia personale. Ha già sviluppato sentimenti di colpa e di vulnerabilità. I genitori che vedono instaurarsi una simile situazione dovrebbero consultare il medico per escludere che alla base ci siano cause fisiche. Una volta stabilito che la causa è attribuibile al fatto che molti bambini non hanno sviluppato del tutto il controllo della vescica e i ritmi del sonno, i genitori potranno rassicurare il bambino del fatto che è del tutto normale e fare quanto è in loro potere per allentare la pressione. Oltre all'abituale esame delle urine, sono necessari pochi altri controlli. Anche una eventuale ecografia difficilmente mette in luce l'esistenza di difetti. In genere il compito fondamentale è quello di aiutare il bambino a sviluppare una maggiore maturità nei ritmi di sonno.

L'aiuto dei genitori

Non bagnarsi durante la notte deve essere soprattutto un traguardo che va raggiunto dal bambino, non dai genitori o dalla società. I genitori devono imparare a ridurre la loro impazienza. Se non ci riescono, dovrebbero prendere in considerazione l'ipotesi di rivolgersi a un consulente o a qualcuno che possa aiutarli a capire come fare per allentare la pressione sul bambino ed eliminare il loro coinvolgimento. Il compito dei genitori è di prestare attenzione ai sentimenti del bambino e di sostenere gli sforzi che fa per rimanere asciutto.

Se esistono problemi di scarsa considerazione di sé, di immaturità psicologica, di auto-svalutazione i genitori devono essere correttamente indirizzati. Se il bambino è sottoposto a eccessiva pressione dalle persone che lo circondano – dalla scuola, dai suoi pari età o dalla famiglia – è necessario allentare il più possibile tale pressione. Un padre dovrebbe aumentare la sua vicinanza e la sua frequentazione con il bambino. Una regolare uscita settimanale insieme dà al bambino la possibilità di identificarsi con il padre e al padre la possibilità di comprendere quale immagine di sé ha il figlio. I genitori non dovrebbero indagare, ma rendersi disponibili.

Quando secondo i genitori il bambino è pronto, fornisco loro alcuni altri consigli (ripeto, soprattutto ai genitori che hanno figli maschi):

1. Chiedete al bambino di trattenere l'urina un poco di più durante il giorno, in modo da aumentare il controllo della vescica.
2. Se il bambino è d'accordo, svegliatelo prima di andare a dormire. A quel punto, il bambino deve prendere il controllo della situazione, altrimenti non funziona. Non portarlo di peso fino al vasino.
3. Una passeggiata speciale per acquistare un "vasino da notte" da mettere accanto al letto del bambino, da colorare con tinte luminose, può diventare il simbolo del sostegno fornito dai genitori. Poi si può svegliare il bambino per farglielo usare. Questo espediente deve essere adottato con l'intento di sostenerlo e non di pressarlo ulteriormente. Non importa quanto sia effettivamente vicino il vero bagno alla camera del bambino, questo vaso colorato deve costituire un simbolo speciale e significativo.
4. Regolare una sveglia alle 2:00 di notte per svegliare il bambino può essere d'aiuto. Ma se il bambino non è pronto, questa soluzione potrebbe costituire una pressione inutile che produrrebbe l'effetto contrario.
5. Delicati tentativi per rassicurare il bambino e incoraggiare la sua mascolinità e i suoi successi durante il giorno possono essere di sostegno per i suoi tentativi notturni. Ma se si esagera il bambino potrebbe sentirsi imbarazzato.
6. Quando il bambino desidera parlare dell'argomento, discutete delle sue sensazioni, delle pressioni che sente, del fatto che la sua vescica deve ancora svilupparsi e che ci vorrà ancora un po' di tempo per imparare a svegliarsi in tempo. Se questo dialogo viene condotto con i toni e le parole giuste, può diventare rassicurante per lui.
7. Potete contribuire a dissipare il mito secondo cui esiste una data magica intorno ai cinque o sei anni, superata la quale tutti i bambini non si bagnano più di notte. Le pressioni sociali,

associate alle aspettative dei genitori, sono un carico insostenibile per un bambino così piccolo.

8. Se l'enuresi continua anche dopo il compimento dei sette o otto anni, o se interferisce con l'adattamento del bambino – l'immagine di sé, la capacità di relazionarsi ai suoi pari età, la capacità di vedersi come un maschio riuscito – è il caso di consultare uno psichiatra o psicologo infantile, o un pediatra specializzato in materia. Il bambino ne potrebbe ricevere sostegno in un importante momento del suo sviluppo.

16

IL PIANTO

Un bambino che piange tocca il cuore degli adulti. Eppure tutti i bambini piangono, e a volta sembra che abbiano proprio bisogno di piangere. Quando allora un genitore deve preoccuparsi e quando invece deve lasciare sfogare il bambino?

Prima di considerare come un vero problema il pianto di un bambino, bisogna rendersi conto che piangere è un comportamento di adattamento psicologico naturale ed è anche il suo mezzo di comunicazione più efficace. Come si è visto nei capitoli 2, 3 e 4, esistono almeno sei diversi tipi di pianto in un neonato: di dolore, di fame, da colica, di noia, di disagio e di scarico della tensione alla fine di una giornata faticosa. Una neo-mamma impara a distinguere questi diversi tipi di pianto nell'arco di tre settimane. Secondo alcuni studi, una madre riesce a distinguere il pianto del suo bambino da quello di un altro nella nursery dell'ospedale già dopo soli tre giorni.

Il linguaggio del pianto

In un neonato i vari tipi di pianto sono abbastanza distinti da potere essere utilizzati a scopo diagnostico. La caratteristica del pianto riflette il funzionamento del Sistema Nervoso Centrale (SNC). Un bambino con disturbi lievi o gravi del SNC ha un caratteristico pianto doloroso e acuto, che rispecchia il suo disordine interno, e può provocare collera e inquietudine in coloro che lo circondano. I maltrattamenti e l'abbandono dei bambini sono dovuti alla non sopportazione di questo tipo di pianto. Il pianto penetrante, acuto e irrefrenabile tipico dei nati da madri che fanno uso di cocaina, attualmente in notevole aumento, costituisce una grossa sfida per le persone che devono accudire questi bambini. I genitori naturali e quelli adottivi riescono a sopportare a stento il loro pianto. Il pianto di un neonato è un importante segnale per la società e per la famiglia, in quanto riflette lo stato di benessere del bambino.

Un aspetto importante della visita iniziale di un neonato è la valutazione del suo pianto – in termini di cadenza, timbro, e latenza (cioè tempo trascorso prima del suo inizio) – ed è anche importante valutare la capacità del bambino di calmarsi da solo o di essere calmato da un adulto. La caratteristica del pianto e la capacità del neonato di essere tranquillizzato forniscono all'esaminatore la possibilità di fare due importanti previsioni sul futuro del bambino – una su quello che sarà il suo stile caratteriale e una sul "lavoro" che i genitori dovranno sostenere per consolarlo. Un bambino attivo e vigoroso manifesterà un alto livello di attività, una breve latenza al pianto e un pianto intenso e acuto che potrebbe essere difficile da consolare. Un bambino tranquillo e sensibile potrebbe animarsi più lentamente e piangere con tono più grave ma più insistente. Potrebbe mettere in atto diversi tentativi per calmarsi, tipo succhiarsi il pollice, guardarsi intorno o cambiare posizione. Se non riesce a consolarsi, il suo pianto può diventare insistente e fastidioso. Questi comportamenti fanno parte del carattere e dello stile di ogni bambino. Sembrano essere abbastanza stabili nei bambini piccoli e possono aiutare a prevedere il loro temperamento futuro con una certa precisione (queste differenze individuali vengono descritte nel mio libro *Infants and Mothers*). Inoltre influenzano l'immagine che i genitori si fanno del bambino e i comportamenti e gli adattamenti che i genitori devono attuare per conoscere il figlio.

Soddisfare la richiesta insita nel pianto di un bambino è una delle prime sfide dei neo-genitori. Ha fame? Ha qualche disagio? Ha bisogno di essere cambiato? È stanco o annoiato? O sta davvero male? Sono tutte domande che attivano l'adrenalina e una "reazione di allarme" nei neo-genitori, obbligandoli alla ricerca di una soluzione. Ogni volta che i loro sforzi hanno effetto, i genitori traggono coraggio dal successo dell'esperienza. Se invece non funzionano, faranno un tentativo dietro l'altro, spesso con sempre maggiore ansia e tensione. Tuttavia io penso che i genitori imparino maggiormente dagli errori che non dai successi. Perciò un insuccesso nella ricerca di una soluzione immediata può portare i neo-genitori a fermarsi, fare un passo indietro, chiedersi cos'altro provare e, durante questo processo, sicuramente hanno modo di osservare più profondamente il bambino. Nel fare tutto ciò, imparano sempre di più a conoscere il loro bambino.

Pianto prolungato o nervoso

Il pianto irritabile e nervoso che si osserva alla fine della giornata nell'85% dei bambini viene spesso definito "da colica" ed è attribuito a fastidi gastrointestinali o a uno stato di agitazione. Per i neo-genitori costituisce un difficile test sulla loro capacità di allevare il bambino. Ho parlato di questo aspetto nei Capitoli 4 e 5, in cui si è discusso di come genitori e pediatra si preparano per affrontare gli episodi regolari e prevedibili di pianto che si verificano nei bambini nel periodo che va dalle tre alle dodici settimane di vita. Quando il bambino ha due-tre settimane aiuto i genitori ad aspettarsi questo momento di nervosismo e a vederlo come un modo per "scaricare la tensione" del giorno e un modo naturale per una riorganizzazione quotidiana del SNC ancora immaturo. Nel preparare a ciò i genitori, spero di fornire loro i motivi per farlo dal punto di vista del bambino. Spero di evitare l'angoscia e la reazione eccessiva dei genitori che non si aspettano un tale comportamento e soprattutto scoprono di non essere capaci di dominarlo e attenuarlo. Per cui proprio nei momenti in cui il bambino ha bisogno di essere lasciato "sfogarsi a piangere", sia pur per brevi periodi, i genitori potrebbero commettere l'errore di eccedere nei tentativi per tranquillizzarlo.

Quando iniziano i momenti di pianto, i genitori devono decidere quale approccio adottare. Devono comunque essere rassicurati del fatto che il sistema emotivo e psicologico del bambino maturerà intorno alla dodicesima settimana di vita, e in quel momento avrà anche fine questa fase di pianto. In genere la soluzione migliore consiste nel ridurre le sollecitazioni di ogni genere.

Se i genitori entrano in conflitto e diventano ansiosi a causa del pianto del bambino, il loro atteggiamento tenderà a consolidare la sua reazione. In un momento della giornata in cui il sistema nervoso del bambino è più sensibile, l'assillante e troppo ansiosa presenza dei genitori può gravare sulla capacità del bambino di assimilare e adattarsi alle sollecitazioni esterne. Ciò può causargli coliche. E può inoltre essere l'inizio del fallimento nelle future interazioni tra genitori e bambino. Il continuo e pressante intervento dei genitori sul bambino può interferire con i suoi schemi autoconsolatori.

Quando il normale periodo di agitazione del bambino termina, i genitori possono ritrovarsi in una situazione di grande ansia o addirittura al contrario in una specie di indifferenza. In queste condizioni il pianto del bambino non riceve più una corretta risposta equilibrata: o i genitori accorrono troppo in fretta e quindi sovraccaricano eccessivamente il bambino, o rimangono indifferenti e non offrono un accudimento adeguato. I genitori depressi o arrabbiati trasmettono rapidamente i loro sentimenti al bambino. Ne deriva ulteriore pianto con maggiore difficoltà a interpretarne i motivi. Se si innesca un simile ciclo vizioso ne può derivare un bambino impaurito e ipersensibile.

Se in questo periodo il pianto aumenta e i soliti tentativi per ridurre gli stimoli non servono per fermarlo o per alleviarlo, o se il pianto dura per un periodo superiore alle due ore serali, allora bisogna individuare i motivi di tale disagio. Una ragione potrebbe essere ritrovata nell'ipersensibilità del bambino e in tal caso un approccio moderato e rasserenante potrebbe funzionare. La persona che si prende cura del bambino non dovrebbe guardarlo, parlargli e dondolarlo contemporaneamente. La cosa migliore è fare una sola delle tre cose alla volta e in modo misurato. Se ciò non funziona il comportamento del bambino potrebbe essere espressione di una intolleranza gastrointestinale o di un qualunque altro disturbo, tipo un sistema nervoso ipersensibile, ipereccitabile e disorganizzato.

Alcuni bambini possono piangere in risposta a un ambiente non confortevole e inadeguato. L'incapacità del bambino a essere tranquillizzato può riflettere uno stato di disorganizzazione o di depressione dei genitori. I bambini con forti coliche hanno spesso genitori depressi che necessitano di aiuto per la loro incapacità a comprendere e a rispondere alle necessità di un bambino attivo e vigoroso. Un pediatra può valutare quale sia il contributo del bambino all'insorgere del problema e, in caso di necessità, fare ricorso a un consulente o a un modo per sostenere i genitori depressi in difficoltà. La depressione post-partum è presente in un elevato numero di neo-mamme. In caso di depressione grave non riconosciuta, si può andare incontro a problemi per la madre e/o per il bambino (per esempio, comportamenti autolesionistici, ripercussioni sul matrimonio, ritardo dello sviluppo nel bambino). Ma non è il caso di arrivare a tali situazioni estreme, perché la depressione post-partum può essere gestita e curata con un trattamento adeguato. La nostra società attuale purtroppo non sostiene e protegge adeguatamente i neo-genitori.

In un bambino ipersensibile ogni occasione, tipo una nuova esperienza, un periodo di transizione o la presenza di un estraneo, possono scatenare un pianto inconsolabile. Il bambino si trova in preda a un'attività costante e disorganizzata. Può manifestare atteggiamenti tipo evitare lo sguardo, movimenti o comportamenti ripetitivi "autistici" (tipo battere o oscillare la testa, tirarsi i capelli o graffiarsi il corpo o il viso). Non si riesce a calmarlo con i soliti tentativi consolatori, come parlargli con voce rasserenante, tenergli le braccia per fermare i suoi sussulti, o fasciarlo, dargli il succhiotto o allattarlo. Sembra piangere per una ragione molto profonda.

Un bambino con simili caratteristiche e anche i suoi genitori hanno bisogno di consultare un esperto in problemi psicologici infantili, uno psicologo o psichiatra infantile che possa valutare l'apporto del bambino al problema e aiutare i genitori a comprendere quanto sia attribuibile a loro e quanto al bambino nel determinare la situazione. Alcuni neo-genitori hanno un istintivo e radicato atteggiamento ambivalente nei confronti del bambino. Se si riesce ad aiutarli nell'evidenziare questi loro "fantasmi", sicuramente impareranno presto a stabilire un contatto con il bambino. Una terapia simile si sta sviluppando all'interno di un nuovo settore chiamato psichiatria infantile. Come pediatra, preferirei non definirla psichiatria, perché questo termine sembra implicare un problema mentale cronico; ritengo invece che simili problemi possano essere risolti in modo eccellente se i genitori riescono a trovare aiuto abbastanza in fretta.

Il pianto come elemento dello sviluppo

Anche durante gli ultimi anni dell'infanzia il pianto continua a riflettere la condizione interiore del bambino e a richiamare l'attenzione dei genitori in modi molto simili a quelli riscontrati nel neonato. I vari tipi di pianto – per fame, dolore, noia, fatica, disagio e richiesta di attenzione – mostrano tutti caratteristiche diverse quando vengono rilevati da uno strumento chiamato spettrografo del suono. Per esempio, un pianto di dolore ha delle caratteristiche ben precise: un grido acuto, cui segue un breve momento di apnea (assenza di respiro), seguito a sua volta da ripetute urla angosciate, poi un altro urlo acuto e penetrante. Tutti gli altri tipi di pianto sono diversi quando vengono registrati. Un pianto di dolore continua quando il bambino viene preso in braccio, mentre questo non avviene con gli altri tipi di pianto.

Mentre il bambino cresce, il compito dei genitori è di stabilire quanto ciascuno di questi diversi pianti richieda la loro attenzione, e quando e come il bambino possa "imparare" a consolarsi da solo. Sono sempre contento di vedere un bambino di sei-nove mesi che ha appreso il metodo giusto per consolarsi da solo – tramite l'uso del pollice o del succhiotto, il conforto di una coperta o di un orsacchiotto, o un particolare schema comportamentale che lo aiuti a tranquillizzarsi. Quando incontriamo un simile bambino al Children's Hospital di Boston, sappiamo che quel bambino è stato amato e ha sviluppato delle risorse interiori a cui fare ricorso quando si sente solo o afflitto. Un bambino trascurato o ignorato non avrà imparato a fare affidamento sul suo ambiente o su se stesso per consolarsi. Quei bambini hanno una sorta di sorda disperazione che traspare nel loro pianto. Ciò scatena negli adulti il desiderio di accorrere a prenderli, ma quando questi ci provano, i bambini si tirano indietro, si richiudono su se stessi e oppongono una resistenza fisica tale da rendere impossibile tenerli in braccio. È fondamentale intervenire per migliorare in questi bambini la capacità di crescere emotivamente e di sviluppare rapporti nel futuro.

Nelle fasi di regressione associate a successivi salti evolutivi – i *Touchpoints* descritti nella Parte 1 – il pianto costituisce un tipico comportamento disorganizzato. Un simile pianto può anche essere difficile da capire per i genitori. Se i genitori ne rimangono troppo coinvolti, il loro atteggiamento può aumentare l'intensità del pianto. A un certo punto si rende necessario spingere il bambino a imparare a calmarsi da solo. Questo è il momento in cui il pollice o il succhiotto utilizzati come mezzi di autoconsolazione possono essere di grande aiuto. Queste soluzioni devono essere "insegnate" durante il giorno, quando il bambino non è troppo agitato per apprenderle. Poi può essere indotto a farne ricorso in altri momenti della giornata. Dobbiamo incoraggiare un simile "sostegno"? Mi sembra che la risposta corretta debba essere sì. Viviamo tutti in un periodo molto stressante, e anche i bambini hanno bisogno di imparare presto come gestire il proprio stress e quello delle persone che li circondano.

Durante il secondo anno di vita, o addirittura nel primo anno, il pianto rivolto ai genitori che non nasce da una causa specifica tranne quella di richiedere la loro attenzione, può essere considerato una specie di bandiera rossa. Un bambino ansioso o privo di risorse che manifesta questo tipo di pianto può venire etichettato come un bambino viziato. Sebbene il suo pianto esigente abbia lo scopo di generare una risposta negli adulti, nella sostanza sembra volere dire "Tu non puoi accontentarmi". Un bambino viziato è invece un bambino che non ha mai imparato i propri limiti, che ha vissuto in un ambiente iperprotettivo e troppo asfissiante. A causa delle loro stesse incertezze o conflitti, i genitori potrebbero provare a fare tutto per il bambino. Spesso i loro interventi vengono messi in atto troppo presto, prima che il bambino possa sviluppare la sua volontà di agire da solo oppure il senso di frustrazione e il bisogno di tentare ancora – e prima di potere provare quella sensazione importantissima che deriva dal potere dire "Ce l'ho fatta da solo!". Questa sensazione è cruciale per la futura immagine di sé, per la coscienza delle proprie capacità. Questo bambino è spesso un bambino lagnoso e irritabile che piange molto.

Ci sono volte in cui un genitore può essere troppo coinvolto emotivamente. In particolari condizioni come, ad esempio, quando il bambino è stato ammalato o ha vissuto difficili momenti iniziali, oppure i genitori hanno perso in precedenza un bambino e considerano il nuovo neonato come un miracolo ("un dono di Dio"), possono essere troppo ansiosi e opprimenti verso il bambino. I bambini oggetto di tante attenzioni non sono lasciati liberi di sperimentare frustrazioni, di gestire i piccoli torti, di cadere e di risollevarsi per riprendere il cammino. Definiamo questo atteggiamento sindrome del bambino vulnerabile. Infelici e dall'aspetto triste, questi bambini piangono molto. Il loro pianto richiede attenzioni continue, come se fosse necessario colmare il vuoto lasciato dalla mancanza di immagine di sé. Mettono alla prova e sfidano gli adulti che li circondano. Il motivo per cui tali bambini sembrano viziati agli occhi degli adulti è la loro strenua ricerca di limiti e di un'immagine di sé come persona capace.

Molti di questi bambini necessitano di limiti sicuri, da acquisire tramite la disciplina impartita dai genitori. A partire dai nove mesi di vita, e soprattutto nel secondo anno, la disciplina diventa il secondo compito importante dei genitori. Come avremo modo di vedere nel Capitolo 19, disciplina significa insegnamento, non punizione. L'obiettivo è di fornire al bambino la possibilità di apprendere i suoi limiti. Un bambino che possiede il senso del limite è un bambino che si sente sicuro. Un bambino "viziato"cerca di mettere alla prova i propri limiti alla ricerca di questa sicurezza. Quando un bambino continua a sfidare o a mettere alla prova o a piangere per attirare l'attenzione, un genitore dovrebbe considerare seriamente il problema. (Per suggerimenti sulle diverse tecniche di insegnamento dei limiti si veda il Capitolo 19.)

Quando un bambino continua a manifestare pianto o comportamento provocatorio con pochi miglioramenti, un genitore dovrebbe chiedersi: Ho capito il suo problema? Ha un problema più profondo che non stiamo valutando? Se possibile, io tento di individuare il problema e di aiutare a comprenderlo (per esempio, l'arrivo di un fratellino, l'assenza di uno dei genitori, una nuova scuola, un'offesa da un amico). I genitori possono chiedere al bambino di aiutarli a trovare un modo per fermarlo prima che si logori a forza di lacrime, di richieste e di scenate. Se il bambino riesce a fornire qualche soluzione, i genitori devono farne uso – e in seguito riconoscergli il merito di avere assunto un'importante responsabilità nel decidere cosa avrebbe funzionato.

Con il passare del tempo, l'obiettivo del pianto del bambino dovrebbe diventare più chiaro, e i genitori dovrebbero comprendere il loro ruolo nel soddisfarlo. Se un lattante o un bambino piange senza scopo o senza poter essere appagato, lo vedrei come un sintomo di tristezza generale e chiederei un consulto. Se tuttavia questo comportamento fa parte di una fase che precede un nuovo impulso allo sviluppo o un nuovo adattamento, lo considererei adeguato e utile per comprendere il bambino.

17

LA DEPRESSIONE

A genitori attenti la depressione in un bambino può fare paura. Quando è il caso di preoccuparsi veramente? Tutti i bambini sono tristi di tanto in tanto e attraversano periodi di depressione. In questi momenti necessitano di maggiore conforto e amore. Se i loro sentimenti sono dovuti alle solite, inevitabili delusioni dell'infanzia, la tristezza avrà breve durata. Gli adulti dovrebbero mettersi a loro disposizione con grande sensibilità.

Riconoscere la depressione

Il pianto è una risposta attiva e sana alla sensazione di tristezza o di bisogno: mi piace vedere piangere un bambino triste. Invece un bambino che si trova in uno stato di depressione più seria manifesterà alcuni dei seguenti sintomi:

- *Introversione* – Il bambino si mostra non disponibile agli altri, inclusi genitori, fratelli, e altri bambini della sua stessa età.
- *Espressione apatica e dimessa* – Gli occhi del bambino non brillano, la mimica facciale e i movimenti corporei sono ridotti.

- *Perdita di energia* – Il bambino è insolitamente stanco e apatico.
- *Sentimenti di scoraggiamento, di demerito e di colpa* – Il bambino fa ben pochi tentativi per esprimere questi sentimenti.
- *Variazioni nelle abitudini alimentari, di sonno e perfino di pulizia* – Tutte queste azioni abituali possono essere coinvolte e diventare irregolari.
- *Mal di testa e mal di pancia* – Si manifestano prima di ogni nuovo evento, come andare a scuola, ai giardini o a una festa.
- *Effetti deprimenti sugli altri* – Le persone si sentono tristi accanto al bambino. Il bambino non lascia avvicinare nessuno.
- *Variazioni nelle abitudini* – Il bambino è sporco, i vestiti non sono abbinati con cura e i suoi capelli sono spettinati.

Se questi sintomi non sono momentanei o comprensibilmente correlati a una nota delusione o a un evento deprimente della vita del bambino, allora devono essere fonte di preoccupazione.

Mentre cercano di stabilire se alcuni di questi sintomi indicano una depressione grave, i genitori devono rivolgersi alcune domande. Primo, quando si manifesta la tristezza? Se compare solo dopo eventi critici o infelici, allora può essere considerata adeguata alla situazione. Se si presenta in momenti non giustificati o è sempre presente, allora è il caso di preoccuparsi. Il bambino potrebbe volere dire che i suoi sentimenti necessitano di una maggiore considerazione. Se poi la tristezza pervade anche le esperienze più gioiose, allora i genitori devono preoccuparsi seriamente.

Chiedersi successivamente se esiste un buon motivo per tanta tristezza, per esempio la perdita di un cane o di un giocattolo preferito, l'assenza di un genitore, l'arrivo di un fratellino o la perdita di un amico a scuola. Sono successe cose – a scuola, con i vicini o in casa – che possono giustificare tali sentimenti di tristezza? Forse si sono verificati diversi eventi che si sono sommati tra di loro. Se si possono individuare degli accadimenti e delle ragioni valide, e se il bambino può essere incoraggiato a esprimere i suoi sentimenti, forse non è veramente depresso e si sentirà meglio in breve tempo. Anche un bambino normalmente estroverso e allegro può attraversare periodi di tristezza. Se questi periodi non durano molto, i genitori possono aspettarsi che il bambino ritrovi presto il suo normale buon umore.

Se, invece, il periodo di tristezza e di introversione è sproporzionato rispetto al supposto evento causale e il bambino sembra trincerato in questo atteggiamento allora i genitori dovrebbero preoccuparsi seriamente. Un tempo ragionevole di osservazione e attesa non dovrebbe superare le due settimane. Un bambino che è già tranquillo, timido e introverso e che acuisce questo suo comportamento deve essere considerato attentamente. Un bambino con difficoltà dell'apprendimento o disturbi dell'attenzione ha già dei motivi seri per essere triste e introverso. L'autostima è già stata maltrattata. Ogni nuovo segnale di preoccupazione deve essere trattato con la dovuta attenzione.

Rispondere alla tristezza e alla depressione

Mentre cercano di valutare i sintomi e di decidere se ricorrere a un aiuto esterno, i genitori possono rispondere alla situazione del figlio in alcuni modi importanti.

1. Prendere seriamente il bambino. Scherzarci su non funzionerà e sottovaluterà i suoi sentimenti. Spesso, se un genitore prende coscienza della tristezza del bambino può anche aiutarlo a capirne il motivo.
2. Incoraggiare attività che il bambino gradisce e sa fare bene, ma senza pressare troppo. Aiutare la sua autostima riconoscendo piccoli successi e mostrando ammirazione per le sue capacità.
3. Dire chiaramente al bambino che si comprende che lui è triste.
4. Non forzare il bambino a sbarazzarsi delle profonde ragioni della sua tristezza, a meno che non si sia in grado di gestirle. Se si avvertono motivazioni più profonde di quelle immaginate e se ne prova timore, è meglio ricorrere a un aiuto esterno.
5. Aiutare il bambino a sentirsi protetto e accudito. Dirgli "Comprendo i tuoi sentimenti, e cercheremo di aiutarti. Siamo qui con te e ti vogliamo bene".

La tristezza e la depressione sono una disperata richiesta di aiuto. Anche se i sentimenti di perdita, di solitudine, di inadeguatezza, di collera trattenuta e di depressione sono normali e possono manifestarsi nei bambini, un genitore deve valutare se tali sentimenti sono transitori e il bambino riesce a gestirli, o se il bambino si sente sopraffatto da essi. Se queste sensazioni persistono, o se gravano su una personalità già fragile o su precedenti sforzi di adattamenti, il bambino dovrebbe essere affidato a un terapista. Sia il bambino che i genitori si sentiranno sollevati nel trovare qualcuno che riesce a comprendere la sua tristezza e che può proteggerlo dalla paura e dal senso di colpa che vengono aggravati dal senso di impotenza. Medici o infermieri possono inviare i genitori da uno psichiatra o psicologo infantile specializzato in terapia con bambini. Tali indicazioni possono essere fornite anche da clinici associati a centri medici regionali o a istituti medici.

18

DISTURBI E RITARDI NELLO SVILUPPO*

Se siete preoccupati di un possibile ritardo nello sviluppo del vostro bambino e questa preoccupazione dura nel tempo, allora non aspettate oltre a intervenire. Fatelo controllare prima da un pediatra e, se necessario, da uno specialista dello sviluppo infantile. Di fronte a problemi di salute e di benessere del bambino i genitori dovrebbero sempre tenere conto delle proprie osservazioni e intuizioni. Se anche solo un aspetto dello sviluppo del vostro bambino – motorio, cognitivo, emozionale o comportamentale – vi preoccupa, telefonate o recatevi dal vostro medico. Se il pediatra o un altro professionista che si occupa di bambini sostengono che tutto va bene, ma a voi sembra che il problema persista, chiedete un consulto con uno specialista a un livello superiore.

* Questo capitolo è dedicato ai genitori che temono che il loro bambino abbia un ritardo nello sviluppo psicomotorio. Non intende essere una descrizione completa delle varie condizioni che possono causare il ritardo, ma vuole piuttosto aiutare i genitori a capire quando è il caso di ricorrere a un consulto presso uno specialista.

Valutazione del livello di sviluppo psicomotorio

Nei primi capitoli di questo libro si è cercato di dare un'idea generale di cosa aspettarsi nelle diverse età del bambino. Esistono diverse tabelle evolutive utilizzate per valutare lo sviluppo del bambino. Per quanto riguarda lo sviluppo generale, una delle prime tabelle è stata sviluppata da Arnold Gesell e successivamente elaborata da altri, come Nancy Bayley. Quest'ultima mise a punto il cosiddetto test di valutazione di Bayley, indicato per i primissimi anni di vita. Nell'ambito cognitivo il lavoro di Jean Piaget ha aperto la strada, e in seguito molti altri, tra cui Jerome Bruner, Jerome Kagan e Howard Gardner hanno perfezionato le conoscenze sulle modalità di sviluppo della mente di un bambino. Ne è risultata una precisa tabella dello sviluppo cognitivo nel primo anno di vita. La tabella dello sviluppo emotivo è invece delineata con minore precisione, ma psicanalisti come Selma Fraiberg, Stanley Greenspan e altri esponenti del settore emergente della psichiatria infantile hanno tentato di tracciare delle linee guida. Alla luce di tutte queste ricerche sono stati ideati diversi test di screening e diagnosi per la valutazione dello sviluppo psicomotorio del bambino.

La conoscenza recentemente acquisita sui modi in cui il sistema nervoso immaturo è in grado di recuperare eventuali ritardi rende chiaro perché sia necessario intervenire il più presto possibile. I bambini possono guarire da molti disturbi dello sviluppo motorio, cognitivo o emotivo. Prima vengono individuati questi disturbi e prima sono identificati gli interventi per supportare e compensare la situazione e migliore sarà l'esito. È pertanto molto importante cercare aiuto quando si è preoccupati.

Individuare i disturbi e i ritardi dello sviluppo psicomotorio

In caso di mancanza di aiuti, l'ansia dei genitori può gravare sul ritardo nello sviluppo. Pur non rendendosene conto, i genitori possono assillare o spingere il bambino a "mettersi alla pari" degli altri. Nessuno dei due approcci è ovviamente corretto, anzi entrambi tendono a trasmettere una immagine negativa di sé. Se il bambino cerca in qualche modo di recuperare e non riesce, vivrà l'insuccesso come un fallimento e al problema di fondo si aggiungerà una sensazione di disperazione e di scoraggiamento. Nei paragrafi seguenti sono descritti alcuni dei sintomi che richiedono maggiore approfondimento.

Ritardi gravi dello sviluppo motorio La presenza in un bambino sia di ipotonia che di ipertonia muscolare accentuate deve preoccupare. Mi preoccuperei se notassi che un bambino non usa un arto, o non riesce a sollevare la testa o parte del corpo dal lettino. Alcuni muscoli sembrano irrigiditi e non si rilassano? È difficile che un bambino che manifesta degli irrigidimenti muscolari ma che riesce di tanto in tanto a rilassarsi sia affetto da problemi neurologici. Ma se la rigidità muscolare interferisce con la capacità di tentare di fare qualcosa e apprendere nuove attività, allora il bambino dovrebbe essere sottoposto a un controllo accurato. Va al di là dell'oggetto, quando stende il braccio per prenderlo? Ha dei movimenti bruschi e incerti quando tenta di afferrare un oggetto o di mettersi in piedi? Tali caratteristiche aumentano in momenti di particolare stress o in presenza di febbre? In questo caso si potrebbe essere in presenza di un disturbo neurologico che il bambino riesce a superare in circostanze ottimali ma che non riesce a gestire in presenza di stress. Un bambino che presenta uno squilibrio nella coordinazione tra movimenti flessori ed estensori (discinesia) avrà bisogno di aiuto per l'apprendimento delle capacità motorie. Tra i problemi non immediatamente identificabili che possono causare ritardi motori si possono citare la paralisi cerebrale lieve, i disturbi minori del movimento (si veda anche il Capitolo 24), i tic e la sindrome di Tourette.

Se un pediatra diagnostica la presenza di un problema invierà i genitori a consulto da un neurologo che potrebbe prescrivere una terapia. Le terapie più efficaci si basano sullo sfruttare le reali capacità di esecuzione del bambino e vengono abbinate a metodi in grado di motivare il bambino, consolidando il suo desiderio di ripetere quanto appreso e migliorare il suo comportamento. Le tecniche efficaci non costringono il bambino a eseguire azioni che non sa fare. Lo scoraggiamento e il senso di fallimento che ne deriverebbero possono far fallire l'intero procedimento. Per questo motivo è fondamentale che professionisti altamente qualificati programmino delle tecniche di intervento e incoraggino i genitori a utilizzarle.

Ritardi nello sviluppo cognitivo Come abbiamo visto nella prima parte, anche lo sviluppo cognitivo segue un decorso abbastanza prevedibile. L'acquisizione del senso della permanenza degli oggetti e degli effetti della gravità mostra che le acquisizioni mentali del bambino sono in via di sviluppo. Le aspettative del bambino per le reazioni delle persone a lui vicine e che contano per lui sono già segnali di apprendimento per quanto riguarda la prevedibilità. Già a un mese il bambino ha sviluppato aspettative diverse nei confronti del padre e della madre. Si aspetta un'interazione giocosa con il padre e di accudimento con la madre. Il suo stesso diverso comportamento nei confronti dei due genitori dimostra tali aspettative. L'espressione vivace e scherzosa nei confronti del padre e l'occhiata seria, tipo "Mettiamoci al lavoro", nei confronti della madre rivelano uno stato di apprendimento alquanto avanzato. A cinque mesi, l'ispezione minuziosa di un posto sconosciuto o il suo trasalimento a una voce insolita indicano le sue ben chiare aspettative. Nei mesi immediatamente successivi cominceranno a comparire anche altre acquisizioni, come l'imitazione, la memoria e il senso di causalità.

Quando tali aspettative e acquisizioni compaiono in ritardo in un bambino si può trattare di un ritardo nella comprensione dovuto a interferenze nell'elaborazione delle informazioni, come in caso di deficit dell'apprendimento, o di altre forme di disorganizzazione del sistema nervoso. Ma potrebbe anche essere dovuto a povertà di esperienze, con i giocattoli o con le persone. In presenza di un ambiente allevante ricco di affetti ed esperienze, e in assenza di nascita prematura o di altre simili condizioni, sarebbe difficile giustificare un ritardo superiore ai due mesi nella comparsa di ciascuna di tali aspettative e capacità.

È importante riconoscere che un ritardo o deficit motorio non sono necessariamente associati a ritardo cognitivo. Per esempio, perfino un bambino incapace di muovere gli arti, incapace di agire nel suo ambiente, sarà in grado di sviluppare il senso di permanenza degli oggetti e il senso di causalità. Una volta ho esaminato un bambino di otto mesi con braccia deboli e gambe incerte e non completamente sviluppate. Quando cadeva un giocattolo il bambino guardava verso il pavimento. Quando ho usato un giocattolo a molla per valutare il suo senso di causalità, il bambino si mise a guardarlo, affascinato, seguendo con la testa il percorso del giocattolo sul tavolo. Quando si fermava mi guardava ed emetteva una specie di vocalizzazione come a dirmi "Fallo funzionare". Muoveva la testa e il collo in avanti, guardandomi negli occhi. "Fa sempre così quando vuole che facciamo funzionare un giocattolo", mi disse la madre. Il bambino aveva imparato la causalità direttamente dall'osservazione visiva.

Al contrario, un bambino della stessa età ricoverato in ospedale per ritardo di accrescimento dovuto a mancanza di esperienze ambientali non riusciva a rispondere ai vari test. Il bambino non aveva esperienza con gli oggetti, e non si aspettava di essere in grado di "farne funzionare uno". Grazie ad amorevoli attenzioni durante il ricovero in ospedale, il bambino cominciò a mostrare interesse per i giocattoli e per le persone. Nell'arco di dieci giorni fu in grado di apprendere con facilità. Imparò il concetto di permanenza degli oggetti in un giorno solo. Pochi giorni dopo comprese il funzionamento di un giocattolo a molla. Prima guardava sempre me per vedere se poteva fidarsi, poi mi porgeva il giocattolo per "farlo funzionare".

Le cause del ritardo cognitivo sono troppo numerose per essere descritte in questa sede. La sindrome di Down e altre forme di ritardo mentale, i disturbi dell'attenzione (si veda il Capitolo 26), la sindrome fetale da alcol e i vari disturbi dell'apprendimento tipo la disfunzione cerebrale minima (MBD) sono solo alcune di esse. Se i genitori e il pediatra concordano sulla presenza di un ritardo, o se i genitori sono molto preoccupati, è necessario fare prontamente ricorso a un neurologo, a uno psichiatra o a uno psicologo infantile, in base alla natura del problema.

Naturalmente anche i difetti sensoriali non diagnosticati alla nascita, tipo i problemi all'udito o alla vista, possono ritardare lo sviluppo cognitivo. Un intervento precoce può aiutare i bambini a supplire al difetto. Mentre alcuni semplici test per l'udito e la vista possono essere effettuati nell'ambulatorio del pediatra, problemi più gravi possono essere diagnosticati solo da uno specialista oculista o audiologo oppure otorinolaringoiatra (per problemi di linguaggio o di udito si veda il Capitolo 39).

Ritardi nello sviluppo emotivo e sociale Sono molte le circostanze che possono interferire con lo sviluppo emotivo e le capacità di relazione interpersonale di un bambino. Un bambino nato prematuramente o che ha sofferto alla nascita può essere più vulnerabile. L'ipersensibilità alle esperienze uditive, visive, tattili, cinestesiche possono interferire con lo sviluppo affettivo. Un bambino con simili problemi può distogliere lo sguardo in risposta ai tentativi di comunicazione dei genitori. Può tremare o irrigidirsi quando i genitori lo stringono tra le braccia. Quando viene preso in braccio potrebbe opporre resistenza o abbandonarsi tra le braccia come un sacco vuoto. Se un bambino sputa il cibo, lo respinge o ha difficoltà di deglutizione, la persona che lo accudisce potrebbe sentirsi respinta. La sensazione di fallimento e di risentimento dell'adulto lo scoraggeranno nell'accudirlo affettuosamente e nel giocare con lui. Tutto ciò, a sua volta, si sommerà ai già esistenti problemi di apprendimento e di evoluzione del bambino.

Alcuni di questi problemi possono essere di breve durata se i genitori agiscono con pazienza e ne comprendono la causa. Come si è visto nel Capitolo 2, la somministrazione di farmaci alla madre durante la gravidanza, la mancanza di ossigeno o la sofferenza intrauterina possono rendere difficile l'instaurarsi di contatti con un neonato. Dopo simili sofferenze questi neonati possono mostrarsi ipotonici e poco reattivi durante i pasti. La loro suzione è insufficiente, il cibo va loro di traverso e hanno maggiore tendenza al rigurgito. Se rispondono a sollecitazioni esterne, lo fanno sottotono. Non riescono a portarsi le manine alla bocca e quando vengono tirati su in posizione seduta la loro testa penzola all'indietro. Non riescono a fornire risposte soddisfacenti a genitori impazienti e preoccupati. Se non si chiariscono i motivi di simili comportamenti, i genitori possono impaurirsi e temere danni permanenti. È pertanto importante che un medico o un'infermiera spieghino che, con il tempo, la maggior parte dei bambini migliorerà appena migliorerà l'alimentazione, appena verranno smaltiti gli effetti dei farmaci assimilati e appena il sistema nervoso riuscirà a raggiungere un suo nuovo equilibrio. Se tutto questo non avviene, allora si rende necessario il consulto con uno specialista neurologo o, in caso di esclusione di danno neurologico, con uno specialista dello sviluppo comportamentale infantile o con uno psichiatra infantile.

Quando visitiamo un bambino che ha avuto un difficile periodo perinatale osserviamo alcuni aspetti indicativi dell'integrità del sistema nervoso. Le capacità relazionali dovrebbero continuare a svilupparsi durante i primi mesi di vita. Nelle primissime settimane i bambini imparano a prestare attenzione a esperienze relazionali e sociali e a mantenerla nel tempo. I sorrisi e altre espressioni mimiche, i vocalizzi e i movimenti corporei verso chi lo accudisce non sono soltanto segnali della capacità del bambino a interagire adeguatamente, ma sono anche necessari per alimentare le interazioni neonato-genitori. Un bambino di questa fascia d'età che non si mette in stato di all'erta nell'udire la voce della madre o non mostra evidente entusiasmo nel vedere il padre dovrebbe essere sottoposto a un controllo accurato. Comportamenti tipo distogliere lo sguardo, aggrottare le ciglia e non partecipare attivamente in interazioni sociali possono essere dovuti a una ipersensibilità del sistema nervoso. Ma possono anche essere causati da condizioni ambientali che sovraccaricano il bambino o interagiscono inadeguatamente con lui, creando condizioni di difficoltà nella comunicazione.

Se un bambino si mostra indifferente ai giocattoli e alle persone familiari, se le sue emozioni sembrano piatte è il caso di preoccuparsi. Inoltre se comincia a manifestare abitudini ripetitive – tipo oscillare la testa, roteare gli occhi verso l'alto, dondolare il corpo, attorcigliare i capelli, coprirsi il volto e le orecchie con le mani – bisogna prendere in considerazione un controllo accurato (si veda Capitolo 24). Se un bambino non sorride, non entra in rapporto con le altre persone, risponde con comportamenti ripetitivi e insignificanti e con lo sguardo fisso e vuoto nelle interazioni sociali potrebbe essere affetto da un danno neurologico o da una malattia dello sviluppo chiamata autismo (per ulteriori descrizioni si veda più avanti in questo stesso capitolo).

Se il bambino è affetto da questo disturbo, i sintomi non regrediranno ma piuttosto peggioreranno nei mesi seguenti. Un bambino depresso o introverso avrà espressione amimica e il corpo privo di tono muscolare. Non cercherà il viso dei genitori per esplorarlo, anzi quando questi si chineranno su di lui per evocare un sorriso o un vocalizzo il bambino rifiuterà l'approccio con espressione non gioiosa. Opporrà resistenza all'essere preso in braccio o cullato. Potrebbe anche rifiutare di mangiare e perdere conseguentemente peso. Se questa situazione si protrae nel tempo si potrebbe verificare una condizione patologica caratterizzata da insufficiente crescita, che si verifica solitamente in bambini con problemi neurologici e psicologici e in bambini trascurati. Il Dr George Engel di Rochester, New York, ha dimostrato che un bambino nutrito in condizioni ambientali non favorevoli e in assenza di interazioni non digerisce adeguatamente. Se, al contrario, il bambino viene tenuto in braccio, è oggetto di conversazione e di gioco mentre viene nutrito, i succhi gastrici necessari alla digestione vengono correttamente secreti e il bambino riesce ad assimilare meglio le sostanze nutritive. Da tutto ciò abbiamo appreso che le proposte che vengono dalle persone che circondano un bambino sono fondamentali per il suo sviluppo, esattamente come il cibo che gli viene fornito. Tali proposte devono essere adeguate alla capacità del bambino di farne uso. Un'attenta valutazione del comportamento del bambino e un colloquio accurato con i genitori sono necessari per riuscire a individuare eventuali problemi evolutivi che possono essere la causa del ritardo nello sviluppo emotivo. Durante questo esame i genitori devono essere aiutati ad adeguare le loro proposte alle capacità del bambino.

In un bambino, un ritardo nell'interesse al gioco e alle persone è motivo di preoccupazione. Se il bambino ha reazioni passive e apatiche quando gli viene offerto un giocattolo, o un approccio ripetitivo e insignificante al giocattolo, o poco interesse alla perdita dello stesso, tutto ciò potrebbe essere un segnale che il suo sviluppo affettivo (emotivo) possa essere disturbato. In questa fascia di età, i segnali di depressione e di chiusura in sé – con o senza la presenza di comportamenti motori ripetitivi e non finalizzati, con la incapacità di distinguere tra genitori ed estranei, e con la mancanza di reattività o al contrario con la presenza di negativismo – sono tutti sintomi di problemi dello sviluppo affettivo ed emotivo che necessitano di aiuto.

I sintomi appena descritti – tono emozionale piatto, movimenti ripetitivi e mancanza di interesse nelle persone – possono essere sintomi di *autismo*. In aggiunta a ciò, un bambino autistico evita i contatti fisici, può avere difficoltà a sviluppare affettività, è probabile che manifesti ritardo nello sviluppo del linguaggio e può avere reazioni anomale alle esperienze sensoriali. Alcune visioni o suoni possono causargli reazioni sfrenate, altre possono passare del tutto inosservate.

Non è facile diagnosticare la presenza di autismo, e le cause non sono ancora del tutto note. Dapprima è necessario escludere un danno sensoriale, come la sordità. Il bambino dovrebbe prima essere visitato da un pediatra, in particolare da uno esperto in disordini dello sviluppo. Inoltre potrebbe essere necessario ricorrere anche a psichiatri, neurologi, otorinolaringoiatri e logopedisti per le opportune diagnosi o terapie.

Successivi disturbi dello sviluppo I bambini che, nei primi mesi di vita, mostrano un normale sviluppo delle capacità motorie, cognitive ed emotive potrebbero presentare disturbi emotivi in periodi successivi. Un bambino che all'età di due-tre anni si mostra "troppo bravo" sarebbe per me motivo di preoccupazione. Un bambino che non sviluppa l'atteso negativismo e i relativi capricci potrebbe avere "inibito" la normale spinta verso l'autonomia. Un bambino che resta isolato o che si mostra intimorito nei confronti di altri bambini della sua stessa età potrebbe avere sviluppato un senso di isolamento e passività che necessita di attenzione. Se poi gli altri bambini lo evitano ci si trova di fronte a un segnale particolarmente significativo. Un bambino con problemi emotivi di fondo potrebbe starsene seduto davanti alla TV succhiandosi il pollice, attorcigliandosi i capelli o toccandosi continuamente il naso e il viso. Potrebbe tirarsi indietro davanti a situazioni impegnative, tipo l'incontro con i nonni, con estranei o altri bambini. Potrebbe manifestare un insufficiente tono muscolare e un colorito pallido, mangiare in modo insufficiente. Un bambino problematico può avere un temperamento piatto e scarsamente reattivo, indifferente alle provocazioni del suo mondo.

All'altro estremo, anche i bambini che mostrano emozioni estreme, che cambiano continuamente opinione, che reagiscono in maniera sproporzionata alle varie situazioni possono essere motivo di preoccupazione. Se passano dal pianto al riso e si distraggono facilmente, se trattano i giocattoli e le persone praticamente allo stesso modo, allora necessitano di aiuto. Un bambino problematico può infiammarsi rapidamente e non rispondere a un modo affettuoso e gentile di trattarlo. Sembra non essere in contatto con le persone che lo circondano. Le risatine nervose, le risate isteriche, il pianto o le urla possono sfociare in furiosi capricci, alternando periodi di comportamenti depressivi non proporzionati alle situazioni che li hanno causati.

Se il bambino mostra un simile comportamento i genitori potrebbero preoccuparsi e non sapere a chi rivolgersi per cercare aiuto. Se si consultano con gli amici o con persone che non hanno adeguate conoscenze psicologiche, potrebbero sentirsi dire frasi rassicuranti del tipo "Non preoccupatevi, passerà quando crescerà". Se questi sintomi persistono, i genitori devono fidarsi del proprio giudizio e consultare uno psichiatra infantile. Con un esame accurato si possono individuare i problemi di fondo nello sviluppo emotivo e affettivo e avviare una terapia prima che tali problemi possano peggiorare.

19

LA DISCIPLINA

Oltre all'amore, il senso di disciplina è il secondo regalo importante che i genitori possano fare a un bambino. Regalo che però suscita domande e problemi di più difficile soluzione. A che età si deve iniziare a impartire la disciplina? Cosa è "troppo severo"? Qual è la punizione giusta? Secondo la mia esperienza queste sono le preoccupazioni che affiorano più comunemente. Sebbene molti genitori si rendano conto di quanto sia importante stabilire dei limiti per i loro bambini, il farlo in modo efficace e corretto costituisce per loro uno dei compiti più difficili da affrontare. Desideriamo tutti avere bambini "ben educati", ma nel contempo temiamo di reprimere il temperamento del bambino o di opprimerlo con troppi limiti.

A mio parere, da dieci anni a questa parte i genitori vivono sentimenti sempre più conflittuali sul come impartire limiti e disciplina. Quando entrambi i genitori lavorano fuori casa tutto il giorno, mal sopportano l'idea di dovere imporre la disciplina al bambino nel breve periodo in cui stanno a casa. Ma i bambini, dal canto loro, tengono nascosto il loro comportamento provocatorio per tutto il giorno per poi tirarlo fuori nell'ambiente sicuro e amorevole della famiglia. Il loro bisogno di acquisire dei limiti è ancora più importante se i genitori sono stati fuori casa per tutto il giorno.

Alcuni genitori sono combattuti dal ricordo di una disciplina troppo rigida ricevuta nella loro infanzia, e non vogliono ripetere con i figli esperienze dolorose. Se per caso hanno subito maltrattamenti durante l'infanzia, avranno paura di vivere in prima persona quella perdita di controllo che ha portato i loro genitori a maltrattarli. Genitori con simili problemi potrebbero avere bisogno di aiuto per affrontare consapevolmente i propri "fantasmi", così da potere poi soddisfare in modo corretto e sereno il bisogno di disciplina del proprio bambino.

Incoraggiare l'autodisciplina

Disciplinare significa "insegnare", non punire. Ciò che viene fatto a ogni singolo "incidente" non è importante quanto quello che viene insegnato a ogni occasione. In alcuni casi la punizione può essere una parte necessaria della disciplina, purché sia inflitta esattamente dopo il comportamento sbagliato, sia di breve durata e rispetti i sentimenti del bambino. Alla fine di ogni punizione (tipo una pausa o l'abbandono di una festa) i genitori dovrebbero sedersi con il bambino punito e rassicurarlo dicendogli: "Ti voglio bene ma non posso permettere che tu faccia così. Un giorno imparerai a fermarti prima da solo e allora non sarà necessario che lo faccia io".

I bambini sentono il bisogno di disciplina e faranno di tutto per obbligare i genitori a stabilire dei limiti. In un certo periodo intorno ai due anni, il bambino farà capire a tutti questa sua necessità attraverso evidenti provocazioni. Che lo faccia toccando i pulsanti della TV, o rovesciando il cibo a terra, o dando morsi ad altri bambini, comincerà comunque a sondare ciò che è permesso e ciò che non lo è, con un inebriante senso di eccitazione mista a timore mentre lancia la sua sfida. Purtroppo dal momento in cui il bambino è in grado di spostarsi per casa è sempre presente il rischio di mettersi in situazioni di pericolo. Senza disciplina, i bambini di due anni iniziano a comportarsi da "viziati". Diventano inquieti, e sottopongono i genitori a continue pressioni nell'intento di provocare l'imposizione di limiti, sapendo di non essere in grado di darseli da soli. Osservando questi bambini così agitati ho compreso l'importanza di stabilire per loro dei limiti in modo deciso e comprensibile. Una disciplina costante, riservata alle questioni importanti, non è una minaccia alla personalità del bambino. Al contrario fa parte del compito del bambino di apprendere cose su se stesso.

L'autodisciplina, il vero obiettivo ultimo di un'azione disciplinante, arriva per i seguenti gradi: (1) esplorare per provare l'esistenza di limiti, (2) provocare per ricevere dagli altri un chiaro segno di ciò che è corretto e ciò che non lo è, e (3) interiorizzare tali limiti precedentemente sconosciuti. Per esempio, quando uno dei miei figli cominciò a gattonare, la stufa divenne la sua destinazione preferita. Ogni volta che puntava verso la stufa, reagivamo in modo teatrale che gli piaceva molto e aveva effetto su di lui. Sapendo già che avremmo reagito, si guardava intorno per accertarsi che stavamo guardando prima di correre a toccarla. Se per caso eravamo distratti, si allontanava oppure faceva rumore per catturare la nostra attenzione. Fino a quando non pronunciavamo l'atteso "Non toccare" restava in agitazione. Se ci mostravamo incerti iniziava a dirigersi verso la stufa per ottenere una nostra reazione, ma se la reazione suonava troppo violenta, come poteva capitare se eravamo stanchi alla fine di una lunga giornata di lavoro, allora scoppiava in lacrime. Mentre singhiozzava i suoi occhi scrutavano i nostri visi, e non credo di sbagliarmi se dico che in fondo a quegli occhietti si notava un certo sollievo per la nostra reazione. Dopo alcuni mesi, muovendosi sulle sue gambe invece che sui quattro arti, si dirigeva sempre verso la stessa stufa, vi si fermava davanti, si diceva ad alta voce "no" e si allontanava traballando verso altre eccitanti avventure. Aveva acquisito i limiti dettati da noi e ne faceva un uso autonomo. A posteriori possiamo dire che una eventuale nostra incertezza lasciava incerto anche il bambino. Quando invece ci mostravamo decisi, come facevamo con le cose serie tipo la stufa calda, lo capiva e accettava i nostri limiti.

Tuttavia, molte questioni non vengono stabilite con la stessa chiarezza mostrata nel caso precedente. La maggior parte delle volte i bambini sembrano porre delle sfide su cose che in realtà non interessano molto ai genitori, che vengono così presi dall'incertezza. È un argomento per cui vale la pena intervenire? Se ignoriamo questo, passerà a qualcos'altro? Devo essere deciso adesso così mi ascolterà nel momento in cui affronteremo qualcosa di più importante? Quando i genitori sono indecisi, il bambino se ne accorge, e allora tende a ripetere il comportamento o ad accentuarlo. La cosa certa di questo periodo è che i genitori trascorreranno tutto il giorno a dire no al bambino, e il bambino trascorrerà tutto il giorno a provocarli. Come dico sempre ai genitori, se si riserva la disciplina per situazioni importanti – cose veramente significative – si riuscirà a essere sicuri e decisi; il bambino lo capirà e la vostra disciplina avrà effetto. La disciplina funziona quando la si impartisce in modo convinto e quando il bambino capisce che è importante per lui rispettare le decisioni dei genitori. Quando il bambino esporrà se stesso o altri a esperienze dolorose o pericolose, il suo intrinseco desiderio di limiti sarà soddisfatto da quelli che gli avrete dato.

La disciplina nelle varie fasi dello sviluppo

Nelle varie fasi dello sviluppo si possono manifestare comportamenti che sembrano troppo aggressivi o fuori controllo, ma che sono invece del tutto normali. Se in queste fasi di esplorazione la reazione dei genitori è esagerata si rischia di consolidare tali atteggiamenti. I bambini devono poter provare tutti i tipi di comportamento aggressivo. A una certa età mordono, danno pizzicotti, dicono bugie, rubano o usano un linguaggio inaccettabile proprio come in età successive proveranno a fumare, a fare sesso e stare alzati fino a tarda notte. Queste "sperimentazioni" possono non celare cattive intenzioni quando compaiono per la prima volta, e se gli adulti reagiscono a esse in modo eccessivo il bambino potrebbe chiedersene il motivo. Così proverà ancora quel comportamento, per il bisogno di capire perché la prima volta ha scatenato quella reazione esagerata. E mentre prova e riprova aumenta la sua ansia, su cui può anche instaurarsi un senso compulsivo inconscio. E il comportamento inizialmente insignificante diventa intenzionale e carico di eccitazione. A lungo andare il bambino non ce la fa a mantenere il controllo. Questo comportamento scatena così tanto risentimento intorno al bambino da dare avvio a un circolo vizioso. Il bambino e i genitori cadono nella solita routine. Se si manifesta una tale situazione, i genitori dovrebbero provare a considerare tale comportamento come un modo per esprimere la sua ansia per qualcosa che il bambino non riesce a comprendere totalmente. È probabile che il bambino sia alla mercé di questa sensazione e che reagisca spinto da un impulso irrefrenabile. Per evitare o interrompere questa situazione esistono delle utili contromosse da mettere in pratica quando questo comportamento "esplorativo" e provocatorio appare per la prima volta. A uso dei genitori, vengono qui di seguito riportati alcuni esempi di frequenti "comportamenti sbagliati", e le contromisure adatte per porre dei limiti senza aggravare il problema.

Dai quattro ai cinque mesi Mordere il capezzolo durante l'allattamento al seno è un comportamento comune in un bambino di questa età a cui sono appena spuntati i primi dentini e deve provarli. Una madre può far capire che non le piace questa sensazione allontanando il bambino dal capezzolo. Ogni volta che il bambino morde, la madre lo deve allontanare con decisione, ma senza reagire in modo eccessivo. In alternativa al capezzolo può lasciargli mordere un dito.

Dagli otto ai dieci mesi I bambini tirano i capelli, mettono le dita negli occhi e danno colpi al viso senza l'intenzione di fare del male ma solo perché sono affascinati dai capelli, dagli occhi e dai volti. Un'eventuale reazione del genitore aumenta l'eccitazione del bambino. Bisogna fare capire al piccolo, in modo deciso ma tranquillo, che ci fa male. Dirgli che ci piace il suo tentativo di esplorare, ma non quando fa male. Se il bambino continua, tenergli saldamente le mani fino a quando non impara a fermarsi da solo. Ogni volta bisogna dirgli: "Non mi piace quello che fai, e ti terrò le mani fino a quando non avrai imparato a non tirare i capelli, mettere le dita negli occhi o colpire il viso così forte". Il bambino comincerà a capire. Se necessario, si può provare a metterlo per terra o sul suo seggiolino fino a quando non sarà più tanto eccitato, poi riprenderlo in braccio, coccolarlo e spiegargli i motivi per cui è stato allontanato.

Dai dodici ai quattordici mesi Mordendo o pizzicando il viso o la spalla di un adulto, un bambino può provare l'esperienza di mordere, vedere la reazione di un'altra persona e il modo in cui provocare questa reazione. Questo comportamento può essere affrontato nello stesso modo descritto nel paragrafo precedente. Dopo averlo allontanato, è opportuno dirgli che lo si riprenderà in braccio per abbracciarlo e non per essere morsi.

Dai sedici ai ventiquattro mesi A questa età il bambino può tentare di mordere, tirare i capelli e graffiare altri bambini. Sta provando a conoscere altri bambini e i modi per avere la loro attenzione. Spesso si tratta di una reazione eccessiva allo stress dovuto al non conoscere gli altri bambini o a non sapere come gestire il suo intenso desiderio di conoscerli. Si manifesta solitamente quando si verifica una situazione nuova o di grande coinvolgimento emotivo. Se uno dei genitori dei due bambini reagisce in modo eccessivo, il che è facile dato che le neo-mamme sono terrorizzate da questi comportamenti, la reazione eccessiva spaventerà entrambi i bambini. Naturalmente, la vittima del morso avrà bisogno di essere confortato, ma avrà anche necessità di capire che quello che è successo è solo il modo in cui l'altro bambino sta cercando di conoscerlo. Il colpevole avrà bisogno del conforto maggiore, perché sarà spaventato sia dalla sua stessa azione sia dalla reazione del bambino morso. Bisogna prenderlo in braccio per consolarlo e per spiegargli che mordere fa male e che agli altri bambini non piace, calmarlo fino a quando non riprende il controllo, e poi provare a suggerirgli altri modi per avvicinare gli altri bambini. Avrà bisogno di acquisire maggiore esperienza per quanto riguarda il modo di comportarsi con gli altri bambini. È anche importante fargli sapere che lo si aiuterà a venire fuori da tale situazione se non riesce a controllarsi. Comunque più controllato sarà l'intervento degli adulti e meglio sarà per il bambino. Se questo comportamento continua si può provare a cercare un altro bambino della stessa età e della stessa mole che abbia la stessa abitudine di mordere o di tirare i capelli, li si può mettere insieme e lasciare che ciascuno dei due impari dall'altro. Quando uno dei due morde, e l'altro morderà in risposta, entrambi si guarderanno stupiti del fatto che fa male, e ci penseranno due volte prima di farlo ancora.

Dai diciotto ai trenta mesi A questa età cominciano a fare la loro comparsa capricci e atteggiamenti di violento negativismo. Tra il secondo e il terzo anno di età compare il naturale e fondamentale impulso all'indipendenza. Il bambino cerca di staccarsi dai genitori per imparare a prendere le proprie decisioni. Spesso viene preso dall'indecisione in momenti assolutamente non importanti, *tranne che per lui.*

Non è possibile evitare i capricci, quindi è inutile provare a farlo. Non è il caso che un adulto si distenda per terra imitando il comportamento del bambino, né che gli butti addosso dell'acqua fredda o che lo strattoni per farlo smettere. Più gli adulti si mostrano interessati da questo comportamento e più durerà. La cosa più saggia da fare è allontanarsi dal posto in cui si trova il bambino, dopo essersi assicurati che non possa farsi del male. Non appena ci si sarà allontanati da lui, è probabile che i capricci o il comportamento violento smetteranno. A questo punto è opportuno tornare dal bambino, prenderlo in braccio per coccolarlo e sedersi su una sedia a dondolo per farlo calmare. Quando il bambino sarà in grado di ascoltare, dirgli che si comprende quanto sia difficile avere due o tre anni e non essere in grado di prendere una decisione. Ma dirgli anche che imparerà presto come fare e che fino ad allora sarà normale perdere il controllo.

Dai tre ai sei anni Alcuni bambini di questa età tirano o distruggono le cose in un attacco di rabbia. Alla fine della giornata, o in un altro momento in cui entra in crisi, il bambino può perdere il controllo. Al compiacimento per un'azione così aggressiva si aggiunge l'ansia del momento in cui comprende ciò che ha fatto.

In risposta a un tale comportamento, bisogna per prima cosa fargli sapere che non può fare tali cose, e che non gli si permetterà di ripeterle se si riuscirà ad aiutarlo in tempo. Tenerlo così saldamente da indurlo a calmarsi e a riprendere il controllo. Farlo sedere sulle proprie ginocchia fino a quando non si mostrerà disponibile all'ascolto. Poi discutere sul perché si pensa che si sia comportato in quel modo, perché non può farlo, e come si sia consapevoli di quanto si stia male per un comportamento così distruttivo e privo di controllo. Assicurargli che si cercherà di aiutarlo prima che possa perdere di nuovo il controllo. Chiedergli di dire cosa può essere utile per fermarlo. Se il suo suggerimento funziona, dargliene merito. Ciò lo aiuterà a recuperare il controllo.

Disciplinare adeguatamente

Quando devono disciplinare il bambino alcuni genitori premurosi si chiedono se troppa severità e troppe punizioni rischiano di soffocare il temperamento del bambino. I genitori molto attaccati al bambino non lo vogliono vedere passivo. Quando si chiede alle madri o ai padri se vogliono un bambino aggressivo oppure no, la maggior parte dei genitori risponderà: "Non troppo aggressivo, ma voglio che riesca a cavarsela da solo". Esiste ovviamente una relazione tra aggressività e punizione. Lo scopo, allora, non è quello di reprimere l'istinto autodifensivo e aggressivo del bambino, ma di aiutarlo a imparare a canalizzarlo in un atteggiamento accettabile.

Quando i genitori chiedono come fare a sapere se stanno agendo troppo severamente, consiglio loro di valutare se si trovano in presenza di una delle seguenti condizioni:

- un bambino troppo bravo o troppo tranquillo, che non osa esprimere sentimenti negativi;
- un bambino che non provoca i genitori secondo le modalità proprie dell'età;

- un bambino senza senso dell'umorismo e gioia di vivere;
- un bambino irritabile o ansioso per la maggior parte del tempo;
- un bambino che mostra sintomi di essere sotto pressione in altri aspetti della sua vita – nel mangiare, nel dormire o nella pulizia – e che può regredire verso un comportamento tipico di un'età più giovane, addirittura come se fosse neonato o comunque molto più piccolo della sua età.

Ciascuno di questi sintomi deve portare i genitori ad allentare la pressione e a riservare la disciplina a questioni importanti.

Di seguito riporto i consigli che do ai genitori quando chiedono delle specifiche direttive per disciplinare in modo positivo.

- *Rispettare lo stadio evolutivo del bambino*, e in particolare il tipo di apprendimento che desidera esplorare nei vari periodi di sviluppo.
- *Adattare la disciplina allo stadio evolutivo del bambino.* Con un lattante o un bambino nella prima infanzia provare dapprima a sviare la sua attenzione verso altre attività. Se non funzionerà – e molte volte non funzionerà – potrebbe essere necessario spostarlo fisicamente. Con un bambino intorno ai due anni, la disciplina deve sempre includere la spiegazione dei motivi del suo comportamento; cercare di capire che cosa ha scatenato il suo comportamento aggressivo, e dargli la possibilità che anche lui lo capisca.
- *La disciplina deve essere adeguata al bambino.* Tenere presente ciò che si conosce del carattere e della sensibilità del bambino. Per un bambino sensibile e tranquillo può risultare deleterio impartire una punizione che può andare bene a un bambino iperattivo e agitato.
- *Quando il bambino è insieme ad altri bambini non opprimerlo con la propria presenza.* Quando un adulto interviene in una situazione tra bambini, l'affare può trasformarsi da semplice interscambio tra bambini a qualcosa di più complesso, in cui almeno la metà dei comportamenti adottati dal bambino sarà mirata a soddisfare il genitore presente.
- *Fornire al bambino modelli comportamentali.* Dandogli esempi alternativi di comportamenti, si può aiutare il bambino a imparare il controllo oppure il modo per gestire una situazione. Spesso il modo in cui gli si insegna a risolvere un conflitto è più

istruttivo di tante parole. Un approccio diretto, deciso ma amorevole, può risultare il modo migliore di farlo.

- *Dopo avergli imposto la disciplina*, aiutare il bambino a capire cosa è successo. Nel momento critico, la tensione del genitore si somma a quella del bambino, ma quando tutto è passato, se il genitore o il bambino riescono a capire cosa è successo, il bambino si rasserenerà e il genitore riconoscerà di avere contribuito in modo significativo all'acquisizione da parte del bambino della conoscenza di se stesso e dei suoi sentimenti aggressivi.
- *Utilizzare una pausa*, ma solo per un breve periodo. Quando il momento critico è passato abbracciare il bambino e spiegargli perché è stato necessario farlo.
- *Ascoltare il suggerimento del bambino su cosa potrebbe essere d'aiuto le volte successive*. Poi metterlo in pratica. E se funziona, dargliene merito.
- *Le punizioni fisiche hanno molti svantaggi*. Ricordare cosa significhi per un bambino vedere i genitori perdere il controllo e agire in modo fisicamente aggressivo. Significa per lui che i genitori credono nell'esercizio del potere e nell'aggressione fisica.
- *Fare attenzione a lanciare messaggi indecisi*. Se si dice al bambino "Non colpire" oppure "Non farlo", ma non ci si mostra del tutto decisi, si può aumentare la mancanza di autocontrollo del bambino.
- *Fermarsi e rivalutare ogni volta che la disciplina non ha funzionato*. I genitori si trovano a dover intervenire troppo frequentemente e in modo poco efficace? Il bambino si comporta in modo da fare capire ai genitori che è ansioso, o non riesce a controllarsi o ha bisogno di maggiore affetto?
- *Prendere il bambino e coccolarlo alla fine del momento critico*. È difficile da fare, ma importante. Mentre lo si tiene in braccio e lo si coccola, dirgli quanto si sia dispiaciuti che sia così difficile imparare l'autocontrollo. Il bambino ha bisogno di sapere che i genitori si preoccupano di lui, e rispettano i suoi sforzi per imparare qualcosa di sé. "Ti voglio bene, ma non posso permetterti di comportarti in questo modo. Quando imparerai a fermarti da solo, non dovrò più farlo io per te."

Ricordarsi di gratificare il bambino quando con il suo comportamento non vi provoca. " Guarda. Mi rendo conto che stai davvero cercando di controllarti, non è vero? Sono davvero tanto fiera di te."

20

IL DIVORZIO

In un divorzio non ci sono mai vincitori. I bambini sono destinati a soffrirne comunque. Gli studi condotti da Judith Wallerstein su bambini figli di genitori divorziati dimostrano che i bambini possono continuare a desiderare la ricostituzione della famiglia anche fino a quattordici-quindici anni dopo l'avvenimento. La famiglia d'origine potrà anche essere stata oggetto e causa di tensione, ma il bambino sogna ancora di avere entrambi i genitori per sé. Quando i genitori si trovano in un'impasse insuperabile, dovrebbero poter riflettere sugli effetti che il divorzio avrà sui bambini, e sul come si propongono di gestire la situazione. Spesso i genitori mi chiedono se per il bene stesso del bambino non sia meglio separarsi piuttosto che rimanere insieme e continuare a litigare. Non conoscendo appieno la situazione non posso dare una risposta appropriata. Un consulente familiare, se consultato prima della rottura, può essere d'aiuto. Le famiglie separate non sono facili per i bambini. Come non lo sono neanche le famiglie formate da nuove unioni dei singoli genitori (le cosiddette famiglie allargate), né per i bambini né per gli stessi adulti. Gli adulti che intendono sciogliere una famiglia hanno il grosso obbligo di proteggere il più possibile i bambini che ne vengono coinvolti.

Responsabilità dei genitori

Il peggiore abuso che si possa fare dei bambini in una situazione di divorzio è quello di coinvolgerli nell'animosità dei genitori, come fossero dei palloni da football. Con eccessiva facilità i genitori affrontano i loro contrasti e la loro rabbia usando i figli. Tutto questo danneggia certamente i bambini. Ad esempio, la capacità dei bambini di creare in futuro solide relazioni con altri adulti può risultare danneggiata a causa di questa scarsa sensibilità da parte dei genitori divorziati. Trattare un bambino in questo modo può accrescere le probabilità che la predisposizione al divorzio venga trasmessa da una generazione alla successiva. Un bambino coinvolto nella conflittualità fra genitori potrebbe diventare un adulto collerico, insicuro, aggressivo. Il compito di ogni genitore che divorzia è di evitare che ciò accada.

I bambini continueranno a desiderare la "vecchia famiglia". Si sentiranno abbandonati dal genitore che se ne va da casa e vivranno nella paura di essere abbandonati dal genitore che rimane. "Se uno mi ha lasciato, perché non può farlo anche l'altro?" Anche i distacchi di breve durata verranno ingigantiti nella mente dei bambini. Ogni volta che il genitore rimasto esce, il bambino si chiederà: "Se ne è andato per sempre? Perché mi lascia? Sono cattivo e nessuno vuole stare con me? Si ricorderà di tornare a casa? Chi si prenderà cura di me?" Per questo motivo prima di ogni distacco il genitore deve preparare il bambino con molta attenzione. E al rientro a casa gli dovrà dire "Mi sei mancato. Io ti sono mancato? Ti ricordi che ti avevo promesso che sarei ritornato a quest'ora ed eccomi qui. Io so che ti preoccupi, è vero?" Inoltre il genitore deve essere pronto a gestire il sentimento di abbandono che nasce nel bambino. Ogni volta che il bambino manifesta questo suo sentimento l'adulto deve dimostrargli che l'abbandono non è l'inevitabile esito di tutti i rapporti affettivi.

Anche il genitore che se ne è andato da casa ha altrettanta responsabilità. Le visite devono essere stabilite con chiarezza, essere affidabili e puntuali. Anche un'attesa di quindici minuti sembra un'eternità a un bambino piccolo. La visita del genitore con cui il bambino non vive diventa addirittura un simbolo per compensare ciò che il bambino teme maggiormente: l'abbandono. In caso di ritardo questo genitore deve telefonare al bambino per avvisarlo. E quando arriva deve manifestare al bambino il suo dispiacere per il ritardo. Parlare con il bambino prima di parlare con la moglie.

Un bambino teme che il motivo che ha spinto il genitore ad andarsene da casa è la mancanza di amore nei suoi confronti, perché pensa di essere cattivo. Un bambino vive tutto dal punto di vista personale. Poco importa quante volte gli è stato detto che se i genitori hanno deciso di separarsi o divorziare non è colpa sua: il bambino continuerà a ritenersi responsabile. Anni dopo, potrebbe osare dare voce alle sue paure: "Se fossi stato più bravo non si sarebbero mai separati", "È colpa mia se hanno divorziato. Io sono andato a scuola e li ho lasciati soli", "Hanno deciso di divorziare perché mi hanno beccato a fumare". I bambini più piccoli sono meno capaci di esprimere questi sentimenti, ma si sentono ugualmente responsabili della separazione. Entrambi i genitori devono essere preparati a ripetere ogni volta: "Ti amiamo e non abbiamo nessuna intenzione di abbandonarti. Noi adulti non possiamo più vivere insieme, ma tutti e due vogliamo stare con te. Nulla di quello che tu potrai mai fare potrà cambiare i nostri sentimenti per te".

Ogni padre divorziato deve tenere sempre presente che l'animosità verso l'ex-moglie spaventerà il figlio. Il bambino vivrà questo conflitto personalmente: "Se papà e mamma non si vogliono bene e litigano fra di loro, allora possono odiare anche me. Devo essere un bambino perfetto altrimenti meriterò il loro odio". Ogni errore nel suo comportamento alimenterà l'immagine di se stesso come persona non indispensabile. I genitori devono rassicurare il bambino del fatto che non è necessario cercare di essere perfetto. Il bambino deve essere costantemente rassicurato del fatto che non deve sforzarsi di cambiare, per evitare che il trauma del divorzio gli causi uno stato regressivo. Molti bambini regrediscono allo stadio precedente del loro sviluppo. Se è riuscito solo di recente a rimanere asciutto di notte, ricomincerà a bagnarsi. Se fino a quel momento ha parlato bene, potrebbe cominciare a balbettare. Il suo comportamento potrebbe diventare o troppo buono e tranquillo o troppo aggressivo e provocatorio. Un genitore attento accetterà questi cambiamenti e ne discuterà con il bambino, in modo che anche lui possa considerarli normali e prevedibili.

Aiutare il bambino ad adattarsi

Dopo una dolorosa separazione, potrebbero comparire problemi di sonno. Il bambino può desiderare di dormire con il genitore con cui vive. Il genitore rimasto solo potrebbe avere "bisogno" del bambino. Se vi trovate in questa situazione, non fatelo. La giusta equidistanza tra due persone sole è una sorta di protezione alquanto importante. Il bambino ha bisogno di considerare e sviluppare la sua indipendenza, e il genitore ha bisogno di risolvere i suoi problemi. Un bambino chiamato a colmare le carenze di un genitore solo e abbandonato potrebbe sentirsi ostacolato nella capacità di sviluppare la propria identità. Il rapporto con il genitore di sesso opposto può diventare troppo intenso senza la presenza protettiva del terzo elemento del triangolo. Un bambino che vive con uno solo dei suoi genitori potrebbe avere maggiori difficoltà a manifestare la propria necessità di identificarsi con ciascuno dei genitori. Potrebbe considerare rischiosa la somiglianza a uno di essi, cosa mai provata quando entrambi i genitori erano presenti.

Non solo è probabile che si manifestino problemi comportamentali durante un divorzio, ma anche la salute fisica del bambino potrebbe riflettere le sue tensioni interiori. Raffreddori, otiti dell'orecchio medio e altre malattie potrebbero comparire in certi momenti, aggiungendo stress a una famiglia già stressata. Questi fastidi comunque passeranno quando la famiglia si sistemerà.

In occasione di un divorzio, le famiglie allargate diventano ancora più critiche per il bambino. I fratellini si proteggeranno reciprocamente dal timore della separazione. I rapporti tra fratelli possono diventare più intimi. Malgrado possa affiorare una certa rivalità, questa deve essere considerata la conseguenza del bisogno d'affetto reciproco. Prendere troppo seriamente tale rivalità può farla sembrare un'ulteriore dimostrazione della fragilità dei rapporti nelle famiglie dissolte. I genitori devono stare alla larga dalle rivalità tra fratelli e lasciare che le risolvano da soli. Troppo facilmente il fratello maggiore può essere spinto a rivestire il ruolo del genitore assente. Questa è una incombenza eccessiva, e non è il momento di dare un simile onere a un bambino. Potrebbe desiderare di essere all'altezza di tale ruolo e potrebbe autocostringersi a farlo. Potrebbe provare ad assumere un ruolo protettivo per il fratellino minore, ma non è giusto che avvenga. Ha anche lui bisogno di tempo per rimarginare le sue ferite e recuperare il suo equilibrio. Potrebbe addirittura avere bisogno di regredire per essere a sua volta accudito.

Nonni, zie, zii e cugini possono diventare un sostegno importante per i bambini durante e dopo il divorzio. Non solo possono aiutare il bambino a comprendere la separazione, ma colmano anche il bisogno della presenza nella sua vita di persone affidabili e affettuose. Lo proteggono dall'inevitabile timore di essere abbandonato. I genitori e tutta la famiglia del genitore non convivente rimangono comunque importanti. Il genitore con cui vive il bambino deve continuare ad avere o riallacciare buoni rapporti con la famiglia dell'ex coniuge per rispettare il bisogno di famiglia del bambino.

Durante un divorzio esiste la probabilità che i nonni "vizino" il bambino. Potrebbero lasciar perdere del tutto la disciplina. Il genitore che vive con il bambino si sentirà minacciato dalla mancanza di regole a casa della nonna. Il bambino inizierà a dire: "Nonna mi dà tutto quello che voglio. Tu invece sei cattiva e non capisci cosa sto vivendo". Ai genitori che vivono questa situazione faccio notare alcuni problemi comuni e offro i seguenti consigli. Poiché si trovano con i nervi tesi e hanno anche dovuto subire delle rinunce, questa critica da parte del figlio è un ulteriore colpo basso. Se poi si tratta dei nonni da parte dell'altro genitore allora il genitore che vive con il bambino se la prenderà ancora di più per tale mancanza di rispetto delle proprie regole familiari. Se è possibile, si deve cercare di affrontare l'argomento con i familiari dell'ex coniuge e chiedere collaborazione nel sostenere il bambino con ferme regole di disciplina. Quando una famiglia si disgrega, mantenere la disciplina diventa un fatto ancora più importante, ma anche più difficile da realizzare. La mancanza di disciplina lascia nel bambino uno stato di incertezza; il bambino ha bisogno di trovare i propri limiti nel periodo in cui sente che la sua casa sta andando in rovina. Il rispetto della disciplina ("Mi dispiace ma qui le cose vanno ancora in questo modo") diventa una fonte di sicurezza.

Bisogna fare attenzione a far conoscere persone dell'altro sesso. Bisogna aspettare fino a quando non si sarà abbastanza sicuri che il bambino possa fare affidamento su questo nuovo rapporto. Un bambino reduce da un divorzio desidera instaurare dei rapporti con un adulto dello stesso sesso del genitore mancante, e resterà profondamente deluso se la storia non funzionerà. Quando si avrà una relazione duratura, bisognerà far notare al bambino che gli "amici" e il genitore acquisito non sono la stessa cosa dei genitori effettivi, ma che averne uno può essere certamente positivo. Parlate sempre con il bambino delle sue paure per la vostra morte o per un vostro allontanamento, ma ditegli anche che non avete alcuna intenzione di lasciarlo, per nessun motivo al mondo.

Potrebbe essere utile trovare dei libri sulle famiglie divorziate o fare conoscere al bambino altre famiglie "come la vostra". Di questi tempi i figli di genitori divorziati non sono una piccola minoranza, e conoscere altri bambini in fase di adattamento alla nuova situazione può essere d'aiuto.

Infine, bisogna cercare di non proteggere eccessivamente il bambino. Bisogna lasciare che si adatti alla nuova situazione e di tanto in tanto fargli notare come ci sta riuscendo bene. Quando un bambino riesce ad avere la meglio sullo stress e sul cambiamento l'immagine di sé ne uscirà rafforzata. L'immutato amore, il rispetto e la disciplina possono essere dimostrati senza eccessi ed esagerazioni.

Affidamento congiunto

Nelle cause di divorzio i giudici spesso non hanno abbastanza tempo o sufficienti informazioni per decidere a quale genitore affidare il ruolo principale nella custodia del bambino. Nel tentativo di essere equo con entrambi, un giudice potrebbe decidere di dividere esattamente in due la settimana del bambino. Ho assistito troppo spesso a situazioni del genere. È molto difficile, per un bambino di qualunque età, spostarsi da una casa all'altra ogni tre/quattro giorni. Ciò lo priva di un suo territorio permanente. Ricordo un bambino di quattro anni che trascorreva metà della settimana con ciascun genitore. Se ne stava fermo davanti la porta della sua camera sorvegliandola come un cane da guardia. Era stato mio amico e ci volevamo bene. Dato che si fidava di me, capii che si sentiva libero di dirmi: "Non puoi entrare. Nessuno può farlo. Questa è la *mia* stanza". Capii allora che il possesso del suo territorio era una vera e propria ricompensa per questo bambino, che si doveva dividere tra due case. I genitori che intendono effettuare l'affidamento congiunto dovrebbero tenere in considerazione l'eventualità di cambiare loro casa e di lasciare sempre il bambino nel suo territorio.

Se un tale tipo di organizzazione è troppo complicato, bisogna almeno assicurarsi che la stanza del bambino in ciascuna delle due case non venga modificata senza il suo permesso. Se il bambino deve condividerla, bisogna accertarsi che il suo territorio sia ben delineato. Una scritta sulla porta, tipo "La stanza di Johnny" può essere d'aiuto. Se il bambino si sposta da una casa all'altra i suoi giocattoli speciali devono spostarsi con lui. Entrambi i genitori devono controllare che non li dimentichi in una delle due case al momento dello spostamento nell'altra.

Si dovrebbero mantenere il più possibile la stessa routine e le stesse regole in ognuna delle due case. Anche se i due genitori non possono trattare il bambino allo stesso modo, il trovare le stesse cose e gli stessi comportamenti lo aiutano a orientarsi meglio. Non separare i fratellini qualunque sia l'organizzazione programmata. Hanno bisogno l'uno dell'altro. Tuttavia trascorrere un occasionale periodo da solo con un genitore può essere positivo. L'organizzazione della giornata deve essere regolare e spiegata nei dettagli. Segnare sul calendario con un diverso colore i giorni da passare nelle due case può aiutare il bambino a programmare la sua settimana.

È opportuno riservare le discussioni con l'ex coniuge ai momenti in cui il bambino non è presente. Ogni spostamento tra le due case è sempre un fatto traumatico per il bambino. Gli si dovrà consentire una regressione momentanea subito dopo ogni spostamento. È meglio parlarne con il bambino senza però abdicare a regole e disciplina.

Bisogna cercare di non impedire che il bambino possa identificarsi con l'altro genitore, indipendentemente dal rancore che si può nutrire nei suoi confronti. Se invece lo si fa, si corre il rischio di intaccare l'autostima del bambino. Il bambino ha bisogno dell'altro genitore. Se il genitore non convivente è davvero assente e inaffidabile, bisogna comunque tentare di darne un'immagine positiva per amore del bambino: "Vorrebbe poterti vedere più spesso", "È lontano ma ti vuole bene". Anche se è molto difficile da realizzare, un comportamento siffatto è utile per il futuro stesso del bambino.

Famiglie allargate

Amalgamare le nuove famiglie non è facile. Nessun patrigno o matrigna deve aspettarsi che il figlio acquisito li accetti con facilità o sia loro riconoscente. Al contrario è molto più probabile che il bambino consideri il genitore acquisito come un invasore che gli toglie in qualche modo l'affetto del vero genitore. Più il bambino ha bisogno di affetto e più proverà risentimento per il genitore acquisito. La storia della matrigna cattiva in Cenerentola è, al riguardo, significativa. Ma questi conflitti possono e devono essere messi in evidenza e affrontati. Potranno sorgere dei contrasti su argomenti quali la disciplina, il sonno, l'alimentazione e praticamente ogni altro aspetto dello sviluppo. Un genitore acquisito intelligente rimarrà in disparte e lascerà al genitore convivente la decisione su quando e come intervenire.

Quando si arriva a una chiarificazione, i bambini potrebbero mettere in chiaro che non sono tenuti a obbedire a un genitore acquisito e non intendono farlo. Il genitore effettivo e quello acquisito devono, in ogni caso, stabilire un atteggiamento comune prima di arrivare al confronto diretto. In alcune occasioni il genitore acquisito sarà portato a credere che la/il compagna/o, cioè il genitore naturale, non gli dia sostegno. Se il genitore acquisito sente che il genitore naturale protegge eccessivamente il figlio, impartire la disciplina sarà ancora più difficile. Per tutti questi motivi le coppie spesso si rendono conto di andare maggiormente d'accordo nei rari momenti in cui sono senza i bambini. Questi momenti trascorsi da soli sono molto importanti.

Mark Rosen, nel libro *Stepfathering* (si veda alle voci bibliografiche), offre eccellenti consigli ai genitori acquisiti, alcuni dei quali ho adattato nel seguente elenco.

1. Il temperamento innato che determina differenze individuali fin dalla più tenera età (come si è visto nella Parte 1), sta a dimostrare che le differenze tra figli acquisiti e figli naturali non sono causate solamente da differenze nelle modalità di allevamento del bambino da parte dei genitori.
2. Ogni adulto reagisce in modo diverso a ogni bambino. Le differenze tra figli acquisiti e figli naturali sono solo una delle cause di tale comportamento differente.
3. Il comportamento dei figli acquisiti continua a svilupparsi,

specialmente dopo che voi vi sarete sposati e loro si sentiranno più sicuri.

4. I vostri reciproci sentimenti influenzeranno direttamente il rapporto con i figli acquisiti. Se il genitore naturale non sostiene il partner e non è d'accordo sul suo ruolo nella vita dei figli, la possibilità che si instauri un buon rapporto con loro diminuisce sensibilmente.
5. L'altro genitore naturale sarà sempre una presenza nella vita di una nuova famiglia. Migliore sarà il rapporto tra ex-coniugi e minore sarà lo stress sul bambino.
6. Aspettatevi che i momenti di transizione, come un incontro con l'altro genitore, siano difficili. Parlate con i bambini prima e dopo che ciò avvenga. Altri cambiamenti, come la nascita di un nuovo bambino, richiederanno ancora maggiore preparazione e pazienza.

I bambini che sono stati amati e sostenuti durante tutta la fase del divorzio e che sono stati incoraggiati a realizzare i propri adattamenti alla nuova famiglia possono dimostrare una inaspettata forza d'animo. Le famiglie divorziate non detengono il monopolio su stress e crisi. Tutti i bambini hanno bisogno di sviluppare il senso di sicurezza, l'adattabilità e l'indipendenza necessarie in un mondo pieno di rapidi e costanti cambiamenti.

21

MANIPOLAZIONE EMOTIVA

"Non mi vuoi bene! Se mi volessi bene mi faresti stare ancora sveglio a guardare la TV. Tutti gli altri genitori lo fanno. Loro vogliono bene ai figli e invece tu no!"

Questo sfacciato tentativo di "manipolazione" psicologica da parte del figlio potrà diventare abituale, o addirittura familiare, per i genitori. E sarà accompagnato da un'espressione infelice e afflitta. La scarsa furbizia presente in una tale richiesta indica che il bambino sa di non avere molte possibilità di spuntarla. Ma talvolta può colpire nel segno e farà arrabbiare molti genitori.

La manipolazione emotiva è spesso considerata un tentativo di controllare un'altra persona con mezzi abili, sleali e ingannevoli. Ma all'interno di un rapporto genitori-figlio è piuttosto normale e, se i genitori non se la prenderanno troppo, non è così insidiosa. I bambini ci provano. Tentano di manipolare per imparare quali siano i limiti indicati dai genitori.

Nel valutare il problema "manipolazione emotiva", i genitori dovrebbero ricordare che anche loro, in qualche modo, manipolano i figli "per il loro bene". I genitori cercano spesso di influenzare il comportamento dei bambini, con premi, lodi, adescamenti e minacce. I bambini imparano presto a modellare se stessi sui genitori. Anche un bambino di 2/3 anni impara presto che, portando il libro preferito ai genitori, ha maggiori probabilità di distrarli dalla loro conversazione di quanto ne abbia chiedendo semplicemente la loro attenzione. Anche fare la faccia triste o accoccolarsi accanto al genitore sul divano è efficace. Nessuno potrebbe interpretare come astuto o insidioso un simile comportamento.

Quando le visite al supermercato vengono rovinate dai capricci, che vengono calmati dalla promessa di un "premio" da parte dei genitori se il bambino farà il bravo per "soli quindici minuti", chi è il vero manipolatore? Entrambi si aspettano di uscirne vittoriosi? Ne dubito. Considero questo scambio di battute come una sorta di loro lessico familiare. Almeno serve a rendere la visita al supermercato molto più eccitante di quanto non sia altrimenti. Se incombe sempre la minaccia di un capriccio e se il genitore cerca ogni volta di allettare il bambino con la promessa di nuovi premi, il noioso rituale della spesa può diventare decisamente più vivace. E in questo processo, ciascuna delle due parti esplora i limiti dell'altra.

Come ha inizio la manipolazione

Quando può avere inizio la manipolazione nella vita di un bambino? Nel corso di uno studio presso un asilo nido, descritto nel Capitolo 6, abbiamo osservato bambini di quattro mesi e notato che questi non si mostravano mai molto coinvolti nei confronti degli assistenti o del gioco. Indirizzavano "formali" sorrisi e vocalizzi agli assistenti quando questi parlavano con loro, ma raramente si mostravano interessati a corrispondere alle loro parole. Capimmo che questi bambini stavano conservando la loro energia emotiva. Comunque quando le madri (o, in alcuni casi, i padri) andavano a recuperare i bambini alla fine della giornata lavorativa, ogni bambino guardava con intensità il genitore per pochi secondi e poi scoppiava immediatamente a piangere. Singhiozzava irrefrenabilmente fino a quando la madre lo prendeva in braccio, ma appena si trovava tra le braccia del genitore si dimenava come se stesse scomodo e allontanava la faccia quando la madre cercava di baciarlo. Tutte le madri dicevano la stessa cosa: "È arrabbiato con me perché l'ho lasciato tutto il giorno". Gli assistenti più preparati e attenti invece facevano notare alle madri che i bambini erano stati capaci di conservare i loro sentimenti più forti per tutto il giorno. Nel momento in cui si sentivano al sicuro e circondati da affetto, potevano dare libero sfogo a questi sentimenti. Piangevano e cedevano alla tensione perché si sentivano al sicuro. Nel corso del nostro studio una madre mi ha detto: "Intende dire che mi sta manipolando piangendo? Ma se ha solo quattro mesi. Come fa a sapere che mi dà tanto fastidio?" Poi guardava verso il bambino per dargli un buffetto sotto il mento e gli diceva amorevolmente: "Bambino monello! Sei contento di vedermi!"

Questo è solo un esempio di quanto sia importante per un bambino la possibilità di provare il proprio potere. Quando questi bambini davano libero sfogo ai loro sentimenti tra le braccia dei genitori erano sicuramente in grado di avvertire le forti emozioni che causavano con il loro comportamento. I lattanti e i bambini piccoli hanno bisogno di esplorare i limiti del proprio potere: Posso farla franca se mi comporto così, oppure no? Fino a dove posso spingermi? Guarda come si innervosisce quando le dico che non voglio lavarmi le mani. Il papà si arrabbierà *tutte* le volte che, tornando a casa, troverà le mie scarpe davanti all'ingresso. Fino a dove posso osare? Le provocazioni e la manipolazione sono un modo per verificare l'intensità e l'importanza di ciò che ci si può aspettare dai genitori. Se un comportamento non scatena una reazione, non vale la pena ripeterlo. Spesso, un bambino manipolatore coinvolge un genitore, già di per sé molto impegnato, in simili tentativi. Il suo comportamento si consoliderà se la controparte è composta da genitori che lavorano molto e che, alla fine di una giornata di lavoro, si precipitano a casa. Un bambino che ha trascorso tutta la giornata al nido o alla scuola materna ha fatto il pieno di eventi eccitanti che vuole condividere e farà il possibile per riuscirci.

I bambini manipolano anche i genitori per farli litigare tra loro. È il loro modo per verificare chi è il capo e a chi rivolgersi per avere indulgenza. "Mamma ha detto che posso. Ora tu mi dici che non posso. Perché lei è così brava e tu sei così cattivo?" Se la conseguenza di questa provocazione è un litigio tra genitori e il più severo dei due non trova appoggio e consenso dall'altro, la lezione trasmessa è chiara: il bambino ha scoperto che i genitori preferiscono litigare piuttosto che supportarsi reciprocamente nelle decisioni da prendere. Capisce che è libero di andare per la sua strada, se riesce a provocare un litigio. Ciò gli dà una sensazione di avere un potere pericoloso – inebriante ma terribile, ma lo rende anche ansioso e insicuro.

La manipolazione può essere esercitata in qualsiasi momento della giornata di un bambino. Ai pasti, assume la forma provocatoria di buttare il cibo sul pavimento per vedere se il genitore lo raccoglie. Un bambino più grande potrebbe dire: "Non voglio mangiare questo hamburger, ma se mi dai un hot dog, lo mangio". La risposta del genitore potrebbe essere: "Non avrai il dolce se non finisci tutto quello che c'è nel piatto". Al momento di andare a dormire la richiesta di un bicchiere di acqua o la necessità di andare più volte al bagno non sono espedienti molti ingegnosi, ma servono allo scopo di ritardare il momento della nanna. Anche i genitori, però, fanno la loro parte in questo senso quando dicono: "Ti lascerò guardare la TV mezz'ora in più se dopo vai immediatamente a letto".

Cosa si ottiene da tutte queste manovre? Rappresentano tutte una lotta di potere, una necessaria esplorazione, sia da parte dei genitori sia da parte del figlio, dei limiti delle reciproche capacità. Quando chiedo ai genitori perché non mettono fine all'interminabile commedia che si ripete al momento di andare a dormire, alcuni ammettono di non amare la fine della giornata, quando devono separarsi dal bambino per metterlo a dormire. "Se lo mando a letto troppo presto, ci andrà sentendosi però non amato e quasi abbandonato." Non penso che un bambino possa sentirsi non amato o abbandonato se esistono regole precise per la routine serale, ma riesco a capire che l'altalena che la precede possa essere un modo per addolcire la separazione sia per i genitori sia per il bambino. Inconsciamente ciascuno dei due sta evitando il dispiacere della separazione, timorosi del futuro in cui separazioni di maggiore portata saranno necessarie. Sembra passato così tanto tempo da quando mio figlio ci chiamava per un altro bicchiere d'acqua. Questi momenti mi mancano ancora adesso.

"Sei più buona con lui che con me. Gliele lasci passare tutte, mentre dai sempre addosso a me." Questi paragoni pieni di invidia sono una forma comune di manipolazione. Cosa se ne ottiene? Poiché il genitore accusato non è mai del tutto sicuro del suo comportamento messo sotto giudizio, presume che ci sia sempre della verità in quanto detto dal bambino. Ciascuno di noi sa di non essere del tutto equo nel comportamento verso i figli. L'accusa di ingiustizia tocca la corda giusta. Con queste parole taglienti il bambino presenta la sua istanza a un genitore lievemente colpevole. Lo strano è che il bambino perfezionerà la sua tecnica e, se è furbo, la riserverà per occasioni rare ma importanti.

Rispondere alla manipolazione

Un genitore deve consentire di essere manipolato in simili occasioni? Dipende certamente dalle circostanze e dall'importanza dell'evento. Non c'è ragione per non entrare nel gioco della manipolazione e condividere la soddisfazione del bambino nel capire l'intelligenza delle sue manovre. La capacità di manipolare con ingegno e astuzia è una risorsa per il futuro di ogni bambino. Tuttavia i genitori vogliono poter avere chiari suggerimenti: per prima cosa, non è necessario trattare ogni bambino o ogni evento allo stesso modo, e lo sforzo del bambino di manipolare i genitori non deve innervosirli particolarmente. Nello stesso tempo i genitori possono e devono ammirare la sua intelligenza e riconoscerla. Il genitore può anche non lasciare fare al bambino tutto ciò che vuole, pur rispettando il suo punto di vista. In tal modo si fanno vedere al bambino i pro e i contro dei suoi tentativi, dimostrando rispetto per la sua persona.

Come si è detto, l'approvazione del genitore può essere considerata un metodo di "insegnamento". Quando il bambino cerca di legarsi i lacci delle scarpe, il genitore deve apprezzare e incoraggiare il suo tentativo: "Bravissimo! Ora lascia che ti mostri come fare il nodo!" Con l'incoraggiamento, i genitori cercano di tenere costante il suo interesse affinché il bambino impari secondo quanto da loro suggerito. Se funziona, è un modo efficace per mettere sui binari giusti le sue capacità di apprendimento. È comunque facile dimenticare che la motivazione migliore per un bambino è il *piacere personale* di gestire un determinato compito. Un'approvazione troppo entusiastica può privare il bambino del suo trionfo personale. Gli inganni, in particolare, rischiano di essere avvilenti perché non attribuiscono al bambino la capacità di fare scelte utili. Tali comportamenti implicano che il bambino può solo essere oggetto di inganno, non di ragionamento razionale.

Il genitore al supermercato, citato all'inizio del capitolo, avrebbe potuto preparare il bambino al lungo percorso e avrebbe dovuto cercare di interessarlo offrendogli la possibilità di partecipazione agli acquisti. Prima che il bambino entrasse in crisi, il genitore avrebbe potuto sedersi con lui in un bar per un breve "tea party" come ricompensa per l'aiuto e l'attenzione dimostrata. La manipolazione può essere sensibile e rispettosa della persona oppure insensibile e avvilente.

Per incoraggiare la collaborazione e interrompere i tentativi di manipolazione del bambino, i seguenti consigli possono essere d'aiuto.

1. Discutere l'argomento prima che possano nascere problemi. Presentare apertamente le varie scelte e il modo in cui i genitori desiderano che il bambino si comporti. Approfittare dei momenti in cui il bambino è tranquillo per discutere le questioni, non farlo quando è in pieno conflitto.
2. Rispettare il bambino per la capacità di fare la scelta che gli è stata offerta. Adattare le scelte alla sua età e alla sua capacità di mantenerne il controllo e di ricordare la scelta fatta.
3. Ricordare che il comportamento provocatorio è il modo adottato dal bambino per mettere alla prova se stesso e i suoi limiti.
4. Analizzare la propria capacità di sopportazione per il comportamento sbagliato del bambino. Forse certe sue azioni causano in voi una reazione esagerata.
5. Unirsi al bambino in quello che si desidera faccia. Questo affiancamento non soltanto offre a lui un modello comportamentale ma dà al genitore e al bambino un senso di comunicazione reciproca.
6. Riconoscere che l'aumento della pressione esercitata e dei tentativi di manipolazione determina l'intensificazione della conflittualità e della ribellione; è meglio offrire al bambino delle alternative.
7. Se si vuole assolutamente che un bambino faccia qualcosa non chiedere mai "Lo fai?" ma dire invece "Ora è il momento".
8. Lodarlo dopo avere ottenuto la sua collaborazione.

Quando i genitori usano la manipolazione, rischiano di attentare alla fiducia del bambino, sminuendo la capacità del bambino di essere all'altezza della situazione. Se i genitori sono diretti e onesti nelle loro aspettative sul bambino, questi sente di essere incaricato di un compito e autorizzato ad agire. La comunicazione onesta è il sistema più efficace che un genitore possa utilizzare. Un bambino può effettuare le sue scelte, può dire "questa è la mia scelta", e può essere ricompensato dalla soddisfazione per averla realizzata. Allo stesso tempo, i genitori devono poter individuare per il bambino un modello comportamentale alternativo alla manipolazione emotiva.

22
PAURE

Tutti i bambini attraversano periodi caratterizzati da paure. Le paure sono normali e aiutano i bambini a risolvere problemi correlati al loro sviluppo. D'altro canto, richiamano anche l'attenzione dei genitori sugli sforzi fatti dai bambini nel processo evolutivo e li spingono a sostenerli nei momenti in cui ne hanno più bisogno.

Paure universali

La paura di cadere è innata in ogni bambino ed è ben evidente nel complesso movimento dell'abbrancamento presente nel neonato e noto come riflesso di Moro, già descritto nel Capitolo 2. Quando un bambino viene scoperto o quando ha un soprassalto, o quando viene improvvisamente allentata la presa con cui lo si tiene saldamente, le sue braccia si estendono di scatto lateralmente, come a volere afferrare qualunque cosa o una persona vicina, per poi ricongiungersi. Un cucciolo di scimmia usa questo comportamento automatico per aggrapparsi alla madre ed essere portato in giro. Il grido d'allarme che accompagna tale riflesso richiama l'attenzione dei genitori. Così, già dalla nascita, un bambino è dotato della capacità di cercare aiuto per evitare di cadere o di non essere ben sostenuto, grazie alla sua paura istintiva verso queste evenienze.

Poiché la maggior parte dei bambini viene assalito da periodi di paure, i genitori devono comprendere il perché di questi timori, altrimenti ne possono rimanere personalmente coinvolti e aumentarne l'effetto negativo sul bambino. Le paure si manifestano in periodi prevedibili nel corso dell'infanzia. Il senso di paura produce una scarica di adrenalina nell'organismo, che rappresenta una specie di adattamento fisiologico per riuscire a controllarlo. Ma se il bambino è totalmente sopraffatto dalle sue reazioni di spavento, questo meccanismo naturale di apprendimento costruttivo non funzionerà. I genitori non possono eliminare le paure di un bambino, ma possono aiutarlo a prenderle meno seriamente e a trarne insegnamento.

Ciò è difficile, anche perché le paure di un bambino possono richiamare alla memoria paure non risolte nei genitori. Tutti i genitori conoscono l'effetto terrificante di streghe, fantasmi o mostri. Quando un bambino si sveglia per la prima volta urlando, dicendo di avere visto un "mostro nella mia camera", i suoi genitori ricordano la propria paura per i mostri, ed è probabile che eccedano nel dargli conforto. Il bambino sente la loro ansia e ciò aumenta la sua. Nelle notti successive, il "mostro" inizia ad assumere forme sempre più realistiche. Man mano che la descrizione del bambino diventa più vivida e precisa, l'immaginazione dei genitori viene catturata e anche loio si ritrovano sempre più coinvolti nelle sue paure. Manifestando reazioni eccessive conferiscono alla paura una certa credibilità, e ciò diminuisce la probabilità che il bambino riesca a gestirla da solo. Se i genitori sanno contenere una eccessiva reazione e riconoscere che le paure fanno parte di un normale processo di apprendimento, possono essere di maggiore aiuto al bambino.

Le paure si presentano inevitabilmente nei periodi di nuova e più intensa attività di apprendimento. La nuova indipendenza, l'autonomia e in genere tutte le nuove capacità acquisite dal bambino gli creano un certo scombussolamento. Le paure servono a richiamare l'energia necessaria per adattarsi a tutte queste novità. Mentre un bambino impara a gestire i suoi sensi di paura, impara anche come controllarsi e come gestire la nuova spinta verso nuovi apprendimenti. In seguito, potrebbe persino rendersi conto di avere raggiunto una fase fondamentale del suo processo evolutivo. I bambini dicono: "Prima avevo paura di questo. Adesso non ne ho più". Quando nel mio studio un bambino riesce a ricomporsi dopo una dolorosa iniezione, gli dico: "Guarda cosa sei riuscito a fare! Hai sentito male e hai pianto, ma poi sei riuscito a ricomporti e adesso non piangi più. Sei davvero diventato grande!" Il bambino mi guarda con orgoglio per esserci riuscito e dice: "Non ho più paura delle punture!" Potrebbe anche fare finta di non avere paura fino alla volta successiva, ma si sente comunque orgoglioso di quanto è riuscito a fare. Tutti lo siamo – i suoi genitori e io – e il bambino merita il nostro riconoscimento.

Di recente lo psicologo Jerome Kagan, e altri, hanno scoperto che la riservatezza e la timidezza nei confronti di nuove situazioni sono probabilmente innate. In tal caso, genitori riservati e timidi possono avere figli riservati e timidi. I genitori che notano queste tendenze nei loro bambini possono evitare di accrescerle con le loro stesse paure. Sostenendo il bambino e dimostrandogli come loro stessi siano riusciti a far fronte a tutte le nuove situazioni difficili incontrate, possono fare molto per accrescere le risorse interiori del bambino.

Paura dell'estraneo

La paura per gli estranei è uno dei primi segni di paura chiaramente riconoscibili nell'infanzia. La capacità di riconoscere la differenza tra estranei e genitori è individuabile nel comportamento del bambino già a quattro-sei settimane di vita, come già detto nei capitoli precedenti. Abbiamo filmato neonati da uno a sei mesi mentre interagivano con adulti giocosi. Anche in bambini di un mese abbiamo notato differenze di comportamento e di atteggiamento nei confronti delle madri, dei padri e di persone estranee. I bambini conoscono già i volti, le voci e gli atteggiamenti dei loro genitori e lo dimostrano chiaramente dalla diversità delle loro reazioni. Il timore per gli estranei che dimostrano a cinque mesi, a otto mesi e di nuovo a un anno non è una consapevolezza improvvisa della differenza tra persone estranee e genitori; rappresenta piuttosto un aumento della consapevolezza delle azioni degli altri e delle proprie capacità di reazione. Come abbiamo visto nel Capitolo 6, un bambino di cinque mesi deve avere la madre sott'occhio se si vuole evitare che scoppi in lacrime nello studio del medico. Il bambino guarda e ascolta le persone e gli oggetti del suo ambiente con un nuovo tipo di coinvolgimento. Un nonno affezionato o la baby-sitter di un bambino di questa età non dovrebbero correre con entusiasmo a prenderlo in braccio o guardarlo dritto in faccia senza far passare un po' di tempo all'inizio, per poter essere riconosciuti. I genitori saggi e attenti si renderanno sempre visibili dal bambino quando si trova o sta per affrontare ogni situazione insolita per quella età.

Il salto successivo nella acquisizione della consapevolezza delle persone estranee arriva intorno agli otto mesi. E questa volta è più impegnativo sotto tutti gli aspetti. Il bambino potrà entrare inaspettatamente in crisi nei posti più impensabili e persino per strada se un passante lo guarda dritto in faccia. Anche se è al sicuro tra le braccia della madre vive tutto questo come un'invasione. Sta diventando più consapevole dei luoghi e delle persone nuove. Non è il periodo giusto per lasciarlo con persone estranee senza avergli prima dato la possibilità di conoscerle.

Un genitore dovrebbe tenere il bambino vicino a sé nei primi tempi di questo periodo, fino a quando il piccolo spontaneamente darà segno di essere disponibile. Quando questo periodo, che dura circa un mese, sarà finito, il bambino sarà nuovamente disponibile a nuove esperienze, ma avrà intanto imparato come affrontarle. I bambini che frequentano già asili nido in genere hanno imparato ad affrontare persone estranee e situazioni insolite. Ma a questo punto potrebbero mostrare maggiore nervosismo nei momenti di distacco dai genitori. Per questo motivo, potrebbero avere bisogno di maggiore preparazione e di conforto prima di essere lasciati al nido.

A dodici mesi, affiora nuovamente questa consapevolezza dell'importanza dei familiari "propri" del bambino e del suo spazio personale. Per tutto il secondo anno di età, mentre acquisisce la conoscenza di questo nuovo, immenso mondo che si è schiuso ai suoi occhi da quando ha imparato a camminare, il bambino apprezzerà e al contempo avrà paura di questa nuova indipendenza. Nel momento in cui impara ad allontanarsi dai genitori, la sua indipendenza aumenta. Nel mio studio si terrà stretto ai genitori, notando il posto insolito e poco rassicurante in cui si trova. Quando mi avvicino per visitarlo, deve essere seduto in grembo ai genitori. Non lo guardo mai dritto in faccia, ma fisso lo sguardo al di là della sua persona. Con il fonendoscopio, ausculto prima il torace della bambola o dell'orsacchiotto preferito, poi quello del genitore. Come si è detto nel Capitolo 9, questa procedura può richiedere del tempo. Ma il vantaggio sta nel fatto che, durante il secondo anno di vita, il bambino sviluppa un senso di fiducia nei miei confronti che durerà tutta la vita. A questa età, gli adulti che rispettano il diritto dei bambini di provare timore di fronte a nuove esperienze invasive, li aiutano a superare tali paure e a imparare a far fronte a quelle nuove.

Durante il secondo e il terzo anno di vita i bambini hanno bisogno di imparare come comportarsi in gruppo con propri pari età. Naturalmente saranno timorosi quando entreranno a far parte di un nuovo gruppo di bambini rumorosi e agitati. Ai genitori di bambini di due-tre anni consiglio le seguenti mosse. Per prima cosa aspettatevi che il bambino si tenga aggrappato alla vostra gonna o ai vostri pantaloni. Preparatelo in anticipo su che cosa e su chi dovrà affrontare. Ditegli sinceramente se resterete con lui. Ditegli quanto tempo potrà rimanere attaccato alle vostre gonne e come lo aiuterete ad abituarsi alla nuova situazione.

Se lo portate a giocare con bambini della sua stessa età, lasciate che rimanga attaccato a voi finché inizierà a identificarsi con uno dei bambini. Vedrete che dopo un poco inizierà lentamente ad accostarsi con cautela a quel bambino, se quest'ultimo darà un segnale di accettarlo. Cercate di aspettare che giochi con almeno un altro bambino prima di allontanarvi. Quando avrà iniziato, andatevene il più in fretta possibile e lasciateli insieme. Se i due bambini iniziano a litigare, non intervenite e lasciate che se la sbrighino da soli. Vostro figlio imparerà di più su se stesso se verrà lasciato da solo che non se continuate a dargli consigli o a proteggerlo. I bambini sono pronti a imparare come comportarsi l'uno dall'altro. Piccoli gruppi di bambini con pari caratteristiche li aiutano a imparare come affrontare le situazioni difficili – un passo alla volta. Un gruppo di gioco composto da due-tre bambini, sempre gli stessi, è una delle migliori garanzie per evitare che i bambini crescano troppo timidi e timorosi degli altri bambini. Se un bambino viene sopraffatto da coetanei troppo aggressivi, continuerà probabilmente a essere timoroso e timido.

Tipi di paure nei bambini

Tra i tre e i sei anni di età i bambini sono destinati a sperimentare vari tipi di paure. Quando il bambino diventa cosciente della sua aggressività, comincia a temere aggressione da altre persone e situazioni. Quando viene a conoscenza dei suoi crescenti sentimenti di indipendenza, ha bisogno del senso di paura che lo aiuti a gestire tali sentimenti. Questo periodo è paragonabile a quello dei conflitti adolescenziali.

Paura dei cani o di altri animali che mordono Quando un bambino impara a controllare i propri comportamenti istintivi, uno dei quali è stato quello di dare morsi in momenti di stress, potrebbe sviluppare timore verso tutto quello che lui pensa possa mordere. Ogni cosa nuova e insolita può sviluppare in lui il timore di essere morso. Proprio come un cane o un animale sconosciuto potrebbe "mordere", così la stessa cosa potrebbe essere fatta da un bambino nuovo o una persona sconosciuta. Per fare un esempio, ricordo di un bambino di due anni che, mentre era sul tram con la madre, vide delle suore vestite con lunghi abiti neri. Il bambino, che non aveva mai visto una suora prima di quel momento, guardò la madre con sguardo interrogativo e le chiese se le suore mordessero i bambini.

Paura dei rumori forti Le sirene dei pompieri e delle ambulanze, e le porte che sbattono all'improvviso possono suscitare nel bambino reazioni violente e spaventate. In tali occasioni potrebbero tornargli in mente precedenti improvvise crisi con perdita di controllo e sentirsi di nuovo in qualche modo coinvolto nello stesso tipo di crisi quando questi rumori si ripresentano. Per lo stesso motivo, azioni aggressive viste in televisione o anche in bambini più grandi gli richiamano alla memoria lo spettro dei suoi sentimenti fortemente aggressivi, che gli fanno provare timore nel vederli in altri.

Paura del buio, di mostri, streghe e fantasmi Le paure affiorano sempre di notte. I predatori sognati diventano immagini terrificanti proiettate nel buio. Questo tipo di paure compare nei bambini in periodi di rapida crescita verso l'indipendenza. Il bambino sta diventando consapevole della sua dipendenza dai genitori e nello stesso tempo prova sentimenti conflittuali.

Paura dell'altezza La paura di cadere dai mobili o dalla finestra (le fantasie di volo di Peter Pan) può comparire a questa età e durare nel tempo. Persino da adulti resta la paura dell'altezza e della sensazione di poter cadere. Queste paure si manifestano quando un bambino diventa più consapevole del pericolo di cadere dall'alto e si rende conto di essere abbastanza indipendente da doversi proteggere da solo.

Paura della morte dei genitori La paura della morte dei genitori ha una parte anche nelle fobie scolastiche, o nella paura di uscire da casa per andare alle feste o a fare visita a qualcuno. Questa paura è in parte dovuta alla timidezza e alla paura naturale di essere sopraffatto. È anche correlata a desideri edipici. Inconsciamente ma profondamente legato a ciascun genitore, il bambino teme il suo stesso desiderio di volere eliminare l'altro. La paura della propria morte può manifestarsi nel bambino intorno ai cinque anni e può essere dovuta alla paura di una punizione per i suoi pensieri "cattivi". Sebbene questi pensieri siano troppo profondamente insiti nel suo animo per essere riconosciuti dal bambino, sapere che sono del tutto normali può aiutare i genitori. Ciò impedirà loro di reagire esageratamente all'improvvisa paura della morte che il bambino può manifestare nei confronti di sé o dei genitori. Questo è il periodo in cui i genitori possono assicurare il bambino che sono lì per proteggerlo e che non permetteranno mai né che lui possa farsi male né che loro stessi possano scomparire.

Quando capita che la morte colpisca qualcuno della famiglia o un animale amato, i genitori devono rispettare i sentimenti e le paure che ne possono derivare. Questi sono i momenti in cui i genitori possono mettere in discussione il modo in cui loro stessi affrontano le proprie paure (si veda Capitolo 29).

Paura degli estranei o di essere molestato La paura che degli estranei possano fare del male al bambino è così presente oggi nella mente dei genitori da determinare un duplice problema, quello di proteggere il bambino da paure ingiuste e quello di evitare che possa essere molestato. Un bambino piccolo non dovrebbe essere messo nella condizione di dovere decidere di chi fidarsi. È compito dei genitori proteggere il piccolo nel miglior modo possibile.

Ai genitori spetta l'arduo compito di cominciare a insegnare a un bambino di cinque-sei anni come proteggersi dalle persone estranee, e nel farlo si rischia facilmente di esagerare. Mi preoccupa pensare che questa generazione di bambini non oserà mai instaurare relazioni con persone nuove se vengono costantemente messi in guardia, purtroppo con successo, nei confronti di persone "nuove" ed estranee. I bambini ancora piccoli non dovrebbero essere messi in situazioni rischiose. Quando un genitore consiglia al bambino di non permettere a nessuno che lui non conosca di toccare il suo corpo, dovrebbe bilanciare la cosa rendendolo anche ben consapevole del suo corpo. È ovviamente necessario che il bambino diffidi degli estranei incontrati a scuola o ai giardini e che lo fanno sentire a disagio, ma questo sospetto deve essere bilanciato dalla sensazione dell'esistenza di persone a cui può dare il suo affetto e delle quali può fidarsi sinceramente. Forse la migliore protezione da offrire a un bambino per evitare che possa sentirsi troppo sotto pressione è la consapevolezza di potere comunicare immediatamente *qualsiasi* paura o preoccupazione ai genitori, sapendo che loro lo ascolteranno e risponderanno alle sue domande.

Paura di bambini aggressivi Quando un bambino cresce, i rapporti tra pari età diventano sempre più importanti, e al contempo sempre più complessi. Il bambino ha bisogno di imparare a mettersi in relazione con gli altri a partire dal secondo anno, se non si vuole che diventi un bambino solo e isolato negli anni della scuola. Come detto prima, consiglio ai genitori alcuni accorgimenti. Cercate di lasciare che impari con uno o due bambini come riuscire a cavarsela in un gruppo. Se è timido, lasciate che si prenda tutto il tempo di cui ha bisogno. Trovate un bambino simile a lui e aiutateli a diventare amici. Aiutatelo inoltre a sviluppare una sua particolare dote o capacità. Se potrà perfezionarsi in uno sport o nella musica o in qualsiasi altro settore, gli altri bambini lo rispetteranno. Quando torna a casa, distrutto per essere stato preso in giro tutto il giorno, ricordategli che tutti hanno bisogno di imparare a essere presi in giro. "I bambini cercano sempre di prendere in giro i loro amici." Fategli sapere che se riesce a resistere alle provocazioni, queste finiranno abbastanza presto.

Paura del fallimento Tutti i bambini temono di fallire. È una condizione naturale di tutti noi e può essere utilizzata in positivo per spingerci verso il successo e la perfezione. Ma può anche essere negativa e distruttiva. Se un bambino sembra sopraffatto dalla paura di fallire, forse ha bisogno di maggiore fiducia in sé. Fategli sapere che vi piace per come è. Lodatelo per le piccole conquiste e non spingetelo ad avere successo. Forse ha bisogno di minore spinta per agire e di sentirsi elogiare di più quando riesce in qualcosa. Suggerisco di dargli piccole opportunità di successo. Consiglio che gli vengano proposte esperienze di modesta entità con bambini con cui possa competere ed esperienze che possa facilmente gestire con successo. Se può essere fatto senza aumentare la pressione su di lui, incoraggiate il suo particolare talento e le sue specifiche capacità, in modo che possa tenere testa agli altri bambini del gruppo. Se riesce a vedersi come un bambino che ha successo e che è speciale agli occhi dei genitori, comincerà ad acquistare la necessaria fiducia in sé, lentamente e passo dopo passo.

Paura della guerra e del disastro nucleare I bambini sentono il senso di impotenza dei genitori nei riguardi della escalation degli armamenti nelle varie nazioni. Dai mezzi di comunicazione vengono continuamente a conoscenza dell'aggressione militare e della distruzione che ne può derivare. I bambini piccoli non hanno il senso della prospettiva futura su cui riversare le loro paure. La paura dell'annientamento che tutti coviamo si combina con la paura dell'aggressione personale e delle ritorsioni che temono di meritare per i sentimenti aggressivi che provano. Così si preoccupano e, quando anche i loro cari sono preoccupati, le loro fantasie superano la capacità di controllarsi. In quanto adulti, abbiamo il dovere di specificare bene ai bambini piccoli la dimensione del pericolo rappresentato dall'aggressione mondiale. In quanto genitori, dobbiamo comunicare ottimismo e fiducia per la nostra società affinché aiuti e stimoli, con alto senso di responsabilità, coloro che hanno la possibilità di combattere la violenza che ci circonda.

Metodi per aiutare un bambino ad affrontare la paura Il consiglio che segue è diretto non soltanto ai genitori ma anche a tutti gli adulti che vogliono aiutare un bambino ad affrontare le proprie paure. Per prima cosa, ascoltate con attenzione e rispettate tutto quello che il bambino vi comunica sulle sue paure. Aiutatelo a capire che è naturale avere paura e preoccuparsi delle cose che accadono. Successivamente rassicuratelo sul fatto che ciò che adesso sembra pauroso e opprimente può essere affrontato e che quando crescerà imparerà sicuramente a vincere le sue paure. Potete certamente guardare insieme al bambino sotto il letto o dentro l'armadio alla ricerca di streghe e mostri, ma non mostratevi troppo agitati o coinvolti. Ditegli che entrambi sapete che nella sua stanza non ci sono mostri, ma che tutti i bambini hanno paura di trovarne.

Sostenete il bambino mentre si sforza di trovare il modo per affrontare le sue paure. Consentitegli di regredire. Permettetegli di tornare dipendente e lasciategli abbracciare il suo pupazzo preferito o che torni bambino di tanto in tanto. Non lo farà a lungo. Infatti anche quando lo terrete in braccio lo vedrete dimenarsi nel tentativo di allontanarsi da voi. Potete elogiarlo per il suo coraggio e per essere "cresciuto" così tanto.

Aiutate il bambino a comprendere i motivi delle sue paure – tipo il fatto che lui sta provando ad apprendere situazioni nuove e alquanto paurose. Parlategli di come stia provando ad avventurarsi, a cavarsela da solo, ad allontanarsi da voi, e di come tutto questo sia un giustificato motivo di paura. Usate il suo stesso linguaggio. Non siate troppo intellettuali e non usate argomenti superiori alle sue capacità di comprensione. Non servirebbe.

Rassicurate il bambino sul fatto che tutti i bambini hanno le loro paure a questa età. Proponetegli di chiedere ai suoi amici come affrontano le loro paure. Parlate delle vostre paure alla sua età e di come avete imparato a superarle. "Anche io mi sentivo strana prima di andare a una festa. Anche adesso me ne sto ferma davanti alla porta fino a quando non vedo qualcuno che conosco o che ho già incontrato, e allora gli vado vicino e gli parlo. Anche tu imparerai come devi comportarti. So bene come ti senti adesso." Nel frattempo, portate il bambino fuori da solo con voi ogni settimana per fare delle cose insieme. Questo potrà dargli l'opportunità di confidarsi con voi ma, cosa ancora più importante, gli darà la possibilità di identificarsi con voi. Se sta imparando cos'è l'aggressività, imparerà come essere aggressivo in modo controllato – nel modo in cui lo siete voi. Potrebbe non essere necessario parlare direttamente di questi argomenti o di questo modi di comportarsi; il bambino potrà vederli da solo.

Quando avrà finalmente vinto le sue paure, fateglielo notare in modo che possa imparare dai suoi successi. Commentare le sue conquiste non solo lo farà uscire dal regno della paura e lo porterà in quello della conquista, ma indicherà un modello comportamentale per lui e per voi, a cui tornare a fare riferimento quando compariranno altre nuove paure. Se le paure di un bambino o se la timidezza in generale cominciano a interessare il suo stile di vita, o se le paure durano per tanto tempo (sei mesi), o se influenzano la sua capacità di crearsi amici, cercherei l'aiuto di uno specialista. Queste paure possono essere il modo in cui il bambino sta richiamando la vostra attenzione e il vostro intervento sulla presenza di un suo problema. Chiedete aiuto al vostro pediatra o a una infermiera di vostra fiducia per trovare uno specialista. Nel reparto di pediatria dell'ospedale più vicino potrete trovare il nominativo di uno psichiatra o psicologo infantile.

23

PROBLEMI CON L'ALIMENTAZIONE

Nello stesso istante in cui una madre si porta per la prima volta il bambino al seno, sa istintivamente che, per il benessere del bambino, il messaggio d'amore fornito insieme all'atto nutritivo è importante quanto lo stesso cibo. E ha ragione: senza questi messaggi, il cibo non basterà a nutrire lo sviluppo emotivo, o anche solo fisico, del bambino.

L'esperienza dell'alimentazione

Come si è già detto nel Capitolo 5, esiste una sindrome detta dell'*insufficienza della crescita* per la quale si riscontrano bambini di otto mesi, grinzosi e rugosi, che pesano come alla nascita. Questi bambini possono avere avuto cibo a sufficienza, ma è mancata loro la comunicazione affettiva. Nel momento in cui vengono ricoverati in ospedale, i loro volti sono disperatamente inespressivi, lo sguardo è spento e fisso su un punto al di là della figura di chi lo accudisce, e manca la capacità di comunicazione. Rifiutano ogni contatto umano come se risultasse loro doloroso. A causa della mancanza di cure amorevoli, il cibo che viene loro somministrato attraversa l'intestino senza venire assimilato. Non appena qualcuno riesce a mostrare a questi bambini che possono osare guardare il viso di una persona cara, o possono concedersi di ascoltare una ninna-nanna o di essere cullati o abbracciati mentre vengono nutriti, i bambini smettono di inarcare all'indietro il corpo o di distogliere lo sguardo come reazione di chiusura verso gli altri. A questo punto cominciano ad acquisire peso e a crescere. Possono anche loro diventare piccoli esseri umani pieni di fiducia e felici. Pur trattandosi di casi estremi, l'esempio di questi bambini serve a chiarire come sia importante che dei messaggi amorevoli accompagnino l'atto nutritivo affinché questo soddisfi totalmente le necessità del bambino. Mentre il cibo è necessario per la sopravvivenza, la qualità della vita futura del bambino dipende dalle attenzioni amorevoli che i genitori riversano sul bambino insieme all'alimentazione.

Anche se il desiderio dei genitori è quello di volere che per i propri figli l'alimentazione sia fonte di piacere, è probabile che loro stessi si trascinino dei complessi da quando erano piccoli. Le esperienze personali circa l'alimentazione rimangono sicuramente impresse nella memoria fin dall'infanzia. Abbiamo tutti esperienze che caratterizzano il nostro comportamento in momenti importanti quali quelli dei pasti. Le nostre reazioni non sono razionali, ma sono basate su vecchi schemi comportamentali: "Starai seduto fino a quando non avrai finito tutte le verdure. Non crescerai se non bevi tutto il latte". Quella frase può avere avuto un suo fondo di verità cinquanta anni fa, ma non è certamente vera oggi. Con adeguate integrazioni vitaminiche, nessuna verdura è più veramente necessaria per la salute dei bambini. La storia degli spinaci che rendevano forte Braccio di Ferro rappresenta solo uno dei polverosi miti rimasti; molti altri dominano il nostro comportamento. Noi creiamo problemi superflui perché ci sentiamo rivestiti di una forte responsabilità, e *naturalmente* reagiamo eccessivamente alla responsabilità di nutrire i nostri figli. Abbiamo sempre creduto che il compito di "una brava madre" sia dare cibo al bambino.

I genitori devono affrontare i propri "fantasmi" quando si imbattono in problemi alimentari con i propri figli. Hanno bisogno di riconoscere che quei problemi sono collegati alla loro necessità di essere dei bravi genitori. Se riescono a ricordarsi delle proprie esperienze personali, non le perpetueranno con i figli. Spingere un bambino a mangiare è il modo più certo per creare un problema.

Affinché il momento del pasto sia piacevole per un bambino, questi deve avere il controllo della situazione, con la possibilità di scegliere, di rifiutare e di decidere quando smettere di mangiare.

Per sua stessa natura, l'alimentazione è una sorta di arena in cui i genitori e il bambino affrontano la continua battaglia tra la dipendenza (essere alimentato) e l'indipendenza (alimentarsi da solo). Nessun altro ambito evolutivo ha la stessa probabilità di essere coinvolto in una battaglia come questa. Il modo in cui si affronta l'alimentazione può anche avere influenza sulla immagine che il bambino può avere di se stesso come persona competente e completa. Il bisogno di esprimersi nell'alimentazione diventa tanto importante per il suo sviluppo quanto il numero di calorie che consuma, ma è difficile da capire per un genitore. L'obiettivo è quello di fare di ogni pasto un'esperienza profondamente soddisfacente così che, quando sarà più grande, il bambino potrà imparare che mangiare da solo produce lo stesso piacere.

La questione circa l'allattamento al seno o no può essere vista sotto questa luce. L'allattamento al seno può essere un'esperienza ravvicinata, calorosa, intima tra madre e bambino. Poiché il latte materno è calibrato per il fabbisogno di un bambino – dal punto di vista nutritivo, digestivo, protettivo dalle allergie e anche come protezione naturale contro le infezioni – ogni madre dovrebbe tenerlo in considerazione come prima scelta. Se comunque, per qualunque motivo, la madre non si sente di allattare, o se l'allattamento diventa un'esperienza sgradevole per lei o per il bambino, bisogna tenerne conto. Le sensazioni della madre vengono trasmesse al bambino e influenzeranno la possibilità di instaurare un buon rapporto sin dall'inizio. Un bambino tenuto amorevolmente in braccio mentre viene allattato con il biberon (mai lasciarlo solo con il biberon) vivrà un'esperienza ugualmente positiva, come già detto nei capitoli precedenti.

Modalità di alimentarsi e fasi evolutive

All'inizio la cadenza delle poppate deve essere stabilita dal neonato. Nella fase in cui i genitori cercano di capire le esigenze del bambino è meglio seguire la sua richiesta e imparare gradualmente quale tipo di pianto è correlato alla fame e quale alla noia o alla stanchezza. Quindi all'inizio e anche successivamente, nei periodi critici, è sempre bene tornare all'allattamento a richiesta.

Tuttavia, quando si pensa di aver capito le sue esigenze, è possibile cominciare a indirizzare il bambino verso uno schema prevedibile. Tutti in famiglia saranno sollevati se potranno fare affidamento su orari stabiliti per i pasti, il sonno e il gioco. A sei settimane di vita, un bambino nato a termine dovrebbe avere acquisito una certa prevedibilità, e le poppate dovrebbero cadere approssimativamente a intervalli di quattro ore. A dodici settimane di vita le poppate dovrebbero essere diventate cinque al giorno in orari prevedibili. A venti settimane molti bambini hanno bisogno di solo quattro poppate: alle 7:00, a mezzogiorno, alle 17:00 e alle 22:00; a sei o sette mesi, i pasti (anche con alcune assunzioni di cibi solidi diversi dal latte) dovrebbero cadere alle 7:00, a mezzogiorno e alle 17:00, la poppata di latte alle 19:00 e poi a letto per la nanna!

Dal punto di vista nutrizionale, i bambini non hanno bisogno di cibi solidi fino all'età di sei mesi. Non imparano effettivamente a deglutire i solidi fino a dopo i tre mesi. Prima di quel momento li succhiano, ma non li deglutiscono attivamente. Tuttavia, a quattro-cinque mesi molti bambini hanno bisogno di cibi solidi per riuscire a dormire tutta la notte o per resistere da un pasto all'altro durante il giorno. Se un bambino ha già raggiunto uno schema-orario con intervalli di quattro ore durante il giorno e di otto ore durante la notte, e poi ritorna a intervalli più brevi, consiglierei di provare a passare ai cibi solidi (diversi dal latte). Il solo latte potrebbe non essere più adatto a soddisfare le sue necessità.

A otto mesi un bambino saprà utilizzare la nuova, eccitante presa a pinza – tra pollice e indice. Se, quando lo si siede per farlo mangiare, gli si danno due o tre pezzetti morbidi di cibo – da toccare con le dita, prendere, spappolare, e finalmente portare alla bocca – il bambino sarà totalmente affascinato. Si adopererà a controllare questi pochi pezzetti anche per un'ora alla volta, tanto è il senso di soddisfazione per essere riuscito a mangiare da solo. Si potrà persino fargli mangiare del cibo liquido mentre è impegnato a controllare la sua nuova capacità di utilizzare le mani per mangiare. In effetti, se non gli si permette di iniziare a mangiare da solo alla fine del primo anno di vita, è probabile che si instaurino dei problemi di alimentazione nel secondo. A un anno scuoterà la testa, serrerà la bocca e scaglierà del cibo in direzione dei genitori – dicendo con termini che non danno adito al minimo dubbio "Voglio mangiare da solo."

A un anno il bambino dovrebbe essere in grado di cavarsela da solo con il cibo a pezzetti da mangiare con le mani. Pezzettini morbidi, che possa masticare con le gengive, saranno facili da mandare giù. Se sono troppo duri e compatti, potrebbe soffocarsi, quindi è opportuno accertarsi che siano sufficientemente morbidi. A un anno inizierà a rifiutare certi cibi – un mese le verdure, un altro mese la carne, un altro mese ancora le uova. Ancora una volta, sta dimostrando di avere bisogno del controllo della situazione, di essere in grado di decidere cosa vuole mangiare. Se lo si lascia libero di *scegliere e rifiutare* per tutto il secondo anno, non dovrebbero verificarsi problemi alimentari. Ma ciò significa che gli adulti non possono avere il controllo. Il bambino deve nutrirsi da solo. Non saprà utilizzare la forchetta o il coltello fino a sedici mesi, quindi deve essere libero di scegliere dei pezzetti di cibo dalla tavola dei genitori e mangiarli con le mani. Gli si può dare quello che mangiano gli adulti, a meno che non sia duro. Se non lo vuole e protesta per avere qualcos'altro, gli si può dire: "Lo avrai al prossimo pasto", ma non lo si deve spingere a mangiare quello che non vuole.

I pasti di un bambino dopo i 15-18 mesi di età sono caratterizzati da atteggiamenti di rifiuto, di negativismo e di dispetti perché il bambino è alla ricerca di limiti. Nell'ambito alimentare vorrà ovviamente sempre quello che non è pronto. Ma non bisogna cedere alla sua richiesta – in questo caso non è importante il cibo che richiede, ma il tipo di gioco che potrebbe instaurarsi. Se si vuole dare inizio a un tira e molla di richieste, basta solo stare al suo gioco. Ma sarà più facile se si stabiliscono dei limiti rigidi. Gli si può dire: "Questa volta si mangia questo cibo. Se vuoi il burro di arachidi te lo darò al prossimo pasto". A ogni modo si può essere certi che non lo vorrà quando gli verrà proposto.

Se i genitori si rendono conto di quanto sia semplice il fabbisogno nutrizionale di un bambino a questa età, riusciranno a essere meno tesi di fronte alle irregolarità della alimentazione. Come si è detto nel Capitolo 9, esistono solo quattro punti basilari.

1. Mezzo litro di latte o di derivati del latte (120 g circa di formaggio, o mezzo litro di yogurt, gelato ecc.).
2. 60 g circa di carne oppure un uovo – se non mangerà nessuna delle due cose, si può sbattere un uovo nel latte o dargli un supplemento di ferro per soddisfare il fabbisogno di ferro.

3. 30 g circa di succo di frutta o un pezzo di frutta fresca, per il fabbisogno di vitamina C.
4. Un preparato multivitaminico, che soddisferà qualunque fabbisogno di verdure nei periodi di rifiuto.

Nel secondo anno di vita molti bambini non amano le verdure. Alcune persone, tipo i nonni, potrebbero insinuare che i genitori non sono bravi a svolgere il loro ruolo se il bambino non mangia una "dieta completa", incluse le verdure verdi e gialle. Ho visto pochissimi bambini che le mangiano volentieri, mentre ne ho visti migliaia che non le mangiano ma che sono cresciuti bene nonostante una dieta *priva di verdure* per circa un anno. Forse una generazione di bambini di questa età che non verrà forzata a mangiarle finirà con il chiederle spontaneamente ai pasti!

A quattro o cinque anni, se nel frattempo il cibo non è diventato un argomento di scontro, un bambino comincerà a voler provare cibi nuovi, e quindi a mangiare la famosa "dieta completa". Ma ciò non ha importanza dal punto di vista nutrizionale – perché i quattro punti basilari appena indicati gli basteranno fino alla fine della prima infanzia.

Per quanto riguarda le buone maniere, bisogna dimenticarsene fino al terzo-quarto anno di età. Il bambino le imparerà modellando il suo comportamento su quello dei genitori. Non le imparerà sentendosi dire "Fai questo. Fai quello". Tuttavia, stabilirei dei limiti fissi sulla quantità di cibo da tirare o spappolare. Se un divezzo è particolarmente negativo, gli darei solo due pezzetti di cibo alla volta. Quando inizia a spalmarlo sul tavolo o a tirarlo tutto intorno, smetterei di dargliene e lo farei scendere dal seggiolone fino al pasto successivo. Se si vuole che il bambino impari i limiti, non bisogna dargli spuntini tra i pasti. Gli spuntini vanno bene per i bambini di quattro-cinque anni che hanno già acquisito la routine dei tre pasti al giorno.

I genitori orgogliosi delle loro capacità culinarie – o quelli che hanno rimandato la nascita dei figli fino a dopo i trent'anni – trovano più difficile vedere respinti i loro sforzi. Se si riuscirà subito a capire che si è reagito in modo eccessivo, considerandolo un dispetto rivolto personalmente a sé, la situazione può essere disinnescata. A meno che al bambino non manchino i pochi cibi veramente essenziali indicati prima, bisogna dirgli che, se non vuole quel cibo, dovrà aspettare il pasto successivo per mangiare. Bisogna chiarire che può sempre rifiutare ciò che gli viene offerto, ma che non può sostituirlo prendendo e scegliendo tutto quello che vuole al posto di ciò. Bisogna poi ricordargli che si è entrambi a conoscenza del gioco che tenta di fare.

Alimentazione e indipendenza

Alcuni bambini avranno periodi in cui vorranno mangiare alcuni determinati cibi – per esempio, solo burro di noccioline per due settimane. Una cosa del genere non può far male a un bambino ben nutrito. Ma continuare a voler mangiare determinati cibi può essere la spia della esistenza di altri problemi – essere in una fase di negativismo, voler imitare i suoi amici, o mettere alla prova i genitori per vedere se riesce a manipolare l'intera famiglia durante i pasti. Queste sono tutte ragioni normali e frequenti che possono scatenare simili manie. Bisogna lasciare che seguano il loro corso e, se possibile, aiutare il bambino a capire perché continua ad avere una certa fissazione. Quindi è meglio lasciare che si stanchi di mangiare sempre lo stesso cibo. Non bisogna proporre un cibo alternativo. Se lo si fa, il bambino deciderà sempre di volere qualcos'altro.

Le fissazioni, le proteste schizzinose, i rifiuti di certi cibi e molte altre variazioni nell'alimentazione sono fasi completamente normali nello sviluppo del bambino. Ha bisogno di stabilire la sua indipendenza anche sotto l'aspetto alimentare. Ha necessità di trovare la sua identità in famiglia, di fare le sue scelte e di mettere alla prova i limiti di tolleranza dei familiari. I pasti saranno molto più piacevoli se i genitori riconoscono e rispettano quanto detto. Se non si riesce, e se (come capita a molti) i genitori si creano dei problemi o si preoccupano del fatto che il figlio mangi troppo poco, bisogna aspettarsi pasti molto meno tranquilli. Le offerte allettanti, le alternative gustose, gli adescamenti, le digressioni possono indurre il bambino a mangiare per un certo periodo. Il problema è che non funzioneranno alla lunga e creeranno successivamente problemi alimentari non propriamente necessari.

Mangiare da solo è un'attività preziosa ed eccitante per un bambino, e deve essere un campo in cui deve potere sviluppare la sua autonomia. Altrimenti l'alimentazione diventerà un campo di battaglia in cui *vincerà il bambino* – in un modo o nell'altro.

D'altra parte, se il bambino rifiuta per mesi di introdurre anche i cibi indispensabili indicati prima, potrebbe essere necessario consultare qualcuno. Se non aumenta di peso ma anzi scende al di sotto del peso medio stabilito nelle tabelle della crescita, è il momento di cercare aiuto. Il medico di fiducia può dare consigli su dove trovare un aiuto adeguato presso uno psichiatra o psicologo infantile. Poiché un eventuale problema fisico può influenzare l'alimentazione, il medico dovrà prima escluderne ogni presenza. Se non ci sono problemi medici, uno psicoterapista può esaminare il bambino e aiutare sia il piccolo sia i genitori a risolvere i propri problemi alimentari. Non bisogna drammatizzare ma è meglio non aspettare troppo a lungo per intervenire.

24

ABITUDINI

Mentre crescono, i bambini esplorano un'ampia varietà di comportamenti. Provano un certo numero di azioni ripetitive, tipo battere la testa, succhiarsi il pollice e dondolarsi come metodi per alleviare la tensione o come manovre autoconsolatorie. Se tali atteggiamenti non vengono consolidati e diventano schemi comportamentali, o a causa della eccessiva attenzione dei genitori o perché il bambino ha particolare bisogno di comportamenti autoconsolatori, verranno abbandonati dal bambino dopo un certo periodo e ne saranno provati altri. In questo modo, un bambino esplora un'intera varietà di schemi abitudinari. La fissazione su uno di questi può innescarsi solo quando si presta troppa attenzione a un particolare schema comportamentale.

L'importanza delle misure autoconsolatorie per un bambino, tipo succhiarsi il pollice o stringere una bambola o una coperta preferita, è stata chiaramente discussa nella Parte 1. Sono le valvole di sicurezza del bambino in un mondo stressante e non devono essere viste come problemi. Altre abitudini, che possono avere inizio come normali esplorazioni ma possono diventare problemi se i genitori reagiscono esageratamente o se il bambino è troppo sotto stress, possono essere la masturbazione, l'onicofagia (rosicchiarsi le unghie) e i tic.

Masturbazione

Tutti i bambini cominciano a esplorare il proprio corpo già a partire dal secondo anno di età, nel momento in cui viene loro tolto il pannolino. Toccandosi, un bambino può persino sperimentare un'erezione. Appare sorpreso, poi compiaciuto con se stesso per la nuova sensazione provata. Una bambina può inserire le dita nella vagina, lo sguardo vitreo e il corpo tremante, come a scoprire che quella parte del corpo prova sensazioni speciali. Poiché questa parte del corpo è stata coperta dal pannolino per i primi due anni, il divezzo può restare affascinato dalle nuove sensazioni. Potrebbe nascondersi in un angolo per esplorare il proprio corpo. Quando sente la disapprovazione dei genitori, il desiderio di scoprire di più di questa esperienza eccitante aumenta.

Anche quando riescono a sopportare questo comportamento nel bambino, i genitori si preoccupano che possa diventare totalizzante e comparire in pubblico. Poiché questo comportamento normale è stato spesso additato come vergognoso durante la loro infanzia, molti genitori trovano difficile rimanere indifferenti.

Ricordo alcuni genitori venuti a consulto da me con espressione profondamente preoccupata. La loro bambina di quindici mesi si distendeva sul pavimento a fremere, usando un cuscino o le dita per stimolarsi. Lo sguardo sperduto e il rossore che compariva sul suo viso mentre fremeva spaventavano i genitori. Pensavano che fosse in preda a crisi epilettiche. Quando osservai l'"incantesimo" di cui sembrava vittima la bambina, capii che era una normale forma di attività masturbatoria.

La bambina viveva in una famiglia molto attiva e stimolante, composta da altri tre bambini più grandi e sei adulti. Tutti giocavano costantemente con lei, facendole dispetti e stimolandola a rispondere. Per bilanciare tanta pressione, la bambina si ritirava nel suo mondo, usando le attività masturbatorie come metodo di rilassamento. Dissi ai genitori che si trattava di un comportamento normale, ma consigliai anche di ridurre la pressione intorno alla bambina e di farla ritirare nella sua stanza da sola due volte al giorno per consentirle di riposare un poco. "Non continuerà a masturbarsi nella sua stanza?", chiesero i genitori. Risposi che avrebbe potuto, ma che aveva la necessità di calmarsi in qualche modo e di allontanarsi da tanta pressione. I genitori si chiedevano ovviamente cosa fare quando la bambina cominciava a comportarsi in quel modo in pubblico. Consigliai loro di vedere questo comportamento come un segnale della sua necessità di sottrarsi a troppi stimoli. Dovevano prenderla, abbracciarla e portarla in un ambiente tranquillo. I genitori provarono a mettere in pratica gli accorgimenti da me suggeriti e i sintomi "scomparvero" nell'arco di una settimana.

Quando i genitori si preoccupano del fatto che un bambino si masturba, il primo consiglio che do loro è: non date rilievo al comportamento, non mostrate disapprovazione e non cercate di inibirlo. Se si manifesta frequentemente, ricercatene le cause di fondo. Il bambino è troppo teso? Subisce stimolazioni eccessive? Conosce altri metodi di autoconsolazione?

Se il bambino è teso bisogna confortarlo tenendolo tranquillamente in braccio, dondolandolo e calmandolo. Se il bambino si masturba in pubblico, è necessario allontanarlo dal luogo iperstimolante e portarlo nella sua cameretta o in un altro posto tranquillo. Non bisogna preoccuparsi di quello che fa nella sua camera, perché masturbarsi in privato va bene.

È opportuno scoprire se altre persone che frequentano il bambino prestano troppa attenzione a questa abitudine. Altri bambini o adulti della famiglia possono reagire in maniera esagerata e dire al bambino che quel comportamento è vietato. Infatti, invece di aiutarlo, questo porterebbe a un consolidamento della masturbazione come schema comportamentale. Mi preoccuperei se la masturbazione fosse eccessiva e il bambino evitasse di partecipare ad attività interessanti, e soprattutto se usasse troppo questo schema comportamentale. È uno schema costante adottato per affrontare lo stress e il carico eccessivo? Forse il bambino dovrebbe essere sottoposto a un controllo psicologico per escludere un eventuale eccesso di sensibilità o per qualche forma di autismo. È stato sottoposto a esame delle urine? Se si tratta di una bambina, è per caso affetta da vaginite? Può capitare che sia i bambini che le bambine abbiano dei motivi fisici alla base dell'eccessiva masturbazione.

Onicofagia (rosicchiarsi le unghie)

Tutti i bambini si rosicchiano le unghie in certi periodi. Seduti davanti alla televisione, o nel loro letto prima del riposino pomeridiano o del sonno notturno si rosicchiano continuamente le unghie. I genitori che li guardano sentono salire i propri livelli di adrenalina. Non riescono a trattenersi dal togliere il dito dalla bocca del bambino, o dal dire "Non ti fai male?". Il bambino annuisce silenziosamente con la testa ma continua a cercare l'ultimo angolino di unghia rimasto. I genitori cercano di resistere ma non riescono a trattenere il commento successivo: "Ricordi che l'ultima volta ti sei fatto sanguinare le dita?" Il bambino continua ad annuire silenziosamente. Ha anche iniziato a dondolarsi lentamente, lo sguardo vitreo fisso su un punto lontano. I genitori si sentono tagliati fuori, perfino gelosi. Possono provare – invano – a non fare altri commenti. Alla fine, nell'ultimo tentativo di fermare il fastidioso comportamento e ristabilire il contatto con il bambino, sbotteranno con un "E smettila adesso!".

Lo sguardo del bambino si riaccende. Interrompe il suo gesto e guarda direttamente i genitori, come a chiedere "Qual è il problema?" Automaticamente il dito umido torna alla bocca. Ma questa volta si sforza di resistere e, seppure con una certa riluttanza, nasconde la mano sotto il sedere, sedendosi sopra. Non vede l'ora che finisca quell'episodio. Quando la madre esce dalla stanza si sente risollevato, e torna a cercare l'ultimo angolino di unghia rimasto.

Con le loro proteste, i genitori hanno consolidato il suo comportamento, portandolo dalla condizione di stato di comportamento inconscio (usato per consolarsi, calmarsi o controllarsi) a quello di comportamento consapevole, che il bambino inizia a utilizzare come ribellione contro l'intrusione importuna e incomprensibile dei genitori.

Molte abitudini si instaurano in questo modo. Molti di noi hanno provato la stessa forma di intrusione da parte dei propri genitori. Quando vediamo un simile comportamento di chiusura in un bambino è difficile non desiderare di aprire un varco per stabilire un contatto. I genitori, come pure altre persone che vivono attorno al bambino, vedono tale comportamento come segnale del fatto che il bambino sia in qualche modo "socialmente svantaggiato". Pensano che solamente un bambino lasciato troppo solo e scarsamente accudito continua a comportarsi in questo modo. Ma non è vero. Succhiarsi il pollice, rosicchiarsi le unghie, dondolarsi e via dicendo sono schemi autoconsolatori profondamente privati, necessari in alcuni periodi alla maggior parte dei bambini e anche a molti adulti. Durante i vari stadi della evoluzione del bambino, questi comportamenti tendono a ricomparire. Tendono a diventare abitudini radicate quando il mondo esterno a lui manifesta fastidio nei suoi riguardi e tenta di intromettersi.

Tic

Il tic è uno scatto improvviso di una parte del corpo – viso, collo o spalle – che si manifesta inconsapevolmente e ripetutamente. In un bambino i tic compaiono spesso in periodi di maggiore concentrazione o di eccessiva tensione. La maggior parte delle volte il bambino non è consapevole del tic. Se i genitori vi prestano troppa attenzione questo comportamento anomalo aumenta, e loro si preoccupano ancora di più. Spesso i genitori mettono in correlazione questi scatti improvvisi alla epilessia. Questo atteggiamento trasmette un senso di ansia al bambino che aggrava il problema. Se si riesce a ignorarli, i tic scompaiono dopo poco tempo. Si manifestano intorno ai quattro-cinque anni e scompaiono intorno ai sei-sette. Possono ripresentarsi quando il bambino attraversa periodi stressanti, tipo l'adattamento a una nuova scuola o alla nascita di un fratellino. Poiché si manifestano in periodi in cui anche i genitori si sentono stressati, è molto probabile che questi li consolidino in qualche modo – richiamando l'attenzione su di essi o preoccupandosene apertamente.

Se i tic non sono associati ad altri comportamenti insoliti, devono essere ignorati. Se continuano, bisogna cercare la tensione di fondo che li causa e tentare di risolverla. Se il bambino attraversa un periodo di adattamento a una nuova situazione, bisogna assicurarsi di dargli maggiore sostegno e affetto, ma anche aspettare che affronti da solo lo stress e ne tragga un utile insegnamento.

25

RICOVERO IN OSPEDALE

Anche se il ricovero in ospedale è un'esperienza traumatizzante sia per i bambini sia per i genitori, talvolta può assumere un risvolto positivo. Con l'atmosfera affettuosa che pervade al giorno d'oggi la maggior parte degli ospedali per bambini, un bambino può crescere in autostima e maturità imparando a vincere le paure e l'ansia dovute alla degenza. Al Children's Hospital di Boston abbiamo imparato ad aiutare i bambini a conquistare un senso di sicurezza attraverso l'esperienza ospedaliera. Alcuni nostri studi hanno dimostrato che tali sforzi sono altamente positivi. L'esperienza di essere lontano da casa, di essere ammalato o ferito e di essere accudito da adulti che non sono i genitori sarà sempre traumatizzante per un bambino. Il compito di un genitore sarà pertanto quello di sostenere il bambino con modi che lo aiuteranno a trarre insegnamenti da una tale esperienza e a gestirla.

Preparare il bambino al ricovero

Attingo alla mia esperienza e alle osservazioni di tanti anni di lavoro quando offro ai genitori il seguente consiglio. Per prima cosa, *preparate voi stessi* all'evento. Prima di potere aiutare il bambino, dovete gestire la vostra ansia relativa alla separazione e all'evento imminente. Chiedete al medico o all'ospedale le procedure alle quali il bambino sarà sottoposto. Organizzatevi per essere con il bambino nei momenti critici, come il giorno dell'ammissione, quello dell'operazione, o in caso di procedure dolorose. Programmate di trascorrere almeno le prime notti con lui, fino a quando non si sarà abituato al nuovo ambiente. Anche se dovesse essere necessario litigare con il personale ospedaliero per potere rimanere, io consiglio comunque di restare. Nessun ospedale si aspetterebbe che un bambino stia senza i genitori nel periodo di adattamento iniziale e in occasione degli eventi dolorosi e traumatizzanti che potrebbe dovere sopportare. La presenza di un genitore è fondamentale se un bambino dovrà affrontare la separazione da casa e procedure dolorose. Preparate il più possibile il bambino con un certo anticipo. Poi ripetetegli parole di conforto mentre affronta questa esperienza e tutto quello che comporta.

Sappiamo per esperienza che il modo migliore per preparare un bambino è essere il più possibile onesti ed esaurienti su ciò che succederà. In base all'età del bambino, potete dire: "Starai in un reparto con altri bambini ammalati, che avranno bende e tubi nelle vene delle braccia. Potrai avere paura, ma io sarò con te. Dopo un'operazione, anche tu avrai tubi nelle braccia, perché questo è il modo in cui le infermiere e i medici ti alimentano per farti guarire più in fretta, se non avrai voglia di bere o di mangiare. Ti dovranno fare delle iniezioni – alcune nel dito e alcune nel braccio. Fa un po' male ma passa presto. Puoi chiedere all'infermiera o al medico di mostrarti cosa fanno con il tuo sangue. Con l'esame del sangue ti possono dire di che malattia soffri e come possono farti stare meglio. Non è una bella cosa essere punti nel dito. Io ti terrò l'altra mano, se me lo lasceranno fare, e se me la stringerai tanto forte da farmi male forse sentirai meno male quando ti faranno l'iniezione. Fammi vedere se riesci a stringermi la mano fino a farmi male!? E piangi se ne hai voglia. È giusto piangere!"

Se il bambino deve essere sottoposto a un'anestesia, chiedete all'anestesista che metodo sarà usato. Informate il bambino sulle maschere dell'ossigeno, l'odore dell'etere o del gas, la puntura dell'ago, e ditegli che cercherete di stare con lui mentre gliela somministrano. E inoltre fate di tutto per riuscire a esserci. Assicurategli che sarete lì quando si sveglierà e che lo aiuterete a superare i primi giorni di malessere dopo l'operazione. Quando si sentirà meglio, potrà avere del gelato. Sapere che gli sarete vicino e che lo proteggerete il più possibile è fondamentale per il suo senso di sicurezza. Molti ospedali per bambini oggi hanno infermiere e specialisti di attività infantili che ben conoscono le reazioni dei bambini al dolore e alle procedure ospedaliere. Chiedete loro di aiutarvi.

Per prevenire problemi, molti ospedali per bambini offrono visite preliminari per genitori e bambini che arrivano per ricoveri programmati. Queste visite sono un'idea meravigliosa. I membri dello staff portano i bambini nell'ufficio accettazione, al piano dove saranno ricoverati e successivamente, in presenza dei genitori, mostrano loro anche la sala operatoria, la sala delle terapie, il letto e infine la sala giochi. Danno ai bambini e ai loro genitori una visione d'insieme di ciò che accadrà quando verranno ammessi. Negli studi citati precedentemente sulla guarigione dei bambini dopo un intervento, abbiamo scoperto che esiste una differenza significativa sulla qualità e la rapidità della guarigione fisica se i bambini vengono preparati alle procedure che dovranno affrontare. I sintomi che si riscontravano solitamente dopo il ritorno a casa del bambino – tipo enuresi, paure, terrore notturno e regressione a comportamento infantile – duravano meno se il bambino era stato preparato bene al periodo di ricovero. Quegli stessi studi hanno dimostrato che i bambini erano più disponibili all'ascolto delle spiegazioni e alla preparazione se i genitori erano presenti. Un bambino ha bisogno di sapere che i genitori comprendono e concordano su quanto capiterà loro. Potranno così fidarsi del fatto che le procedure mediche non sono poi così pericolose.

Cosa può essere d'aiuto nel caso in cui i bambini non vengono preparati in anticipo? Più della metà dei ricoveri avviene per emergenza. Il nostro Children's Museum di Boston ha un'esposizione speciale che mostra ai bambini cosa accade in un ospedale. Ci sono fonendoscopi, camici da medici e da infermiere, una sala operatoria completa, un letto di ospedale con la spalliera pieghevole tramite manovella, e anche un laboratorio con microscopio per esaminare il sangue che viene prelevato al momento dell'ammissione. Pensiamo che sia una valida preparazione per i bambini che potrebbero essere ricoverati d'emergenza. Io consiglierei ai genitori di mostrare ai bambini questa esposizione quando stanno bene.

Nessuno può ovviamente prevedere gli eventi che determinano un'emergenza. Questo è il momento in cui un bambino ha maggiormente bisogno dei genitori. Se siete con lui, potete spiegargli ogni procedura alla quale si sottopone e sostenerlo mentre la affronta.

In ospedale

Se un genitore è presente può spiegare al bambino la necessità di prendere le medicine, di subire prelievi, di essere alimentato per via endovenosa o di dovere fare le iniezioni; può dirgli in che cosa consistono le varie procedure a cui viene sottoposto; quanto saranno dolorose, e come il dolore può essere di breve durata. Può inoltre dargli una motivazione per le varie procedure e spiegargli come lo aiuteranno. Quando la procedura è finita e il bambino ha superato il momento difficile, è bene che il genitore si congratuli con lui, mettendo in evidenza quanto fosse difficile sopportare quel dato procedimento, ma che lui ce l'ha fatta.

È importante che il genitore tenga in considerazione la paura della mutilazione che assale il bambino tutte le volte che è ammalato, e che ne parli con lui. Inoltre, per un bambino la malattia sembra interminabile. Durante lo stato di malessere il bambino non ricorda di essersi mai sentito in condizioni migliori prima di allora, e pensa che la sua malattia sia permanente. Il senso di impotenza che accompagna una malattia è schiacciante e allarmante. Il bambino penserà inevitabilmente che il suo attuale stato è una ritorsione dovuta a qualcosa che ha fatto. Quando un genitore dice "Se solo avessi messo gli scarponcini", il bambino ascolta con la massima attenzione. La frase della madre serve a confermargli ciò che già pensa – cioè che i bambini ammalati sono bambini davvero cattivi.

Questo senso di responsabilità e l'incapacità di avere il controllo della situazione avvalorano la sensazione di fondo che lo porta a pensare che non starà mai più bene in futuro. Una sorta di temibile rassegnazione può influenzare la capacità del bambino di combattere la malattia e guarire. Rifiuterà di prendere le medicine, e assumerà comportamenti negativi e ostinati che renderanno necessario il ricorso a punizioni. E la cosa strana è che il bambino si mostrerà quasi sollevato quando verrà punito o rimproverato. Se si nota un simile comportamento è necessario affrontare il discorso con il bambino. Fargli sapere che non è responsabile della sua malattia. Lasciarlo parlare delle sue sensazioni. Rassicurarlo che sia i genitori sia il medico sanno come trattarlo, e che starà presto bene. Quando inizia a collaborare, è bene ricordargli che in quel modo aiuta se stesso; quando guarisce, bisogna dargli la possibilità di comprendere che sia i genitori sia lui sapevano cosa fare, ed è per questo che è guarito. Ma più di tutto si deve fare sentire al bambino un senso di conquista alla fine di una malattia o di un ricovero in ospedale. Dargli il senso del controllo della malattia può essere la base per superare difficoltà future.

Come si è detto, molti ospedali per bambini hanno una sala giochi e uno specialista in attività infantili. Questo specialista è esperto di sviluppo infantile e di tecniche di gioco terapeutico. Chiedete a questa persona che tipo di gioco può essere adatto per aiutare il bambino a elaborare i suoi sentimenti. Le sale giochi sono solitamente fornite di bambole alle quali sono state applicate bende e stecche, e persino apparati endovenosi. Nella sala giochi un bambino può sentirsi al sicuro e incontrare altri bambini che attraversano simili sofferenze. In quel luogo possono imparare cose su se stessi e sulla propria malattia e acquisire la sensazione di riuscire a superarla da soli.

Laddove possibile, inducete il bambino a credere di avere in qualche modo il controllo del mondo intero e del proprio destino. Perfino un bambino avvolto in bende e immobilizzato in stecche può soffiare sugli elementi di un *mobile* per farli muovere o sputare in una lattina. Lasciate che il bambino si sporchi con i colori o che butti giù blocchi di plastica o che faccia qualsiasi attività gli sia possibile. Se può sentire di avere il controllo su tutto, non si sentirà più completamente alla mercé del doloroso mondo della malattia.

Come detto prima, è opportuno che un genitore resti almeno la prima notte. Anche se dovrà passare tutta la notte seduto su una sedia, ne varrà la pena per il bambino. Durante il giorno quel genitore si può fare sostituire da un altro membro della famiglia e andare a casa a riposare, ma almeno avrà dato sostegno al bambino durante la prima terribile notte. Se il bambino deve rimanere ricoverato a lungo è meglio che il genitore si dia dei ritmi, prevedendo di lasciare l'ospedale in alcuni momenti della giornata. Una pausa durante il giorno può essere una benedizione per il genitore, e può spingere il bambino a imparare a fare affidamento su infermiere, dottori e specialisti del gioco. Si sentirà più sicuro se anche il genitore mostrerà fiducia in loro.

Quando il genitore va via, deve preparare il bambino all'allontanamento. Non gli si deve mai mentire né tentare di andarsene di nascosto: deve essere in grado di fidarsi del genitore. È bene dirgli a che ora si sarà di ritorno e cercare di essere puntuali. Prima di andare via, si deve indurre il bambino a fare riferimento a una infermiera in particolare o a una persona della sala giochi e aiutarlo a considerare il medico e le infermiere come persone che si prendono cura di lui. Quando il genitore è via, il bambino sentirà che il sostituto ha la sua approvazione. Quando ritorna, è bene ricordargli la promessa fatta. La paura di essere abbandonato si intensifica nel bambino quando si trova lontano da casa e in un posto totalmente estraneo e che incute paura. Ogni volta che si rispetta l'orario previsto, il bambino si sentirà al sicuro.

Laddove possibile, fate in modo che altri membri della famiglia gli facciano visita. Molti ospedali consentono l'ingresso dei fratelli. Niente può rallegrare tanto un bambino ammalato quanto vedere il fratello o la sorella.

Quando il bambino torna a casa

Dopo il rientro a casa del bambino, ci si deve aspettare una reazione. La maggior parte regredisce a uno stadio evolutivo precedente. Solitamente abbandona l'ultima conquista evolutiva appena realizzata. Per esempio, un bambino che ha imparato l'uso del vasino da mesi può ricominciare a bagnare le mutande o il letto. Oppure un bambino di quattro anni che ha superato paure e incubi ricomincerà a vedere mostri la notte nella sua cameretta. Si sveglierà diverse volte urlando. Queste reazioni sono normali e persino salutari. Non solo ci si deve aspettare che si manifestino, ma bisogna aiutare il bambino a comprendere che sono giuste e perfettamente normali dopo la permanenza in ospedale. Aiutarlo a comprendere le proprie reazioni è come aprire una porta verso la comprensione di se stesso. Di conseguenza il bambino non si sentirà così colpevole per il suo comportamento regressivo.

Inoltre, aiutare il bambino a esprimere o a ricreare nel gioco le sue reazioni alla dolorosa esperienza e alla separazione da casa è terapeutico. Si potrebbe allestire un ospedale per bambole dove con la sua bambola o con il suo orsacchiotto preferito possa esorcizzare le esperienze fatte: ciò consente al bambino di esprimere le proprie paure e ansie nella sicurezza della propria casa. Il terrore, il dolore e la paura che si ripeta possono riemergere. Il bambino può essere rassicurato, e rassicurare se stesso, di essersela cavata egregiamente. Avrà in tal modo acquisito un senso di padronanza di ciò che avrebbe potuto altrimenti essere un'esperienza traumatica.

26

IPERSENSIBILITÀ E IPERATTIVITÀ

Anche se tutti i bambini potrebbero sembrare "iperattivi" ai propri genitori specie in determinati momenti della giornata (soprattutto dopo i pasti!), in realtà l'iperattività, intesa dal punto di vista comportamentale del bambino, non è soltanto un'energia "straripante". Un bambino realmente iperattivo presenta brevi intervalli di attenzione ed è mosso da attività frenetica, impulsività incontrollabile e instabilità emotiva. Questi problemi interferiscono, creando problemi, con la vita del bambino a casa, a scuola e con altri adulti o bambini.

Identificare iperattività e ipersensibilità

I bambini iperattivi sono prevalentemente di sesso maschile. Poche bambine sono realmente iperattive. L'iperattività è probabilmente dovuta a un sistema nervoso "immaturo", ipersensibile, alla mercé di ogni stimolo a cui viene sottoposto. Il bambino non è in grado di isolare e filtrare gli stimoli non importanti e non riesce pertanto a concentrarsi su quelli più utili e comprensibili. Esiste la dimostrazione che il problema ha inizio nel cervello e che interessi i cosiddetti neurotrasmettitori. Ogni segnale in entrata viene trasmesso senza essere prima selezionato. Le scariche elettriche, trasformate dal sistema nervoso in attività, sono in pratica incontrollabili. Il cervello non ha la capacità di chiudere i battenti a nessun livello di attività. In termini molto più semplici, questo problema neurologico può sorgere quando uno o più settori del cervello sono danneggiati, forse a causa dell'azione di farmaci, di droghe o di sostanze tossiche come il piombo, oppure per difficoltà al momento del parto. Non se ne conoscono sempre i motivi. Il processo di riparazione può attivare dei campi di ipersensibilità attorno alla zona danneggiata, e tale ipersensibilità si propaga successivamente nell'intero sistema nervoso centrale.

L'iperattività, che viene spesso diagnosticata solo quando un bambino inizia a frequentare la scuola o un asilo nido, deve essere distinta dall'ipersensibilità infantile dovuta a denutrizione all'interno dell'utero. Quest'ultima condizione può venire gradualmente ridotta con cure appropriate. I neonati sottoposti per un qualche motivo a stress nell'utero materno mostrano eccessiva ipersensibilità. Questi bambini facilmente soggetti a sovraccarico di stimoli, in genere lunghi e magri alla nascita, vengono detti "piccoli per l'età". La placenta che li ha nutriti è piccola e insufficiente, per motivi talvolta inspiegabili.

Al Children's Hospital di Boston abbiamo studiato molti di questi bambini immaturi. Sebbene malnutrizione, incidenti, alcol, fumo, droghe e infezioni possano interferire in un modo simile con le funzioni placentari, le madri che abbiamo studiato non avevano sofferto di nessuna di tali condizioni. I neonati non avevano accumulato abbastanza grasso prima del parto. La loro pelle era secca e screpolata, i capelli erano radi e i visini apparivano stanchi, invecchiati e preoccupati. Qualunque stimolo li faceva sussultare. La loro capacità di escludere gli stimoli ripetuti era significativamente ridotta (Si veda la discussione sull'assuefazione nel Capitolo 2). Questi bambini non riuscivano a dormire profondamente o a prestare attenzione prolungata a esperienze interessanti perché erano facilmente distraibili in ogni singolo stato comportamentale. Passavano rapidamente dallo stato di allerta o di sonno a uno di pianto inconsolabile, come se piangere fosse per loro l'unico modo per tenere sotto controllo l'ambiente esterno. Questi rapidi cambiamenti di stato non lasciavano ai genitori il tempo di stabilire contatti tattili, uditivi o visivi con i bambini. Questo, a sua volta, creava ansia nei genitori, che per reazione aumentavano i loro sforzi. Il risultato era che la condizione di ipersensibilità e iperreattività persisteva per tutta l'infanzia.

Nella nostra ricerca abbiamo cercato metodi per interrompere il circolo vizioso dell'iperreattività e i comportamenti eccessivamente ansiosi dei genitori. Maneggiando questi bambini con molta delicatezza eravamo in grado di aiutarli a organizzarsi. Abbiamo compreso che dovevamo ridurre le stimolazioni per potere stabilire un contatto con loro. Se giocavamo con loro, o davamo loro da mangiare, in una stanza oscurata e tranquilla, si mostravano più disponibili. In un ambiente rumoroso e pieno di distrazioni, distoglievano lo sguardo e rifiutavano di accettare qualunque nostra attenzione. Se le attenzioni venivano loro rivolte durante un pasto, sputavano il cibo. Nel periodo dalla terza alla dodicesima settimana erano estremamente irritabili. Chiusi a qualunque contatto, e in lacrime per lunghi periodi della giornata, questi bambini sembravano fare uso del pianto come una difesa contro l'eccessiva stimolazione.

Quando i periodi di pianto terminavano, questi bambini rimanevano estremamente sensibili e facilmente distraibili. A cinque e ancora a nove mesi, erano in balia di ogni stimolo uditivo o visivo. L'iperattività cominciava a sostituire il pianto come modo per scaricare la repressa inquietudine interiore causata da eccessiva stimolazione.

Aiutare i bambini ipersensibili e iperattivi

Per ognuna delle età precedentemente descritte e anche per quelle successive, la comprensione dell'ipersensibilità di fondo aiuta i genitori, e anche gli altri adulti che si prendono cura del bambino, a lavorare con bambini iperreattivi. Proponendo misuratamente una cosa alla volta, e diminuendo ulteriormente l'intensità alla prima espressione accigliata del bambino, alla prima reazione strana o variazione di stato, si può gradualmente calmare un simile bambino e comunicare con lui. Lo si può prendere in braccio lentamente e delicatamente e tenerlo stretto fino a quando non si sarà finalmente rilassato. Solo allora si potrà abbassare lo sguardo per guardarlo dritto in faccia. Potrebbe nuovamente irrigidirsi, ma alla fine si rilasserà. Allora gli si potrà canticchiare lentamente qualcosa. Potrebbe irrigidirsi ancora una volta per poi rilassarsi nuovamente. Infine lo si potrà cullare, cantandogli una canzoncina e guardandolo dritto in faccia. A quel punto avrà "imparato" a organizzare diverse esperienze contemporaneamente. Nel corso dei nostri studi abbiamo dimostrato questo noioso procedimento ai genitori. A causa della loro preoccupazione, i genitori solitamente eccedevano nei tentativi di stabilire un contatto con bambini così sensibili. Ne risultava un senso di fallimento sia nei genitori sia nei bambini. Dopo avere dimostrato la necessità di proporre una sola cosa per volta, molti genitori riuscivano a modificare l'approccio con il bambino. L'allattamento e altre importanti attività, tipo cambiargli il pannolino, giocare, cullarlo, metterlo a letto, riescono meglio se realizzate in un ambiente protetto, tranquillo, privo di distrazioni. Se viene maneggiato con attenzione, ogni attività, esercitata con tranquillità e misura, proposta al bambino gli dà l'opportunità di imparare a gestire il proprio sistema nervoso immaturo.

Il vero problema per i genitori è di superare la loro naturale eccessiva preoccupazione, aggravata dal senso di colpa che deriva dal non capire il "perché" il proprio bambino sia così sensibile. Di solito non abbiamo risposte a questa domanda. Ma sappiamo che, con il tempo, molti di questi neonati ipersensibili imparano a cavarsela sempre meglio, a patto che l'ambiente sia protettivo. Il fine ultimo è quello di avere un bambino che si aspetta di avere successo ed è determinato a riuscirci, malgrado le possibili difficoltà.

Quando la causa dell'ipersensibilità e iperattività è organica – cioè un danno cerebrale – il trattamento dovrà continuare per diversi anni. Come si è detto prima, la vera iperattività non viene riconosciuta fino a quando il bambino non frequenta la scuola. Tuttavia un genitore attento o un pediatra ne riconosceranno i segnali molto prima. Il bambino (solitamente di sesso maschile) sarà in balia di ogni stimolo con il quale avrà modo di venire a contatto. Per esempio, in visita nel mio studio il bambino trasalirà se batto le mani mentre gioca. Se continuo a battere le mani, la reazione potrebbe diminuire, ma continuerà comunque. Un bambino normale escluderebbe il rumore da me provocato dopo il terzo o quarto battito di mani. Un bambino ansioso potrebbe riuscirci dopo cinque o sei. Un bambino realmente iperattivo chiuderà gli occhi fino a dieci o quindici volte. Potrebbe sobbalzare per le prime cinque o sei, ma poi troverà il modo per ridurre l'impatto del battito delle mani. Può mettersi a cantare, girarsi di schiena, mostrarsi diversamente attivo mentre tenta di escludere questi rumori ripetiti-

vi. Quando avrò smesso di fare rumore, il bambino diventerà inevitabilmente rumoroso e attivo, nel tentativo di scaricare il sovraccarico accumulato.

È probabile che l'iperattività implichi anche una certa disattenzione. Il bambino potrebbe inciampare facilmente o battere contro i mobili. Sembra non accorgersi di avere urtato o di avere fallito un certo compito. Il fallimento gli è ormai familiare. Un'indicazione di tale aspettativa di fallimento è il tentativo del bambino di dissimulare o di distrarre l'osservatore perché non se ne accorga. Cercherà di portare l'attenzione verso altri settori e potrebbe tentare di sviare l'attenzione verso altri compiti. Quando fallisce, non è in grado di fermarsi e si lancia in una sorta di labilità emotiva. Piangere, ridere e correre per la stanza sono tutti tentativi per gestire la sua impulsiva avventatezza. Non riesce a controllarsi.

L'iperattività è spesso associata a problemi dell'attenzione. Dato che il bambino non riesce a escludere gli stimoli non importanti, il suo periodo di attenzione è breve. Inizierà e interromperà ogni attività, poi diventerà eccitabile o irrequieto. Se i problemi di attenzione sono gravi e sembrano interessare un difetto dei meccanismi selettivi cerebrali, la condizione viene definita *sindrome da deficit e da disordine dell'attenzione* (*Attention deficit disorder*, ADD), come già detto nel Capitolo 12. Sebbene l'iperattività accompagni spesso la ADD, alcuni bambini affetti da ADD non sono iperattivi.

Tutto questo può essere chiarito solo da professionisti con lunga esperienza in tali problemi. Se i genitori notano che il bambino si distrae facilmente ed è in balia degli stimoli, se è emotivamente labile e non riesce a gestirsi da solo, se la sua attività frenetica sembra essere il risultato di un sistema nervoso sovraccarico, consiglierei un controllo tempestivo.

Sarebbe più auspicabile una valutazione multidisciplinare che preveda la presenza di un pediatra, uno psicologo e altri specialisti. Non basta però una valutazione che produca solo una definizione di diagnosi. L'obiettivo dovrebbe essere quello di individuare i punti di forza come pure quelli di debolezza del bambino, e definire un programma di trattamento sulla loro base.

Il trattamento potrebbe consistere in un *counseling* familiare che aiuti a organizzare un ambiente incoraggiante, in un particolare programma educativo, nella psicoterapia e, in alcuni casi, nella somministrazione di farmaci specifici. I farmaci devono essere prescritti e la somministrazione tenuta sotto controllo da un medico. Se devono essere somministrati farmaci, il bambino deve essere coinvolto nella decisione. I genitori dovrebbero fargli sapere che i farmaci servono per aiutarlo a realizzare ciò per cui lui si sta strenuamente sforzando: la capacità di interrompere l'attività e di prestare attenzione. Se il farmaco fa effetto, il bambino deve prendere parte al merito.

Oltre a fornire un ambiente tranquillo e non carico di stimoli, il ruolo dei genitori deve essere quello di premiare ogni minimo progresso. Persino il più semplice comportamento positivo, come stare seduto tranquillo per un breve pasto o portare a termine un semplice compito, deve essere lodato. I genitori devono fare sapere al bambino quanto si sentono fieri di lui quando riesce a controllare la sua disorganizzazione. Poiché crescere un bambino ipersensibile o iperattivo è un compito che richiede molto tempo e tanto impegno, ogni genitore deve avere del tempo per rilassarsi e ricaricarsi. I genitori che credono nella forza del proprio bambino, e che collaborano nei programmi di trattamento con ottimismo piuttosto che con ansia, trasmetteranno questa sensazione al bambino e contribuiranno enormemente alla crescita del suo autocontrollo.

La complicazione potenziale più grave di questa malattia può svilupparsi dalla consapevolezza nel bambino della propria incapacità a controllare la stessa malattia. Il bambino cresce con l'aspettativa di fallire, cosa che finisce con l'interessare tutti gli altri sforzi per apprendere e conformarsi. Questo senso di fallimento e la scarsa immagine di sé possono essere più gravi della malattia stessa. Perché, quando il cervello si sarà sviluppato, il bambino supererà la condizione di iperattività; ma se nella sua organizzazione mentale si aspetta di poter fallire, avrà purtroppo già imparato schemi che lo portano inevitabilmente al fallimento.

Suggerisco da tempo ai genitori di bambini simili di tre-quattro anni di età, di fare una tabella su (1) come si comporta mentre si sviluppa un picco di scarico della tensione, (2) come si comporta al momento del picco, e (3) dopo. Da parte mia pongo anche alcune domande: riesce poi a calmarsi e prestare attenzione? Introducendo un oggetto di supporto (il pupazzo preferito) o uno schema comportamentale su cui poter fare affidamento, si riesce ad aiutare il bambino a bloccare i picchi di tensione imparando ad anticiparli? Gli si può ricordare che, mentre aumenta la tensione, lui può consolarsi facendo ricorso al pollice, o al suo pupazzo preferito o a dondolarsi nel suo seggiolino? Se riesce a bloccare i picchi di attività, forse potrà prestare attenzione e tranquillizzarsi. Quando riesce a ottenere questo tipo di padronanza, il bambino merita in premio di sapere che ha lavorato intensamente per superare un disturbo veramente fastidioso. Se riesce a realizzare un tale schema comportamentale intorno ai cinque-sei anni, può essere in grado di gestire la scuola e i prolungati periodi di attenzione che questa richiede. Si può trattare di una conquista lunga e impegnativa per lui. Ha bisogno di molto incoraggiamento e di grande pazienza e anche della sensazione di sé in termini di successo!

27

LA MALATTIA*

I bambini si ammalano con una rapidità incredibile – quasi sempre di sera, quando tutti gli studi medici sono chiusi. Un attimo prima se ne stanno lì a giocare pieni di energia, e un momento dopo appaiono sofferenti e disorganizzati. Improvvisamente li si vede barcollare o mettersi distesi. Gli occhi si appannano e il colorito si fa rosso fuoco o bianco pallido. La frequenza respiratoria raddoppia, e sembrano fare sforzi per potere respirare. I bambini più piccoli piangono inconsolabilmente o non piangono affatto. Non sanno dire cosa si sentono, ma ovviamente stanno molto male. Il loro cedimento è così improvviso dato che, mentre giocano, tentano di resistere e non arrendersi al malessere. Quando infine cedono, fanno così tanta tenerezza. Tutti, tranne i genitori più esperti, proveranno un penoso moto d'ansia.

* Questo capitolo non è una guida alla cura di bambini ammalati ma, in sintonia con lo spirito del libro, propone semplici approcci per alleviare la normale ansia dei genitori e dei bambini ammalati. In ogni caso, si consiglia di verificare ogni situazione con il medico pediatra di famiglia.

Riconoscere e affrontare le emergenze

Cosa bisogna fare? Ricordo sempre ai genitori che esistono solo pochissime eccezioni per le quali non è consigliabile aspettare e osservare per capire se si tratta o meno di un problema serio. Tre importanti eccezioni sono la perdita di coscienza, l'ostruzione delle vie respiratorie e le convulsioni. Per queste situazioni consiglio di adottare le seguenti misure.

Se il bambino è privo di sensi e non ci sono lesioni, portatelo immediatamente al più vicino ospedale. Se c'è stata, o potrebbe esserci stata, una lesione cerebrale o spinale, *non muovetelo*, e cercate immediatamente assistenza medica.

In caso di soffocamento, mettete il neonato a testa in giù e dategli colpi nella schiena fino a quando non verrà liberata l'ostruzione. Per i bambini non consiglio la manovra di Heimlich, perché si possono facilmente far male.

Tranne che per le convulsioni (trattate più avanti in questo stesso capitolo), non verranno forniti ulteriori consigli di pronto soccorso in quanto esulano dallo scopo di questo libro. Tutti i genitori devono approntare i preparativi seguenti:

1. Tenere accanto al telefono il numero del dottore, del pronto soccorso dell'ospedale e del centro veleni.
2. Mettere tutte le persone che si prendono cura del bambino a conoscenza dell'esistenza di questi numeri.
3. Comprare una guida valida alle emergenze e leggere i consigli su come prepararsi alle emergenze.

Simili preparativi aiutano i genitori a restare calmi e agire con efficienza in caso di emergenza. L'ansia sarà fortissima ed è assolutamente normale che lo sia. Fornisce l'adrenalina necessaria per affrontare l'emergenza.

Febbre

La febbre non è una malattia, ma un'indicazione dello sforzo compiuto dal corpo per combattere un'infezione. I bambini di età fino a tre anni possono sviluppare febbri molto alte perché il meccanismo termoregolatore è ancora immaturo. La febbre è una risposta fisiologica positiva del sistema immunitario alle infezioni, sia virali che batteriche. Il novantacinque per cento della febbre non necessita di trattamento antibiotico o di altra natura. La migliore cosa che un genitore possa fare per il bambino è dargli la possibilità di sviluppare il proprio sistema immunitario combattendo da solo la maggior parte delle malattie. Se un bambino febbricitante viene portato a controllo da me troppo presto, non sono sempre in grado di individuare la sede dell'infezione che ha causato la comparsa della febbre e se il piccolo potrà affrontarla da solo o se avrà bisogno di aiuto. A meno che non stia troppo male, preferisco visitare il bambino dopo che avrà combattuto la sua personale battaglia per almeno ventiquattro ore. A quel punto potrò fare una diagnosi corretta e stabilire se è necessario prescrivere una cura.

Prendere la temperatura al bambino Fino a quando il bambino non avrà cinque o sei anni e potrà collaborare, l'uso di termometri orali è troppo pericoloso. Sono in vendita strisce di plastica da applicare sulla pelle per la misurazione della temperatura, ma non sono completamente affidabili. Se si riesce a farlo, la cosa migliore è prendere il bambino in braccio, inserire il termometro sotto l'ascella e tenerlo con il braccio bloccato contro il suo torace per 2-3 minuti. Potrebbe essere difficile da fare se il bambino si dimena troppo. Se si deve rilevare la temperatura tramite un termometro anale, è consigliabile mettere il bambino a pancia in giù sulle proprie gambe. Inserire la punta del termometro, cosparsa di pomata, solo per un paio di centimetri nell'ano e tenere fermo il bambino. Per l'inserimento del termometro usare solo pollice e indice e appoggiare il resto della mano sul suo sederino in modo che la mano e le dita che tengono il termometro sentiranno ogni minimo sobbalzo o movimento del bambino. Si eviterà in tal modo di perdere il termometro o di romperlo o di ferire il bambino.

Rilevare la temperatura di un bambino piccolo non è affatto facile! E non è sempre necessario. Per dire se una febbre è pericolosa non bisogna solo fare riferimento ai gradi della temperatura. Questo non è infatti il fattore più indicativo. Un bambino con febbre alta che appare però sveglio e reattivo è molto meno preoccupante di un bambino con temperatura bassa ma fiacco e impassibile. In altre parole, il sintomo più importante è il modo in cui il bambino reagisce.

Quando la febbre sale improvvisamente, molti bambini cambiano sensibilmente comportamento. Rabbrividiscono mentre il calore corporeo aumenta; sembrano spesso sonnolenti e chiusi a qualsiasi contatto. Se questo succede al vostro bambino, controllate tre cose.

1. Ha il collo rigido? Riuscite a piegarlo in avanti verso il torace? Un bambino colpito da meningite non riesce a piegare il collo in avanti, mentre un bambino con dolori muscolari dovuti all'influenza non sarà contento di dovere piegare il collo in avanti ma sarà comunque in grado di farlo. Un collo realmente rigido richiede molta attenzione.
2. Si avvertono interferenze al passaggio dell'aria? Tutti i bambini con la febbre respirano più velocemente del normale, ma se si sente dispnea o rumore o stridore all'inspirazione, è necessario ricorrere all'intervento del medico.
3. Si tocca le orecchie come se gli facessero male? Le infezioni alle orecchie in presenza di febbre alta richiedono un intervento terapeutico, quindi è necessario che il bambino venga visitato tempestivamente.

Se il vostro bambino febbricitante ha anche uno solo dei precedenti sintomi, chiamate il medico o l'infermiera. In caso contrario, potete permettervi di tentare prima con i rimedi casalinghi. Potete controllare per almeno ventiquattro ore se il bambino migliorerà da solo.

La prima cosa da fare con un bambino ammalato è prenderlo in braccio, confortarlo e dirgli che lo si aiuterà a stare meglio. La malattia è un momento in cui bambini e genitori stabiliscono un particolare contatto reciproco, e i bambini ricorderanno per il resto della loro vita il modo in cui i genitori si sono presi cura di loro quando erano ammalati. I genitori che lavorano dovranno trovare il modo di rimanere a casa con il bambino che sta male.

Disidratazione La prima preoccupazione in caso di febbre è la disidratazione. Fate in modo di fare assumere liquidi al bambino il più presto possibile. La disidratazione è uno dei motivi principali per cui i bambini con la febbre appaiono tanto abbattuti. Deve essere contrastata costantemente per aiutare i bambini a combattere l'infezione causa della febbre. Per i neonati, la disidratazione può persino mettere a rischio la vita. È necessario fare bere piccoli sorsi di liquidi alla volta, perché la febbre è spesso accompagnata da disturbi di stomaco. Se il bambino ha nausea o vomita contrastare la disidratazione è ancora più importante. Un cucchiaio da tè di liquido (5 ml) – non latte o acqua, ma un liquido dolce che contenga anche un poco di sale, tipo un aperitivo analcolico, tè leggero zuccherato, o una miscela composta da mezzo litro di acqua, un cucchiaio da minestra (15 ml) di zucchero e mezzo cucchiaio da tè di sale – può essere dato da bere al bambino ogni cinque minuti per la prima ora. Un cucchiaio da minestra di liquido ogni cinque minuti per la seconda ora e circa 30 ml di liquido ogni cinque minuti per la terza e la quarta ora combatteranno sia il disturbo di stomaco sia la disidratazione. Circa un litro al giorno è l'obiettivo finale da raggiungere per contrastare la disidratazione accompagnata da febbre.

Se il bambino continua a stare male, gli si può dare un sostituto dell'aspirina (l'aspirina in alcuni casi rari è stata associata alla comparsa di una condizione chiamata sindrome di Reye), come il paracetamolo, secondo quanto indicato nelle istruzioni della confezione o secondo il consiglio del medico. Se il bambino sembra ancora stare male dopo ventiquattro ore, indipendentemente dalla temperatura, è il caso di chiamare il medico. Se si è riusciti a tenere bassa la temperatura con farmaci sostituti dell'aspirina o con bagni tiepidi, il bambino si sentirà meglio e si comporterà di conseguenza. Se si comporta diversamente, starà solo tentando di dire che ha bisogno di attenzioni mediche.

Convulsioni In un bambino piccolo, la febbre alta (al di sopra di 39,5°) può qualche volta provocare convulsioni (convulsioni febbrili). Le convulsioni si manifestano con maggiore frequenza nei bambini minori di tre anni o appena più grandi che hanno una soglia bassa di scatenamento per tali manifestazioni.

Le convulsioni fanno paura. Quando si manifestano, il corpo del bambino si irrigidisce, si inarca e il respiro sembra fermarsi; in seguito, quando la respirazione riprende, gli arti cominciano a sussultare spasmodicamente in scatti ripetuti. Durante questo processo il bambino potrebbe anche perdere i sensi. In queste occasioni bisogna assicurarsi di posizionare il bambino su un fianco o con la testa abbassata, in modo da tenere libere le vie respiratorie. Contrariamente a quanto si crede comunemente, la lingua non verrà ingoiata.

A differenza delle altre emergenze indicate precedentemente, in caso di convulsioni febbrili c'è qualcosa che i genitori possono e devono fare. Per fare scendere rapidamente la temperatura immergere delicatamente il bambino in una vasca di acqua tiepida. Se il bambino si riprende dentro la vasca, si può attendere prima di chiamare il medico. In caso contrario, chiamare un'ambulanza e poi il medico per dirgli di tenersi pronto in ospedale. Con ogni probabilità, la crisi sarà terminata prima di arrivare in ospedale, ma se si tratta della prima crisi è importante fare visitare il bambino.

Talvolta precipitarsi in ospedale prima di fare scendere la febbre può prolungare la crisi. Quando il bambino è sveglio e cosciente, somministrargli dei liquidi e un sostituto dell'aspirina. Assicurarsi di leggere e seguire le indicazioni del foglietto illustrativo.

Se il bambino ha la febbre e ha già avuto una volta delle crisi convulsive, consiglierei di dargli subito alla comparsa della febbre il sostituto dell'aspirina ogni quattro ore. Si possono adottare queste misure preventive ogni volta che si ammala, per evitare un improvviso aumento della temperatura che può causare le crisi convulsive. In ogni caso è bene discutere con il medico i modi migliori per trattare e prevenire queste crisi. Molti medici somministrano fenobarbital a dosi regolari a bambini che hanno maggiori probabilità di sviluppare crisi convulsive. Per inciso, un bambino che ha avuto la febbre alta senza crisi convulsive ha molte meno probabilità di averne al successivo episodio febbrile.

Rifiuto di bere Quando mia figlia aveva due anni ho dovuto affrontare proprio questo problema. Sapevo che si stava disidratando perché non aveva urinato per diciotto ore, aveva le labbra secche e gli occhi incavati. Se non avesse bevuto sarebbe stato necessario ricoverarla in ospedale per la reidratazione.

Avevo spesso detto ai genitori dei miei pazienti che se loro si fossero mostrati determinati, il bambino lo avrebbe capito e avrebbe collaborato, ma a quei tempi non avevo ancora una figlia di due anni. Sapevo che se non avessi fatto bere a mia figlia dei liquidi a casa, qualcuno in ospedale lo avrebbe fatto. Così le intimai che se non avesse bevuto una normale bevanda analcolica liscia e calda, le avrei turato il naso e gliel'avrei versata direttamente in gola. Lei si rifiutò ancora, così presi un imbuto per versarle il liquido in bocca mentre la tenevo sulle gambe. Lei vomitò, guardandomi dritto negli occhi. Le tenni allora il naso e le versai una seconda volta del liquido (non è il caso di preoccuparsi se il bambino si soffoca, fintantoché resta cosciente). Cominciò di nuovo a sputarlo, ma le assicurai con fermezza che glielo avrei dato ancora una volta. Finalmente cominciò a bere e tornò presto a essere reidratata e di buon umore. Non sembrava tenermi il broncio per il mio comportamento brutale, ma da parte mia portai il peso di quello che avevo fatto sulla coscienza per molto tempo, anche se era servito a tenerla lontano dall'ospedale!

Raffreddore

Il raffreddore comune può durare una settimana nei bambini più grandi, due settimane nei lattanti e nei neonati. Sono momenti difficili per le famiglie, soprattutto quando i bambini piccoli cominciano a frequentare l'asilo nido e tendono a contrarre malattie con maggiore frequenza. Per migliorare le condizioni del bambino, bisogna incoraggiare l'assunzione di molti liquidi, usare un sostituto dell'aspirina ogni quattro ore e utilizzare un nebulizzatore per aiutarlo a respirare. Per molti bambini sospenderei la somministrazione di cibo durante il raffreddore, così che vorranno bere di più. L'uso del nebulizzatore migliora molto le condizioni del bambino, perché rende più liquide le secrezioni nasali che in tal modo si possono espellere prima. Non sono d'accordo di aspirare le secrezioni nasali, a meno che non sia assolutamente necessario, perché lo strumento da utilizzare per l'aspirazione è traumatizzante e causa più irritazione alle membrane nasali di quanto non arrechi effettivo sollievo.

Adagiare il bambino nel letto con la testa leggermente più alta dei piedi aiuterà a ridurre la congestione nasale. Usate delle gocce nasali di acqua salata diluita (mezzo cucchiaio da tè di sale in circa 225 ml di acqua bollita), o uno spray nasale diluito in acqua da somministrare prima dei pasti così che il bambino possa bere e mangiare anche se ha il naso chiuso. Ma, come si è detto prima, quando un bambino ha il raffreddore, mangiare non è una priorità; ciò di cui ha davvero bisogno sono i liquidi.

Può essere necessario ripetere l'istillazione di gocce nasali diluite ogni quattro ore anche di notte, per aiutare il bambino a respirare. Se, con la somministrazione di rimedi casalinghi, il raffreddore non migliora visibilmente nell'arco di due-tre giorni, è opportuno consultare il medico. I raffreddori comuni hanno uno scopo positivo: aiutano a elevare le difese immunitarie del bambino. Ma questa rimane pur sempre una magra consolazione se ogni raffreddore è accompagnato da complicanze più gravi – come capita in molti casi.

Laringite (Croup)

La laringite è un disturbo che incute particolare paura a genitori e bambini. È causata da gonfiore e ostruzione delle vie respiratorie ed è spesso una complicazione del raffreddore. Il bambino riesce con difficoltà ad aspirare aria nei polmoni senza l'accompagnamento di colpi di tosse aspra e rauca, il cui suono è stato paragonato al verso della foca. Se il bambino prova a parlare, la voce è rauca. Non riuscire a inspirare abbastanza aria allarma il bambino. E dato che si spaventa, lo spasmo delle vie respiratorie aumenta rendendo la respirazione ancora più difficile.

Il problema si aggrava se anche i genitori si spaventano. Se vi siete imbattuti nella laringite senza esserne preparati, ricorderete l'episodio come uno dei più spaventosi della vita di vostro figlio. Sapere cosa fare può eliminare molte ansie. Le seguenti misure possono essere d'aiuto per la maggior parte dei bambini.

1. Mettere una sedia in bagno, possibilmente una sedia a dondolo.
2. Aprire al massimo il getto dell'acqua calda della doccia per riempire rapidamente il bagno di vapore.
3. Sedersi vicino al getto dell'acqua calda con il bambino in braccio, cullandolo e cantandogli qualcosa per calmarlo.
4. Dare al bambino un leccalecca da succhiare. Lenirà la gola e lo aiuterà a rilassarsi.

Dopo un'ora la laringite dovrebbe essere migliorata. In caso contrario è consigliabile chiedere aiuto chiamando immediatamente il medico.

Se è necessario portare il bambino in ospedale mentre è nel pieno dell'attacco di laringite, si deve cercare di mantenerlo il più possibile calmo. Essere maneggiato da persone estranee in un posto insolito farà crescere la sua ansia, quindi è meglio che i genitori gli restino vicini. Se viene messo sotto una tenda a ossigeno i genitori dovrebbero entrarci con lui – così la paura diminuirà.

Se le condizioni del bambino migliorano a casa si può approntare una “tenda anti-laringite” attorno alla culla o al lettino del bambino: fissate un telo sopra e due ai lati della culla, o del lettino, lasciando due lati aperti per fare circolare l’aria. Create vapore da un nebulizzatore sotto i teli. Appoggiate il bambino su cuscini e sedetevi al suo fianco per confortarlo; inutili crisi di pianto possono causare un nuovo restringimento delle vie respiratorie. Rimanete vicino al bambino durante la notte. Se con questa tecnica si riesce a fargli superare la notte, il bambino si sentirà sensibilmente meglio il mattino dopo. Potrebbe nuovamente peggiorare nelle notti successive, ma la seconda o la terza notte starà meno male e avrà meno paura della prima. La maggior parte delle volte (95%) la laringite può essere trattata a casa, senza medicine, ma se il bambino peggiora e gli viene la febbre è il caso di consultare il medico.

Diarrea Il rischio principale per un bambino affetto da diarrea è la disidratazione. Fino a quattro scariche di diarrea al giorno non dovrebbero causarla, ma se se ne verificano più di sei al giorno o se il bambino smette di urinare allora il piccolo si sta disidratando. È necessario spingerlo a bere liquidi (come precedentemente detto), ma non bisogna dargli latte o cibi solidi. Il suo sistema digerente deve riposarsi, quindi bisogna dargli solo cibi che possano essere assimilati facilmente. I liquidi leggeri – brodo, tè dolce, aperitivo analcolico liscio o succhi di frutta puri come il succo di mela – sono gli alimenti migliori.

Un bambino che ha imparato da poco l’uso del vasino potrebbe avere di nuovo bisogno del pannolino. È il caso di concederglielo senza fare troppe storie.

La presenza di sangue o muco nelle feci è un segnale pericoloso. Se se ne riscontra la presenza o se una diarrea grave continua per più di ventiquattro ore è il caso di chiamare il medico.

Mal d’orecchio Molti di noi ricordano il dolore del mal d’orecchio durante l’infanzia. È una condizione molto comune a quell’età. I bambini molto piccoli non sanno dire cosa fa loro male, ma si toccheranno l’orecchio con un dito e scoppieranno a piangere. La causa più comune di dolore all'orecchio in *assenza di febbre* è il cosiddetto orecchio del nuotatore, causato dalla presenza di cerume nel canale uditivo che trattiene acqua al suo interno. Se il mal d'orecchio non è accompagnato da presenza di febbre, lo curerei per orecchio del nuotatore nel modo seguente: instillare con un contagocce quattro o cinque gocce di acqua ossigenata in ciascun orecchio, quattro-cinque volte al giorno, per fare uscire il cerume e il liquido presenti nelle orecchie. Se questo espediente non funziona del tutto, ma porta un poco di sollievo, dell'alcol riscaldato usato come gocce può completare l'opera. Esistono gocce auricolari antibiotiche disponibili per casi più gravi, ma devono essere prescritte da un medico. Non introducete mai niente nell'orecchio. Se il dolore persiste, chiamate il medico.

Un'altra causa probabile di mal d'orecchio è l'ostruzione del sottile canale uditivo interno proveniente dalla gola. Questo tipo di mal d'orecchio accompagna solitamente il raffreddore o la congestione nasale. Le mucose della gola si gonfiano, bloccando l'apertura del canale uditivo interno, che si trova direttamente dentro l'orecchio. Se si riesce a ridurre l'edema delle mucose, la pressione esercitata si ridurrà. Due manovre possono essere d'aiuto: (1) un antistaminico o decongestionante può ridurre l'edema delle mucose della gola e (2) gocce nasali diluite e mirate direttamente all'apertura interna dell'orecchio possono servire a sbloccarla. Per intervenire in questo modo bisogna fare distendere il bambino sulla schiena. Instillate le gocce nasali (una soluzione composta per metà da acqua e per metà da gocce nasali decongestionanti) in ciascuna narice, poi girate velocemente la testa del bambino dalla parte dell'orecchio otturato. Tenete il bambino in questa posizione per pochi minuti per consentire alle gocce decongestionanti di fare effetto. Ripetete ogni tre-quattro ore.

Se il mal d'orecchio persiste per più di dodici ore, il bambino potrebbe avere un'infezione delle vie uditive (otite media) che richiede cure mediche.

Quando un'infezione alle vie uditive diventa ricorrente è necessario il consulto con uno specialista otorinolaringoiatra. Le cure mediche potrebbero prevedere la somministrazione di antibiotici leggeri o, nei casi più gravi, l'asportazione delle adenoidi se è stato accertato che queste bloccano le orecchie. Potrebbero essere posizionati tubicini nei timpani – un metodo di cura che risulta veramente efficace in caso di otiti croniche.

Epistassi (emorragie nasali)

Le emorragie dal naso (epistassi) fanno paura e sembrano sempre molto più gravi di quanto non siano realmente. Per prima cosa, si deve cercare di fermare l'emorragia stringendo il naso per esercitare pressione sui vasi sanguigni all'interno dello stesso. Mettere del ghiaccio sulla radice nasale e alla base del collo. Fare con un pezzo di carta igienica un batuffolo di circa 2,5 cm per lato e spingerlo con fermezza verso l'alto sotto il labbro superiore in modo da comprimere il setto (la parete divisoria) nasale. Una volta bloccata l'emorragia, ricordate di dire al bambino di non soffiarsi il naso troppo presto, o si rimetterà certamente a sanguinare. Se l'emorragia dura per più di un'ora il naso potrebbe richiedere un tamponamento da parte di un esperto.

Come prevenzione per emorragie nasali ricorrenti, applicate pomate specifiche dentro il naso ogni mattina e sera, lungo il setto medio. Questo espediente funziona quando la causa è l'aria calda e secca dentro casa e fuori, o quando il bambino è affetto da raffreddore o allergia. Comunque, se l'emorragia nasale è ricorrente, è meglio consultare un medico.

Quando ricorrere al medico

I genitori di oggi sono spesso ben informati sulle cure mediche e si preoccupano di non somministrare eccessive cure per le malattie, degli effetti collaterali dei farmaci, e del problema di esami inutili. Il timore della prescrizione di esami non strettamente necessari è stato aggravato dall'aumento di azioni legali per cure sbagliate e per il conseguente difficile clima in cui i medici si trovano a dovere lavorare.

E queste preoccupazioni vengono ovviamente in mente nel momento in cui i genitori cercano di decidere se portare il bambino dal medico o in ospedale. Agire secondo il proprio giudizio per decidere quando iniziare con rimedi casalinghi piuttosto che precipitarsi nello studio medico o in ospedale può non solo evitare al bambino ulteriore ansia ma dargli anche una maggiore sicurezza derivante dalla sensazione che i suoi genitori sanno cosa fare.

In caso di emergenza, o di incomprensibili variazione dello stato di salute del bambino, queste preoccupazioni diventano ovviamente irrilevanti e bisogna chiamare immediatamente un medico.

Anche per le malattie infantili più comuni esistono ragioni valide per richiedere cure mediche. Potrebbe trattarsi della cura di infezioni persistenti, della prevenzione delle complicazioni dopo avere combattuto a lungo un'infezione, della prevenzione delle ricadute, o del desiderio di fare guarire il bambino dopo avere provato tutti i rimedi casalinghi conosciuti.

Un medico o un infermiere professionale può dire se il bambino è tanto ammalato da avere bisogno di cure mediche o di ulteriori accertamenti. Il medico si prenderà la responsabilità del caso e offrirà un'opinione più oggettiva di quella che qualunque genitore possa mai dare. Infine, l'autorità del medico può sollevare i genitori e il bambino della sensazione di responsabilità per la malattia. Un bambino piccolo pensa che la malattia sia venuta per colpa sua, che è stato "cattivo" e se l'è meritata. Talvolta questa percezione è difficile da contrastare per i genitori, che rappresentano la voce della disciplina. Anche i genitori provano normali sensi di colpa che affiorano quando un bambino si ammala. Tramite una tranquilla spiegazione, un medico può esorcizzare questi sensi di colpa e offrire conforto, oltre che cure mediche, a tutta la famiglia.

28

AMICI IMMAGINARI

Quasi tutti i bambini di tre-quattro anni hanno degli amici immaginari. Provo sempre piacere quando lo fanno, perché, come detto precedentemente, è il segnale dello sviluppo dell'immaginazione del bambino. Il bisogno di intimità che ciò comporta, indica che i bambini non vogliono intromissioni da parte di altre persone.

L'importanza degli amici immaginari

All'inizio questo viaggio nella fantasia è troppo fragile per essere condiviso con i genitori. Il linguaggio del bambino e gli amici privati sono preziosi e devono essere rispettati dagli adulti che circondano il bambino. Sfortunatamente è probabile che i fratelli più grandi svelino l'esistenza di questi esseri immaginari. Quando lo fanno possono prendersi gioco di loro e distruggere la libertà di esplorare la fantasia che essi offrono.

Un primo figlio ha la possibilità di esplorare la sua crescente immaginazione galoppante e divertirsi nel farlo. Un secondo o terzo figlio non è mai lasciato solo e può venire facilmente catapultato nella realtà dai fratelli maggiori.

Anche i genitori provano irritazione per gli amici immaginari. Perché mai? Penso sia perché la maggior parte di loro si sente tagliato fuori e ne è geloso. Rinunciare al proprio bambino è uno dei compiti più difficili dell'essere genitori. Tanto maggiore è l'impegno con cui il bambino protegge il suo linguaggio e i suoi amici privati, quanto maggiore è la probabilità che i genitori si sentano esclusi e gelosi. Inoltre, l'esplorazione della capacità creativa di un bambino di quattro anni è così nuova e imprevista da spaventare i neo-genitori. È probabile che si chiedano se il bambino "conosca" veramente la differenza tra la realtà e la fantasia che costruisce. Si perderà nell'irrealtà? Userà un amico "cattivo" per tirarsi fuori da certe situazioni? Preferirà questa vita fantastica e comincerà a escludere gli abituali compagni di gioco? Sono tutte preoccupazioni comuni nei genitori di bambini di questa età.

Gli amici immaginari devono essere ben accetti, come ho consigliato nel Capitolo 13. Dal punto di vista cognitivo, l'immaginazione è un segnale molto importante della complessità del pensiero presente nei bambini di questa età. Il bambino cerca di fuggire dal pensiero concreto che domina il suo mondo. Quando nel terzo anno l'immaginazione fa la sua comparsa, non è ancora sviluppata nel bambino la capacità di tenere separati la realtà e il desiderio di credere intensamente in qualcosa. La capacità di inventare un mondo immaginario, di costruire persone immaginarie, di portare in vita una bambola preferita, è il segno della capacità, in rapida evoluzione, del bambino di verificare i limiti del mondo. Diventa un modo per liberarsi dei demoni che lo assalgono: odio, invidia, menzogna, egoismo, impurità. Tutte queste caratteristiche possono essere attribuite adesso a qualcun altro, a un amico immaginario. Oppure potrebbe sostenere di essere lui l'amico immaginario, mentre cerca di liberarsi dei suoi misfatti. Ciò può essere considerato il primo sforzo del bambino per conformarsi a ciò che tutti si aspettano da lui, la ricerca del bene e del male. Questa ricerca è solo un inizio, ed è fragile. Il bambino vuole effettuarla indipendentemente, da solo. Un bambino deve essere in grado di impegnarsi in questa esplorazione lontano dai genitori. La loro intromissione riduce la sua capacità di scoprire da solo il mondo.

Dal punto di vista emozionale, gli amici immaginari possono assolvere a uno scopo molto importante. Danno al bambino un modo sicuro per scoprire ciò che vuole essere. Può dominare questi amici, può controllarli, può essere tranquillamente cattivo o bravo a causa loro. Attraverso di loro può identificarsi con bambini che cercano di sopraffarlo. Può "diventare" un altro bambino in tutta sicurezza. Può anche identificarsi con ciascuno dei genitori adottando le sicure vesti di questi amici immaginari. Può provare a essere maschio o femmina. Può provare tutti i lati della sua personalità. Questo è solo uno dei modi in cui un bambino di quattro-cinque anni scopre gradualmente la propria identità.

La preoccupazione che il bambino si isoli in solitudine è giusta, perché dovrebbe imparare a socializzare con i bambini della stessa età. Ma ha ancora bisogno di avere del tempo per se stesso. Se il bambino non riesce a staccarsi dagli amici immaginari per stare con quelli reali, mi preoccuperei. Se ha rinunciato alla partecipazione attiva a scuola o nel gioco, gli amici immaginari possono rappresentare un sintomo di eccessivo isolamento di un bambino solitario. Ma se un bambino è in grado tranquillamente di lasciare il suo mondo privato per giocare con altri bambini, non mi preoccuperei affatto.

Che effetto ha la TV su questo importante processo? Senza dubbio riduce il tempo che un bambino potrebbe dedicare all'esplorazione delle proprie fantasie. Se gli è consentito guardare la televisione per molto tempo nell'arco della giornata, non avrà il tempo necessario o l'energia per esplorare da solo il mondo. La televisione costringe il bambino a una sorta di eccessiva passività. Bruno Bettelheim ha fatto notare che il racconto di storie e le favole della sera stimolano l'autoesplorazione dell'aggressività e la ricerca di identità di cui un bambino necessita a questa età. La televisione, tranne se usufruita a piccole dosi, produce l'effetto opposto, imponendo un mondo artificiale di violenza e di bene e male irraggiungibile, intorpidendo le avventure fantasiose del bambino.

Rispondere agli amici immaginari

Cosa fare con un bambino che fa uso di un amico immaginario per tirarsi fuori "con la menzogna" da una cattiva situazione? Si tratta di un evento estremamente comune a questa età. Un genitore può chiedersi se il bambino conosce la differenza tra il desiderio e la realtà, perché mentire a questa età significa dare per vero qualcosa perché lo si desidera intensamente. Senza affrontarlo, il genitore può far notare la necessità del bambino di desiderare un esito diverso. Accettando il suo desidero ma riportando il bambino alla realtà, il genitore lo aiuta ad apprendere i suoi limiti nel mondo reale. Il messaggio che un bambino deve sentire è: "Non hai bisogno di mentire. Ti voglio bene anche se non mi piace quello che hai fatto". Ciò consente anche al bambino di esplorare in tutta sicurezza un mondo irreale, perché sa che i genitori lo riporteranno alla realtà.

I genitori devono farsi coinvolgere attivamente dalle fantasie del bambino? Devono apparecchiare la tavola anche per i suoi amici immaginari o devono negarne l'esistenza? Seguirei le richieste del bambino. Molti bambini chiedono ai genitori di rimanere al di fuori del mondo degli amici immaginari. Se i genitori non lo scherniscono e mostrano rispetto per i suoi amici, il bambino potrebbe desiderare che i suoi amici vengano accolti a tavola. A quel punto lo farei senza dubbio. Fare il suo gioco con lui non gli impedirà di capire la differenza tra amici immaginari e "reali". Gli amici immaginari possono essere una specie di prova generale per l'amicizia futura.

Ai genitori che sentono la necessità di ridurre il gioco immaginario del bambino perché lo vedono troppo coinvolto o troppo isolato dagli altri bambini, consiglierei le seguenti misure.

1. Discutete la faccenda con lui e ditegli che desiderate che abbia più amici di gioco. Fategli sapere che tenete in considerazione i suoi amici immaginari e che rispettate le sue fantasie meravigliose, ma che desiderate che abbia anche amici "reali". Forse gli amici reali avranno anche i propri amici immaginari e potrebbero condividerli tutti insieme.
2. Organizzategli incontri con uno o due amici di gioco costanti che abbiano le sue stesse caratteristiche – non troppo opprimenti né aggressivi. Non spingetelo ma dategli con regolarità delle opportunità per conoscerli. Aiutatelo a comprendere la sua timidezza e i motivi per i quali non riesce a inserirsi immediatamente in un gruppo. Molti bambini inesperti a questa età necessitano di essere sostenuti mentre imparano a socializzare. Spingerli li fa sentire inadeguati e colpevoli per non essere apprezzati da voi. Quando il bambino riesce a socializzare, fategli sapere che riconoscete quanto sia stato difficile farlo e che siete fieri di lui.

3. Non affrontatelo quando si cela dietro agli amici immaginari. Li userà altrimenti come modo per tirarsi indietro più attivamente. Spiegategli che comprendete perché lui ne abbia bisogno. Voi amate lui e i suoi amici immaginari, ma desiderate che si senta abbastanza sicuro da giocare con altri bambini, e voi lo aiuterete.

In breve, la vita del bambino viene intensificata dall'esistenza di amici immaginari. Sono segni di un sano sviluppo emotivo e cognitivo nei bambini dai tre ai sei anni. I genitori non se ne devono preoccupare, a meno che il bambino non resti isolato. Tuttavia devono combattere i propri sentimenti derivanti dall'essere tenuti fuori dal mondo del bambino. Se comprendono l'importante processo evolutivo a cui gli amici immaginari stanno assolvendo riusciranno meglio ad affrontare la più che giustificabile loro naturale gelosia.

29

PERDITA E DOLORE

Conoscere il dolore e la perdita può essere un'esperienza importante per un bambino, ma può anche essere un'opportunità per l'intera famiglia per condividere i sentimenti, il sistema di convinzioni e le difese necessarie per gestire il dolore.

Quando nel 1986 esplose la navicella spaziale *Challenger* mi fu chiesto dai media di consigliare ai genitori come proteggere i bambini dall'angoscia di quella tragedia. La morte dell'insegnante e della madre che accompagnavano gli astronauti era stata una perdita personale per tutti i bambini che avevano assistito al lancio in televisione. Come molti altri adulti, ero sicuro che tutti i bambini americani si sarebbero identificati con i bambini e gli studenti di quelle due donne morte nell'esplosione, bambini che stavano guardando la televisione mentre lo shuttle esplodeva nei cieli.

"Perché quella mamma si è persa? Dov'è adesso?"
"Perché ha lasciato i suoi bambini? Erano cattivi?"
"Perché il nostro presidente ha lasciato che quella mamma rimanesse uccisa?"

Dietro queste domande si cela la paura universale dei bambini nei confronti della morte: La mia mamma mi abbandonerà? Se lo farà, sarà perché sono cattivo? Se mi arrabbio con papà, anche lui andrà via? I bambini che stavano guardando la televisione in quel tragico momento si domandavano se anche i loro genitori sarebbero morti in quel modo, se loro stessi sarebbero morti in quel modo e inoltre perché una persona con una certa autorità, come una madre o un padre o un presidente, permettevano che accadessero cose simili. Dove va il corpo? E comunque, cos'è la morte? Gli incubi di un bambino relativi alla morte possono essere scatenati da eventi simili.

Quella notte, raccomandai che tutta la famiglia si riunisse per condividere reciprocamente il senso di tragedia. I bambini avevano bisogno di sentire che i loro genitori non li avrebbero abbandonati. Avevano bisogno di sentirsi dire dai genitori che la morte non è responsabilità dei bambini, che non è la conseguenza delle loro azioni o desideri cattivi. Era necessario che le famiglie condividessero il dolore dei bambini che avevano perduto la madre e l'insegnante. Non possiamo e non dobbiamo cercare di proteggere i bambini da una profonda, partecipata identificazione con altri che soffrono per gravi perdite, nonché dal loro stesso dolore. Il dolore per una perdita è una parte vitale e inevitabile della vita. Desiderare ardentemente qualcuno che è temporaneamente o definitivamente assente aggiunge una dimensione importante alla capacità di un bambino di preoccuparsi degli altri.

In questo paese abbiamo poche opportunità di condividere con i nostri bambini questo tipo di dolore personale. In tali momenti, possiamo rendere a parole quelle nostre convinzioni che ci consentono di affrontare la perdita e la morte. Ci viene data la possibilità di spiegare i nostri sentimenti sulla morte, come pure le nostre convinzioni sulla religione, su una vita ultraterrena e sui ricordi che tengono vive le persone anche dopo la loro morte. Quando muore una persona intima della famiglia, i genitori possono essere così sopraffatti dal proprio dolore da non essere in grado di affrontare la sofferenza dei propri bambini. Una tragedia nazionale come l'esplosione del *Challenger* o la morte di qualcuno della comunità può essere una sorta di preparazione al momento in cui un simile evento si verifica nell'ambito familiare.

Una perdita in famiglia

Se muore un genitore o un nonno o una zia o uno zio, è importante che gli adulti condividano i loro sentimenti con i bambini. Cercare di proteggerli dai sentimenti di perdita o depressione dei genitori può essere disastroso. I bambini capiscono benissimo quando un genitore è depresso o in crisi. I tentativi di nascondere loro l'evento o i sentimenti da esso causati equivalgono nel bambino a un abbandono. I genitori spesso mi chiedono se il bambino non sia troppo piccolo per venire a conoscenza della morte. Io assicuro loro che è meglio per un bambino venire a sapere dell'esistenza della morte da genitori afflitti di quanto non sia per lui sperimentare lo sconforto dei genitori senza che gliene sia stata spiegata la ragione. Un bambino ha un senso più primitivo della morte rispetto a un adulto. Tenderà a considerarla alla stessa stregua dell'essere lasciato solo o abbandonato. Se i genitori si abbattono senza condividere l'esperienza che vivono, il bambino ha la conferma delle sue peggiori paure: la nonna è morta e la mamma è così triste che forse morirà anche lei.

Quando i genitori riescono a comunicare il proprio dolore, le loro domande sulla morte, i ricordi e il significato della sofferenza, il bambino ha l'opportunità di sperimentare *in sicurezza* il tipo di domande che tormentano tutti noi. Può condividere le emozioni intense di dolore e di tristezza con i genitori. Gli stessi genitori sperimenteranno quali cose meravigliose possono accadere quando ci sono dei bambini: in una famiglia colpita da un lutto un bambino suscita negli altri familiari un senso di vita e scopi futuri. Quando fa sorridere la madre in lacrime, il bambino può sperimentare un raro senso di potere nel trasformare la tristezza della madre in umore positivo, anche se solo per poco. Sono sempre colpito dal vedere un bambino piccolo che cerca di confortare un genitore addolorato.

Ricordo che una volta, nel fare il giro di visite in ospedale, incontrai una giovane madre che mi raccontò della perdita del bambino appena nato e mentre lo faceva iniziò a piangere silenziosamente. Il primo figlio, che aveva due anni, giocava tranquillo in un angolo della camera. Quando vide la madre in lacrime le si avvicinò, si arrampicò sulle sue gambe e prese ad accarezzarle la guancia con gesti incerti e ad asciugarle le lacrime. La madre abbassò lo sguardo verso di lui per sorridergli e tirarlo più vicino a sé. Il bambino aveva ricordato alla madre che era lì per compensare il suo dolore.

Le spiegazioni sulla morte devono essere adeguate all'età del bambino. Direi al bambino quello che credo sia in grado di comprendere. Non è necessario che la spiegazione sia paurosa. Deve essere preparato alle conversazioni che potrebbe sentire per caso. Per esempio gli si potrebbe dire: "Il nonno stava diventando tanto vecchio e non riusciva più a fare tutte le cose che desiderava fare. Quando si invecchia, si diventa stanchi. Adesso il nonno può riposare". Un bambino potrebbe chiedere: "Ma perché ci ha lasciato? Non potevamo aiutarlo a riposare a casa nostra? Mi manca, e voglio fare i giochi che facevo con lui". Gli si può rispondere con sincerità: "Nessuno di noi sa perché qualcuno che amiamo deve morire e andare via. Il corpo si esaurisce. Tutti noi ci sentiamo terribilmente tristi e soli. Tutti ci chiediamo dove sia andato, e se adesso è più felice e più a suo agio. Vogliamo che sia sereno ma, proprio come te, odiamo dovere fare a meno di lui. Quello che intendo fare è ricordare tutto quello che posso di lui. Mi piacerebbe parlare di tutte le cose che riusciamo a ricordare di lui, così possiamo tenerlo ancora un poco con noi. Riesci a ricordare alcune cose di lui da dirmi adesso?"

Nel parlare della morte a un bambino, il genitore può prestare attenzione agli indizi di paura che i suoi pensieri o le sue azioni gli hanno causato riguardo alla perdita. I pensieri magici sono comuni a tre, quattro, cinque o sei anni. A quest'età i bambini necessitano di ripetute rassicurazioni sul fatto che essere cattivi non causa ritorsioni e che i pensieri di rabbia non fanno morire le persone.

Prima o poi un bambino comincerà a fare domande sulla sua morte: Quando morirò? Cosa si prova quando si muore? Dove andrò? Sarò tutto solo? Tutte queste domande offriranno a dei genitori attenti l'opportunità di rispondere ciò che può essere detto per dissipare alcune paure, e di condividere i propri simili sentimenti sulla morte e la perdita. Se i genitori hanno sentimenti religiosi sulla morte o sulla vita ultraterrena, questo è il momento giusto per condividerli. Se si trova consolazione nella natura, nel mito o nei ricordi, bisogna cercare di trasmettere tutto ciò al proprio bambino. I bambini amano le storie del passato, quindi può essere piacevole raccontare come erano le cose quando i genitori erano piccoli e i nonni erano giovani e si prendevano cura dei loro figli. I genitori dovrebbero raccontare la propria vita come se fossero tornati bambini per i propri figli. I figli afferreranno il punto e il loro dolore sarà in tal modo compensato.

La morte di un animale domestico

Un simile evento deve essere preso con la stessa serietà della perdita di una persona. Non raccontare mai bugie al bambino in merito, o si perderà la sua fiducia. Bisogna raccontare al bambino quello che si può sulla vita e sulla morte dell'animale. Incoraggiarlo a dare sfogo al dolore e alla rabbia per la perdita di un caro amico. Concedergli un periodo di lutto prima di proporre un nuovo animale in famiglia. È importante che il bambino si renda conto della perdita e sperimenti il senso di inquietudine che accompagna la perdita di un animale amato. Aspettarsi anche in questo caso che il bambino si senta personalmente responsabile dell'avere causato la perdita, e spiegargli se si è trattato di morte accidentale o naturale.

La morte di un altro bambino

Quando un altro bambino si ammala o muore i bambini potrebbero essere soggetti a grandi paure. Si identificheranno con il bambino ammalato o morto: Sarò io il prossimo? Mi succederà la stessa cosa? Perché i suoi genitori lo hanno lasciato morire? È successo perché era cattivo e lo ha meritato? Vorrei non essere mai stato cattivo con lui. Forse l'ho fatto morire io.

Sebbene molte di queste domande possono sembrare irrazionali e non hanno fondamento nella realtà, ogni adulto che abbia sperimentato una grave perdita riconoscerà che le paure che esse rappresentano sono universali. Quando qualcuno è molto ammalato e sofferente ci sentiamo tutti responsabili. Sentiamo tutti di meritare ritorsioni per le nostre cattive azioni o per le insufficienti attenzioni. Nello spiegare la realtà della malattia o della morte di un altro bambino, i genitori possono dichiarare al figlio di provare gli stessi sentimenti. Sarebbe un grosso errore cercare di negare o nascondere la realtà della malattia oppure il dolore e le paure degli adulti.

La scuola può fare molto per aiutare i bambini ad affrontare le proprie paure sulla malattia e la morte. Uno dei miei pazienti mi ha raccontato di come una scuola locale aveva gestito la situazione di un bambino di sei anni affetto da un tumore cerebrale inoperabile. Il bambino aveva sofferto di frequenti mal di testa a causa dei quali aveva dovuto assentarsi da scuola per un lungo periodo. Tornato a scuola, ebbe un giorno una crisi convulsiva in classe, alla quale assistettero tutti i compagni. Dopo quel giorno, le condizioni del bambino si fecero troppo gravi per consentirgli di tornare a scuola. L'insegnante comprese che assistere a quella crisi convulsiva e all'inevitabile peggioramento del bambino ammalato era stata un'esperienza devastante per l'intera classe. Quindi cercò di parlare con i bambini della malattia del compagno e di spiegarla nel miglior modo possibile. Ma il senso di perdita pervadeva ancora lo stato d'animo dell'intera classe e causava inibizione e paura in qualche bambino. L'insegnante convocò allora tutti i genitori per riferire del bambino ammalato ed esortarli a condividere il dolore dei propri figli. Li avvertì della probabilità di alcuni sentimenti e paure: sentimenti di colpa, di identificazione con il bambino ammalato, di corresponsabilità per la sua malattia. Mentre parlava con i genitori, l'insegnante si rese conto del fatto che i bambini avevano bisogno di potere salutare il compagno. Raccolse tutto il suo coraggio e si recò dai genitori del bambino ammalato per chiedere il permesso di portare i bambini a trovare il compagno. I genitori furono colpiti da questa richiesta e compresero il valore che avrebbe avuto per il proprio bambino. Scelsero un giorno in cui il bambino stava meglio. Tutti i compagni andarono a fargli visita, ciascuno con un piccolo dono particolare. Ognuno di loro poté sedersi vicino al compagno, toccarlo e dimostrargli quanto bene gli volesse. Alla fine della visita il bambino era esausto ma euforico. Dopo quel giorno peggiorò rapidamente, ma parlava sempre ai genitori dei compagni definendoli i "miei amici". Dal canto loro i compagni di classe sentivano adesso di potere parlare di lui, di poterlo ricordare come "loro". Gli avevano detto addio e avevano condiviso un poco della sua malattia.

Al Children's Hospital di Boston abbiamo istituito le visite familiari. Tutti i membri della famiglia possono andare a trovare un bambino ammalato. I genitori vengono ovviamente esortati a restare con il bambino il più possibile (si veda Capitolo 25). Quando abbiamo chiesto per la prima volta al personale ospedaliero di permettere le visite dei fratellini trovammo in loro una certa resistenza. Sollevarono il pericolo che altri bambini potessero portare altre infezioni dall'esterno, e il fatto che l'attività di bambini normali e rumorosi potesse infastidire i bambini ammalati. Chiedemmo la possibilità di fare una prova.

C'era un bambino di due anni, che chiameremo convezionalmente Willie, malato terminale di cancro. Aveva perso tutti i capelli per la radioterapia e la chemioterapia a cui era stato sottoposto. Era magrissimo, quasi pelle e ossa. Ma aveva un sorriso affascinante e accattivante. Era il preferito di infermiere e medici. I suoi genitori erano meravigliosamente solleciti e un giorno chiesero se potevano portare in visita i duei fratelli maggiori di Willie, di quattro e sei anni. Temevano, come del resto anche noi medici, che Willie non potesse più tornare a casa, e ci riferirono della disperazione dei due fratellini maggiori. Approfittammo di questo caso per fare la prova che avevamo richiesto.

Quando arrivarono i genitori, Willie stava seduto in un box al centro della sala infermieri. Il suo visino si illuminò un poco quando la madre si avvicinò e lo accarezzò sulla testa calva. Il padre gli prese le manine quando il bambino le tese verso di lui. Pensammo che il padre provava timore a prenderlo in braccio perché appariva così fragile e debole. La madre gli disse: "Willie, abbiamo una sorpresa per te!" Gli occhi del bambino si illuminarono un poco e la sua testolina eretta sembrò chiedere cosa fosse. In quel momento i due fratellini maggiori uscirono dall'ascensore e corsero verso quel piccolo bimbo scheletrico. Quando Willie li vide, le lacrime cominciarono a rigargli le guance, e si sollevò in piedi per appoggiarsi al bordo del box e poi sporgersi con entrambe le braccia tese verso i suoi fratelli. Continuava a ripetere "Oh! Oh! Oh" come se non riuscisse a credere che fossero proprio lì. Il bambino di quattro anni si allungò verso Willie per accarezzargli la testa e il viso: non poteva trattenersi dal toccare il suo fratellino. Willie si rallegrava e si dimenava a ogni tocco, come se non fosse mai abbastanza. Guardava il fratellino con adorazione, come se non lo avesse visto da troppo tempo. Il fratello maggiore avvicinò una sedia al box e si sedette accanto a Willie. Chiese ai genitori se poteva prenderlo in braccio. A questo punto, tutti quelli che stavano assistendo all'incontro piangevano, noi compresi. La caposala fece cenno di sì ai genitori con la testa. Il padre prese delicatamente il figlio e lo mise sulle gambe del fratello maggiore. Il bambino di sei anni cominciò a cullare Willie e a canticchiargli sommessamente qualcosa, come se fosse un neonato. Willie si rannicchiò tra le braccia del fratello. Allungò le manine fragili per sentire il suo viso ed esplorare i suoi occhi, i capelli, la bocca. Infine, esausto, poggiò la testolina sulla spalla del fratello.

Dopo questo episodio abbiamo consentito visite illimitate ai fratelli. Tutti noi potemmo vedere cosa significavano i fratelli per quel bambino e cosa significasse lui per loro. Potemmo vedere quanto fosse importante per ogni bambino con pochi giorni di vita e per gli altri bambini della famiglia avere l'opportunità di riunirsi e dirsi addio.

In ospedale abbiamo uno splendido programma chiamato "Buon dolore per una perdita". Questo programma non solo aiuta i genitori e i bambini ad affrontare e a condividere il proprio dolore per una perdita, ma si occupa anche del dolore del personale ospedaliero e scolastico che deve affrontare la morte di un bambino o di un genitore. Questo programma prevede un'aperta condivisione dei sentimenti – in ospedale, a casa e a scuola. (Si veda alle voci Grollman, LeShan e Viorst nella Bibliografia alla fine del libro.)

30

BUGIE, FURTI E INGANNI

In ogni periodo di rapido apprendimento l'immaginazione del bambino assolve una funzione vitale. Nella sua vita fantastica il bambino può esplorare le idee che sviluppa. Nel mondo della fantasia si sente sicuro. E non avrà bisogno di manifestare quelle idee se può immaginarle. L'immaginazione e l'uso del pensiero magico aiutano un bambino a esplorare il proprio mondo senza il pericolo di superare i limiti. Nei suoi sogni notturni il bambino può essere un lupo forte e spaventoso. Può rombare come un camion dei pompieri. Può acquisire conoscenze su streghe e ladri divertendosi con le sue stesse paure. Un'immaginazione fervida gli dà la possibilità di essere un mostro, un animale aggressivo, un genitore adorato – tutto in un unico sogno o in una sola fantasia. Il processo cognitivo della funzione simbolica – quello che consente a un animale di pezza o a un camion giocattolo o a una bambola di rappresentare qualcos'altro – compare nel quarto e quinto anno di età.

Il gioco e l'immaginazione sono necessari per apprendere i limiti e per realizzare se stesso come persona. Gli obiettivi di questo tumultuoso periodo di apprendimento sono una sicura differenziazione sessuale e l'autocontrollo degli impulsi aggressivi.

Uno degli aspetti che il bambino deve esplorare per realizzare questi obiettivi è il significato delle bugie, dei furti e degli inganni. Questi sono comportamenti normali in un bambino di quattro-cinque anni e rappresentano per i genitori delle opportunità attraverso cui insegnare al bambino la responsabilità verso gli altri. Quella lezione è per tutti noi un progetto che dura tutta la vita.

La principale difficoltà che i genitori incontrano quando simili comportamenti compaiono per la prima volta è quella di controllare le proprie reazioni eccessive, spesso correlate a ricordi personali. Loro stessi possono essere stati sorpresi in simili comportamenti, rimproverati e puniti. Possono essere venuti a conoscenza di bambini incorsi in guai seri. Le loro passate paure traumatiche e non risolte fanno reagire i genitori con "orrore" alla prima scoperta di una bugia, di un inganno o di un furto. Se riuscissero a tornare con la memoria al proprio passato, sarebbe più facile comprendere il punto di vista del bambino.

Bugie

Tutti i bambini di quattro anni dicono bugie. Intorno ai quattro-cinque anni una fervida immaginazione è segno di una sana emotività – anche se porta il bambino a mentire. E lo farà.

Prendete per esempio un bambino, che chiameremo Alex, che vede il padre giocare con un nuovo personal computer tutte le sere. Totalmente assorto, il padre sorride, si acciglia, e perfino ride fragorosamente mentre il computer gli fornisce risultati inaspettati. Una mattina, quando il padre esce da casa per andare al lavoro, Alex entra furtivamente nello studio per esaminare il computer del padre. Imitando il padre, inizia a giocare con bottoni e tasti della tastiera. All'improvviso il computer emette ronzii, scampanellii e rumori sordi che continuano fino al rientro del padre a casa, la sera. Spaventato dai rumori che non riesce a controllare, Alex si nasconde. Il padre, orripilato dalle condizioni del computer, si infuria a cena, accusando a turno tutti i membri della famiglia. Quando si rivolge ad Alex, il bambino spaventato rivela che la baby-sitter era entrata nella stanza e aveva sfasciato il "... puter". A quel punto Alex desidera così tanto credere alla sua storia che inizia ad aggiungere dettagli per renderla più credibile. Quando arriva la baby-sitter e nega il proprio coinvolgimento nella questione, il padre di Alex è impressionato dalla complessità della bugia costruita da Alex, e lo punisce severamente. A questo punto, il desiderio di Alex di credere che sia vero quello che lui vuole intensamente gli fa credere che la storia da lui inventata sia reale. Si sente tradito e pensa che la rabbia del padre sia immeritata. Di conseguenza, ci sono poche possibilità che Alex impari qualcosa di positivo da questa esperienza. Ha mentito per proteggere se stesso dall'accusa iniziale del padre, usando la sua creatività per compiacerlo e per cancellare il danno fatto nel tentativo di identificarsi con lui nell'interesse verso il suo computer. Più il padre si mostra arrabbiato e più Alex si spinge in là nella sua invenzione.

I genitori di bambini di quattro-cinque anni devono essere preparati a simili bugie. Quando questo straordinario e magico aspetto del pensiero del bambino emerge, un genitore deve vederne gli aspetti positivi e rallegrarsi, se possibile, dei fantasiosi risultati. Una reazione eccessiva potrebbe trasformare questo aspetto transitorio in schema comportamentale consolidato.

Cosa fare quando un bambino mente Per prima cosa, cercare di capire le circostanze che hanno portato all'episodio. Fidarsi del fatto che il bambino sia animato da buone intenzioni, e cercare di comprendere le sue ragioni – le sue fantasie e il fatto di credere vero quello che desidera intensamente. Aiutarlo anche a comprendere le proprie ragioni.

Successivamente, non mettere il bambino alle strette e non reagire eccessivamente e con violenza. La coscienza emerge proprio a questa età; il senso di colpa arriva *dopo* l'azione e in risposta al riconoscimento della disapprovazione. L'obiettivo a lungo termine è quello di aiutare il bambino ad acquisire una coscienza – come ha detto la psicanalista Selma Fraiberg "portare il poliziotto dall'esterno all'interno". Richieste troppo rigide o punizioni troppo severe possono concludersi con uno dei seguenti risultati: (1) una coscienza troppo severa e inflessibile, (2) una tenace ribellione che fa sembrare amorale il bambino, o (3) una ripetizione incontrollabile del dire bugie.

Quando si è esagerato con rimproveri o punizioni, o quando abbiamo sbagliato ad accusarlo, è meglio ammetterlo al bambino. È bene utilizzare queste occasioni come opportunità per discutere con lui le preoccupazioni che creano in un genitore le bugie del bambino, assicurandogli al tempo stesso che si comprende il suo punto di vista. Ricordate che l'amore di un bambino per i genitori è maggiore dell'amore per se stesso. Si rischia di indebolire troppo facilmente la coscienza delle sue capacità.

I genitori comprenderanno di avere fatto progressi quando potranno discutere ogni episodio con il bambino e quando riusciranno a fargli comprendere per quale motivo lui dice le bugie. Quando il bambino comincia ad ammettere la verità si può avere la certezza di essere sulla strada giusta. Il livello successivo sarà raggiunto quando il bambino comincerà a rispettare i sentimenti e i diritti altrui.

Se, d'altro canto, continua ancora a dire bugie, e queste diventano sempre più insidiose e meno connesse alla realtà o poco comprensibili, allora potrebbe essere un segnale che il bambino riceve troppe pressioni da parte dei genitori. Altri segnali indicanti che il bambino non si sente sicuro di sviluppare il suo mondo fantastico secondo il suo ritmo personale sono individuabili in un bambino che si autopunisce e comincia a tirarsi indietro, a mostrarsi non disponibile, oppure che palesa segnali di ansia generalizzata e di poca stima di sé, con manifestazioni crescenti di paure e terrore notturno. In tali situazioni i genitori devono evitare punizioni severe e riconsiderare le proprie reazioni, valutare le circostanze di vita del bambino e le pressioni che subisce, allentare la pressione su tutte le questioni non importanti, ammettere con il bambino di avere reagito troppo severamente. Talvolta può essere d'aiuto ricorrere alle bambole o a storie per parlare e interpretare il problema con il bambino.

Se si è davvero preoccupati, si può richiedere una visita specialistica. Ricordate però che il costante ricorso alle bugie è solo un sintomo di ansia e timore di fondo. Tale situazione deve essere controllata, non repressa.

Furti

I bambini piccoli si mettono a rubare per almeno due motivi. Primo, ogni cosa "appartiene" a un bambino di tre-quattro anni fino a quando qualcuno non gli dice diversamente. Di conseguenza, se vede un giocattolo in un negozio o viene attratto da un pacco di biscotti in un supermercato, le cose che vede sono sue – fino a quando non impara che tali cose appartengono ad altri. Imparare questo aspetto richiede del tempo. Come nel caso delle bugie, una punizione traumatica porterà il bambino a continuare nel suo comportamento di nascosto. Una spiegazione calma e non aggressiva su come rispettare la proprietà altrui e una ferma definizione dei limiti sono molto più efficaci.

Una ragione più sottile che induce il bambino a rubare è il desiderio di identificarsi con gli altri. Quando, in età prescolare, aumenta l'intenso desiderio di identificarsi con i genitori, i fratelli o il maestro di scuola il bambino potrebbe impadronirsi di cose importanti che appartengono a queste persone. Nel suo concreto modo di pensare, crederà che possedere qualcosa di un'altra persona equivale a essere come quella persona. Il bambino non ha ancora una coscienza. I sensi di colpa emergono dopo, causati dalla delusione manifestata dagli altri.

La tendenza a rubare appare per la prima volta intorno ai quattro-cinque anni in molti bambini. È più un comportamento esplorativo e mirante al possesso, piuttosto che un segnale dell'essere cattivo. Se i genitori esplodono con una reazione eccessiva, possono causare paure e indurre il bambino a ripetere le stesse azioni. Ovviamente, i genitori si preoccupano quando un bambino ruba a un altro, e soprattutto se sembra comprendere l'azione fatta mentendo a proposito. Ma se si comprendono la normalità della azione e i motivi che si celano dietro un furto di un bambino in età prescolare si possono evitare sia l'eccessiva reazione sia la trasformazione di questa azione in consolidato schema comportamentale futuro. In caso di furti, come in caso di bugie, l'obiettivo di un genitore è quello di utilizzare ogni singolo episodio come opportunità di insegnamento. Aiutare un bambino a comprendere i motivi che lo portano a prendere oggetti altrui, senza fargli sentire opprimenti sensi di colpa, lo rende disponibile ad ascoltare i genitori quando parlano di diritti altrui. Imparare a rispettare la proprietà e il territorio degli altri è un obiettivo a lungo termine. Gestito con attenta sensibilità, ogni episodio di furto può portare verso quella direzione.

Come prevenire i furti Per prima cosa, non fate scenate: servirebbero solo a spaventare il bambino. Cercate di non etichettarlo come ladro mentre si parla con lui, e di non insistere sull'incidente in seguito. È saggio non affrontare il bambino chiedendogli se ha rubato; un simile atteggiamento potrebbe indurlo a mentire. Si deve mettere semplicemente in chiaro che si conosce la provenienza dell'oggetto chiedendo al bambino di tirarlo fuori, se necessario, dicendo: "Mi spiace ma hai preso una cosa non è tua".

Poi aiutate il bambino a restituire l'oggetto al legittimo proprietario e a scusarsi, anche se ciò significa andare al negozio di alimentari e subire l'imbarazzo della restituzione dell'oggetto o del suo pagamento. Fate poi capire al bambino il costo dell'oggetto facendogli fare piccoli lavori. Rimanete coerenti con questo comportamento tutte le volte che si verifica un episodio simile.

Prevenire i furti implica impartirgli un insegnamento sereno e non aggressivo. Mostrate al bambino come chiedere ciò che desidera. Applicate semplici regole sulla condivisione delle cose con altri, del tipo "Non prendere i giochi di un altro bambino senza chiederglieli e senza offrirgliene in cambio uno dei tuoi". Spiegate il concetto di prendere in prestito e restituire un giocattolo: "Puoi chiedere se puoi giocarci. Se dice di no, non puoi. Se dice di sì, devi promettere di restituirlo". "Se siamo in un negozio e vuoi dei biscotti, chiedimi se puoi averli. Se dico di sì, aspetta a prenderli fino a quando non li avrò pagati." In tal modo si insegna al bambino il rispetto per le cose altrui, mostrandogli come chiedere le cose e aiutandolo a imparare a posticipare la voglia di impossessarsene subito.

È anche importante spiegargli perché sono necessarie tali regole – "per proteggere i giocattoli degli altri allo stesso modo in cui tu vuoi proteggere i tuoi". Quando un bambino ruba, fate ricorso a un periodo di pausa come misura disciplinare, ma subito dopo sedetevi e discutetene con il bambino. Lo scopo non è di punirlo ma di insegnargli che esiste la proprietà altrui e il controllo del suo desiderio di possesso di quella proprietà. Cercare di capire perché l'ha fatto e aiutare il bambino stesso a capirlo. Aiutarlo a capire il punto di vista del genitore: un genitore non può consentirgli di prendere le cose altrui. Chiarire che si sta cercando di comprendere il suo punto di vista. Poi chiedergli come pensa di comportarsi e dargli parte della responsabilità di porsi dei limiti. Come ultima e più importante cosa, quando riesce a non prendere più le cose degli altri, fargli sapere che si è orgogliosi di lui.

Se continua a rubare, bisogna ricercare possibili motivi di fondo. Il bambino si sente colpevole e spaventato e reagisce con una sorta di ripetizione compulsiva? È così insicuro da avere bisogno di oggetti altrui che lo facciano sentire una persona intera? Altri manifestano già disapprovazione e lo etichettano? Se continua a rubare, potrebbe essere una sua richiesta di aiuto per un intervento terapeutico. Non aspettate a intervenire che si senta un fallito e che questa definizione nei suoi riguardi si sia consolidata. Cercate un aiuto esterno o attraverso il medico di famiglia o il reparto di psichiatria infantile dell'ospedale universitario.

Inganni

Per capire che alle altre persone non piacciono i bambini che imbrogliano un bambino deve essere abbastanza maturo da comprendere le regole, nel gioco e a scuola. Deve avere superato lo stato di comportamento provocatorio tipico dei tre anni. Da cinque a sei anni, un bambino può imparare il concetto della contrattazione aperta piuttosto che del subdolo inganno. La maturità porta con sé riflessioni più logiche, e l'egocentrismo di un bambino di tre anni lascia il posto alla consapevolezza degli altri. La coscienza sociale è adesso in via di formazione.

Il compito dei genitori è di incoraggiare questa consapevolezza. Punizioni inadeguate o troppo severe bloccheranno questi processi evolutivi. La tecnica migliore per bloccare gli imbrogli è discuterne gentilmente e apertamente. Si possono spiegare le conseguenze degli imbrogli senza assumere un tono giudicante:

"Non è proprio giusto nei suoi confronti, e non le piacerai".
"Vorresti che lui imbrogliasse te?"
"Ciò che è giusto per te è giusto per chiunque altro".
"Se vinci imbrogliando, potrebbe non volere più giocare con te, oppure imparerà a imbrogliare con te. Vuoi che succeda questo?"
"Stai cercando di fare arrabbiare la tua maestra – oppure me? Io sono proprio delusa, perché so che sai fare di meglio".
"Puoi darmi un'idea su come aiutarti in questo?"

Il gioco drammatico può essere un potente modo per introdurre il rispetto per gli altri. Dà anche al genitore la possibilità di insegnare al bambino modi accettabili di scambio. Per aiutarlo a imparare la responsabilità di se stesso, lasciate che il bambino mostri, in una situazione opportunamente costruita ad arte, come vorrebbe essere disciplinato.

La coscienza sociale di un bambino è modellata su quella dei genitori e del resto della famiglia. Assicurarsi quindi che si stia dando al bambino la possibilità di comprendere nel loro pieno significato i valori sociali dei genitori.

31

LE BUONE MANIERE

Nella maggior parte delle culture, insegnare a un bambino come comportarsi è una parte importante della educazione primaria. L'inchino rispettoso di un bambino giapponese, il saluto cordiale di un bambino africano e il lieve inchino di una bambina europea sono segni di rispetto e di accettazione di un'altra persona.

Le buone maniere rappresentano i nostri valori, il nostro stile sociale. Ne abbiamo bisogno per tutta la vita per potere entrare in un gruppo e adeguarci ad esso. Le maniere che utilizziamo riflettono la nostra collocazione sociale, l'impalcatura di ogni situazione sociale. Esprimono il nostro rispetto per altre persone e sono essenziali per conquistare il consenso degli altri.

La loro importanza comincia presto. Dai bambini di due anni che giocando a uno scivolo si mettono in fila, rispettando reciprocamente il turno. Se un bambino aggressivo irrompe a metà della coda, l'intera "fila" come gruppo deciderà se farlo passare o respingerlo. All'età di due anni, i bambini si aspettano già che un loro pari rispetti le regole del gioco. Le regole, come le maniere, definiscono il comportamento che gli altri si aspettano da noi. Un bambino troppo aggressivo o troppo timido per seguire le regole viene considerato non desiderabile dagli altri bambini.

Non possiamo sfuggire a regole e maniere, ma possiamo decidere quali hanno per noi importanza e quali non ne hanno. I nostri bambini si modelleranno in base alle nostre decisioni.

Imparare i modi in cui comportarsi

I bambini cominciano a imparare regole e buone maniere durante l'infanzia, anche se molti genitori non sono consapevoli di stare impartendo simili lezioni. Per esempio, quando un neonato morde il capezzolo della madre durante l'allattamento, la madre ne è scossa e reagisce con dolore e sorpresa all'aggressività del proprio bambino di cinque mesi. La madre si ritrae, allontana il bambino dal seno e lo rimprovera "No, non puoi farlo!" Ha appena insegnato al bambino delle regole dell'allattamento al seno. E mentre le impara il bambino sta già apprendendo il rispetto per l'altra persona.

I genitori non riconoscono il proprio ruolo nell'"insegnare" le buone maniere fino a quando, nel corso del secondo anno di vita, il bambino non inizia a provocare e verificare i limiti. Come si è detto nei capitoli precedenti, uno dei primi veri campi di battaglia per l'apprendimento delle buone maniere è il momento dei pasti. Mentre impara le regole, un bambino di due anni deve mettere alla prova tutte le sue possibilità. Fa cadere il cibo ai lati del vassoio, rovescia il contenuto della tazza, spalma cibo sui capelli e rifiuta un cibo dopo l'altro, verificando ogni regola in cerca di quali dovranno essere i limiti.

Durante il secondo anno, l'opportunità di esplorare i propri limiti e la propria autonomia è più importante per lo sviluppo di un bambino di quanto non sia imparare il modo di comportarsi che ci si aspetta in seguito da lui. All'età di quattro-cinque anni, quando si sarà impadronito della capacità di mangiare i pasti interi, comincerà a identificarsi con gli adulti che lo circondano e a copiare i comportamenti che vede attuati dai genitori e dai fratelli. Da solo userà il tovagliolo per asciugarsi la bocca, utilizzerà la forchetta e il cucchiaio e chiederà di essere scusato quando vorrà alzarsi da tavola. A questa età i bambini sentono il forte desiderio di imitare le azioni delle persone con cui vivono. D'altra parte, se gli viene indicato di "fare questo" o "non fare quello", ogni bambino sveglio di quattro anni si ribellerà. Imparare come fare le cose da solo è diventato troppo importante ed eccitante per consentirgli di adeguarsi alle direttive dei genitori. Questo è il motivo per cui la migliore possibilità per insegnare un comportamento accettabile è semplicemente quella di eseguirlo come esempio per il bambino. Se si ha un bambino di tre-quattro anni, consiglio di fare da esempio ma di non commentare con troppo entusiasmo i progressi del bambino nell'imparare le buone maniere.

Regole sociali

Quando, intorno ai quattro anni, il bambino inizia ad apprendere le regole basilari di come comportarsi ai pasti, all'ora di andare a dormire o di fare il bagno, è pronto per ricevere anche alcune regole sociali.

Andare a trovare i nonni può essere un'eccellente opportunità di apprendimento. Si può preparare il bambino con una storiella su quello che accadrà quando andrà in visita a casa dei nonni e su cosa ci si aspetta da lui. Mentre gli si parla, aiutatelo a ripetere il comportamento desiderato. Per esempio: "Nonna e nonno saranno così contenti di vederti. Sarai pronto ad abbracciarli e a farti baciare da loro? O vorrai correre a nasconderti? Molti bambini della tua stessa età sono timidi, ma i nonni hanno aspettato così tanto per vederti che non possono fare a meno di volerti abbracciare e baciare".

Quando altre persone saranno presenti, preparate il bambino a salutare anche loro: "Ricordi il signor Green, che vive nella casa accanto a quella dei nonni? Bene, sarà anche lui dai nonni, e scommetto che ti tenderà la mano per salutarti, in questo modo. Questo gesto si chiama stringersi la mano. Papà si stringerà la mano con il signor Green, così potrai vedere come lo fanno gli adulti. Poi forse lo potrai fare anche tu".

Se e quando il bambino prova questi comportamenti educati potete commentare la cosa favorevolmente, ma senza eccedere con le lodi. State cercando di creare un'aspettativa, non state costruendo un grande evento. Se non riesce a essere all'altezza della richiesta, non è il caso di infastidirsi. Bisogna semplicemente fargli sapere che si desidera ancora che impari queste formalità e che si spera che la volta successiva possa fare ciò che "tutti gli altri fanno". Con troppa pressione e troppe lodi gli si dà l'idea che le buone maniere siano negoziabili. Invece le maniere di comportamento, come le abitudini ai pasti e al momento di andare a dormire, devono diventare parte di uno schema ben stabilito, piuttosto che un argomento di negoziazione.

Quando è il momento di salutare perché si va via, fate sapere al bambino cosa ci si aspetta da lui. “Puoi ringraziare la nonna e il nonno per la cena e dare loro un grosso bacio di saluto. Nonna e nonno mi hanno detto di avere notato quanto sei diventato grande!”

Se i nonni hanno qualche invalidità o usano un bastone o le stampelle, si avrà l’opportunità di preparare il bambino a essere sensibile verso gli altri. Gli si potrebbe dire: “Nonno deve usare le stampelle adesso perché gli fanno male le gambe, ma si vergogna un poco di averne bisogno. Qualche volta anche gli adulti si vergognano di essere diversi dagli altri, così la cosa migliore che possiamo fare è di essere comprensivi e servizievoli, ma senza parlare troppo delle stampelle del nonno. Gli puoi chiedere come si sente e cercare di notare le volte in cui ha bisogno di aiuto. Per esempio, se cade una stampella, puoi prenderla e dargliela”.

A quattro-cinque anni, la consapevolezza delle diversità nel bambino è molto spiccata. Potrebbe rimanerne imbarazzato o reagire esageratamente. Se, per esempio, vede un cieco per strada, potrebbe dire a voce alta “Guarda mamma, ha un bastone!” Tutte queste occasioni offrono opportunità per insegnare la considerazione per gli altri. “Sì”, gli si potrebbe rispondere, “usa un bastone perché non riesce a vedere, e il bastone lo aiuta a sentire il bordo del marciapiede e i muri contro cui potrebbe andare a sbattere. Chiudi gli occhi e vedi quanto sia difficile muoverti da solo. È meraviglioso che quel signore riesca a farlo da solo, non pensi?” Aiutare il bambino a trovare modi per gestire i propri sentimenti è per lui un grosso sollievo. Quando un genitore adotta un comportamento adeguato, lo aiuta a ridurre le proprie ansie.

Trasmettere il piacere delle buone maniere

Le buone maniere rendono la vita più semplice e più piacevole. Se si riesce a spiegarle al bambino sotto questo aspetto, invece di presentargliele come noiosi doveri, si possono ottenere risultati migliori. Se, per esempio, si dice “scusi” quando si urta accidentalmente qualcuno al supermercato, il bambino imiterà il comportamento visto nel genitore. La maggior parte delle persone risponderà con un sorriso a questo gradito comportamento. I bambini possono imparare a capire che le buone maniere non solo facilitano i rapporti con gli altri, ma li aiutano anche a far fronte a situazioni insolite e stressanti. Infatti non solo offrono una base per rispondere alle situazioni quotidiane, ma aiutano anche i bambini ad affrontare l'imprevisto. Un bambino che si sente a proprio agio nella routine degli eventi soliti affronterà verosimilmente quelli insoliti con maggiore successo. Quando il vostro bambino si mostra all'altezza della situazione, è bene dargliene merito, dicendogli qualcosa del tipo: "Tutti hanno apprezzato il modo in cui hai aiutato quel bambino quando è inciampato e si è scorticato il ginocchio". Questo darà al bambino una buona impressione di sé.

Quando un bambino impara le buone maniere senza pressione da parte dei genitori, si sente orgoglioso delle capacità che ha acquisito. Il suo comportamento scaturisce dall'interno, piuttosto che essere uno schema artificiale impostogli dagli adulti. Il bambino ne ha il controllo e lo sente suo. Ma più di ogni altra cosa troverà sicurezza nella sensazione che le buone maniere – e l'aiuto che gli danno nel conquistare la stima e l'affetto degli altri – saranno sempre un qualcosa a cui fare ricorso.

Maleducazione

Una reazione comune all'eccessiva pressione per l'apprendimento delle buone maniere è una cosciente maleducazione. Quando un bambino è consapevole di cosa ci si aspetta da lui, potrebbe comportarsi in modo apertamente sgarbato. Questo indica che il bambino sa cosa dovrebbe fare, ma sente su di sé maggiore pressione di quanta riesca a gestirne, e reagisce con un comportamento e un linguaggio che scatenano una sicura reazione.

Se il bambino arriva a questo punto, gli si potrebbe dire: "Ovviamente sono delusa. Tu e io sappiamo che sai fare di meglio. Forse senti che mi aspetto troppo da te. Ma è vero. Io desidero che le altre persone ti rispettino e ti apprezzino. Io so quanto tu sia bravo e desidero che anche gli altri lo sappiano. Mi dispiace che tu ti senta così, e spero che tu possa essere più sensibile con le altre persone la prossima volta". Al primo segno di resistenza del bambino, bisogna evitare di aggiungere altra pressione. Il bambino potrebbe non essere in grado di ascoltare i commenti del genitore, e questa piccola ramanzina potrebbe essere riservata per un momento successivo.

Se il bambino si comporta tutte le volte in modo sgarbato, mi preoccuperei. A quattro-cinque anni non esiste alcuna ragione per manifestare una costante mancanza di educazione nei confonti degli altri. Questo è da vedere piuttosto come segno di inquietudine interiore e, se continua, è opportuno cercare un aiuto psicologico. Se questo comportamento persiste e caratterizza tutte le reazioni del bambino, potrebbe essere indicato un consulto con uno psicologo o psichiatra infantile. La maleducazione lo esclude dal mondo e aumenta la sua ansia.

Le parolacce

I bambini di quattro-cinque anni attraversano periodi in cui fanno uso delle parole più sconvolgenti che conoscono. La loro capacità di scegliere le parole che possono maggiormente offendere un adulto o altri fratelli è inquietante. È eccitante per loro osservare le reazioni: un'occasione pubblica è senz'altro lo scenario migliore per agire. La conversazione si interrompe. I genitori si guardano con orrore. Non osano guardare i nonni, mortificati da simili parole, né gli eventuali altri adulti presenti che ridacchiano sotto i baffi. Il bambino sa di avere creato scompiglio. Ripete la parola finché qualcuno si riprende quel tanto che basta per rimproverarlo. Dopo un paio di occasioni le parolacce diventano parte acquisita del suo vocabolario, e le userà verosimilmente a ogni occasione.

Dire parolacce o parole "sporche" è segno di comportamento ribelle e provocatorio ed è normale e inevitabile nei bambini di quattro-sei anni. Persiste unicamente perché i genitori o gli altri adulti reagiscono esageratamente. Il migliore approccio è il cosiddetto consolidamento negativo – cioè non rispondere affatto. È bene assicurarsi la collaborazione di altri in modo che nessuno reagisca a questo comportamento provocatorio. In altri momenti si può parlare con il bambino del fatto che il suo comportamento non piace ai genitori e neanche alle altre persone; che si comprende il fatto che vuole provare il suo nuovo vocabolario, ma che alcune parole devono essere usate solo in privato. Bisogna conseguentemente dargli la possibilità di dirle in casa. Se si presta poca attenzione a quello che dice, le "sperimentazioni" del bambino dovrebbero esaurirsi presto.

Se invece continuano, potrebbe essere necessario elaborare un metodo per ricordare al bambino come comportarsi e per disciplinarlo. Parlarne prima di andare da qualche parte. Decidere insieme al bambino cosa fare se gli scappa una di quelle parole, e poi farlo. Dirgli che si cercherà di aiutarlo a controllarsi. Se ci riesce, congratularsi con lui.

Sembra che i bambini dicano più parolacce delle bambine. Forse perché ci si aspetta maggiore controllo sociale da una bambina mentre si consolida, seppur inconsciamente, nei bambini il comportamento "trasgressivo". I maschietti di cinque-sei anni, e oltre, utilizzano verosimilmente le parolacce come parte del comportamento da "macho".

I genitori si preoccupano che l'uso di parolacce possa continuare nel tempo e diventare parte della personalità del bambino. Succederà senz'altro se da ciò il bambino ottiene in risposta un gratificante consolidamento della sua personalità. Ma potrebbe anche essere un sintomo di insicurezza e/o di infelicità del bambino. Se usa le parolacce in modo inutilmente provocatorio e in luoghi inadatti, la considererei una forma di richiesta di aiuto. Si potrebbe ricorrere da uno specialista per valutare l'esistenza di una depressione di fondo o di una scarsa immagine di sé.

Come detto all'inizio del capitolo, le maniere di comportamento personale hanno un ruolo importante nell'ambito del nostro comportamento sociale. Sono infatti meno importanti di per sé, mentre invece rappresentano una importante chiave di accesso al vasto regno sociale. Una gradevole serie di buone maniere è come un passaporto, che consente libertà di accesso alle persone al di fuori della famiglia. Un bambino sensibile ai sentimenti delle persone e fornito di "buone maniere" troverà più facilmente sorrisi e nuovi amici piuttosto che espressioni accigliate e resistenze quando si avvia a esplorare il mondo.

32

NASCITA PREMATURA

La nascita di un bambino prematuro è uno shock. Tutto il lavoro che viene fatto per la gravidanza, per prepararsi al parto e per accogliere adeguatamente il neonato viene interrotto bruscamente. Sia un bambino prematuro sia i suoi genitori devono affrontare molti adeguamenti alla nuova e inaspettata realtà.

Ansia dei genitori

Una madre inevitabilmente si interroga sulla propria responsabilità nell'aver determinato una nascita prematura. Perché non sono stata in grado di portarlo in grembo fino alla fine? C'era qualcosa di difettoso in me – o in lui? Ho esagerato nel fare qualcosa? Ho mangiato qualcosa di sbagliato? Cosa ho fatto a questo bambino? Automaticamente si innesca un senso di colpa. La madre si incolpa e si sente incapace, perfino arrabbiata con se stessa e con il mondo intero. Riverserà verosimilmente la sua rabbia sul marito e su chi si prende cura del bambino. "Perché non fanno di più per lui?" È un sottile velo per coprire il proprio senso di non essere stata all'altezza del suo compito.

Una volta appreso che il bambino sopravviverà, entrambi i genitori cominceranno a chiedersi se sarà "normale". Inizia l'inevitabile confronto con un bambino normale nato a termine – e questo confronto potrebbe durare per il resto della sua vita. Ogni madre che ha vissuto il trauma di partorire un bambino più debole lo considererà automaticamente più vulnerabile per gli anni a venire. Si rischia molto di essere assillanti e di creare la "sindrome del bambino vulnerabile". I genitori necessitano di aiuto per concentrarsi sulle reali capacità evolutive del bambino invece che su "cosa avrebbe potuto essere". Questo richiederà del tempo. Quando i genitori riescono a concentrarsi sul bambino che hanno, invece che su quello che avrebbero potuto avere, tutta la loro energia può essere convogliata e indirizzata nel compito di consolidare la sua crescita e le sue potenzialità di sviluppo.

Se, d'altro canto, paragonano costantemente il proprio bambino a quello dei loro amici, sono destinati a trovarlo carente in qualche aspetto. E questo li porterebbe a cercare di aiutarlo a compensare. Osserveranno ogni suo singolo movimento, per paura che fallisca. Accorreranno in suo aiuto ancora prima che il bambino possa sviluppare il desiderio di tentare un compito nuovo, prima che possa sbagliare e quindi attivare nuova energia sufficiente per provare ancora, e ancora prima che possa provare naturali sensi di frustrazione che gli daranno la forza per riuscire nel suo intento. Ogni successo sarà pertanto un successo dei genitori, non del bambino. Il bambino allora svilupperà gradualmente un'immagine di sé come di un ex-prematuro debole e inadeguato – un bambino veramente vulnerabile.

Le impressionanti apparecchiature ad alta tecnologia del reparto di terapia intensiva neonatale (TIN) consolidano l'idea di bambino fragile che i genitori si sono fatti del proprio figlio. Soltanto quando vedranno gli sforzi che il bambino fa per vivere nei genitori diminuiranno queste ansie. Nel corso degli anni, chi di noi ha lavorato in questi reparti ha lottato per ottenere il coinvolgimento dei genitori, oltre che per un ambiente meno opprimente, illuminato e rumoroso, a vantaggio degli stessi bambini. I genitori preoccupati possono entrare a far parte il più presto possibile nei programmi di cura dei bambini prematuri. Osservando il recupero del bambino, potranno parallelamente ritrovare la propria tranquillità. Con neonati molto piccoli e molto ammalati, il possibile rifiuto del bambino funziona come potente meccanismo di difesa. Mentre il bambino recupera, la necessità di rifiuto può diminuire.

Se un'infermiera o un pediatra prende del tempo per coinvolgere i genitori nella valutazione del piccolo, questi potranno vedere il bambino organizzarsi e dimostrare comportamenti generalmente osservabili nel periodo neonatale in bambini nati a termine (si veda Capitolo 2).

Recupero e crescita

Nell'atmosfera più tranquilla di un moderno reparto di terapia intensiva neonatale (TIN), con luci meno intense e meno stimoli in genere, il fragile sistema nervoso di un bambino prematuro può organizzarsi più rapidamente ed efficacemente. Il bambino può gradualmente imparare a difendersi o a mettersi in stato di allerta nei confronti del mondo che lo circonda. Un bambino prematuro che non viene sovraccaricato passa attraverso i sei stati di coscienza osservati in tutti i neonati. Mentre si riprende dagli effetti della nascita prematura, imparerà lentamente a prestare attenzione all'interno di relazioni interpersonali positive.

Ogni bambino stressato è verosimilmente ipersensibile. (Si vedano Capitoli 2 e 26). Più attraente è l'esperienza a lui proposta (tipo la voce e il volto di una persona) più il bambino reagirà in modo eccessivo. Come si è detto in precedenza, per potere fare arrivare al bambino delle informazioni che possa utilizzare per apprendere cose di se stesso e del mondo ogni proposta deve essere ridotta di intensità, ritmo e durata. Abbiamo scoperto che un bambino prematuro o stressato è in grado di assimilare e rispondere a una sola proposta per volta – o il contatto fisico, o quello uditivo o quello visivo oppure l'essere preso in braccio – e il tutto fatto prestando grande attenzione alle sue risposte. Quando respira più frequentemente o più profondamente, quando il suo colorito cambia, il bambino comunica di averne abbastanza.

Il sonno profondo può essere una difesa per un bambino prematuro. Agitarsi e piangere può essere un modo per difendersi dal mondo esterno, anche se è un metodo che richiede molte energie. Lo stato di allerta è vitale per l'apprendimento, ma può sovraccaricarlo troppo. Chi si prende cura del bambino deve rispettare la sua bassa soglia di sopportazione. Mentre si interagisce con il bambino bisogna prestare attenzione ad eventuali segnali di stanchezza.

Un altro modo in cui il bambino può segnalare la stanchezza è attraverso il comportamento motorio; i suoi movimenti diventano meno energici o al contrario più bruschi, cambiando rispetto al tono e alla qualità precedenti. Questi cambiamenti sono facilmente osservabili e fanno parte del linguaggio di comunicazione non verbale di un bambino prematuro.

Mentre il bambino recupera, diventerà sempre più capace di accettare il contatto fisico con i genitori, e il loro parlargli o guardarlo dritto in faccia. Quando il bambino riesce ad accettare tutte e tre le modalità contemporaneamente, allora la sua ripresa e la sua capacità organizzativa si possono considerare realizzate.

I genitori vengono incoraggiati a visitare il reparto neonatale di terapia intensiva quotidianamente e a prendere parte all'allattamento e al cambio del pannolino, accudendo il proprio bambino. A poco a poco superano la naturale paura di toccarlo e maneggiarlo. Mentre lo vedono recuperare, imparano a distinguere i suoi sforzi e le capacità di miglioramento. Piccoli dettagli, come i cappellini di lana fatti a maglia visti in alcuni reparti, nomi e disegni sulle incubatrici e giocattoli portati dai genitori personalizzano quegli esserini ospitati in reparto e aiutano i genitori a riconoscerli come piccoli individui.

Abbiamo imparato molte cose dalle esperienze degli anni passati. Persino i bambini affetti da danni cerebrali possono trarre beneficio dalle nuove tecniche di intervento precoce. Esistono sempre più prove delle capacità di recupero del sistema nervoso di un bambino prematuro. Le vie del sistema nervoso di un bambino immaturo sono, come diciamo noi, ridondanti. In altre parole, anche in presenza di zone cerebrali danneggiate, se le tecniche di intervento precoce vengono iniziate in tempo, altre zone possono prendere il controllo delle funzioni di quelle danneggiate. Ovviamente non possiamo aiutare un bambino a rigenerare cellule nervose danneggiate. Ma proprio come un bambino cieco impara a utilizzare il tatto e l'udito con maggiore sensibilità esistono metodi per aiutare un neonato a compensare i danni cerebrali. Tali tecniche devono essere iniziate il prima possibile. Per questo motivo, tutti i neonati prematuri devono essere visitati prima della dimissione dall'ospedale, in modo da stabilire la necessità di un intervento precoce. I genitori hanno il diritto di sapere come stabilire un contatto con un bambino simile e come aiutarlo a sviluppare i propri punti di forza. Un bambino a rischio può imparare a fallire o invece ad avere successo mentre cresce e matura. Noi possiamo constatare che il bambino riuscirà a conseguire maggiori successi se si inizia il più presto possibile.

A causa dell'impegno richiesto dall'organizzazione di un sistema nervoso tanto fragile, un bambino prematuro si sviluppa verosimilmente più lentamente. Se i genitori sapranno aspettare, la loro ansia sarà inferiore. Per avere un'idea dello sviluppo che ci si può attendere nelle varie età del bambino, bisogna sottrarre dall'età effettiva il numero di mesi di nascita prematura più le settimane o i mesi in cui il bambino è stato in terapia intensiva. Da studi condotti su tracciati di elettroencefalogramma esistono prove che, mentre un bambino è gravemente ammalato o collegato ad apparecchiature di terapia intensiva, tipo quelle respiratorie, il cervello va come in pausa e non matura. Tutta la sua energia è dedicata al recupero fisico. Quando il bambino starà bene, il cervello comincerà a fare progressi: ha inizio "il recupero". Se i genitori si aspettano un ritardo nello sviluppo del bambino, può essere risparmiata loro l'ansia di chiedersi se riuscirà mai a mettersi alla pari degli altri bambini della stessa età. Possono aiutarlo nello stato in cui si trova e vedere i suoi reali progressi.

Anche se la maggioranza di bambini prematuri cresce con capacità normali, l'incidenza delle difficoltà di apprendimento e dei disordini dell'attenzione oppure dell'iperattività è maggiore nei bambini prematuri di quanto non sia in quelli nati a termine. Il bambino può essere tenuto sotto controllo per individuare l'eventuale presenza di una di queste condizioni. Se i genitori ne sospettano una, dovrebbero richiedere un consulto con un qualificato specialista dell'infanzia. Se vengono guidati a comprendere le sfide che il bambino si trova ad affrontare, allora possono aiutarlo a superare le difficoltà. Come si è detto, i bambini possono imparare a compensare simili problemi. Una precoce individuazione di tali problemi può aiutare il bambino a sviluppare le proprie potenzialità piuttosto che a trovarsi invischiato in modalità comportamentali che generano in lui frustrazione (si vedano Capitoli 18 e 26).

33

È ORA DI ANDARE A SCUOLA!

Quando si pensa di iscrivere il bambino alla scuola materna, è necessario tenere in considerazione diversi aspetti. La scuola scelta è quella giusta? Il bambino è pronto? È in grado di separarsi dall'ambiente domestico? Può iniziare ad apprendere in questo momento del suo sviluppo? Riuscirà a farcela con gli altri bambini? Si manifesteranno problemi comportamentali?

Tutti questi aspetti devono essere affrontati quando un bambino inizia a frequentare la scuola materna, e si ripresenteranno prima della scuola elementare. Sebbene gli adattamenti alla scuola materna siano importanti per le capacità del bambino di affrontare sfide successive, lo stesso tipo di problemi di adattamento si ripresenterà presumibilmente a ogni transizione.

Se esiste la possibilità di scegliere fra più scuole, bisognerebbe visitarle tutte. Controllare che ci sia equilibrio tra apprendimento cognitivo e sociale. Troppa enfasi sull'apprendimento cognitivo a questa età potrebbe significare trascurare la necessità del bambino di crescere come essere sociale. La disposizione fisica e il grado di adeguamento dei ritmi di attività, insegnamento e riposo ai singoli bambini riflettono l'approccio di ogni scuola. È opportuno osservare i bambini molto attivi e quelli molto tranquilli per scoprire come vengono aiutati a inserirsi. Soprattutto, si deve valutare nell'insegnante la capacità di dare calore, la pazienza e l'abilità a incoraggiare l'individualità di ogni bambino. Sarà capace di apprezzare il bambino? Per potere dire in anticipo una cosa del genere, può essere sufficiente fidarsi della sensazione che il genitore prova nei confronti dell'insegnante. Per rafforzare nel bambino una buona immagine di sé in questo momento critico, la personalità dell'insegnante può risultare più importante delle sue capacità di insegnamento. Per adesso esorterei i genitori a dare più valore al livello di sviluppo emotivo del bambino che non al suo potenziale cognitivo. Un bambino vivace apprenderà in qualunque momento se ha sviluppato una buona sensazione di sé.

Essere pronti

I genitori oggi sono spesso ossessionati dall'idea che i bambini devono essere preparati a competere presto, ad avere successo fin dall'inizio. Pochi di loro riescono a resistere alla tentazione di preparare i bambini insegnando loro le acquisizioni di cui avranno bisogno a scuola – lettura, scrittura e aritmetica. Dal punto di vista strettamente personale, ho sempre la sensazione che la pressione esercitata sui bambini perché realizzino alcuni compiti con un certo anticipo, li privi con l'inganno delle possibilità di autoesplorazione, del gioco e dell'apprendimento che deriva dalla sperimentazione. Il fallimento, seguito da un senso di frustrazione o di noia, può essere un pre-requisito nel bambino del desiderio di imparare quando si presenterà l'occasione giusta. Non è importante l'età in cui un bambino inizia a sviluppare le sue abilità accademiche. Troppi studenti "precoci" esauriscono presto le loro capacità. La cosa più importante è il desiderio del bambino di apprendere e il concetto che ha di sé. Il bambino deve sentire di avere il controllo del proprio apprendimento.

La scuola richiede molto al bambino. Il piccolo deve essere in grado di concentrarsi e prestare attenzione. Deve avere la capacità di resistenza fisica e la pazienza di stare seduto per lunghi periodi, come pure quella di adattarsi ai ritmi di riposo e attività della scuola. Un bambino deve avere la capacità di comprendere, ricordare, seguire istruzioni composte di due-tre sequenze successive, eseguire compiti assegnati, gestire oggetti personali e occuparsi dei propri vestiti.

Le capacità motorie più sofisticate, come tagliare, disegnare e scrivere, richiedono una considerevole maturità neurologica ed emotiva. Sarebbe un errore pensare che tutti i bambini siano pronti allo stesso momento. Quei "fiori" che sbocciano più tardi devono essere riconosciuti, vanno rispettati i loro tempi. Il modo in cui un bambino viene accettato in questo periodo della sua vita può plasmare l'immagine di sé per il futuro. Dare al bambino, che ne ha bisogno, un anno in più per potere maturare può essere molto più importante dell'iniziare la scuola materna in tempo per potere arrivare alla prima elementare a sei anni. L'obiettivo finale dovrebbe essere quello di creare nel bambino l'interesse per l'apprendimento. Troppi bambini vengono spinti perché sono abbastanza vivaci, ma non viene prestata la giusta attenzione alla loro maturità e all'essere o meno pronti all'evento.

Quando si deve affrontare la decisione di mandare il bambino alla scuola materna o a quella elementare, bisogna tenere presenti alcuni motivi per decidere se è il caso di aspettare un altro anno. Li riportiamo qui di seguito.

- Familiarità per uno sviluppo lento – "fiori" che sbocciano lentamente.
- Nascita prematura o problemi fisici nei primi momenti della vita
- Ritardo nello sviluppo fisico o psichico.
- Sviluppo motorio immaturo – goffaggine, scarse capacità motorie, osservabili in situazioni tipo il prendere o tirare una palla, disegnare o tagliare.
- Tendenza alla facile distrazione e breve capacità di rimanere attento.
- Difficoltà con la mano destra-sinistra o nella coordinazione occhio-mano, tipo nel copiare un cerchio o un rombo.
- Ritardo nello sviluppo sociale – difficoltà a rispettare il proprio turno, nella condivisione o nel gioco. Se il bambino viene evitato dai bambini della stessa età, la cosa richiede una seria riflessione.

Ciascuno di questi aspetti può essere un motivo per lasciare che il bambino maturi ancora un anno prima di iniziare a frequentare la scuola materna, oppure che stia un anno in più alla scuola materna. Tuttavia, se anche uno solo di questi motivi di ritardo o di queste incapacità continuano a interferire con lo sviluppo del bambino, è il caso di organizzare un accurato controllo – neurologico e psicologico – per identificare il problema di fondo. Anche se il bambino può superare bene il problema, è importante comprendere i motivi del ritardo e anche individuare gli eventuali suoi punti di forza. Esistono molti programmi per bambini affetti da disturbi dell'attenzione, ritardi motori e difficoltà di apprendimento (si veda Capitolo 18). Trovare un programma che sia adatto alle difficoltà del bambino e assicurarsi che sia positivo e attraente, e non uno che spinga un simile bambino a "crescere" o a "essere bravo" o a "fare attenzione". Programmi simili possono risultare punitivi e non rafforzano positivamente il bambino per portarlo al successo. Inculcare un senso di fallimento porterà sicuramente a un altro fallimento. Trovare un programma che sostenga la sicurezza di sé del bambino e che aiuti i genitori a comprendere meglio il proprio bambino.

Preparare il bambino

Per facilitare gli adattamenti scolastici del bambino è importante che i genitori siano pronti a separarsi dal bambino quasi quanto lo sia il bambino stesso. Ogni genitore si preoccupa di cosa penseranno del figlio a scuola, se si accorgeranno di quanto sia intelligente e meraviglioso o se faranno attenzione solo alle sue difficoltà; se l'insegnante sarà gentile e incoraggiante o se soffocherà la sua indole. Tutte queste preoccupazioni riflettono la naturale ansia dei genitori di dover dividere il proprio figlio con altri. Questi interrogativi nascondono la paura della separazione e l'inevitabile competizione tra genitori e insegnanti. I genitori vedono l'ingresso del bambino a scuola (o alla materna, se la separazione è avvenuta prima) come l'inizio della fine dell'intimità. "Presto ce lo ritroveremo adolescente! Prima di rendercene conto se ne sarà andato via." I genitori devono affrontare prima le proprie difficoltà per il distacco dal bambino per potere aiutare il bambino a superare le sue.

Preparare in anticipo il bambino al distacco e alle richieste della scuola può fare la differenza: dire al bambino tutto quello che si sa su cosa deve aspettarsi; portare il bambino a conoscere l'insegnante e la stanza in cui starà prima dell'inizio della scuola; assicurarsi che conosca uno o due compagni di classe; se è il caso, favorire il loro incontro prima dell'inizio della scuola, portandoli insieme al museo o allo zoo (si veda Capitolo 45). Forse, d'accordo con le altri madri, si possono inserire i due-tre bambini insieme il primo giorno di scuola. Inoltre, si deve lasciare che il bambino si porti qualcosa di particolare da casa. Quando lo si accompagna a scuola, presentargli la maestra, fargli vedere l'angolo dove mettere le sue cose, fargli conoscere qualche altro bambino e la zona giochi. Dimostrare al bambino la fiducia nell'insegnante con complimenti del tipo: "Vedo che avete organizzato una giornata davvero divertente. Ci riteniamo fortunati che nostro figlio possa fare parte di questa classe".

Dire al bambino quando si va via: è molto importante. Salutarlo con un bacio e non prolungare il distacco. Informare il bambino su quando si sarà di ritorno e arrivare puntuali! Una volta salutatolo, andare via e non rimanere nei paraggi. Fare in seguito i complimenti al bambino per come ha affrontato bene la situazione. Ha fatto un grande passo! Ascoltare il resoconto della sua giornata. Accompagnarlo sempre a scuola, soprattutto i primi giorni.

Molti bambini si adattano bene all'inizio ma poi mostrano segnali di regressione a casa. Possono ripresentarsi sintomi in settori apparentemente non correlati all'evento, come il sonno, i pasti o i capricci, che erano già stati superati da tempo. A mio parere, queste regressioni dimostrano il tipo di energia a cui il bambino deve fare ricorso per fare onore alla nuova sfida. Quando un bambino deve affrontare una situazione nuova, è probabile che regredisca temporaneamente, come se stesse raccogliendo energia per l'importante adattamento. Regredendo, può tornare a un precedente stadio evolutivo, raccogliere dai genitori tutto l'appoggio di cui ha bisogno, e riorganizzarsi. Le regressioni spesso spaventano i genitori ma non dovrebbero, a meno che non durino troppo. L'apprendimento effettuato durante questi periodi di riorganizzazione val bene il ritorno di vecchi schemi comportamentali. Ogni bambino tornerà verosimilmente all'ultima conquista evolutiva realizzata. Se ha appena superato le paure notturne, ricomincerà a vedere i mostri. Se ha appena smesso di rosicchiarsi le unghie, inizierà nuovamente a farlo. Il ruolo dei genitori sarà quello di sostenerlo nel comprendere i motivi dei suoi sintomi e di aiutarlo a capire se stesso mentre si sforza di far fronte alla nuove sfide scolastiche; quando inizia a riuscire nel suo intento, fargli sapere quanto ci si sente fieri di lui.

Alcuni bambini cominceranno ad avere mal di pancia o mal di

testa al mattino prima di dovere uscire per andare a scuola (si veda Capitolo 40): potrebbero supplicare per avere il permesso di rimanere a casa. Se questi problemi continuano, o se gli episodi di regressione aumentano, possono essere segnali di eccessiva pressione. Il primo passo da fare è parlare con l'insegnante e scoprire se si verificano situazioni di stress a scuola che possono essere alleggerite. Il bambino ce la sta facendo con i suoi pari età? Sta imparando? Mostra segnali di sentirsi inadeguato?

Non mettersi in contrasto con l'insegnante. Anche se il bambino si lamenta per la sua severità, perché "È cattivo con me", non lo si aiuterà certo mostrandosi d'accordo con lui. Fate sapere al bambino che state cercando, insieme all'insegnante, di facilitare la vita a scuola.

Si deve discutere con il bambino dei sintomi. Fargli sapere che si capisce il problema e che si cercherà di aiutarlo. Spiegare che rimanere a casa non servirà a niente e che ci si aspetta che continui ad andare a scuola. Assicurare al bambino che tutti i piccoli attraversano periodi simili quando vivono la nuova esperienza della scuola e ne possono essere un poco spaventati. Ciò non significa che il bambino sia cattivo o pigro, ma che sta affrontando una nuova vita impegnativa, lasciando anche la sicurezza della propria casa. Se si percepisce paura nel bambino quando deve lasciare la propria casa, cercare di comprendere i problemi di fondo. Chiedere al bambino: "Temi che possa capitarmi qualcosa? Non succederà perché non lo permetterò". "Ti chiedi se giocherò con il tuo fratellino (sorellina) e mi dimenticherò di te? Non potrei mai. Sono così orgogliosa della mia 'signorina'. Ti penso tutto il tempo, ma mi aspetto che tu cresca e ti senta pronta a lasciare la casa. Anche tuo fratello dovrà impararlo e tu potrai aiutarlo".

Poiché la capacità di un bambino di far fronte allo stress di uscire da casa tutte le mattine può essere correlata al suo stato psicologico, assicurarsi che non sia giù di corda per motivi fisici o addirittura anemico. Molti bambini si svegliano in questo periodo con bassi livelli di zucchero nel sangue, cosa che può contribuire alla comparsa di mal di stomaco e mal di testa. L'ansia può ridurre ulteriormente i livelli di zucchero nel sangue. Consiglio ai genitori di lasciare un bicchiere di una bevanda analcolica o di succo d'arancia sul comodino del bambino, in modo da berlo appena si sveglia, prima di alzarsi dal letto e mettersi in movimento. Se si alza dal letto in condizioni migliori, riuscirà anche a fare una buona colazione e sarà poi in grado di gestire meglio lo stress della scuola e del distacco da casa.

Il periodo di adattamento alla scuola può essere burrascoso. I genitori temono che il cattivo comportamento del bambino possa farlo classificare negativamente dall'insegnante. I genitori potrebbero allora "pressarlo" a casa affinché "stia attento e faccia attenzione a scuola". Ma tutto questo non sarà di aiuto. È invece opportuno ricordarsi che ogni bambino si adatterà secondo il proprio ritmo. Cercare piuttosto di rendere la casa un'accogliente oasi di sicurezza e calore. Lasciare che il bambino si sfoghi a casa per bilanciare la pressione scolastica. Non insistere a fargli realizzare tutti i nuovi compiti contemporaneamente – lasciargli il suo spazio. Supportare la sua autostima: le basi di tutto ciò vengono poste a casa.

Andare alla scuola materna è la prima e più importante opportunità del bambino per imparare ad adattarsi al mondo esterno. Il bambino riuscirà a imparare a essere parte di un gruppo, a interpretare segnali sociali, a conformarsi alle aspettative e alle regole degli adulti, a imparare le abitudini sociali dei bambini della sua stessa età e a sviluppare uno stile personale per fare nuovi amici e mantenerli. Le abilità specifiche e le acquisizioni accademiche verranno in un secondo tempo. Ciò che il bambino impara sulla gestione di sé all'interno di un gruppo e sul fare fronte e gestire nuove situazioni durerà per sempre (si veda anche Capitolo 35).

34

AUTOSTIMA

L'eccitazione che deriva dal sapere padroneggiare un compito può essere osservata nei bambini quando iniziano a rotolare, quando prendono un cracker o impilano i blocchi delle costruzioni. Queste esperienze forniscono in definitiva una base per l'idea di se stesso, per la stima di sé. Quando i genitori incoraggiano un bambino che ha appena imparato da solo a eseguire un compito, rafforzano o incoraggiano una sua buona immagine di sé per il futuro. Mentre il bambino si sforza e infine trionfa, gli occhi gli si illuminano di gioia. Le aspettative e le precedenti esperienze personali dei genitori condizioneranno la loro disponibilità a permettere che il bambino, da solo, sperimenti, vada incontro a insuccessi e alla fine ce la faccia. Senza questa combinazione di libertà e incoraggiamento, un bambino potrebbe sviluppare un'aspettativa di passiva acquiescenza o di fallimento.

Incoraggiare una positiva immagine di sé

Come possono i genitori trasmettere contemporaneamente la sensazione di libertà e di sostegno a un bambino? Cosa possono fare per incoraggiare nel bambino un'immagine positiva di sé? Il primo passo è certamente quello di offrirgli un caldo affetto. Ma è anche necessario trasmettere al bambino modi di pensiero oltre che modi per risolvere problemi. Questi ultimi vengono solitamente acquisiti dal bambino mentre si identifica con i genitori. Ma, oltre all'identificazione, esiste l'immagine che il bambino ha di sé. Prendete, per esempio, un bambino che gioca con un puzzle semplice. La cosa fondamentale per un genitore è sedersi in disparte e guardare il bambino mentre cerca di combinare i pezzi tra loro, girandoli e rigirandoli, e mettendoli da parte con un moto di delusione. Quando riprende i pezzi per riprovare, rivolge loro delle smorfie e guarda il puzzle come se fosse un avversario. Infine corre il rischio. Sistema il pezzo sul bordo del puzzle, lo gira e combacia! Il bambino si guarda attorno con aria trionfante. A questo punto la mossa migliore che un genitore possa fare è quella di dire dolcemente "Ce l'hai fatta – e tutto da solo!" In questo modo si sosterrà il bambino mentre si riconosce il suo operato. Se il genitore fosse intervenuto prima – per mostrargli come fare, o per incoraggiarlo a continuare a provare – avrebbe dimezzato il suo trionfo. *Lui* ha insistito e *lui* ce l'ha fatta. È molto difficile per un genitore restare in disparte e lasciare che il bambino sperimenti frustrazioni e fallimenti prima di riuscire in quello che fa. E la realizzazione finale può essere una parte critica del riconoscimento del proprio successo. La frustrazione può essere una forza positiva per il bambino nell'apprendimento (su se stesso), fintantoché non risulti troppo opprimente per il bambino.

Come possono i genitori distinguere la linea sottile esistente tra la sfida che deriva dalla frustrazione e l'oppressione che deriva dagli ostacoli difficili da superare? È possibile solo guardando il bambino e osservando se mostra curiosità, perseveranza e capacità di risolvere con successo un problema, o se invece mostra un'espressione di sconfitta e inerzia. Sia l'eccessivo incoraggiamento sia la troppa pressione spengono gli stimoli del bambino.

Bilanciare lodi e critiche

La pressione esercitata sul bambino affinché impari a leggere, scrivere e a eseguire compiti che possono non essere adeguati per età e stadio evolutivo può essere pericolosa, soprattutto quando i genitori sono eccessivamente opprimenti in rapporto al livello di competenza del bambino. È invece possibile insegnare a un bambino a leggere, a scrivere o a suonare uno strumento anche in tenerissima età. Egli raccoglie gratificazioni da parte delle persone che assistono, mentre si produce nelle sue prestazioni. Ma la precocità richiede un prezzo da pagare: la sua prestazione può essere motivata dal desiderio di compiacere altri, piuttosto che da una curiosità interiore personale. Il fallimento nel gioco e l'esplorazione dei vari modi per riuscire sono necessari per il bambino per l'apprendimento. Se impara solo a compiacere gli altri, può non acquisire quel senso di successo dovuto a motivazioni proprie.

Una certa dose di gratificazioni, come lodi e lusinghe, rafforza la consapevolezza che il bambino può avere del proprio successo. Ma, come detto prima, troppe lodi o lusinghe possono opprimere questo senso di successo e possono essere interpretate come pressione piuttosto che come incoraggiamento. Le critiche possono causare atteggiamenti di rinuncia piuttosto che costituire una fonte di energia per risolvere i problemi. Come sapere quando criticare e quando lodare? Anche in questo caso la cosa migliore è osservare il bambino. Se diventa irritabile, è probabilmente sotto troppa pressione. Se non è sicuro di sé, potrebbe avere bisogno di incoraggiamento costruttivo e di meno critiche.

Un numero sempre maggiore di studi mostra quanto intensamente i bambini si identificano con i nostri modi di comportarsi. Se siamo critici, i bambini impareranno a essere critici e lo considereranno uno stile di vita accettabile. Se siamo troppo decisi e duri, potrebbero perdere curiosità e creatività e diventare ostinatamente apatici quasi per nascondere la sensazione di inadeguatezza e incapacità. Se, d'altro canto, le speranze poste su noi stessi o sul bambino sono scarse, il bambino potrebbe perdere l'iniziale interesse nell'apprendimento e nell'esplorazione.

Anche se non possiamo cambiare il nostro stile e il nostro punto di vista per influenzare i nostri bambini, possiamo imparare modi per coltivare l'iniziativa del bambino e incrementare la sua autostima. Incoraggiare il bambino a ogni nuovo compito, ma non adattare il compito al bambino né forzare il bambino per farlo. Lodarlo dolcemente quando riesce. Lasciargli provare più volte modi diversi per fare la stessa cosa, e lasciare che fallisca fino a quando non ne trova uno che funzioni. Se si mette in un pasticcio o segue un percorso senza uscita, non accorrere per aiutarlo. Lasciargli scoprire l'impiccio e lodarlo quando riprova. Lasciargli tentare ogni nuova iniziativa nella sua maniera inesperta e nel contempo esplorativa. Lasciargli ingarbugliare i lacci delle scarpe, rovesciare il latte (non dargliene troppo in una volta!), schiacciare la banana, fare cadere la pila delle costruzioni o rompere i pastelli. Tutto questo, ovviamente, nei limiti di sicurezza e di rispetto per gli altri senza però dimenticare mai l'enorme potere della frustrazione che alimenta un bambino alla ricerca della padronanza delle cose e della sensazione di avere acquisito la competenza su di esse.

Incrementare l'autostima nelle varie età

Viene di seguito delineato un breve schema delle varie opportunità per incrementare l'autostima del bambino attraverso il gioco, l'alimentazione e l'incontro con altri bambini:

Primi giochi

1-4 mesi: Chinarsi sul bambino per evocarne sorrisi e vocalizzi. Quando sorride, rispondergli con un sorriso. Aspettare poi il suo successivo sorriso o vocalizzo, e quando ne produce uno, rafforzarlo con una gentile imitazione. Mentre continua a ripetersi, guardarlo dritto in faccia in riconoscimento della realizzazione di questi comportamenti. Non opprimerlo.

4-6-mesi: Mentre ci si china sul bambino, emettere delicati vocalizzi. Aspettare che lui provi a imitare. Quando ripete, esprimere con l'espressione del viso la consapevolezza di ciò che ha fatto.

6-8 mesi: Giocare a cucù è un modo che stimolerà la sua imitazione del gioco. Seguire poi il suo comportamento, non condurre il gioco.

8-10 mesi: Usare un panno per giocare a cucù, metterlo sul suo viso e lasciare che lui lo tolga.

Ai pasti

5-8 mesi: Lasciargli tenere un cucchiaio o una tazza quando gli si dà da mangiare.

8 mesi: Cominciare a lasciargli prendere due o tre pezzetti di cibo da mangiare da solo. Non preoccuparsi se li fa cadere.

10-12 mesi: Lasciare che imiti chi gli sta dando da mangiare, dandogli una piccola quantità di cibo in una tazza e un cucchiaio. Lasciargli scegliere il cibo da mangiare con le mani, dandogliene solo pochi pezzi per volta.

12 mesi: Lasciare che continui a mangiare da solo il cibo con le mani, che continui a tenere il biberon e che giochi con una tazza.

16 mesi: Lasciargli usare una forchetta per prendere il cibo. Lasciargli decidere se vuole mangiare o no, ma non offrirgli centinaia di cose per cercare di allettarlo.

Con gli altri bambini

1-2 anni: Dargli l'occasione di giocare con i suoi pari età. Prepararlo in anticipo all'incontro. Non lasciarlo solo con gli altri fino a quando non sarà pronto, ma incoraggiarlo a stare in un gruppo di gioco senza la presenza del genitore. Non interferire nel gioco dei bambini. Persino mordere, graffiare e tirare i capelli possono essere opportunità di apprendimento se gli adulti ne restano fuori. Tuttavia non continuare a lasciare il bambino con compagni di gioco eccessivamente aggressivi o passivi. In questo caso non imparerà come invece potrebbe da una relazione più alla pari. Non forzarlo a condividere i suoi giochi. Lasciare che glielo insegnino gli altri bambini.

3-5 anni: Incoraggiarlo a giocare indipendentemente con fratelli o suoi pari. Restare fuori dai momenti di crisi. Ricompensarlo per i suoi successi nel conoscere gli altri. Incoraggiare uno o due amici del cuore o compagni di gioco con cui incontrarsi regolarmente, in modo che possa riuscire a conoscerli bene, a capirli e a contare su di loro. Questi bambini gli daranno la sensazione di essere in grado di comunicare con le altre persone, e gli insegneranno a condividere e a essere rispettoso dei sentimenti altrui.

35
SEPARAZIONE

Cure quotidiane da parte di altre persone

"Lasciare il mio bambino a qualcun altro che si prenda cura di lui è la cosa più difficile che abbia mai dovuto fare. Quando mi giro e lo vedo tra le braccia di un'altra donna, riesco appena a sopportarlo. È come se stessi lasciando una parte di me. Non sono sicura di riuscire a farlo un giorno dopo l'altro."

Le parole di questa madre riflettono i sentimenti di molte donne che lasciano i bambini a persone che si prendono cura di loro quando devono tornare al lavoro. Il modo in cui questa madre esprime i propri sentimenti rende chiaro che il dolore per il distacco è solo suo. Lasciati in buone mani, i bambini si adattano più rapidamente dei genitori.

A entrambi i genitori spiace molto quando devono lasciare un bambino piccolo alle cure di qualcun altro. L'attaccamento appassionato che si è sviluppato nei primi mesi di vita del bambino è molto intenso. L'impulso di sentimenti affettuosi che sono venuti allo scoperto spinge i genitori a dire "Non gli ho mai voluto così bene come adesso". Imparare a prendersi cura di un bambino è il compito più divertente e più impegnativo che ogni giovane adulto possa sperimentare. L'attaccamento al nuovo bambino può essere al tempo stesso gratificante e penoso.

Dietro ogni intenso attaccamento si cela la profonda paura della perdita. Mentre un genitore prova questi sentimenti di affetto, affiora l'altra faccia della medaglia. E se perdessi il bambino? Importerebbe a lui tanto quanto importerebbe a me? Se lo divido con qualcun altro, amerà quest'altra persona più di me? Il primo vero distacco è destinato a portare una reazione dolorosa. Quando i genitori affidano il bambino a un'altra persona, proveranno sentimenti di solitudine, colpa, impotenza e perfino rabbia: Perché devo farlo? Contro l'intensità di questi sentimenti sono possibili alcune difese, che illustriamo di seguito.

1. *Diniego* – dire che il distacco non è importante, né per il bambino né per se stessi.
2. *Proiezione* – assegnare il ruolo di assistente competente all'altra persona e quello di incompetente a se stessi, o viceversa; ammirare o prendersela con "l'altra persona" e sospettare che possa danneggiare il proprio bambino.
3. *Indifferenza* – cercare di sminuire l'intensità dei propri sentimenti per alleviare il dolore di dover lasciare il proprio bambino.

Madri e padri si trovano a dovere affrontare simili reazioni dopo un periodo iniziale pieno di affettuosi sentimenti verso il bambino. Queste reazioni sono solitamente inconsapevoli, ma richiedono un grande impegno e possono addirittura sfociare in uno stato di depressione.

Io incito i genitori a individuare in se stessi questi sentimenti e a consentire loro di affiorare. La consapevolezza dell'angoscia portata dalla separazione consente ai genitori di confrontarsi con questa reazione e di controllarla. Al contrario, seppellire questi sentimenti può diventare estenuante e distruttivo. Se i genitori cercano di reprimere i propri sentimenti, il lavoro ne può risentire e la vita familiare può subire tensioni. Il distacco e il ricongiungimento quotidiano con il bambino diventano eventi estremamente carichi di significato. "Perché gira sempre la testa dall'altra parte ogni volta che vado a prenderlo? È arrabbiato con me? Abbiamo perduto la nostra intimità? Sto mettendo a rischio il suo futuro?"

Esprimere questi sentimenti normali e universali può servire a ridurne l'intensità. Imparare a comprendere il dolore della separazione e le relative difese può portare a modi per controllarli senza sminuire l'intensità del rapporto. Quando le madri lavoratrici mi confidano i loro sensi di colpa per dovere lasciare i propri bambini, io le rassicuro. Il senso di colpa è una forza potente e stimolante. Induce le persone a trovare soluzioni per far fronte al distacco. Il bambino ce la farà se ce la faranno i genitori. I bambini ricevono amore in abbondanza da tutti, ma hanno bisogno di sapere che i genitori sono lì per loro, alla fine di ogni giornata.

Il bambino, dal canto suo, imparerà i propri modi di far fronte al distacco dai genitori se viene affidato alle cure di una persona affettuosa. Le sue proteste quando la madre lo lascia sono necessarie e salutari. Poi però saprà fare riferimento a quella persona. È importante per il bambino sviluppare un rapporto affettuoso con quella persona (si veda Capitoli 6-9). Insieme ad alcuni colleghi ho osservato come i bambini affidati durante il giorno ad altri imparano a far fronte al distacco dai loro genitori. Come già descritto nel Capitolo 6, sembrano ridurre l'intensità delle interazioni durante la giornata. Giocano, ma non con quella intensità che avrebbero con i genitori. Fanno un sonnellino, ma non dormono profondamente. In tal modo accumulano le loro forze di reazione per il momento in cui si riuniscono con i genitori, alla fine della giornata. Quando i genitori appaiono alla vista, i bambini spesso distolgono intenzionalmente lo sguardo da loro, come per controllare l'intensità dei propri sentimenti scatenati dal tanto atteso incontro con queste persone per loro così importanti. Poi, con tutta probabilità, cedono alla tensione. Per tutto il giorno hanno conservato la loro protesta, i forti sentimenti, per le persone delle quali possono fidarsi. Non c'è da meravigliarsi se chi lo ha assistito tutto il giorno dirà "Non fa mai così con me". I genitori devono capire che queste reazioni intense sono necessarie per un appassionato riabbraccio.

Quando si comprende che il dolore della separazione è, in primo luogo, un problema dei genitori, si può imparare a gestirlo. Parte della sfida consiste nell'imparare a dividere se stessi in compartimenti. Come si è visto, il bambino sa farlo. Quindi possono farlo anche i genitori. Una volta trovata la migliore assistenza possibile ed essersi assicurati del fatto che il bambino si trova al sicuro nelle mani di qualcuno che lo ama e lo accudisce, bisogna avere fiducia in quella persona. È difficile, perché una naturale competizione affiorerà a ogni distacco e ricongiungimento.

Alcuni accorgimenti possono essere di grande aiuto. Li riportiamo qui di seguito.

- Alzarsi abbastanza presto per dedicare alcuni minuti alle coccole e per giocare tranquillamente con il bambino prima di lasciarlo alle cure di un'altra persona.
- Lasciare che rifiuti il cibo. Permettere che faccia capricci quando si cerca di vestirlo. Pochi momenti di questo tipo gli daranno la sensazione di avere il controllo della giornata. Quando si trova con l'altra persona potrebbe non osare esprimere il suo desiderio di negativismo.
- Non appena sarà abbastanza grande, prendere l'abitudine di parlare con lui del distacco, ma aggiungere sempre che si tornerà a prenderlo. Questo è molto importante tanto per il genitore quanto il bambino. In tal modo si preparano entrambi al momento della separazione.
- Arrivati a destinazione, il genitore può concordare con la persona che si prenderà cura del bambino un rituale finalizzato al distacco. Può togliergli il cappottino, abbracciarlo, affidarlo all'altra persona, e poi salutarlo "Ciao, ci vediamo oggi pomeriggio. La signorina si prenderà cura di te mentre io sarò via". Non prolungate il momento del distacco. Ciò renderebbe tutto più difficile. Siate preparati a eventuali proteste. Quando lo si lascia, si dà al bambino la possibilità di protestare ma anche di dedicarsi alle attività della giornata. I bambini hanno una considerevole capacità di recupero in un ambiente che li rispetta e si interessa a loro.

Asilo nido e scuola materna

Dal punto di vista del bambino, il primo distacco da casa non è mai facile, a nessuna età. Ma, crescendo, i bambini hanno bisogno di poter giocare con i propri pari età, cosa che i genitori non possono fare, come si è detto nel Capitolo 13. Anche se il bambino ha fratelli, ha bisogno di stare con bambini della stessa età. Al di fuori dell'ambito familiare, in un ambiente pubblico, le opportunità di apprendere cose su se stesso sono enormi. Il dolore iniziale per il distacco sarà bilanciato dalla consapevolezza, sia del bambino sia dei genitori, della necessità di tale separazione. L'attrattiva di altri bambini, i giochi e le attività di gruppo bilanciano il dolore causato dal dovere lasciare la sicura intimità di casa.

Anche in questo caso, esistono modi con cui un genitore può alleviare la transizione. Vediamoli.

- Preparare prima se stessi in modo da essere in grado di affrontare i sentimenti del bambino.
- Parlargli del distacco e degli aspetti piacevoli del gioco con altri bambini.
- Presentarlo ad almeno un altro bambino del nido o del gruppo di gioco. Invitarli insieme da qualche parte.
- Presentarlo in anticipo alla persona che si prenderà cura di lui o alla maestra e dimostrare che lui sa che quella persona incontra il favore dei genitori. Restare con il bambino per la prima settimana, o fino a quando si sarà adattato.
- Consentirgli di regredire – vestirlo al mattino, non esercitare pressioni su di lui ai pasti.
- Lasciargli portare ogni giorno un pupazzo preferito o un ricordo da casa – perfino una fotografia dei genitori, se lo richiede.
- Quando si arriva al nido, togliergli "l'equipaggiamento da esterno". Assicurarsi che la persona che si prenderà cura di lui o la maestra lo salutino.
- Abbracciarlo e assicurarsi cha abbia la possibilità di fare riferimento a qualcun altro – un bambino o un adulto.
- Informarlo su quando si sarà di ritorno.
- Andare via – senza indugiare.
- Quando si va a prenderlo, abbracciarlo e consentirgli di cedere alla tensione. Tenerlo abbracciato fino a quando la crisi non sarà terminata. Poi dire: "Adesso possiamo andare a casa ed essere di nuovo una famiglia. Mi sei mancato e so che io sono mancato a te. Ma staremo sempre insieme alla fine di ogni giornata".

Talvolta qualche bambino potrebbe avere una reazione ritardata al distacco da casa. Il ricomparire di una dipendenza potrebbe sorprendere i genitori. Infatti molto tempo dopo avere superato le fasi iniziali di adattamento, il bambino potrebbe cominciare a protestare violentemente, aggrappandosi ai genitori ogni volta che dovrà uscire da casa. Possono riapparire sintomi regressivi, tipo sporcarsi, bagnarsi, piangere di più, succhiarsi di più il pollice, diventare inseparabile dal biberon o dal pupazzo preferito, oppure manifestare difficoltà di sonno e paure notturne e fare brutti sogni. Tutti questi sintomi sono prove dello stress dovuto all'impegno di apprendere a gestire nuovi sentimenti. Queste regressioni devono essere considerate normali. Rassicurare il bambino sul fatto che scompariranno quando sentirà di avere nuovamente il controllo della situazione. Nel frattempo i genitori possono aiutarlo.

Quando compare questa reazione ritardata, potrebbe essere necessario ripetere tutti i precedenti passaggi suggeriti, e farlo separatamente. Parlare con la persona a cui viene affidato il bambino oppure con l'insegnante e chiedergli se non sia meglio rimanere nuovamente alcuni giorni con il bambino per attenuare il distacco. Parlare con il bambino perché possa capire cosa gli sta succedendo. Stabilire un momento particolare da dedicare al bambino ogni giorno e anche durante il week-end. In questi momenti, uno dei due genitori può stare da solo con il bambino – per esempio per il rituale della nanna o in qualche altro momento speciale. Chiedergli informazioni su cosa fa al nido. Questi momenti particolari consentiranno al bambino di identificarsi più profondamente con ciascuno dei genitori. Durante il week-end ciascuno dei due dovrebbe trascorrere almeno un'ora solo con lui. In quell'ora bisogna fare ciò che vuole il bambino. Usare questi momenti come opportunità per creare intimità con lui. Parlare durante la settimana di questi momenti come dei "nostri momenti insieme".

Ogni anno i primi giorni di scuola saranno difficili. La rigida routine e le aspettative della scuola avvolgono completamente il bambino. Ogni nuovo anno scolastico è un rito di passaggio, è qualcosa che ricorda al bambino che sta crescendo e deve diventare indipendente. La cosa più difficile di questi giorni sarà verosimilmente il lasciare la casa e le vecchie abitudini. Se ci sono fratellini più piccoli, il bambino si chiederà cosa faranno mentre lui è via, e se i genitori sentiranno la sua mancanza. Lasciare la casa può essere un passo emozionante nel mondo, ma porta un senso di perdita. Questa sensazione di perdita è dolce-amara, e reca in sé tutto il calore e la sicurezza di casa a cui il bambino rinuncia nel momento in cui muove i primi passi nel mondo (si veda anche Capitolo 33).

Traslochi

Perdere amici o un vecchio vicino di casa può rappresentare sicuramente un colpo per un bambino. Quando è necessario traslocare, un bambino deve essere preparato in anticipo. Deve avere la possibilità di fare nuovi amici nel nuovo quartiere, il più presto possibile. Ma non bisogna aspettarsi che rinunci a quelli vecchi.

Io organizzerei una festa di addio prima di andare via. Poi, se possibile, porterei il bambino a rivedere i vecchi amici e la vecchia casa. Lo farei anche se dovesse essere necessario viaggiare per tornare nei vecchi luoghi. Se i vecchi amici non vivono troppo lontano, cercherei di invitarli un paio di volte. Nel frattempo nuovi amici potrebbero subentrare a quelli vecchi. A questo punto, ne cercherei uno o due che sembrano simili al bambino, li porterei insieme fuori una volta alla settimana finché non avranno fatto amicizia. Un bambino nuovo può entrare in un gruppo già formato solo tramite un altro bambino. Lo incoraggerei a parlare dei vecchi vicini e dei vecchi amici. Prenderei vecchie fotografie per ricordarglieli. Li chiamerei per telefono e gli scriverei per un po' di tempo. Rinunciare a rapporti di amicizia durante l'infanzia può essere doloroso. Ma può anche essere l'occasione per imparare quanto sia importante l'amicizia (si veda anche Capitolo 45).

36

RIVALITÀ TRA FRATELLI

La rivalità tra fratelli è normale e inevitabile. Con la rivalità i bambini imparano ciascuno dell'altro e di se stessi. Nello stesso tempo, imparano a prendersi cura l'uno dell'altro. Nonostante ciò, i genitori trovano alquanto impossibile restare fuori dai contrasti dei propri figli. Perché? Il famoso psicanalista Erik Erikson mi ha fatto notare che nessun genitore si sente completamente adeguato con più di un figlio. Quando i figli iniziano a litigare, un soggiacente senso di colpa porta i genitori a pensare di dovere proteggere l'uno o l'altro. Quindi ogni situazione diventa rapidamente triangolare. La rivalità dei fratelli viene alimentata dallo scopo di coinvolgere i genitori.

Accettare la rivalità

La sensazione di una madre di non essere capace di amare due bambini inizia quando una madre scopre di essere in attesa del secondo figlio. Quando nel mio studio una madre mi annuncia orgogliosamente la sua seconda gravidanza, sento talvolta questa preoccupazione. Quando chiedo "Cosa ne pensa il figlio maggiore?" la madre arrossisce e si rattrista. Alcune iniziano a piangere.

È così difficile anticipare a un bambino che arriverà a casa qualcuno che si intrometterà nel rapporto amoroso creato con il primo figlio. La rivalità tra fratelli viene alimentata da questi sentimenti. All'inizio il figlio maggiore indirizzerà la propria rabbia sui genitori per averlo abbandonato. Quando poi il fratello minore inizierà a girovagare per casa e arriverà ai suoi giocattoli, troverà il sistema per tormentare il bambino in modo da coinvolgere i genitori nella propria rivalità. E in qualche modo ci riuscirà. Quando il più piccolo attirerà sempre di più l'attenzione degli estranei (molti secondi figli imparano presto come conquistare un pubblico separatamente dal fratello maggiore), l'espressione del più grande si farà triste e tutto il suo corpo mostrerà segni di abbattimento. Potrebbe ritirarsi a sedere sulle gambe dei genitori e, pollice in bocca, guardare gli ospiti giocare allegramente con l'affascinante neonato.

Imparare a convivere con altri nell'ambito di una stessa famiglia è una delle più importanti opportunità di apprendimento che chiunque possa avere. Imparare a condividere non è una capacità che viene insegnata molto spesso al giorno d'oggi. Come genitori, ci preoccupiamo troppo di proteggere un bambino dai suoi sentimenti di rivalità. La cosa ideale sarebbe quella di insegnare a un bambino come sentirsi responsabile dei propri fratelli e del benessere dell'intera famiglia. Imparare il senso di responsabilità nei confronti degli altri può essere la cosa più importante che un genitore possa insegnare a un figlio. Ciò deriva dall'imparare a condividere la vita con un fratello.

Ecco alcuni suggerimenti per chi ha più bambini piccoli. In relazione all'età del primo figlio, affidargli compiti da svolgere per il più piccolo: dargli una poppata, portare i pannolini, aiutare tenendolo in braccio e coccolandolo quando è agitato. Lasciargli scegliere i vestiti per il fratellino, farsi aiutare mentre si mettono i vestiti al piccolo chiedendo di parlargli mentre lo si cambia, tenere il fratellino per una parte della poppata e aiutare a spingere la carrozzina.

Quando si portano entrambi fuori per una passeggiata, preparare il maggiore dicendogli: "Quasi tutte le persone estranee amano i neonati. Questo non significa che non amino anche te. Vieni a sederti accanto a me quando ti senti solo, abbandonato e geloso". Poi prenderlo in braccio quando altri fanno festa al più piccolo.

Se un genitore resta a casa tutto il giorno con i bambini, avrà una particolare serie di preoccupazioni. Come adattarsi alle diverse personalità e ai diversi livelli di età? Forse l'aspetto più impegnativo dell'essere un genitore "casalingo" è quello di trascorrere tutto il giorno con individui di età e temperamento diverso. Inoltre, se si resta a casa, si pensa di dovere essere in qualche modo ricompensati dai bambini, perché sono loro il motivo per cui si è deciso di restare a casa. La rivalità tra i bambini causa una sensazione di insuccesso nel genitore. Quando poi i bambini litigano per il genitore, e lo fanno, quel genitore non si sente affatto ricompensato.

Se si lavora fuori casa, è importante pianificare il proprio ritorno a casa ogni giorno. Bisogna aspettarsi che il bambino entri in crisi appena si varca la porta di casa e che si inneschi una situazione di profonda rivalità. Con calma ma con fermezza, bisogna sedersi con ciascuno dei bambini e chiedere della loro giornata. Dopo avere parlato con entrambi, si può dare inizio ai doveri casalinghi dell'ultima parte della giornata. Funzionerà di sicuro. Lasciare scegliere a ciascuno di loro cosa preferiscono fare, e poi ricompensarli per la loro scelta. Assicurarsi di dedicare un po' di tempo a ognuno alla fine della giornata.

Ciascun genitore dovrebbe programmare di dedicare un momento particolare del suo tempo da passare solo con ciascuno dei figli alla fine della settimana. Parlarne per tutta la settimana come del momento in cui "avremo un po' di tempo da passare insieme". Cercare di mantenere l'impegno in modo da renderlo un momento affidabile. Questo è il momento di entrare in intimità con ciascun bambino nella sua individualità.

Apprezzare l'individualità

I genitori spesso si chiedono come riuscire a trattare i bambini allo stesso modo. La risposta è semplice: non è possibile. Ogni bambino ha una personalità diversa e necessita di un approccio diverso. Tuttavia può essere faticoso cercare di cambiare marcia con ciascuno di loro. Parlare delle loro differenze in modo aperto ma senza tono di giudizio può davvero fare la differenza nei rapporti. Per esempio si potrebbe dire a uno dei due "Con te devo parlare a bassa voce", e all'altro "Con te devo sempre parlare in tono arrabbiato". Questo può dare loro un'idea di se stessi.

Quando i bambini tormentano i genitori dicendo "Sei sempre più gentile con lui che con me", si può loro rispondere "Siete persone molto diverse, il che è una grande cosa. È necessario trattarvi in modo diverso. Quando parlo forte con te è per farti ascoltare, ma ti parlo con lo stesso affetto anche se con un tono più elevato". Se non ci si lascia intrappolare nel senso di colpa per i diversi sentimenti che si nutrono per ciascuno dei figli, allora i bambini non ne avranno sentore. I bambini di famiglie numerose, o quelli che vengono cresciuti con altri piccoli, sembrano avere meno difficoltà nel rispettare le differenze reciproche.

I bambini che sono seguiti bene dai genitori, anche se con modalità diverse, hanno le maggiori opportunità per sviluppare le proprie capacità. Apprezzando l'individualità di ciascun bambino e trasmettendo loro la propria consapevolezza delle loro personali capacità, si sosterrà ciascuno di loro. Quando queste capacità saranno rese esplicite, il bambino sarà in grado di comprenderle e di apprezzarle. Anche se si hanno preferenze per alcune caratteristiche, sulla base delle proprie esperienze, non è necessario etichettare negativamente le altre. Se si riescono a comprendere le basi delle proprie preferenze sarà meno probabile farle passare in un modo peggiorativo.

Se i genitori riescono a smettere di sentirsi colpevoli per avere fatto un torto a l'uno o all'altro dei figli, troveranno più facile tenersi fuori dai litigi tra fratelli. Fino a quando si lasceranno coinvolgere, si formerà una situazione triangolare che consente a ciascuno dei due bambini di manipolare il genitore. Non avranno mai la possibilità di risolvere i propri problemi reciprocamente. Lasciate quindi che risolvano i loro contrasti dicendo "Vedete, non so chi ha ragione e chi ha torto. Dovete prendere la decisione da soli". Poi uscite dalla loro camera. Si scoprirà che litigheranno molto di meno se non si resta lì ad assistere. Non ho mai sentito di bambini che si sono fatti davvero male quando un genitore non si trovava presente o non era molto vicino.

Differenze sessuali Sebbene molti genitori sentono fortemente le differenze di sesso tra i bambini, nessuno intende classificare maschi e femmine secondo vecchi stereotipi. Tali differenze sono davvero complesse.

Malgrado il desiderio dei genitori moderni di trattare i figli di entrambi i sessi allo stesso modo, il figlio di sesso opposto eserciterà un particolare richiamo su ciascun genitore. Ciascuno di loro tratterà inevitabilmente i bambini in modo diverso in relazione al sesso. La cosa da fare è non sottovalutare nessuno dei due. Proprio come una ragazzina ha bisogno di un padre adorante, così un ragazzino ha bisogno di una madre che lo ritenga il ragazzo migliore tra tutti.

Spettegolare e fare dispetti Quando si verificano pettegolezzi, cosa che succederà, cercate di non approvarli mai. Ricordate al pettegolo che lui stesso sarebbe molto infastidito se qualcuno parlasse di lui e che non vorremmo che qualcuno lo facesse verso di noi. Poiché i genitori per motivi di sicurezza non devono perdere il contatto con i figli mentre giocano, restare fuori dalle loro "beghe" e non rispondere a ogni loro lamentela è un'impresa davvero difficile. Tenete un orecchio attento per percepire ogni rumore insolito (o preoccupanti silenzi), ma cercate il più possibile di lasciare giocare i bambini da soli.

Se i fratelli continuano a farsi reciprocamente dispetti senza tregua, resistete dal prendere le parti. Se necessario, separateli per un periodo di pausa. Considerate di invitare i rispettivi amici. Un compagno di giochi della stessa età aiuta enormemente. Premiate il bambino quando ha avuto reazioni positive nei confronti del fratello, ma restatene fuori quando succede il contrario. Il coinvolgimento di un genitore diventa uno stimolo potente per continuare la rivalità.

Età e ordine di nascita L'età di un bambino e la sua posizione in famiglia influenzeranno il modo in cui viene trattato. Il bambino più grande sarà sempre un bambino speciale per i suoi genitori. Questa situazione avrà vantaggi e svantaggi: mentre da una parte sarà oggetto di tutte le pressioni e potrebbe subire gli errori dei neo-genitori, dall'altra avrà con loro un rapporto davvero speciale. Potrebbero venirgli affidati compiti di responsabilità per impegni di baby-sitter, di accudimento dei fratelli minori o di lavori domestici. Questo tipo di responsabilità può dargli un senso di competenza e di importanza verso i suoi genitori che durerà fino all'età adulta.

Un secondo figlio potrebbe lamentare il fatto che nessuno lo ama, che è sempre "il secondo", e così via. Questa sensazione sarà aggravata se sarà un figlio di mezzo. Se i genitori riescono a evitare sensi di colpa, il bambino non troverà risposta alla sue lamentele e si accorgerà alla fine che anche lui riceve la sua parte.

Molti secondi figli diventano competitivi e rimediano al fatto di essere secondi confrontandosi con successo con il fratello maggiore.

I figli successivi si sentiranno ovviamente in posizione inferiore nella graduatoria famigliare (come in un totem). La loro ricompensa sarà nel fatto di avere molti "genitori". Questi bambini impareranno molto dai fratelli maggiori. Nessun genitore deve sentirsi colpevole per ciò che non riesce a dare ai figli minori: in una famiglia molto unita l'eventuale terzo e quarto figlio avranno molti "mentori".

Se l'ultimo figlio è trattato come "il piccolino", è probabile che venga sempre assecondato e sarà necessario fare in modo di aspettarsi anche da lui quello che si richiede agli altri. Se viene troppo assecondato in famiglia, e in modo troppo evidente, si sottovaluterà considerandosi "viziato". Per quanto possibile, è saggio far notare che imparare a condividere e a partecipare allo stesso modo degli altri fratelli è nel suo più totale interesse.

Quando i bambini più grandi continuano a litigare fino all'esasperazione, si può provare a sedersi un poco con loro in un momento di tranquillità. Chiedere loro consigli su cosa fare per porre fine ai loro litigi. Bisogna intervenire o lasciare che risolvano da soli il problema? In questo modo si dà loro un senso di responsabilità per il proprio comportamento.

Lasciati da soli, i bambini impareranno a rispettarsi e ad avere cura l'uno dell'altro. La ricompensa finale a proposito della rivalità tra fratelli arriverà quando inizieranno a essere "amici". Ricordo quando sentii i miei figli complottare contro noi genitori. Ci sembrò un progresso! Quando le liti lasciano il posto a un fronte comune contro "gli altri", i fratelli hanno imboccato la strada giusta.

37

PROBLEMI DI SONNO

Quando i genitori mi chiamano disperati per chiedermi cosa devono fare per far dormire i propri figli la notte, io posso immaginare la storia che mi racconteranno. Prima di arrivare a dare il mio consiglio, dovrò ascoltare una lunga storia di inquietudine notturna: di genitori che si svegliano alle 2:00 o alle 3:00 di notte sentendo piangere il bambino, che si trascinano fino alla sua camera e poi lo cullano, gli cantano qualcosa e lo coccolano cercando di rimetterlo a dormire. I genitori riferiscono anche che quando arrivano nella camera del figlio, il bambino diventa allegro, delizioso e incantevole; ha già completato le sue ore di sonno ed è pronto per diverse ore di gioco. Quando il suo fascino non sortisce nessun effetto di fronte alla disperazione dei genitori, il bambino può rimettersi a frignare o a piangere come in preda a un qualche dolore. Oppure può fissare con tono accusatorio i genitori con uno sguardo che sembra dire: "Come puoi lasciarmi solo? Non vedi quanto desidero che tu rimanga con me?" A ogni modo, il messaggio urgente che trasmette è quello di avere delle necessità che non sono ancora state soddisfatte, e il suo lamento attraversa qualsiasi barriera autoprotettiva che i genitori assonnati possono cercare di innalzare.

I genitori mi dicono che "tentano di tutto". Provano anche a "lasciare piangere" il bambino, ma sospendono questo approccio dopo poche notti in cui il pianto continua per una o due ore e non mostra segni di interruzione. Provano a dargli il biberon o ad accendere una luce notturna, ma senza risultato in nessuno dei due casi. La sola cosa che funziona, mi dicono, è quella di portare il bambino nel proprio letto. Lì il piccolo se ne sta seduto a giocare per un'ora o due, mentre i genitori possono almeno dormire.

Tuttavia, dato che nella nostra cultura esiste un tabù non codificato che non vede di buon occhio il fatto di portare i bambini nel lettone dei genitori, molte madri e padri si danno da fare per non farlo. I genitori hanno scoperto che andare dal bambino prima che si innervosisca accorcia di molto i tempi necessari per tranquillizzarlo. Mi dicono spesso che vanno dal bambino ogni due ore dopo le 2:00 di notte, lo tranquillizzano, gli danno il latte, lo cullano per un poco, riuscendo in questo modo a tenerlo nella sua camera. Riescono a regolare talmente bene la durata del loro intervento da dovere rimanere con il bambino solo trenta minuti ogni due ore, mentre se aspettano fino a quando il bambino si innervosisce e piange, lo stesso intervento richiederà loro un'ora!

Cosa succede? Perché non tutti i bambini fanno tali richieste? Perché in una famiglia con tanti bambini tutti tranne uno imparano a dormire tutta la notte? È segno di insicurezza da parte del bambino, è un messaggio per i genitori del fatto di non avere ricevuto abbastanza amore e attenzione durante il giorno? Perché succede che alcuni bambini che vanno a dormire alle 6:00 del pomeriggio continuano a svegliarsi e ad avanzare richieste intorno alle 10:00 di sera e di nuovo alle 2:00 di notte e alle 6:00 del mattino?

Capire il sonno

Come descritto in precedenza, ogni bambino ha un suo caratteristico ciclo di sonno leggero e profondo. Questi cicli sono già ben scanditi alla nascita e si sono instaurati in sincronia con i cicli giornalieri della madre durante la gravidanza. Solitamente non sono paralleli ai cicli materni, dato che il feto dorme mentre la madre è in attività e si sveglia quando la madre si distende. Ma il periodo di attività della madre porta a regolare il periodo successivo del bambino. In tal modo il neonato ha già un suo ritmo sonno-veglia. Dopo la nascita l'ambiente esterno tende a spingere il bambino a periodi più lunghi di veglia durante il giorno e a cicli sempre più lunghi di sonno durante la notte.

All'età di quattro mesi, o prima, il ritmo del sonno comincia a essere regolato secondo schemi precisi – solitamente con cicli della durata di tre-quattro ore. A metà di ogni ciclo esiste un periodo, della durata di circa un'ora-un'ora e mezza, di sonno profondo in cui il bambino si muove molto poco e difficilmente si sveglia, qualunque sia lo stimolo utilizzato per riuscirci. Prima e dopo questo periodo c'è un'ora di sonno più leggero, popolato di sogni, con una attività alternante. Alla fine di ogni ciclo di quattro ore, il bambino giunge a uno stato di semiveglia in cui è molto vicino allo stato di coscienza e si sveglia facilmente. A questo punto, ogni bambino ha un proprio comportamento abituale – può succhiarsi il pollice, piangere, cullarsi da solo, oppure battere ritmicamente la testa. I bambini più grandi possono rigirarsi nel letto, provare nuove "trucchi" tipo mettersi in piedi o camminare, oppure agitarsi o parlare da soli.

Tutti questi comportamenti sembrano assolvere al compito di scaricare l'energia accumulata dalle attività della giornata e di ricondurre il bambino al successivo ciclo di sonno. Quando questi intervalli di semicoscienza possono essere gestiti dal bambino, i cicli di sonno si stabilizzano per poi allungarsi fino a che il bambino riesce finalmente a rimanere addormentato per otto e poi dodici ore a notte.

Alcune ricerche hanno dimostrato che il prolungamento di questi cicli dipende da una sorta di condizionamento. Se il neonato vive in un ambiente che consolida ogni periodo di veglia con un qualsiasi intervento da parte dei genitori, tipo una poppata, è improbabile che il bambino prolunghi il ciclo cercando di riaddormentarsi. Ma se non riceve risposta, sarà costretto a trovare un proprio modo per scaricare l'attività e consolarsi da solo, scivolando nel ciclo successivo.

Nel primo anno, come si è detto nei capitoli precedenti, esistono periodi che sono prevedibili in cui è probabile che un bambino inizi a svegliarsi durante la notte, anche se in precedenza riusciva a dormire ininterrottamente. A otto-nove mesi, e poi di nuovo a un anno, si registra un rapido aumento delle sue capacità cognitive (riguardo agli estranei o a situazioni insolite, a posti nuovi, di fronte a variazioni nella routine quotidiana) che coincide con un salto nella maturazione delle acquisizioni motorie (tipo gattonare e stare seduti da soli a otto mesi, oppure stare in piedi, camminare e arrampicarsi a dodici-quattordici mesi). Con l'aumento di attività giunge anche una nuova autonomia che lo spinge ad allontanarsi dal sostegno sicuro di madre e padre. L'eccitazione e il timore generati da queste nuove capacità possono temporaneamente interrompere gli schemi di sonno del bambino.

Secondo ricerche sulle modalità del sonno dei bambini, a tre mesi di vita il 70% di bambini americani dorme otto ore a notte, e a sei mesi di vita l'83%. A un anno solo il 10% di bambini non dorme tutta la notte.

Molti bambini dormono tutta la notte grazie a una combinazione di fattori tra i quali: una minore risposta dei genitori durante la notte, la mancanza di altri stimoli e la necessità del bambino di prolungare un periodo, in questo caso il periodo di sonno, nell'ambito della sua ciclicità giornaliera.

Modalità di risvegli notturni

Quindi, in base a quanto detto prima, solo il 17% di bambini non ha lunghi intervalli di sonno a sei mesi, e il 10% non dorme a un anno. Anche in questo caso può esistere una combinazione di fattori. La nascita prematura e l'insufficiente capacità del bambino di alimentarsi possono giocare un certo ruolo. Possono anche esistere fattori correlati all'ambiente familiare, tipo una certa riluttanza da parte dei genitori a incoraggiare l'indipendenza nel bambino e a lasciargli sviluppare il proprio modo per tornare a dormire. Questi genitori hanno spesso avuto problemi nella loro infanzia che li rendono più sensibili al dispiacere di staccarsi dal bambino durante la notte. Una madre potrebbe ricordare di essersi sentita abbandonata da uno o entrambi i genitori durante l'infanzia. Un padre potrebbe ricordarsi di paure notturne quando nessuno andava da lui. Alcuni genitori che lavorano e stanno fuori casa tutto il giorno hanno bisogno del contatto con il bambino la sera. Una madre single che sente la solitudine di dovere affrontare da sola gli adattamenti richiesti dal ruolo di genitore, potrebbe non volere rinunciare a nessuna delle poppate notturne.

Pertanto alla base delle difficoltà di sonno ci sono spesso problemi di autonomia e indipendenza. Sebbene esistano autorevoli correnti di pensiero nella società che costringono un genitore a sentirsi colpevole per il fatto di tenere un bambino troppo vicino a sé o di farlo per troppo tempo, la maggior parte dei genitori non si sente di spingere verso modalità autoconsolatorie un bambino di cinque-sei mesi che piange la notte. È un fatto naturale il desiderare di tenere vicino il bambino e restare con lui. Molti genitori desiderano intensamente il delizioso, caloroso contatto di un bambino che dorme accanto a loro. Tutto ciò è ancora più difficile per genitori di bambini che non riescono facilmente a dormire tutta la notte: per questi potrebbero essere utili le istruzioni riportate alla fine di questo capitolo.

Ci sono bambini, che appartengono a tre diversi tipi caratteriali, che sembrano essere più inclini ai risvegli notturni. Il primo è il tipo di bambino molto attivo e sempre mosso da interessi, con una tale eccitazione per l'apprendimento da non essere letteralmente capace di fermarsi quando è alle prese con un nuovo compito. Di notte, la frustrazione per non essere riuscito a realizzare quel compito che ha in mente – solitamente un'attività motoria – sembra conferirgli la stessa agitazione che lo ha animato durante il giorno. Per esempio, poco prima di iniziare a camminare, quando arriva a uno stato di semicoscienza il bambino potrebbe sollevarsi su mani e ginocchia e dondolarsi per la frustrazione di non riuscire ancora a camminare, oppure tirarsi su nel lettino infinite volte – fino a svegliarsi. Svegliarsi di notte è la conseguenza dell'intenso impegno richiesto da ogni nuova conquista evolutiva.

Questo comportamento potrebbe non cessare dopo che il bambino avrà imparato a camminare – a meno che i genitori non comincino a intervenire per indurlo a controllare le proprie abitudini di sonno notturno – perché potrebbero sopraggiungere nuovi sentimenti di frustrazione per altri compiti o altre conquiste da realizzare anche nel secondo e terzo anno, e anche dopo. Se il sonno è diventato uno sfogo delle frustrazioni quotidiane durante il primo anno di vita, può continuare a servire a questo scopo negli anni successivi.

Se i genitori accorrono dal figlio per confortarlo, devono rendersi conto che prolungheranno i risvegli notturni. I cicli di sonno leggero si verificano frequentemente durante la notte e hanno un preciso decorso stabilito, fino a quando il bambino riesce a tranquillizzarsi da solo e a ricadere nello stato di sonno profondo. Se viene stimolato dalla presenza dei genitori o se usa la loro presenza per svegliarsi e iniziare a giocare, potrebbe davvero scambiare la notte per il giorno, innescando così facilmente un circolo vizioso. Il bambino si sveglia; i genitori entrano in tensione e cercano di tranquillizzarlo, aggiungendo inevitabilmente i loro stimoli a quelli del bambino, svegliandolo; il bambino sente il sentimento di irritazione dei genitori e resta sveglio per stuzzicare o giocare o cercare di stabilire un legame con loro.

Il secondo tipo di bambini che possono svegliarsi di notte e hanno bisogno di essere confortati è quello che potremo chiamare "con scarso consumo motorio" durante il giorno. Sono bambini tranquilli, svegli, attenti, che osservano tutto e riflettono profondamente sulle cose, ma potrebbero non essere particolarmente attivi. Poiché non spendono molta energia nelle attività diurne, non si stancano abbastanza da dormire profondamente durante la notte. Il loro modo di pensare, molto sensibile, può essere tale da incrementare l'insonnia notturna, e nei cicli di sonno leggero questi bambini potrebbero facilmente giungere a uno stato di veglia completa. Se piangono o si agitano durante ciascuno di questi cicli, possono far sì che i genitori vengano al loro fianco. Fino a quando sia i bambini sia i genitori traggono vantaggio da questo tipo di intimità, ciò potrebbe sembrare di giovamento per tutti. Ma poiché durante il secondo anno affiora l'esigenza di indipendenza dei bambini, sarà il momento di spingerli ad essere più indipendenti anche di notte.

Il terzo tipo di bambini che può trovare difficile abbandonarsi di notte a sonni prolungati è probabilmente quello dei bambini sensibili che si innervosiscono facilmente. La loro sensibilità per le situazioni nuove o insolite li mantiene alquanto "incollati" ai genitori, e questi potrebbero inconsapevolmente contribuire a ciò. In prossimità di ogni nuova situazione impegnativa – che si tratti di un nuovo progresso evolutivo o di una situazione sociale difficile – il bambino potrebbe manifestare regressioni nel comportamento sia di giorno sia di notte. Dato che i genitori di un bambino simile desiderano aiutarlo, potrebbero proteggerlo da situazioni nuove e impegnative. Potrebbero affrettarsi a confortarlo quando lo vedono in difficoltà, spesso prima che il bambino abbia avuto la possibilità di fare i propri sforzi per tenere autonomamente testa alla situazione.

È probabile che anche la notte questi schemi iperprotettivi influenzino il comportamento dei genitori e del bambino. Il bambino richiede la loro presenza e il loro conforto anche più di quanto non sia veramente necessario, e i genitori a loro volta trovano difficile non cedere a queste richieste eccessive. Potrebbero portarlo nel loro letto oppure consentirgli di chiamarli e andare da lui per quattro-cinque volte durante la notte. Mentre aumenta la stanchezza e il nervosismo dei genitori – arrabbiati con se stessi e con il bambino – la percezione della loro indecisione accresce nel bambino la sua "lagna", ed è proprio questa indecisione a portare i genitori ad assecondare tutte le richieste del figlio.

Sviluppare l'indipendenza

Nella nostra società riuscire a dormire da soli durante l'infanzia è parte essenziale dell'essere una persona indipendente. Che ciò sia giusto o meno è tutto da discutere, tuttavia è difficile per un bambino o per un genitore dei nostri tempi fare a meno del consenso generale della società, senza il rischio di vedere diminuire la propria auto-stima o di sviluppare un sentimento di incapacità di affermare la propria autonomia.

Quando si verificano problemi di sonno, è probabile che i genitori, come pure il bambino, abbiano difficoltà a credere che il bambino possa farcela da solo. I genitori che lavorano fuori casa tutto il giorno spesso si sentono combattuti tra il mettere il bambino a letto da solo e il tenerlo vicino. Quando sopraggiunge un evento stressante che causa un periodo di insonnia nel bambino, il problema del distacco notturno si ripresenta.

Io consiglierei ai genitori di valutare bene i propri pensieri sul concetto di indipendenza e di autonomia prima di provare a instaurare una routine notturna per il bambino. Spingere il bambino a dormire tutta la notte richiede una ferma intenzione da parte di tutti in famiglia. I genitori dovranno essere sicuri di essere pronti a sostenersi reciprocamente. Devono anche essere sicuri di credere che sia un passo importante, perfino necessario, per il bambino.

Nella pratica della mia professione, ho avuto modo di considerare i problemi che possono nascere nelle famiglie quando il bambino è sveglio ed esigente durante la notte. Sapevo che queste famiglie avevano bisogno di aiuto, e sapevo che i rapporti dei genitori con il bambino sarebbero migliorati se avessi fornito loro una base per comprendere i problemi di fondo. Ciò che non avevo capito era che certi genitori non credono che sia importante aiutare il figlio a imparare a dormire da solo di notte.

Questi genitori credono che dormire da solo sia un'abitudine che la nostra società richiede irrazionalmente ai bambini piccoli e che non sia necessariamente per il bene dei bambini. Quando un bambino ha bisogno dei genitori la notte, ritengono più importante stare con lui che preoccuparsi di uniformarsi alle aspettative culturali della società. Dicono che sia a loro sia al bambino piace stare insieme la notte, e che il bambino supererà l'abitudine di dormire con i genitori – senza conseguenze psicologiche.

Ho imparato molto ascoltando questo punto di vista. Concordo con la preoccupazione che i problemi di sonno possano indicare che il bambino stia attraversando un periodo di stress e non dovrebbe sentirsi abbandonato in un momento simile. Mi chiedo anche se la nostra cultura non pretenda troppo da bambini piccoli sotto molti aspetti, uno dei quali è chiedere loro che imparino a dormire in una stanza tutti soli. Ma credo anche che debbano essere prese in considerazione le esigenze dei genitori durante la notte, e che non debba essere dimenticato l'obiettivo finale della educazione di un figlio, cioè imparare a fare affidamento su se stesso.

Nel prendere in considerazione se portare il bambino nel proprio letto, i genitori farebbero bene a tenere conto di alcuni possibili problemi. Il bambino sarà più dipendente durante il giorno se i genitori lo tengono vicino durante la notte? Non sono sicuro che debba esserlo – ma potrebbe rivelarsi una trappola, e consiglierei ai genitori di osservare con attenzione. Se un bambino sviluppa senza problemi la sua indipendenza durante il giorno, forse le mie teorie per lasciarlo solo di notte non devono essere prese troppo sul serio.

Dormire da lattanti e nella prima infanzia nel lettone renderà difficile separare successivamente il bambino dai genitori? Certamente l'insieme delle osservazioni basate sulla teoria psicanalitica sostiene che il bambino possa non volersi separare da madre e padre e continui a restare nel loro letto, e mentre diventa più grande e più consapevole dei sentimenti edipici, potrebbe capire di poter interferire nel loro rapporto, e volerlo in effetti fare.

Per compensare questa tendenza da parte del bambino, esorterei i genitori che vogliono continuare a dividere il loro letto di assicurarsi di essere d'accordo che questa abitudine è gratificante *per loro* oltre che per il bambino. La sua presenza può certamente interferire nel loro rapporto se gli viene permesso di continuare a dormire nel lettone; e se ciò accade, il bambino ne soffrirà certamente di più rispetto all'essere mandato in camera sua. Pertanto, se i genitori si sentono a disagio e non sono d'accordo su questa abitudine e se tutto questo causa attriti in famiglia, non sarà certo costruttivo per il futuro sviluppo del bambino. Per questo motivo, incoraggerei i genitori a tentare di trovare periodicamente un accordo in modo molto chiaro e razionale. Un buona intesa tra i genitori è probabilmente più importante per lo sviluppo del bambino di quanto non sia la sua sistemazione notturna.

I genitori devono anche osservare il bambino per rilevare eventuali segnali di tensione causati dal dormire con loro. Col tempo, il bambino comincerà a mostrare di non avere più bisogno del loro conforto di notte ed esprimerà la necessità di indipendenza. Se prendiamo in considerazione altre culture (ad esempio quella indiana e messicana), sembra che il terzo-quarto anno di età sia il periodo giusto per osservare segnali di disponibilità del bambino a dormire da solo, anche se non è stato in grado di farlo prima. Toccherà probabilmente ai genitori dare la spinta necessaria – parlare al bambino mentre va a letto, dargli un giocattolo preferito per compagnia, mettere una luce notturna, aiutarlo a effettuare il cambiamento. Mi preoccuperei dell'immagine di sé che potrebbe sviluppare un bambino grandicello se la notte ha ancora bisogno di stare vicino ai genitori. In un periodo più avanzato dell'infanzia potrebbe vivere più difficilmente il distacco.

Poiché penso che raggiungere l'indipendenza di pensiero e di azione sia un obiettivo fondamentale dell'infanzia, io consiglierei ai genitori di considerare il sonno come uno dei settori principali in cui realizzare tale indipendenza. Alla fine, non potrebbe essere così fondamentale il fatto che un bambino dorma da solo o con i genitori, quanto invece non sia imparare a far fronte alle proprie necessità e, nel caso del sonno, riuscire a rimettersi a dormire quando sopraggiungono i periodi di veglia durante la notte.

Linee guida e indicazioni di massima

Quando i risvegli notturni continuano a essere un problema, i seguenti suggerimenti possono aiutare un bambino a imparare a riaddormentarsi da solo. Ricordarsi comunque che questi suggerimenti dipendono dalla situazione individuale e soprattutto dal bambino stesso. Ognuno di questi provvedimenti dovrebbe essere preso separatamente e gradualmente nel tempo.

1. Assicurarsi che entrambi i genitori concordano sul programma. Se i genitori sono in disaccordo, il bambino percepirà l'ambivalenza.
2. Osservare la giornata del bambino. Dorme troppo e/o troppo tardi nel pomeriggio? Per i bambini di età superiore a un anno, il riposino pomeridiano dovrebbe iniziare presto (intorno all'una) e durare solo una o due ore al massimo. Se il bambino ha più di due anni, il riposino pomeridiano potrebbe essere sospeso completamente. Eventuali riposi o sonnellini dopo le tre del pomeriggio interromperanno certamente il ciclo di attività e diminuiranno la necessità di sonno continuo e profondo durante la notte.
3. Assicurarsi di avere istituito una routine rilassante e affettuosa per l'ora della nanna. Se il bambino è abbastanza grande, parlargli in questi momenti delle misure che si intendono adottare per aiutarlo a dormire da solo e per tutta la notte. I momenti di agitazione e di gioco dovrebbero essere seguiti da periodi di rituali rilassanti e tranquilli. Una storia prima di addormentarsi è una splendida abitudine. La televisione invece no.
4. Lasciare che il bambino impari ad addormentarsi quando lo si mette a letto la sera. Evitare di farlo addormentare in braccio o attaccato al seno. Tranquillizzarlo e poi dedicargli del tempo e sedersi al suo fianco per aiutarlo a imparare la sua modalità di addormentamento. Dargli un pupazzo preferito o le sue dita. Accarezzarlo in modo da calmarlo. Se protesta, assicurarlo che può farcela da solo.
5. Svegliare il bambino prima che i genitori vadano a letto. In quel momento, ripetere la routine della nanna – parlargli, abbracciarlo, dargli il biberon oppure una poppata se fa solitamente parte della routine. In questo modo, i genitori metteranno a tacere la propria coscienza e non resteranno svegli a letto a chiedersi se il bambino sta bene, se ha fame, se hanno fatto abbastanza per lui.
6. Consolidare l'uso di un oggetto particolare – una copertina, un animale o una bambola – come parte della routine di autoconsolazione. (Ma, come detto nei capitoli precedenti, non permettere al bambino di dormire con il biberon in bocca; questo potrebbe causare seri problemi dentali.) Molti giocattoli sul letto non servono quanto quello preferito. Tutti gli altri sminuiscono il valore e il significato dell'unico amato.

7. Aspettarsi che il bambino si svegli e pianga ogni tre-quattro ore: alle 10:00 di sera, alle 2:00 di notte e alle 6:00 di mattina. Dopo averlo preparato per il programma ed essere veramente pronti per iniziarlo, rispondere ai suoi risvegli con interventi che siano il meno stimolanti possibile. Se in precedenza si è preso il bambino in braccio per cullarlo, è meglio non farlo più, ma calmarlo e accarezzarlo lasciandolo nel letto. Non gli piacerà, ma lo capirà. Restare accanto al lettino e dirgli che può e deve imparare a rimettersi a dormire da solo.
8. Dopo un periodo in cui si va a trovarlo tutte le volte che chiama, cominciare a rimanere fuori dalla camera e chiamarlo. Fargli sentire la presenza e dirgli che gli si vuole bene, ma che non si andrà da lui, e ricordargli del suo oggetto preferito. È stupefacente come un bambino possa incominciare ad accettare una voce al posto di una presenza.
9. Infine, lasciargli provare tutte le sue risorse. Aspettare almeno quindici minuti prima di andare da lui per la prima volta o per le volte successive. Poi trattarlo con noncuranza, ripetendo la routine appena instaurata e ricordandogli ancora una volta il suo oggetto preferito.

Dopo quarant'anni di professione pediatrica, sono convinto che, anche se l'indipendenza di un bambino non è sempre facilmente accettata dai genitori, costituisce tuttavia un obiettivo eccitante e gratificante per il figlio. Essere in grado di gestirsi da solo la notte aiuta il bambino a sviluppare una positiva immagine di sé e gli dà una reale sensazione di forza. Si può ulteriormente incoraggiare questo sentimento di conquista rinforzandolo emotivamente durante il giorno. Una volta raggiunta l'indipendenza notturna, il bambino ha diritto a tutti i complimenti e gli affettuosi apprezzamenti che gli si possano fare.

38

DISTANZIARE LE NASCITE DEI FIGLI

Durante le visite di routine nel mio studio mi aspetto una domanda su quando è giusto avere un secondo bambino in rapporto all'età e soprattutto in rapporto alle condizioni di sviluppo psicofisico del primo figlio. Ciò è correlato alle spinte di indipendenza del bambino. Infatti dopo l'inevitabile periodo di iniziale adattamento alla nuova vita col bambino, e quando sono passati i primi mesi di notti insonni e di orari irregolari, i neo-genitori iniziano a godere della immensa gioia dell'essere innamorati del loro figlio. Ogni volta che guardano il loro piccolo di quattro mesi questi indirizza loro sorrisi adorabili. Un vocalizzo dei genitori produce in lui un sospiro oppure un "ooh" di risposta. Il bambino si muove da tutte le parti mentre cerca di comunicare con i genitori in adorante contemplazione. Pochi momenti della vita sono tanto piacevoli come questi minuti di comunicazione reciproca con un neonato espansivo e comunicativo. Un genitore si sente all'altezza del suo compito e padrone del mondo. Ma è difficile essere perdutamente innamorati senza il fastidioso timore che prima o poi questa intesa dovrà terminare. Nella nostra società di stampo calvinista, siamo permeati dalla premonizione di dovere prima o poi pagare per la nostra felicità.

Pensare a un secondo figlio

A un certo punto della visita, la madre di un bambino di cinque mesi mi dice "Ora che Johnny sta crescendo, quando dovrei pensare a un altro bambino?" L'esitazione del dovere staccarsi da Johnny si sente nella parola *dovrei*, come se fosse un dovere o una penitenza – il prezzo da pagare per tanto amore. Non sembrerebbe il momento giusto per questa domanda, se si volge lo sguardo a Johnny. È paffuto, morbido e con le fossette nelle guance. Mentre se ne sta disteso sul lettino delle visite, guarda con attenzione tutta la stanza, la faccia seria mentre esamina ogni nuovo oggetto. Ogni tanto guarda verso la madre o il padre, entrambi accanto a lui, chinati sul tavolo mentre parlano con me. Mentre lui guarda i genitori, loro ricambiano lo sguardo con fare rassicurante. Il suo viso si corruga, gli occhi si addolciscono e sorride grato ai genitori, dimenando gambe e braccia come per ringraziarli con tutto il suo corpo. Dura solo pochi secondi. Il bambino torna a elaborare le informazioni sul posto insolito in cui si trova. I genitori tornano a comunicare con me.

In quel momento sono stato testimone di una manifestazione del profondo attaccamento reciproco. Ciascuno di loro ha provato uno slancio di affetto, e ha sentito nel profondo l'importanza della presenza dell'altro. Con gli occhi il bambino ha detto "Siete la mia ancora di salvezza, e posso permettermi di essere qui, in un posto nuovo così strano ed eccitante, perché posso guardare verso di voi e so che voi ci siete!" I genitori hanno avuto la possibilità di sentire quanto sono importanti per questo nuovo individuo. Non sembra sorprendente che, a quel punto, uno dei genitori chieda "Cosa ne pensa del fatto di pensare a un altro bambino?" Oppure, una madre che allatta al seno potrebbe chiedere "Quando lo devo svezzare?" Se approfondisco ciascuna di queste domande con i genitori, diventa chiaro che non desiderano ancora un altro bambino, né che la madre desidera svezzare questo. Ma tali domande li mettono in guardia dal troppo affetto e aiutano a bilanciare l'eccessivo attaccamento.

Come si è visto nel Capitolo 6, un bambino di quattro-cinque mesi mostra un primo accenno di indipendenza. Interrompe continuamente una poppata – per guardarsi attorno, per prestare ascolto a una porta che si chiude nella stanza accanto, per fermarsi e rivolgere suoni gutturali alla madre, per sorridere allegramente al padre dall'altra parte della stanza. Per una madre tutti questi segnali indicano che il bambino non ha più bisogno di lei. Per il bambino rappresentano una spinta nella consapevolezza delle cose e delle persone che lo circondano. Per i genitori rapiti, sembra essere un indizio del futuro in cui il bambino acquisirà davvero indipendenza da loro.

Per le madri che allattano, potrebbe ancora essere un periodo delicato dal punto di vista fisico per pensare a una nuova gravidanza. Ho visto molti casi di seconde gravidanze non previste che hanno avuto inizio in questo periodo, perché la madre pensava di essere protetta dall'allattamento e aveva calcolato erroneamente l'ovulazione dato che il ciclo non era ricomparso. Se una neomamma non fa attenzione potrebbe restare incinta di un secondo bambino prima di essere pronta a staccarsi dal primo.

Avere due bambini così vicini di età, solo quattordici-diciotto mesi di differenza, è come avere due gemelli. Crescerli con successo può certamente essere possibile, e può essere divertente in certi momenti, ma è un'impresa difficile quando entrambi sono piccoli. Avere due individui estremamente dipendenti ma di età diverse è impegnativo sia fisicamente che emotivamente. Il rischio per i bambini è che una madre fisicamente esausta potrebbe trattarli alla stessa stregua. La tendenza sarà o di trattarli come bambini della stessa età o di spingere il bambino un po' più grande a crescere troppo rapidamente. Quando il bambino si mostra resistente e si comporta come il più piccolo, una madre inconsciamente si irrita per le richieste che le vengono fatte e spinge il più grande ad assumere maggiori responsabilità di quanto non sia pronto a fare.

Nel programmare un secondo figlio, i genitori dovrebbero provare a tener conto delle proprie energie e del livello di sopportazione. I motivi da loro addotti per accorciare o allungare il tempo prima di fare un secondo figlio possono essere le migliori indicazioni da seguire. Una madre che desidera crearsi in fretta una famiglia in modo da tornare al lavoro può provare fastidio per il dovere restare a casa per troppi anni e può far indirettamente ricadere il proprio risentimento sulla famiglia. I genitori che pensano di avere bisogno di tempo tra un bambino e l'altro per raggiungere una migliore posizione finanziaria potrebbero pensare di riuscire a gestire solo un bambino e una responsabilità alla volta. Il problema per la maggior parte delle famiglie è quello di non riuscire a prevedere le proprie riserve di energia e il proprio livello di sopportazione necessari per un nuovo figlio.

Indicazioni per programmare una seconda gravidanza

Nei vari anni di esperienza ho maturato solo alcune indicazioni di massima che possono essere utili alle giovani famiglie che cercano di pianificare con intelligenza la nascita dei figli.

Per prima cosa, considerare che sarà difficile interrompere l'intenso e gratificante rapporto con il primo figlio. È difficile per il bambino come per i genitori. Diventa più facile se si ha il tempo di iniziare a pensare che si è fatto veramente tutto ciò che si poteva fare per lui. In altre parole, se si riesce a pensare di essere appartenuti completamente al primo figlio, che però adesso si mostra saldamente indipendente, diventa più facile dividerlo con il secondo figlio. Il nuovo bambino richiederà inevitabilmente tempo ed energia emotiva. Quasi altrettanto inevitabilmente una madre spingerà il figlio più grande a crescere rapidamente quando arriva il nuovo bambino. Nelle culture tradizionali esiste solitamente un rituale associato allo svezzamento del figlio più grande quando la madre è in attesa di un altro bambino. La madre passerà la responsabilità del bambino più grande a un altro membro della famiglia – una nonna, una zia oppure un fratello maggiore. Attraverso questo atto simbolico, la madre sembra dire al figlio "Adesso devo voltarti le spalle così posso dedicarmi all'altro bambino". Sebbene tutto ciò venga spesso fatto bruscamente, ho visto l'angoscia che una madre nasconde mentre consegna il figlio a un'altra persona. Ma viste le grandi responsabilità che le vengono date, la madre sa di essere costretta a "voltare le spalle" o non avrà l'energia necessaria per allevare un nuovo bambino.

Mentre si pianifica la nascita di un secondo figlio è altrettanto importante considerare la normale ma intensa spinta di indipendenza e di negativismo del più grande. Quando un bambino arriva al secondo anno, ha bisogno di tempo per fare le sue scelte. Vuole davvero essere indipendente? Vuole dire no quando pronuncia questa parola con tanta energia oppure intende dire "sì"? Dopo un violento capriccio, che lo lascia esausto, chi oltre ai genitori può aiutarlo a capire i motivi dei capricci, e i limiti che deve imparare relativamente a se stesso? Chi altri può dargli la carica per andare alla ricerca dei limiti e dei punti di forza che lo aiuteranno a diventare una persona indipendente?

Se i genitori non riescono a essere disponibili per un bambino di questa età e a capire che i suoi sforzi per l'indipendenza sono ardui e nel contempo eccitanti, sia loro che il bambino si sentiranno stressati e frustrati per tutto il secondo anno. Invece di considerare questo anno come un periodo ricco di apprendimenti e di verifiche, potrebbero perdere il senso dell'umorismo di cui hanno intensamente bisogno per potergli dare una prospettiva futura. La condizione ideale sarebbe allora quella di programmare l'arrivo del secondo figlio dopo che almeno una parte di queste inquietudini del secondo anno sia stata in qualche modo risolta.

I genitori che stanno prendendo in considerazione una distanza di circa due anni e mezzo-tre tra i figli si chiedono se i bambini non saranno troppo lontani tra loro per essere amici quando crescono. La mia esperienza mi ha portato a pensare che se i genitori trovano giusta questa differenza di età, i bambini saranno buoni amici. Se i genitori sono stressati dalla presenza di molti figli troppo vicini di età, i bambini passeranno la maggior parte della loro infanzia in uno stato di rivalità e di competizione. Perché, come si è detto nel Capitolo 36, le loro liti avranno come vero destinatario i genitori. I bambini sono inevitabilmente competitivi e risolveranno da soli i loro sentimenti di rivalità se i genitori non si faranno coinvolgere nelle loro questioni. Quando i genitori pensano di non essere stati all'altezza del loro compito per nessuno dei figli, allora si faranno coinvolgere e i sentimenti di rivalità dei bambini si consolideranno. In altre parole, sarebbe stato meglio programmare i bambini non tenendo conto della compagnia reciproca che potevano farsi, ma in relazione alle esigenze di energia disponibile dei genitori.

Aiutare il bambino ad abituarsi a un fratellino

All'età di due anni, due anni e mezzo, la maggior parte dei bambini è fondamentalmente indipendente. La capacità di movimento si è ormai assestata, il gioco è composito e indipendente, le abitudini alimentari e di sonno dovrebbero ormai essere alquanto autonome, e molti bambini dovrebbero cominciare a richiedere l'uso del vasino. Inoltre a due anni i bambini sono pronti a giochi di gruppo con bambini della stessa età. Un gruppo di bambini coetanei può essere la cosa migliore per un bambino. L'apprendimento reciproco, lo scarico di tensione e la soluzione del negativismo che può avere luogo in un piccolo gruppo di gioco dimostrano la meravigliosa disponibilità reciproca dei bambini di questa età. Ciò significa che i genitori possono organizzare gruppi di gioco regolari insieme ad altri genitori o possono sentirsi a proprio agio nel lasciare i bambini in un centro di assistenza giornaliera o in organizzazioni di gruppo. Questo vale per il bene sia del bambino sia dei genitori, che possono essere disponibili per un altro figlio. Decidere di avere un secondo figlio a due-tre anni di distanza dal primo può essere un vantaggio per ogni componente della famiglia.

A quattro-cinque anni di età un bambino è pronto a prendere parte alle cure di un nuovo bambino. Un bambino più grande può sentire che il neonato gli appartiene. Può imparare a dare da mangiare, tenere in braccio, cullare, cambiare il pannolino, consolare e giocare con il nuovo bambino. Dopo avere superato la delusione iniziale per il fatto che il bambino non ha la sua stessa età e non può essere un compagno di giochi come aveva immaginato, può iniziare a partecipare, insieme ai genitori, al gioco di conoscere il nuovo bambino e di osservarlo mentre acquisisce ogni nuova conquista evolutiva.

Ricordo un bambino di cinque anni irrompere nel mio studio dicendo "Dottor B., dovresti vedere come cammina il mio piccolo! Non cade più!" Dopodiche corse dal fratellino di undici mesi e gli tese le mani. Il piccolo rispose con un largo sorriso alle attenzioni del suo eroe. Con riconoscenza ed entusiasmo prese le mani del bambino per sollevarsi in piedi. Tenendosi appena in equilibrio, si aggrappò stretto alle braccia stese del fratello per attraversare traballando la stanza. Mentre il bambino più grande sosteneva il piccolo da dietro per guidarlo, rideva deliziato "Guarda, guarda come cammina!" Osservando questo bellissimo esempio di fratello maggiore che non solo insegnava al più piccolo a camminare ma che gli trasmetteva anche il piacere dell'apprendimento, pensavo tra me e me come quel bambino più piccolo fosse davvero fortunato ad avere una tale opportunità per imparare la gioia di vivere. Questi fratelli non solo acquisiscono reciprocamente capacità di apprendimento, ma imparano anche cosa significa dipendere profondamente l'uno dall'altro.

A quattro-cinque anni, un bambino è naturalmente pronto a prendersi cura di un fratello più piccolo e a fargli da insegnante.

La famosa antropologa Margaret Mead mi ha detto una volta che nella nostra cultura la perdita più grave è che bambini di quattro-sette anni molto raramente hanno l'opportunità di prendersi cura di fratelli più piccoli. Mi ha fatto notare che in molte culture in varie parti del mondo ci si aspetta che i più grandi siano responsabili di quelli più piccoli. In questo modo imparano a crescere un bambino e saranno più preparati quando arriverà il loro momento di essere genitori.

Un intervallo di diversi anni tra i bambini fornisce automaticamente questo tipo di esperienza al più grande. E dà al più piccolo il grande privilegio di apprendere da un fratello maggiore. Il mio ultimo figlio ha acquisito la maggior parte delle sue capacità e ha imparato molti dei suoi valori dall'insegnamento affettuoso e paziente delle sorelle maggiori. Il desiderio di un bambino di apprendere da un fratello maggiore è basato su una sorta di cieca adorazione. Ed è piuttosto diverso dalla situazione più impegnativa di quando noi genitori cerchiamo di insegnare le stesse cose. Sono sempre rimasto colpito dallo sguardo vivace e desideroso con cui un lattante o un bambino guarda gli altri bambini. E sono sorpreso dalla velocità di apprendimento imitativo che ha inizio quando un fratello maggiore smette per un po' di tempo di insegnare nuove cose a uno minore.

Quando si è in attesa di un altro figlio, è opportuno preparare quello maggiore alla separazione e all'intrusione che si verificherà nel rapporto esistente tra lui e i genitori. Permettergli di prendere parte con il genitore e di identificarsi con lui nel ruolo di persona che si prende cura di un altro bambino. Invece di punirlo mandandolo via "per proteggere il bambino più piccolo", lasciare che impari come essere delicato e gentile, come tenere e cullare e nutrire il neonato.

Con l'arrivo del piccolo a casa e con le conseguenti troppe cose che richiedono tempo e forze da parte dei genitori, è bene riuscire a ritagliare uno spazio di tempo da dedicare esclusivamente al figlio maggiore senza il neonato nei paraggi. Ogni figlio maggiore merita di trascorrere del tempo dedicato solo a lui con ciascun genitore. La quantità è meno importante del rispetto del tacito impegno a trascorrere del tempo a tu per tu con il bambino. Dedicare un'ora la settimana a ciascun bambino può essere una vera ricchezza per il mantenimento del rapporto tra il bambino e ogni singolo genitore. Deve essere per lui *da solo* e deve essere impiegato nel modo da lui desiderato. Si tratta di un momento che deve essere ricordato per tutto il resto della settimana – "Anche se non posso smettere di dare da mangiare al fratellino adesso, ricorda che fra un poco avremo del tempo tutto per noi. Ed è un tempo solo mio e tuo (e senza il fratellino) perché tu sei il mio primo figlio e io ti voglio ancora bene".

Affermare l'individualità

Un altro fatto che potrebbe preoccupare i genitori è la consapevolezza di non provare gli stessi sentimenti per ogni figlio. I genitori tenderanno automaticamente a proteggere il piccolo e a spingere il figlio più grande a crescere. Potrebbero spingere una figlia femmina a essere responsabile e un figlio maschio a essere intraprendente. Potrebbero avere progetti diversi per ciascuno di loro. Questi sentimenti causano sensi di colpa e risentimento. Io credo che un genitore non deve provare le stesse cose per ogni figlio, come ho detto prima. Ciascuno di loro è destinato ad avere sui genitori un ascendente diverso, basato su inconsapevoli esperienze pregresse. Sensazioni tipo: "È brillante come mia sorella" oppure "È forte ed energico come mio fratello", possono essere naturali e adeguate. Se si affrontano queste reazioni con onestà, il bambino ne può trarre beneficio. Se si cerca di nasconderle, ogni scostamento dall'immagine ideale e preferita può deludere i genitori e sminuire il bambino. Per quanto vicini o lontani di età, e per quanto diversi l'uno dall'altro, tutti i bambini hanno bisogno di essere considerati individui capaci e amati.

39

DISTURBI DEL LINGUAGGIO E PROBLEMI DI UDITO

Problemi di udito

Un'eventuale riduzione delle capacità uditive rappresenta un grave problema per lo sviluppo di un bambino. I bambini completamente sordi sono rallentati in tutte le sfere d'attività. Possono apparire depressi e passivi – lenti nello sviluppo motorio e nelle reazioni ai tentativi fatti dai genitori per stimolarne l'interazione con l'ambiente. Potrebbero restare passivamente distesi nella culla, o sviluppare una condizione di autismo – con comparsa di movimenti ripetitivi tipo dondolio della testa, come per riempire il vuoto che avvertono. Nello stesso tempo si acuiscono gli altri sensi, come la vista e il tatto. Tutto ciò può rendere il bambino ipersensibile e facilmente oppresso.

Il migliore momento per controllare l'udito del neonato è quando dorme o appena è sveglio. Per farlo io utilizzo un sonaglio e un campanellino dal suono delicato, in una stanza silenziosa. Dopo qualche sussulto iniziale, un bambino con udito normale ridurrà le risposte o si abituerà a entrambi i suoni (si veda Capitolo 2). Se esamino un neonato in un ambiente rumoroso potrebbe non reagire come previsto perché si è già abituato agli stimoli uditivi esterni. Potrebbe pertanto sembrare sordo anche se in realtà non lo è.

Il motivo per cui utilizzo due stimoli diversi è per valutare la gamma dei suoni percepiti. Un altro test possibile sarebbe quello di dare al bambino la possibilità di rispondere alla mia voce mentre è sveglio e guarda verso il soffitto. Se si immobilizza e poi si gira lentamente verso la provenienza della mia voce, allora capisco che mi sente. Se io e la madre gli parliamo contemporaneamente mettendoci ai due lati del bambino, questi si girerà verso la voce femminile dal tono più alto.

Se esistono motivi di preoccupazione sull'udito del bambino, il medico che lo visita per primo consiglia di solito un controllo da uno specialista otorinolaringoiatra (specialista nelle malattie di orecchio-naso-gola), che può controllare le orecchie e le vie aeree superiori. Se il problema è determinato da una condizione temporanea, lo specialista prescriverà la cura adeguata. Se la perdita dell'udito sembra permanente, può consigliare la visita da un audiologo che può effettuare ulteriori controlli. Alcuni esami, tipo quello delle potenziali risposte evocate uditive (AER, *auditory evoked responses*), possono essere utili per diagnosticare evidenti menomazioni uditive. A uno-tre mesi di vita del neonato, l'udito può essere controllato tramite le cosiddette tecniche accoppiate, con emissione di un suono diverso da ciascuna parte.

Lo specialista otorinolaringoiatra e l'audiologo possono individuare deficit uditivi nell'infanzia, prima che possano interferire seriamente con lo sviluppo del bambino. Se esistono indizi sulla perdita dell'udito del bambino o sulle capacità di sentire solo alcuni suoni ma non tutti, io consiglierei un controllo più accurato. Nel secondo anno di età, se il bambino confonde regolarmente le parole, il problema può essere più evidente. Se il bambino non si sviluppa correttamente, soprattutto nell'area comunicativa, io sospetterei la possibilità di problemi uditivi.

L'otite media (infezione dell'orecchio medio) può mettere a rischio l'udito del bambino. Molti lattanti hanno la tendenza a contrarre una otite media cronica. Dopo un'otite acuta, la tensione endoauricolare e lo scolo sembrano perdurare nonostante la terapia antibiotica. L'otite media è talvolta definita *glue ear* ("orecchio colloso"), come se l'orecchio contenesse delle secrezioni particolarmente viscose, difficili da rimuovere. L'infezione cronica dell'orecchio medio può causare menomazioni uditive. I bambini esposti a infezioni ricorrenti, perché frequentano asili nido o hanno fratelli più grandi, sono particolarmente vulnerabili. Le infezioni dell'orecchio possono svilupparsi dopo ogni raffreddore, con una frequenza di sole due settimane di distanza l'una dall'altra. Ogni successiva infezione dell'orecchio diventa sempre più difficile da curare. I genitori e il medico si scoraggiano. Le condizioni generali del bambino ne vengono spesso compromesse; sembra sempre abbattuto e particolarmente vulnerabile a tutto. A questo punto è opportuno consultare un otorinolaringoiatra. Potrebbe essere necessario inserire cannule nei timpani, per consentire il drenaggio, ridurre conseguentemente la tensione nell'interno dell'orecchio medio e prevenire la perdita dell'udito.

Il modo più importante per determinare l'eventuale perdita di udito è quello di seguire lo sviluppo del linguaggio e delle altre forme di comunicazione. Se si è preoccupati delle sue capacità uditive e il bambino è abbastanza grande, si può provare a sussurrargli qualche parola nell'orecchio. Assicurarsi di sussurrare qualcosa alla quale il bambino sarà in grado e avrà voglia di rispondere. Esistono periodi nello sviluppo del bambino in cui può manifestarsi la cosiddetta "attenzione selettiva". Sussurrate quindi domande allettanti: "Vuoi venire in città con me?" oppure "Vuoi un biscotto?". La disattenzione raggiunge il suo massimo a quattro, cinque e sei anni. Non potrei mai aspettarmi di poter determinare le capacità uditive di un bambino facendo delle prove con frasi che trasmettono ordini da parte dei genitori!

Nel mio studio, io chiudo con un dito un orecchio del bambino e gli sussurro nell'altro orecchio "Vuoi un lecca lecca"? In questo modo sono piuttosto sicuro di avere una risposta. Se non ottengo risposte e/o se il linguaggio non si sta sviluppando in modo appropriato, io consiglio sempre un tempestivo controllo da un otorinolaringoiatra o da un audiologo.

Problemi di comunicazione e di linguaggio

Anche se i problemi di linguaggio saranno difficilmente evidenziabili fino a quando il bambino non avrà raggiunto il terzo anno di età, le basi della comunicazione vengono poste nella prima infanzia. Nelle prime settimane di vita un bambino impara a distinguere tra suoni importanti e suoni meno importanti, come si è già detto nel Capitolo 2. Si abituerà alla ripetizione di un suono importuno e smetterà di reagire, mentre in occasione di un suono importante o interessante persino un neonato si metterà all'erta, interromperà ogni attività motoria per prestare meglio la sua attenzione e si girerà verso la provenienza del suono con sguardo attento e curioso. A sette giorni di vita un neonato riesce già a distinguere la voce della madre da un'altra voce femminile in una situazione parallela. A due settimane saprà distinguere la voce del padre da un'altra voce maschile. A sei settimane, il bambino dimostrerà comportamenti prevedibili con ognuna di queste due persone importanti. Attraverso il suo comportamento mostrerà di riconoscerli. Abbiamo organizzato un esperimento in cui i genitori si chinavano sul bambino seduto in un seggiolino per comunicare con lui, e abbiamo dimostrato che a tre mesi di vita il bambino ha imparato un ritmo di attenzione-disattenzione ripetuto quattro volte in un minuto. Durante il periodo di attenzione il bambino si mostra attento e produce vocalizzi e sorrisi. Quando i genitori si inseriscono in questo ritmo, il bambino impara a imitare esattamente i loro versi, le espressioni facciali e i movimenti della testa e del corpo.

Quando gli adulti si adattano a questo comportamento, anche loro imiteranno il bambino con pari precisione. Si sintonizzeranno con i ritmi, le inflessioni e il comportamento motorio del bambino, come pure con l'alternanza attenzione-disattenzione. Durante questo processo, gli adulti consolidano i suoi tentativi di parlare, come pure i ritmi che sottintendono la comunicazione successiva. Quando il comportamento degli adulti si sintonizza con quello del bambino, in genere vi aggiungono qualcosa di più. Il bambino cerca di mettersi all'altezza della piccola differenza aggiunta – di uguagliarla e di imitare i genitori. I genitori impostano la voce in modo diverso quando parlano con un bambino piccolo, non soltanto cercando di riprodurne il linguaggio ma parlando con ritmi più lenti e parole più semplici. Con questo modo di parlare vogliono indicare al bambino che stanno parlando proprio con lui. Tutte le altre volte gli adulti parlano al di sopra della testa del bambino, quindi il linguaggio rivolto direttamente a lui acquista una connotazione speciale. Il bambino cerca di rispondere, con un sorriso, un vocalizzo o spingendosi avanti con tutto il corpo verso i genitori.

Riporto di seguito alcuni segnali di normalità nello sviluppo del linguaggio, che i genitori possono osservare.

1. A tre mesi, un lattante pronuncia suoni composti da vocali, tipo "ooh-ahh". Li produce con maggiore probabilità nei momenti di gioco o durante i pasti, ma anche mentre gli si cambia il pannolino o parla da solo mentre se ne sta sdraiato nel suo lettino.
2. A sei-otto mesi, le inflessioni e il ritmo del linguaggio diventano più ricchi. Il bambino continua a provare i vocalizzi e pronuncia qualche consonante, tipo "ma-ma-ma" e "pa-pa-pa", anche se questi suoni non sono ancora associati alla persona giusta.
3. A un anno il bambino pronuncerà ancora una serie di suoni incomprensibili, ma assocerà "mamma" e "papà" alla persona giusta. Riesce anche a rispondere a frasi semplici tipo "Dammelo".
4. A quindici mesi il bambino continuerà a emettere suoni completamente incomprensibili, ma inframmezzati da parole vere, tra le quali risultano importanti quelle indicanti dare e prendere. Il suo linguaggio ricettivo è più ricco, e ciò vuol dire che può comprendere più ordini. Un bambino di questa età può conoscere dieci parole o poco più, ma può usarle con molte variazioni.
5. A diciotto mesi un bambino è probabilmente in grado di dire "palla", "cane", nomi di particolari persone e parole indicanti azioni tipo "ciao". L'uso di "sì" e "no" è molto importante. Nomi e verbi saranno presenti nel suo discorso, e sa usare gesti complessi per comunicare. Molti bambini riescono a comprendere due istruzioni ("Vai nell'altra stanza e prendimi le pantofole"), il che vuol dire che il livello di linguaggio ricettivo è aumentato.
6. A due anni un bambino può iniziare a combinare le parole, mettendo ad esempio nomi e verbi insieme: "Papà casa", "Mamma esce". Il linguaggio ricettivo – cioè comprendere consigli, domande e ammonimenti – dimostra i progressi dello sviluppo. Anche se il bambino non sa combinare le parole, la presenza di un linguaggio gestuale ricco e appropriato indica che il vero linguaggio seguirà presto.

Se queste competenze si presentano con un certo ritardo, un bambino dovrebbe essere visitato per verificare eventuali menomazioni uditive.

Allo stesso tempo, i genitori dovrebbero valutare se incoraggiano il linguaggio del bambino nel modo corretto. Per essere sicuri di farlo, dovrebbero rispondere ad alcune domande:

- Parlano direttamente al bambino, o parlano al di sopra della sua testa?
- Tutti in famiglia accorrono dal bambino prima che questi abbia il bisogno di esprimersi con parole?
- Leggono qualcosa al bambino?
- Provano ad ampliare un poco il suo linguaggio? Questo può incoraggiarlo a continuare.
- Lo incoraggiano rispondendo alle sue parole con le loro parole e i loro gesti?

Altri modi per incoraggiare il linguaggio sono il parlare direttamente al bambino, aspettare fino a che il bambino ha la possibilità di rispondere, e assicurare il bambino dicendo che può prendersi tutto il tempo che gli serve. Si può anche chiedere aiuto ai fratelli; il bambino può imparare più facilmente imitando altri bambini piuttosto che gli adulti. Se il bambino balbetta o farfuglia, non bisogna esercitare pressione su di lui, ma incoraggiarlo aspettando con pazienza.

Nelle famiglie con genitori di due lingue diverse, l'uso della parola può presentarsi in ritardo, ma a tre anni il bambino sarà in grado di parlare entrambe le lingue. Prima di allora, avrà comunque capito quale lingua va associata a ogni genitore.

Molti bambini normali sono "fiori che sbocciano tardi" per quanto riguarda il linguaggio. La pazienza e l'incoraggiamento di cui si è detto prima vengono solitamente ricompensati. Esistono comunque alcuni indizi in presenza dei quali è consigliabile un controllo tempestivo:

- Assenza di linguaggio comprensibile a due anni di età.
- Pronuncia dai toni troppo elevati o nasali.
- Sguardo poco espressivo quando il bambino prova a parlare.
- Assenza di successione e alternanza della comunicazione.
- Evidente eccessivo impegno o non attenzione del bambino quando gli si rivolge la parola o gli si indirizza lo sguardo.
- Ripetizione continua di quanto detto da un adulto, senza variazioni o combinazioni da parte del bambino.

Oltre alle difficoltà uditive, esistono altri tipi di problemi che

tagonisti adulti, ne imitano il linguaggio, i gesti e le idee. Naturalmente si identificheranno con una star televisiva. Molti bambini in visita nel mio studio parlano dolcemente e affettuosamente, imitando Mr Rogers. I bambini di tre-quattro anni scandiscono ad alta voce la canzone "Sesame Street" che accompagna la comparsa delle vocali A ed E mentre leggono la tabella per valutare la loro vista. Ma i conduttori e gli attori degli spettacoli per bambini non sono gli unici modelli. I comunicati commerciali hanno un potente impatto sui piccoli spettatori. I genitori devono esserne consapevoli. Vogliono rafforzare questo impatto? Vogliono davvero acquistare una particolare marca di cereali solo perché viene pubblicizzata da un abile messaggio promozionale? Con i bambini in età prescolare i genitori hanno ancora la possibilità di scegliere.

Molti ricercatori, tra cui lo psicologo Albert Bandura della University of California, hanno dimostrato che i bambini di cinque-sei anni di età modellano i propri comportamenti su quelli trasmessi dallo schermo. Se vedono attività violente, assumeranno probabilmente un comportamento violento nel periodo che segue immediatamente un programma. Se il programma contiene un linguaggio sessualmente esplicito, i bambini lo riprodurranno subito dopo. Per la stessa ragione, un programma non violento ed educato può indurre un bambino a modellarsi sul comportamento educato appena osservato.

Messaggi televisivi e pressioni di altri bambini

Quando crescono, i bambini hanno bisogno di uniformarsi al gruppo dei loro pari età. "Hanno bisogno" di essere tutti appassionati di tartarughe Ninja. "Hanno bisogno" di indossare gli stessi vestiti che indossano i loro amici. In questo periodo, i comunicati commerciali alla televisione esercitano il massimo del loro potere. Un genitore può cercare di esercitare una certa influenza riequilibrante, senza però dimenticare l'importanza della necessità del bambino di fare parte di un gruppo. Con una aperta e franca discussione sulle mode in atto, si può capire dove è possibile mettere dei limiti. Se non ci si può permettere di comprare tutti gli accessori pubblicizzati, bisogna mettere subito le cose in chiaro. Questo è un messaggio importante: "Non ce lo possiamo permettere. Se non puoi farne a meno, sei disposto a lavorare per pagartelo con i soldi che guadagni? Se lo sei, ti aiuterò. Poi, potrai decidere se utilizzare i soldi in questo modo. Lo sai che penso che questa roba non sia necessaria, ma se ti guadagni i soldi potrai decidere cosa farne. Risolviamo insieme la faccenda".

Nella seconda e terza infanzia e nell'adolescenza, il potere della televisione come modellatrice dei pensieri e delle convinzioni dei bambini continua a crescere. I bambini apprendono il comportamento, il linguaggio e il modo di pensare dagli attori e dalle celebrità televisive. Molti genitori desiderano compensare ed equilibrare questi modi di pensare e di essere con i propri modi di pensare e di essere. Come farlo? Ancora una volta ricordo che bisogna rispettare il bisogno del bambino di stabilire il proprio territorio e la propria identità, basandosi spesso sui modelli comuni al suo gruppo di pari età. I valori in cui i genitori credono maggiormente devono essere presentati come quelli veramente importanti per la propria famiglia. Rispettando l'equilibrio tra le necessità del bambino e i propri principi, i genitori possono esprimere a parole i propri valori.

Limiti al periodo di visione

Per quanto riguarda le ore da trascorrere a guardare la televisione, credo fermamente che sia necessario stabilire dei limiti. L'impegno fisico e psicologico richiesto ai bambini di ogni età può aiutare a stabilire quali possono essere questi limiti. Per esempio, un bambino con una limitata capacità di attenzione ha bisogno di pause a intervalli ravvicinati. In generale, consiglierei ai genitori di mettere un limite alla quantità di tempo che i bambini di qualunque età possono trascorrere a guardare la televisione. Un'ora al giorno durante la settimana e non più di due ore durante il weekend sembrano una concessione ragionevole. La metà di questo tempo dovrebbe essere "un tempo per la famiglia" in cui anche gli adulti si mettono a guardare la TV. Alla fine del programma, si può decidere di scambiarsi idee e di discutere alcuni aspetti della trasmissione sportiva o del cartone appena guardato. In questo modo la televisione diventa un'esperienza condivisa. Al bambino può essere permesso di prendere parte alla scelta dei programmi da guardare. La scelta settimanale dei programmi può essere un momento in cui i genitori possono intervenire, senza forzare le decisioni ma solo per aiutare i bambini a selezionarne i valori. Esistono molti buoni programmi che meritano di essere guardati, e possono essere utilizzati come speciali eventi familiari.

I bambini potrebbero tormentare i genitori con frasi tipo: "Gli altri genitori amano i loro figli più di voi. Loro vogliono che i figli sappiano cosa succede nel mondo. Loro vogliono che i figli sappiano parlare di sport e di cantanti rock per potere essere parte del gruppo. Loro vogliono che i loro figli siano informati. Le vostre regole non mi consentono di conoscere le cose di cui i miei amici parlano sempre". Frasi simili potranno mettere in crisi le convinzioni dei genitori. Tuttavia, bisogna ricordare quanto grande è l'impegno richiesto da questo mezzo alle capacità fisiologiche e psicologiche del bambino. Bisogna cercare di pensare ad altri modi con cui può relazionarsi con bambini della stessa età, quali lo sport, hobby particolari, escursioni o campeggio. La domanda è: riescono i genitori ad avere tempo e voglia per queste scelte?

I genitori dovranno sapere rispondere con convinzione. "So che molti dei tuoi amici possono guardare la televisione per molte ore al giorno. Ma temo di non essere d'accordo con questa scelta, perché ti perdi troppe altre esperienze. Nella nostra casa si guarda un'ora di televisione nei giorni settimanali e due ore nel week-end, e tu ed io possiamo decidere insieme cosa guardare. Se trasmettono qualcosa di veramente speciale possiamo sempre fare un'eccezione. Ma queste sono le regole della nostra famiglia. Vorremmo che tu capisca perché abbiamo queste regole e perché le riteniamo importanti. Ma che tu lo capisca o no, sono le regole della nostra casa."

Per quanto questo breve discorso possa essere eloquente, niente potrà sminuire o consolidare la posizione dei genitori più delle loro stesse abitudini televisive. Nelle famiglie in cui i genitori trascorrono con entusiasmo del tempo con i figli, cucinando, giocando insieme, facendo escursioni nei dintorni, oppure rilassandosi e chiacchierando insieme, il richiamo dello schermo sarà decisamente inferiore. I genitori che fanno ricorso alla TV soltanto per guardare programmi selezionati e insoliti ma che per il resto sono disponibili per i figli (o per trascorrere momenti tranquilli con un libro), scopriranno che il loro punto di vista in merito alla televisione avrà maggior peso.

42

ABITUDINE ALL'USO DEL VASINO

Nel Capitolo 12 ho descritto gli accorgimenti che i genitori devono prendere quando il bambino mostra di essere pronto e di volere iniziare a utilizzare il vasino. I genitori che sanno essere pazienti e sanno aspettare fino a quando il bambino mostra quei segni di disponibilità di cui si è parlato in quel capitolo – di solito tra i due e i quattro anni – hanno meno probabilità di andare incontro a problemi seri.

Il rischio di una pressione eccessiva

Nell'abitudine all'uso del vasino i problemi sorgono quasi sempre a causa di uno sfasamento nel rapporto genitori-figlio. Quando i genitori non sanno aspettare, e impongono l'abitudine all'uso del vasino come loro idea, il bambino sentirà questa scelta come una intrusione.

Tutti i genitori desiderano ovviamente che il proprio bambino cresca e impari a mantenere il controllo della vescica e dell'intestino. A ciò si aggiunge che da più parti può venire esercitata pressione sui genitori affinché il bambino impari a usare il vasino. Lo stesso desiderio dei genitori di vederlo più bravo degli altri bambini determina in loro la voglia di entrare in competizione con le atre famiglie. Le scuole materne spesso insistono affinché il bambino sappia fare a meno del pannolino prima dell'inizio della scuola. I genitori di bambini che sanno usare il vasino danno consigli e ti consolano. I nonni insinuano che l'abitudine all'uso del vasino è una spia della capacità educativa dei genitori e della capacità di apprendere del bambino. Per questa serie di motivi tutto il secondo anno di vita del bambino può essere vissuto da alcune famiglie come una preparazione al successo in questo settore.

L'esperienza personale dei genitori gioca un ruolo importante nel loro modo di porsi nei confronti di questa abitudine. Se hanno avuto un insegnamento troppo precoce e troppo severo, troveranno difficile conformarsi al programma tranquillo e orientato alle esigenze del bambino che ho consigliato. I genitori sicuramente cercheranno di comprendere il mio punto di vista, ma i loro ricordi continueranno a ossessionarli. "Mia madre mi ha abituato all'uso del vasino a un anno. Mi raccontava di come cercavo con grande impegno di evitare errori. Perché mio figlio non può provare con la stesso impegno?" Il ricordo delle eventuali punizioni che, da piccoli, gli stessi genitori o i loro fratelli hanno ricevuto può essere considerato terribile se visto dal punto di vista razionale, ma può certamente intaccare la loro convinzione che sia giusto lasciare che un bambino di tre anni prenda la sua decisione. Le esperienze in proposito dei due genitori possono essere state simili o alquanto diverse. E, a meno che entrambi i genitori non vogliano lasciare la scelta al bambino, quello dei due che desidera iniziare precocemente l'addestramento può fare venire dubbi all'altro. Devono iniziare a spingere il bambino in quella direzione o solo ricordargli almeno di provare?

Un bambino di questa età, per cui il raggiungimento dell'indipendenza è una forte esigenza, vivrà comunque questa esperienza con le proprie difficoltà. Potrebbe starsene in piedi davanti al vasino, gridando pieno di insicurezza. Oppure potrebbe nascondersi in un angolo quando deve evacuare, guardando i genitori con la coda dell'occhio. Sono pochi i genitori che non pensano che un tale bambino abbia bisogno di aiuto per potercela fare. Quando un genitore interviene per chiarire i sensi di colpa e la confusione, la lotta del bambino per difendere e affermare la propria autonomia diventa in realtà una lotta di potere tra lui e i genitori. A questo punto sono state poste le premesse per un sicuro fallimento.

Queste lotte di potere renderanno semplicemente il periodo dell'addestramento burrascoso e spiacevole, oltre che molto più lungo. Comunque, quando i genitori, coinvolti in questa guerra con il figlio, non riescono a uscirne, ne possono derivare seri problemi. Il bambino potrebbe trattenere le feci, causando stitichezza cronica, e perfino la formazione di un aumento delle dimensioni del colon (megacolon). Come detto nei capitoli precedenti, può capitare che il bambino si sporchi senza che se ne accorga quando, e la cosa avviene con una certa regolarità, gli scappa la cacca nei pantaloni dopo avere trattenuto a lungo le feci indurite. La macchia di sporco sui pantaloni può far pensare a una diarrea, quando in realtà è invece la conseguenza di un prolungata stitichezza, e questo può confondere sia gli ignari genitori sia il bambino. Aumentano le richieste di controllo di questo comportamento e sicuramente il problema tende ad acuirsi. La somministrazione di un emolliente intestinale per ammorbidire le feci in modo che non facciano male al passaggio deve essere accompagnata da una diminuita pressione sul bambino, rimandando per un po' di tempo l'addestramento all'uso del vasino.

Alcuni bambini posso perdere delle gocce di urina, specialmente quando sono sotto stress. I genitori se ne lamentano con il pediatra, che sente la necessità di controllare se la vescica e lo sfintere urinario sono integri. Come conseguenza sarà necessario fare ricorso a raggi X, a introduzioni di cateteri e ad altri controlli invasivi dell'apparato urogenitale. Il bambino ne viene traumatizzato. Se tutto ciò viene vissuto con particolare ansia, il bambino può diventare più facilmente preda di una incontinenza cronica.

L'eventuale stato di tensione nell'ambiente del bambino, non necessariamente in relazione all'abitudine sull'uso del vasino, si può manifestare con dolori addominali, crampi e feci diarroiche. Se il bambino non riesce a mantenere il controllo della situazione, lo stato di tensione aumenterà. L'inizio dell'addestramento all'uso del vasino può determinare un aumento di stress nel bambino. Il piccolo diventa più consapevole della esistenza e delle funzioni di questa parte del suo corpo. Col perdurare dei disturbi, alla fine si è costretti a fare ricorso a radiografie del tratto gastrointestinale, a clisteri e a manipolazioni per potere fare una diagnosi. Come risultato di ciò, l'apparato gastrointestinale del bambino diventerà l'area bersaglio di tutte le sue tensioni.

A causa delle pressioni della società, bagnare il letto (enuresi) diventa un problema per molti bambini, soprattutto maschi, intorno all'età di quattro-cinque anni (si veda Capitolo 15). Se continua a bagnare il letto il bambino non può andare a trovare altre persone. Non osa ammettere a se stesso o a chiunque altro di non essere all'altezza della situazione durante il periodo di sonno. I genitori si disperano per questo fallimento che vivono come proprio. Se il problema della enuresi viene nascosto dietro un muro di silenzio o è considerato come oggetto di punizione, allora può fare sentire il bambino disperato e incapace. Dirà che non gli importa nulla di questo problema e farà di tutto per nascondere questo suo fallimento ogni mattina. Accompagnata da un certo senso di colpa per la sessualità in via di sviluppo a questa età, quattro-sei anni, l'enuresi notturna può influenzare la futura immagine di sé. Spesso si riscontra una certa relazione tra eccessiva masturbazione ed enuresi.

In caso di enuresi, come per tutti gli altri problemi citati, è in gioco il bisogno del bambino di maturare l'indipendenza con i propri tempi. Malgrado le ragioni possano essere fisiologiche, come una vescica immatura che si svuota frequentemente, o il sonno troppo profondo (da cui deriva un sistema di segnalazione non del tutto sviluppato), il problema di chi deve avere il controllo della soluzione esiste. Quando i genitori e il medico iniziano a indagare i motivi del disturbo e a prendere delle misure (tipo utilizzare un allarme o infliggere delle punizioni, o mettere dei congegni di segnalazione che si accendono quando il bambino si bagna), si intaccano l'autonomia del bambino e la sua esigenza di avere il controllo della situazione. Il bambino si vede come un fallito, immaturo, colpevole e senza speranza. Il problema del danno provocato all'immagine di sé per il futuro del bambino sarà maggiore del problema della enuresi.

Ma perché i genitori si preoccupano così tanto di abituare il bambino all'uso del vasino da violare la privacy del piccolo e persino il suo corpo alla ricerca di "soluzioni"? Dato che si tratta di un processo evolutivo di cui in definitiva il bambino si impadronirà a tempo debito, perché i genitori ritengono di doverlo controllare? I tentativi di controllo sono quasi certamente destinati a fallire e scateneranno nel bambino un senso di inadeguatezza e fallimento. Il rischio di futuri disturbi del tratto gastrointestinale viene aumentato dalla pressione esercitata dai genitori a questa età.

La mia esperienza, come ho già detto, mi ha portato alla conclusione che i genitori hanno delle difficoltà a essere oggettivi ed equilibrati sulla questione dell'uso del vasino. La nostra cultura e le esperienze personali di molti adulti portano i genitori a sentirsi responsabili del successo dei loro figli. Ogni fallimento del bambino è vissuto come una conseguenza della loro incapacità di svolgere il ruolo di genitori. Il bambino diventa un "pupazzo da addestrare". Dovrà passare un'altra generazione prima di potere considerare l'abitudine all'uso del vasino come un fisiologico processo di apprendimento del bambino – da acquisire da solo in base al livello di maturità del tratto gastrointestinale e del sistema nervoso centrale.

Quando insorgono problemi

Gli accorgimenti che ho delineato nel Capitolo 12 sono azioni preventive, modi per lasciare al bambino l'acquisizione dell'abitudine al vasino ed evitare problemi successivi. Ma se il problema è già insorto, consiglio ai genitori di provare quanto segue.

- Discutere apertamente il problema. Ammettere di avere esercitato troppo controllo sulla situazione.
- Ricordare i propri sforzi da bambini, e fare sentire al bambino la speranza di potercela fare successivamente.
- Dichiarare chiaramente che l'abitudine all'uso del vasino dipende dal bambino. "Non ci intrometteremo. Sei in gamba, e lo farai quando sarai pronto."
- Fare sapere al bambino che *molti* altri bambini acquisiscono il controllo più avanti nel tempo, e per valide ragioni. Se vuole conoscere i motivi, spiegarglieli.
- Lasciare il pannolino o altri vestiti protettivi al bambino non come una forma di punizione, ma come aiuto per eliminare l'agitazione e l'ansia.
- Lasciarlo tranquillo. Non ricordargli sempre l'argomento.
- Non sottoporre il bambino a visite. Fare solo un esame delle urine, ma evitare manipolazioni o interventi invasivi, tipo clisteri, cateteri, raggi X e così via. Solo se il pediatra riscontra chiari segnali di problemi fisici è il caso di sottoporlo a ulteriori accertamenti.
- Fare in modo che le feci del bambino si mantengano morbide.

Introdurre frutta e fibre nella sua dieta e somministrare emollienti in modo da rassicurare il bambino che così facendo resteranno morbide.

- Dichiarare al bambino che quando acquisirà il controllo della situazione, sarà tutto merito suo e non dei genitori.

I genitori che si rendono conto di essere troppo coinvolti potrebbero seriamente prendere in considerazione l'eventualità di consultare uno specialista, in modo da individuare e controllare le motivazioni personali che li spingono a essere così preoccupati e invadenti. Devono essere entrambi d'accordo su come gestire l'abitudine all'uso del vasino in modo che il loro conflitto non influenzi il bambino al punto da causargli gravi danni per il futuro, tipo quelli relativi all'immagine di sé. Voler assolutamente intervenire su questo aspetto dello sviluppo del bambino, solo per adeguarsi alle richieste della società, non vale il prezzo che un bambino è chiamato a pagare.

Se il bambino continua a presentare questi problemi e ciò gli crea problemi a scuola o con i suoi pari età, allora è il caso di rivolgersi a specialisti per chiedere consigli e aiuto.

tre

SUPPORTI AFFETTIVI

43

PADRI E MADRI

Poiché in questo libro, come pure nella società, viene data molta enfasi alle madri e al loro ruolo, sembra quasi roba dell'altro mondo parlare del contributo apportato dai padri moderni, cosa che li rende così speciali e importanti sia per il bambino che per il consolidamento dell'intera famiglia. Ed è così! Nell'arco di pochi decenni il ruolo dei padri ha subito enormi cambiamenti. La maggior parte dei padri della generazione precedente si considerava solo supplemento delle madri. Partecipavano solo quando veniva loro richiesto dalle madri. E la loro partecipazione riguardava quasi sempre settori tipo lo sport oppure altre attività "maschili". Erano anche dispensatori di disciplina, chiamati in causa quando i figli non ubbidivano alla madre. Si può dire che molte persone delle generazioni precedenti, nella loro infanzia, sapevano a malapena come fossero i padri. Io stesso ho avuto l'impressione che mio padre abbia lasciato che il suo ruolo venisse definito da mia madre invece di seguire la sua inclinazione a essere veramente coinvolto nelle attività dei suoi figli. Finimmo col ritrovarci nella mia adolescenza come due amici alquanto imbarazzati che cercavano di parlarsi "da uomo a uomo". Nessuno di noi conosceva l'altro abbastanza bene da riuscire a instaurare uno stretto rapporto, e fu per questo che io desiderai conoscerlo meglio.

Verso la condivisione del ruolo di genitori

Anche se questi stereotipi di comportamento maschile iniziano a ridursi, potrebbero essere necessarie ancora diverse generazioni prima che scompaiano del tutto. Nell'esercizio della mia professione ho avuto modo di incontrare padri che hanno assunto il ruolo principale nel gestire tutti gli aspetti della vita del loro bambino. Questi uomini sono dei pionieri che si trovano a dover risolvere, da soli, i propri problemi. Ricordo un padre a tempo pieno che accompagnava la figlia a tutti i controlli periodici. Mi meravigliai della sua capacità di partecipare e nel contempo rimasi impressionato dalla capacità della moglie di farsi da parte e consentirgli di svolgere il suo ruolo. Quando venivano insieme notavo che la moglie non gli suggeriva come fare certe cose e non aveva nessuna esitazione nel consegnargli la bambina. Tuttavia, sentivo anche di essere preoccupato per il tipo di attaccamento di questa madre per la sua bambina. Successivamente compresi che la mia reazione era dovuta ai miei stereotipi mentali sul ruolo della mamma.

Una volta, alla mia domanda su come stessero andando le cose, questo stesso padre mi rispose: "Bene". "Solo bene?" replicai, "Non sembra granché. Cosa la trattiene dallo stare meglio?" "Mia figlia mi chiama mamma quando le do il biberon e papà quando vuole giocare." La figlia aveva imparato a esprimere i suoi desideri con efficacia! Mi congratulai con lui per la sua capacità di sapere rivestire entrambi i ruoli per la bambina. Lui continuò dicendo quanto fosse imbarazzante per lui quando la figlia gli si attaccava addosso davanti ai suoi amici maschi. Questa osservazione mi fece capire il peso con cui il passato influenza profondamente tutti noi, inclusi gli amici maschi di questo papà. Mi chiesi anche se questi amici non fossero gelosi nel vedere che bel rapporto intimo avesse questo padre con sua figlia.

Anche i padri che non si assumono la piena responsabilità della gestione di un figlio, e le cui mogli restano a casa dal lavoro per un certo periodo, rivestono sempre più un ruolo determinante nella cura dei figli. Quando c'è un bambino in arrivo e quando il bambino nasce, i nei-genitori devono affrontare l'enorme responsabilità di offrire al bambino la migliore accoglienza possibile. In una famiglia allargata la protezione offerta dall'esperienza della generazione precedente agisce da ammortizzatore, anche se i genitori decidono di non agire come hanno fatto loro. Una neo-mamma è verosimilmente piena di incertezze e di ansie come reazione naturale al suo grande affetto per il bambino. Se non ha altri in famiglia, avrà bisogno di un altro adulto che sappia darle indicazioni e sostegno. Un padre diventa un importante interlocutore della moglie – non con funzioni di "seconda madre", ma come elemento di equilibrio, una cassa di risonanza, perfino una bussola. Anche quando i genitori sono in disaccordo tra loro, il padre dovrà sempre avere un ruolo di equilibrio. In questo modo la madre non è lasciata sola nell'affrontare gli inevitabili dubbi e le incertezze relativi alla crescita di un figlio. In certi momenti il padre può dare alla madre la giusta misura e la giusta prospettiva per riportare nei giusti termini l'eccessivo attaccamento al bambino. Il suo ruolo può attenuare le asperità ed essere determinante per il buon andamento della famiglia.

Tutti gli studi che valutano il crescente coinvolgimento dei padri nella gestione dei bambini dimostrano che esso è vantaggioso per lo sviluppo dei bambini. Per esempio i bambini in età scolare, appartenenti a famiglie il cui padre è stato coinvolto nella loro crescita a partire dall'infanzia, non soltanto mostrano dei significativi aumenti del proprio QI, ma mostrano anche più senso dell'umorismo, maggiore durata dell'attenzione e una passione più profonda per l'apprendimento. Questi studi dimostrano che la disponibilità dei padri nei confronti dei figli contribuisce ad accrescere l'immagine di sé del bambino, e indicano inoltre che il loro coinvolgimento contribuisce a dare un sostegno familiare più stabile per il bambino. Uno studio recente dimostra che il coinvolgimento del padre dà a un figlio adolescente un maggior senso di sicurezza della sua "posizione di controllo" interiore (la capacità di resistere alla pressione dei suoi pari perché si sente sicuro dei propri valori).

Competizione tra genitori

Il cambiamento nelle abitudini si riflette nel fatto che non è più compito della madre "chiedere" al marito di rendersi disponibile. Adesso ci si aspetta che i mariti partecipino. Il problema adesso se mai si sposta sul concetto di competizione tra i genitori e forse sulla tendenza alla "custodia privilegiata" da parte della madre. Questi sono sentimenti normali presenti in tutti gli adulti che si prendono cura di bambini. Più si vuole bene al bambino e più si desidera il bambino tutto per sé. Questo naturale sentimento di possesso rende i genitori inconsciamente competitivi l'uno verso l'altro. Ciascuno dei due, mentre avanza faticosamente nell'apprendimento del nuovo ruolo di genitore, vede gli errori dell'altro. Poiché imparare a fare il genitore significa imparare dagli errori, non dai successi, quando ciascun genitore è pronto a identificarsi con l'altro e a sostenerlo anche nei suoi errori il tutto si risolve con un maggior vantaggio per il figlio.

I bambini non hanno bisogno che i genitori siano sempre d'accordo. Imparano molto presto ad aspettarsi cose diverse da ciascun genitore. Ciò di cui hanno bisogno è il senso di impegno da parte di ognuno e la mancanza di tensione tra loro. La competizione per il bambino deve essere segno di grande affetto, non di disaccordo. Invece di permettere che questi naturali sentimenti competitivi causino risentimenti reciproci, i genitori devono utilizzarli per capire insieme le cose da fare. E ce ne sono tantissime. La competizione può essere una potente fonte di motivazione affinché ciascun genitore faccia del suo meglio con il bambino.

Padri e neonati

Un padre può imparare il suo ruolo sin dai primi giorni di vita del figlio. Può rivestire un fondamentale ruolo di guida e sostegno per la moglie durante la nascita e migliorarne i risultati sul bambino. Nel frattempo condivide la gioia di avere generato quel bambino! Come detto nel Capitolo 3, gli studi condotti dai dottori John Kennell e Marshall Klaus hanno dimostrato che durante il travaglio la presenza di una figura di sostegno chiamata *doula* non soltanto riduce il bisogno di farmaci della madre, la durata del travaglio e il numero di tagli cesari effettuati, ma aiuta anche il padre a entrare a proprio agio nel nuovo ruolo.

I padri riferiscono di avere provato un impeto di euforia nel vedere il neonato nella sala parto – del tutto simile a quello riferito dalle madri che erano rimaste sveglie e avevano partecipato attivamente alle sequenze del parto. Quando il ginecologo o l'ostetrica danno il bambino al padre subito dopo la nascita, il padre ha l'opportunità di vedere che è davvero un bambino tutto intero e sano dopo essere vissuto nel timore del contrario. Questo tipo di esperienza, condivisa con la madre, porta al massimo le attese, gli stupori e gli interrogativi che circondano l'evento "diventare padre".

Al Children's Hospital di Boston abbiamo studiato gli effetti riscontrati sui padri nel momento in cui mostravamo loro il comportamento dei loro figli nel periodo neonatale (si veda Capitolo 3). Tutti questi studi nel loro complesso dimostrano che i neo-padri sono desiderosi di conoscere e di imparare presto a capire i propri figli e che diventano molto più sensibili al pianto dei bambini. Imparano a dare con maggiore rapidità risposte adeguate al comportamento dei neonati. Imparano presto quando far fare il ruttino, quando parlar loro e quando cambiare il pannolino. In altre parole, condividere i segnali comportamentali del neonato in questo primo eccitante periodo consolida la sensazione del padre di sentirsi importante per il bambino, e il padre dimostra tutto ciò imparando il "linguaggio" del suo bambino. L'idea che gli uomini non comprendono i neonati non trova sostegno in questi studi. Tutti gli studi dimostrano che ciò di cui gli uomini hanno bisogno è il permesso di imparare il nuovo compito. Un aspetto molto interessante di queste ricerche è che quando ai padri vengono mostrati i neonati si sentono maggiormente coinvolti nel sostenere le proprie mogli. Mi piacerebbe che tutte le maternità provassero a includere anche i padri nei corsi per imparare ad accudire i neonati e nella dimostrazione di tutte le cose meravigliose che un neonato è capace di fare – tipo girarsi in direzione della voce del padre, seguirne il viso con gli occhi e la testa, accoccolarsi nell'incavo tra collo e spalla e così via. I padri, a loro volta, dovrebbero chiedere di essere presenti alla visita del bambino prima della dimissione dall'ospedale. Inoltre devono dimostrare di *volere* essere presenti ai controlli. In seguito a ciò, il pediatra e l'infermiera provvederanno a farli partecipare alla conversazione. Non devono aspettare che venga chiesta la loro partecipazione!

Una domanda spesso sollevata dai neo-genitori che desiderano condividere in modo egualitario la gestione del bambino è: "Come può un padre prendere parte alla cura del bambino quando una madre allatta al seno?" Suggerisco che, non appena la madre rientra a casa dall'ospedale ed è avvenuta la montata lattea, se si presentasse la necessità di una poppata artificiale supplementare, sia il padre a darla al neonato alla fine della giornata o nel mezzo della notte in modo da dare anche alla madre la possibilità di riposare. E l'opportunità che si offre in tal modo al padre di imparare a conoscere il suo bambino da solo nel momento della poppata è davvero piacevole. Compensa abbondantemente il disagio di doversi alzare nel cuore della notte. La condivisione dei ruoli nell'accudimento di un bambino non solo dà al padre una migliore possibilità per conoscere il figlio sin dall'inizio, ma gli dà anche l'opportunità di cominciare a comprendere se stesso nel suo nuovo ruolo di persona che si prende cura di un essere indifeso e dipendente.

Quando il neonato avrà due settimane di vita avrà imparato a riconoscere la voce del padre e si mostrerà in grado di distinguerla da un'altra voce maschile. A quattro settimane di vita, come si è visto, un neonato mostrerà comportamenti prevedibili differenti sia nei riguardi di ciascuno dei genitori sia nei riguardi degli estranei. Nell'osservare un bambino senza sapere con chi sta interagendo, si può essere in grado di indovinare, dal modo in cui si comporta, se sta interagendo con la madre, con il padre o con un estraneo. Con il padre le spalle del bambino si curvano, e nel suo viso appare uno sguardo di impaziente attesa, di desiderio di gioco – le sopracciglia si sollevano, la bocca si apre, gli occhi brillano. Anche quando sente la voce del padre in lontananza il bambino mostra questo atteggiamento eccitato. A quattro settimane di vita avrà imparato ad aspettarsi che il padre gli parli con toni più decisi. Quando il padre appare alla vista del bambino, il particolare atteggiamento corporeo di questi dice "Eccoti! Andiamo!".

L'importanza di due modelli

Un padre può anche attenuare l'intensità del rapporto madre-bambino quando il piccolo comincia ad avere bisogno di diventare indipendente. In ogni aspetto della sua vita – imparare a dormire da solo la notte, mangiare da solo, diventare indipendente nel secondo anno di età – può essere d'aiuto che un padre dica "Ma perché non gli permetti di provare? Lascia pure che faccia disordine e impari a mangiare da solo". Questo ruolo non è necessariamente gradito e popolare. A nessuna madre piace pensare di sé di essere assillante, e che le si ricordi che il bambino innalzerà inevitabilmente le proprie difese. Ma la madre può esaminare il suo comportamento. Le madri single hanno spesso difficoltà nel consentire al bambino di separarsi da loro e di sviluppare i propri sentimenti di indipendenza. Ovviamente se il padre è arrabbiato per il disordine, o troppo scocciato dalla confusione notturna, il suo coinvolgimento avrà un effetto negativo.

I padri, come le madri, trattano in modo diverso i figli maschi e le figlie femmine. È probabile che un padre sia molto più attivo fisicamente con un maschio e lo stuzzichi perché faccia nuovi progressi nello sviluppo motorio. Con una figlia femmina, un padre potrebbe essere più delicato, più calmo, perfino più protettivo. Potrebbe coccolarla e portarsela più spesso in giro. Sebbene un padre non si accorga di provare sentimenti diversi e quindi non lo dirà mai, diventa in realtà il latore di ruoli sessuali definiti per i propri figli.

Sia le madri che i padri sono destinati ad avere aspettative diverse e rapporti diversi sin dall'inizio con i figli e le figlie. Piuttosto che negare ciò quasi con vergogna, i genitori possono verificare che, in questo modo, ogni bambino apprende di essere un individuo unico e ben definito. Se entrambi i genitori riescono a essere aperti e in perfetta sintonia con ciascun figlio, bambini di entrambi i sessi avranno modelli da seguire. A due anni un bambino pretenderà di farsi la barba e di indossare una cravatta o un cappello "come papà". Comincerà perfino a camminare come lui. A quattro-cinque anni, comincerà a stuzzicare la mamma "come fa papà". Inoltre competerà con il padre per avere l'attenzione della madre in momenti particolarmente importanti. Una bambina osserverà come si comporta la madre quando c'è il padre in giro. Potrebbe imitare la madre per catturare l'attenzione del padre alla fine della giornata. A quattro-cinque anni potrebbe ignorare gli ordini della madre di andare a letto e di lasciarli in pace dopo aver passato una lunga ed estenuante giornata piena di irritante negatività. E invece quando il padre dice "Okay, fatti portare a nanna da me", la bambina diventa improvvisamente arrendevole e deliziosa. Di cos'altro potrebbe aver bisogno un padre per dimostrare quanto sia importante il suo ruolo nell'equilibrio della famiglia? Non è più il caso di dirgli che è solo un buon sostituto della madre. Sa di essere ben più importante!

Poche persone, uomini o donne, iniziano l'avventura di essere genitori sapendo già come esserlo. Devono imparare attraverso tentativi ed errori. Per uomini o donne che svolgono alla perfezione il loro lavoro senza commettere nessun errore, il ruolo di genitori può invece rivelarsi un impegno gravoso e terribilmente difficile da imparare. Può essere arduo per i padri convincersi che la qualità della vita è più importante dell'avere successo al lavoro, ma oggi i genitori, se vogliono essere buoni genitori, devono tenere bene in mente proprio questo concetto.

44

I NONNI

Il potere del passato

Molti dei miei pazienti di oggi sono come miei "nipoti", infatti sono figli di genitori che sono stati a loro volta miei pazienti da piccoli. Conosco molto bene questi vecchi pazienti e conosco il tipo di educazione che hanno ricevuto. Quando vengono da me per la visita prenatale, provo a condividere alcuni miei ricordi con il nuovo coniuge. Spesso riusciamo a parlare un poco del passato, ma in generale sia i miei pazienti sia i rispettivi coniugi preferiscono non riandare alla loro infanzia in quel momento particolare. È come se desiderassero iniziare l'esperienza di genitori liberi da qualunque legame con il passato. Spesso mi dicono "Non voglio essere come i miei genitori", o anche "Mi aiuti a essere un tipo diverso di genitore". Queste frasi sembrano fare riferimento a ricordi di fallimenti o di esperienze poco piacevoli. Durante questi mesi di gravidanza, nessuno dei bei tempi passati viene mai riportato alla memoria.

Perché è necessario che sia così? Per trovare la propria identità di genitori, è necessario fare in modo di dissociarsi dal passato – dal proprio passato. Lo sforzo di essere diversi e indipendenti, la necessità di iniziare una cosa nuova, è importante. Ma può funzionare solo parzialmente. Perché i "fantasmi" del passato, i ricordi di quando si era in fasce, possono essere ancora troppo vivi. Hanno avuto una profonda influenza sulla formazione delle persone che ora si trovano davanti a me nel nuovo ruolo di genitori. L'aspetto doloroso che ricordano di un episodio dell'infanzia è solo una parte del loro passato. L'aver imparato ad adattarsi allo stress rappresenta ancora una grande parte della loro esperienza. Non è necessario che se ne conservi ancora memoria, ma è parte degli schemi comportamentali radicati con cui i genitori tendono a reagire quando qualcosa dei loro figli li porta a ricordare una loro esperienza personale.

Quando seguo queste "nuove" famiglie, anche loro, come tutte le altre, vivranno verosimilmente momenti di crisi o problemi nell'educazione dei loro figli. Se do uno sguardo alle schede dei loro genitori, scopro spesso le stesse difficoltà o gli stessi problemi. Questa è per me una conferma di quanto siano determinanti le esperienze passate.

È affascinante per me vedere quanto del loro nuovo ruolo i neogenitori hanno imparato sulle ginocchia dei propri genitori. Gli stili comportamentali che ripetono le reazioni dei loro genitori sono normali e prevedibili. I periodi in cui i neo-genitori avranno delle difficoltà possono essere talvolta previsti in base a quanto registrato nelle loro schede personali. È piuttosto strano, e quando vedo profilarsi possibili difficoltà vorrei potere aiutare le famiglie a evitarle. D'altra parte, esiste una specie di forza transgenerazionale per imparare dalle crisi passate e dalle prime esperienze che ha un ché di meraviglioso. Quando vedo uno dei "miei" bambini svolgere il ruolo di genitori verso i propri figli con capacità e metodi propri del comportamento dei loro genitori, provo sensazioni di rispetto e di emozione. Questo è il modo in cui il ruolo di genitori viene trasmesso da una generazione a un'altra.

Il potere del passato è ciò che rende la saggezza e i ricordi dei nonni nel contempo dolorosi e utili. Le loro critiche possono essere estremamente insidiose perché colpiscono lo sforzo di fuggire vecchi fantasmi. I nonni che desiderano essere veramente utili farebbero bene a tenere le bocche chiuse e le loro opinioni per sé fino a quando non vengono richieste. A quel punto, se le loro idee possono essere discusse – non come legge, ma come consigli da accettare oppure ignorare – allora possono essere utili. Per i nonni, simili momenti sono opportunità per rivivere i propri sforzi e le proprie motivazioni nell'educazione dei figli. Se riescono a rivivere onestamente le loro frustrazioni e i loro successi, ciò sarà molto più utile per i giovani genitori di quanto non lo siano i loro consigli.

I giovani genitori che vivono ancora in modo problematico il distacco dai genitori, troveranno naturalmente difficile rivolgersi a loro in occasione dell'arrivo di un bambino o nei momenti di crisi con lo stesso. I nonni si comporteranno saggiamente se considereranno il riserbo dei loro figli a consultarli come un aspetto della battaglia interiore necessaria per acquisire la loro indipendenza. Ma ciò non è facile soprattutto in un periodo come questo, in cui i nonni vogliono essere utili e desiderano fare parte della vita del nipotino.

Il vuoto che si crea attorno a un nucleo familiare privo di contatti con i nonni può essere malinconico e triste. I nonni e la famiglia allargata offrono un senso di continuità ai neo-genitori. Quando essi dicono "Abbiamo sempre fatto in questo modo" offrono una soluzione convalidata da comportamenti seguiti nel passato che sono stati sperimentati e trovati efficaci. Tali esperienze dei nonni, e delle famiglie allargate, possono darci alcune delle risposte di cui abbiamo bisogno. E possono essere specifiche e tipiche di una particolare cultura. La famiglia e le tradizioni culturali possono essere una base importante per l'immagine di sé del bambino. Io esorterei i neo-genitori a fare tesoro dei metodi tradizionali. I sistemi di valori che le famiglie solide trasmettono sono importanti per gli individui come per la società. Anche le tradizioni delle culture europea, latinoamericana, africana e asiatica, che hanno arricchito l'America, si stanno consolidando. I nonni sono il legame vitale della continuità. La nostra cultura negli Stati Uniti ha perso molto della sua continuità e ne stiamo ancora pagando un prezzo molto elevato. Questa mancanza di continuità ha portato anche una diminuzione di valori nel nostro paese, dove oggi forse i più sentiti sono: guerre, aggressioni, potere e denaro. È questa l'eredità che vogliamo lasciare ai nostri figli?

I nonni possono trasmettere le tradizioni e le aspettative della famiglia ai nipoti. Ogni volta che raccontano una storia antica, danno al bambino il senso di una dimensione interamente nuova. La nostra cultura e i nostri valori sono spesso trasmessi con maggiore facilità dai nonni che non dai genitori, il cui ruolo è già carico dell'impegno di dispensatori di disciplina quotidiana. I bambini sono più disposti ad ascoltare e a ubbidire ai nonni. La continuità con la loro eredità è legata a tutte le storie che solo i nonni possono raccontare. Nell'offrire questa continuità, i nonni dovrebbero però ricordare che i nipoti imparano di più seguendo un modello comportamentale che non ascoltando un consiglio.

Competizione

Una competizione per il bambino, ancorché naturale, può incrinare il rapporto genitori-nonni (Come si è visto nell'ultimo capitolo). Se ciò viene serenamente discusso, non diventerà un problema. Soprattutto madri e figlie devono fare attenzione che ciò non avvenga. Tra suocera e nuora è più facile prevenirlo, a causa della circospezione insita nel loro rapporto. In alcuni casi, più i nonni sono stati bravi nel ruolo di genitori, maggiore è la minaccia che i genitori sentono pendere su di loro. Nel periodo in cui i bambini prima provano e poi superano l'ansia per l'estraneo, accettano e poi rifiutano e poi ancora alla fine accettano definitivamente i nonni, questi sentimenti di competizione nonni/genitori possono riaccendersi.

Troppo facilmente i nonni possono assumere atteggiamenti di superiorità, quasi di sfida nei confronti dei giovani genitori in un momento in cui questi sono facilmente vulnerabili. Con i loro esagerati interventi possono sminuire i valori che desiderano tramandare. Può essere più utile esprimere ferme convinzioni, dette dolcemente, solo però quando vengono loro richieste. Le affermazioni critiche sono destinate a essere rifiutate e mettono a rischio gli sforzi dei genitori sotto diversi aspetti. I genitori possono sentirsi profondamente feriti se sentono che i nonni ritengono che non sono sufficientemente all'altezza di prendersi cura del bambino. Il mestiere di genitori si impara dagli errori, non dai successi. E i genitori devono potere compiere i propri errori. Nessun nonno o genitore può prevenirli. Un nonno che desidera essere utile deve essere pronto ad ascoltare e soprattutto essere per i genitori un porto sicuro dove potere risolvere i propri problemi. Ma per i nonni è difficile restare in disparte vedendo che i problemi aumentano e si aggravano. È molto più facile ricordare cosa si è fatto per risolvere i propri problemi e ripensare al proprio successo. Se si desidera che i figli imparino il ruolo di genitori, un sostegno empatico sarà molto più utile di un consiglio o di una critica. La cosa migliore dell'essere nonni è la trasformazione che avviene nel rapporto con i propri figli: ricordarsi che adesso anche i figli sono diventati "genitori"e sono quindi tali e quali a loro!

Il dono dei nonni

Le famiglie hanno bisogno delle famiglie. I genitori hanno bisogno di essere a loro volta accuditi. Nonni, zie e zii sono tornati di moda perché sono necessari. In molte famiglie ogni cosa due nuovi genitori si trovino ad affrontare può diventare fonte di stress. Essendo spesso entrambi lavoratori, la responsabilità per l'accudimento del bambino e per il mantenimento dei valori familiari può essere particolarmente pesante. Il fatto che ci sia un numero sempre crescente di genitori single e di famiglie miste, risposate, costituisce un ulteriore peso per coloro che cercano di trovare valori stabili per i propri figli. I nonni e le famiglie allargate offrono un'ancora di salvezza per alcune di queste situazioni. "Se solo avessi qualcuno a cui rivolgermi" è un'osservazione che sento di frequente nel mio studio.

I nonni spesso sono troppo lontani. E se sono vicini possono essere "troppo impegnati" per potere intervenire con breve preavviso. Anche senza rendersene conto, le differenze di opinione e il salto generazionale possono facilmente creare nei nuovi genitori una certa riluttanza a rivolgersi ai propri genitori per consigli o aiuti. Dall'altro lato, la paura di intromettersi o di venire rifiutati può rendere i nonni più circospetti nel proporsi. Se si giunge a questo punto la cosa migliore sarebbe che le due "generazioni" si parlino e chiariscano le reciproche preoccupazioni. In tutti gli stadi dello sviluppo infantile i bambini che possono avere la fortuna di vivere un sereno e affettuoso rapporto con nonni, zie, zii e cugini risultano vincenti. La possibilità di osservare diversi modelli per l'apprendimento della vita aumenta le potenzialità del bambino. I genitori offrono ai figli una solida base, ma i nonni, le zie e gli zii possono fornire alternative. La loro presenza implica un importante bagaglio di esperienze passate e le loro idee possono diventare parte del sistema di valori della famiglia. Tutti oggi siamo affamati di valori. Nel crogiuolo della nostra attuale società gli ideali religiosi e i valori etnici risultano indeboliti. La presenza di solidi valori è a rischio per troppe famiglie. Chi altri se non i nonni possono tenerli vivi?

Al momento della nascita o in caso di malattia del bambino, o ancora quando la madre torna al lavoro, i nonni possono ammortizzare lo stress che si è potuto accumulare nel nucleo familiare. Se entrambi i genitori lavorano, possono ritenersi davvero fortunati se i nonni abitano vicino e possono offrire appoggio in caso di emergenze e sostegno in caso di problemi. Poiché anche la maggior parte di nonni lavora, esistono dei limiti oggi sull'aiuto che possono offrire, ma il sostegno affettivo resta pur sempre importante. I nonni più disponibili possono offrire ai neogenitori l'opportunità di stare un po' insieme da soli, tenendo il bambino per consentire loro di uscire una sera o di trascorrere un week-end insieme da qualche parte.

I nonni possono anche essere d'aiuto nei momenti burrascosi in cui un bambino lotta per la sua autonomia e i genitori cercano di mantenere il controllo. Questo aiuto non consiste in uno schieramento da parte dei nonni. Se lo facessero né i genitori né il bambino avrebbero la stessa opportunità per risolvere il conflitto. Un nonno può essere d'aiuto in un solo modo: ascoltando entrambe le parti e chiarendo i motivi del conflitto. Per esempio, possono aiutare a risolvere le ragioni per cui i genitori desiderano il controllo. Come già detto, queste possono affondare le radici nei fantasmi del passato dei genitori. Il conflitto in corso può essersi instaurato perché ricorda vecchi contrasti. La possibilità di confrontare il ricordo di un simile evento con i nonni o con parenti che erano stati coinvolti potrebbe essere una rara opportunità per disinnescare i vecchi conflitti dimenticati. D'altra parte, il giudizio di un nonno servirà solo ad aumentare il conflitto. Anche se i nonni possono portare la saggezza dell'esperienza e un punto di vista più oggettivo dei problemi del bambino, devono nondimeno rispettare per prima cosa le preoccupazioni dei genitori. Essere nonno implica una buona dose di diplomazia che viene acquisita in corso d'opera. Nel mio caso personale ho imparato gradualmente che per essere di vero aiuto dovevo essere più consapevole delle preoccupazioni di mia figlia e non concentrarmi esclusivamente su quelle di mio nipote.

Il regalo più importante che un nonno possa fare è dare amore incondizionato e generoso. Un nonno può godersi un bambino senza doversi preoccupare di come comportarsi e di quando essere severo. Dopo anni passati a fare i genitori, i nonni sono finalmente sollevati da questo ruolo e diventano amorevoli dispensatori di cure e attenzioni, non di disciplina. Inoltre offrono una continuità di atteggiamenti, di ritmi e di modi di comportamento familiari al bambino. A differenza di assistenti esterni alla famiglia, i nonni possono essere l'estensione di un genitore, mostrano ai bambini la vetta della montagna; oltrepassano i sogni e gli obiettivi di una famiglia. I genitori devono mostrare ai bambini come arrivarci. Per quanto mi riguarda, è stata proprio mia nonna a darmi l'ispirazione della professione pediatrica. Mi diceva sempre "Berry è così bravo con i bambini". Io volevo compiacere lei più di ogni altra persona al mondo, così imparai come essere bravo con i bambini. Adesso, tutte le volte che ricevo quel complimento, mi sembra di sentire ancora la sua voce. Ovviamente mia madre era gelosa dell'influenza che mia nonna aveva su di me. Ma non avrebbe dovuto. Io avevo bisogno di entrambe – per motivi diversi.

Istruzioni per i nonni

- Ricordatevi che non siete i genitori; siate ascoltatori amorevoli e felici ma trattenetevi dal dare consigli.
- Non correte incontro ai bambini piccoli se non desiderate che si allontanino per timore. Non guardate mai un bambino piccolo dritto in faccia; guardate oltre la sua persona finché lui non richiama la vostra attenzione. Non prendetelo improvvisamente dalle braccia dei genitori. Aspettate finché non compie un gesto di avvicinamento verso la vostra direzione. Io osservo il comportamento di un bambino piccolo. Nel momento in cui il suo viso si rasserena e comincia a giocare con i suoi giocattoli, il bambino è pronto ad accettare la vostra partecipazione.
- Create un rituale tipico dei vostri incontri. Portate un giocattolo o un piccolo dono. Raccontategli storie dei "vecchi tempi" in cui i suoi genitori erano piccoli.
- Non cercate di trattare tutti i bambini allo stesso modo, ma provate a rendere ognuno di loro speciale. Dedicate del tempo a ciascuno di loro separatamente – da solo con voi. Ammettete che proverete sentimenti diversi per gli eventuali nipoti acquisiti in seguito al matrimonio di vostro/a figlio/a con una persona con prole, ma che farete un grande sforzo per conoscerli come persone e come individui. Se riuscite, uscite con ciascuno dei bambini separatamente in modo da conoscerli individualmente.

- Concordate prima con i vostri figli i premi e le concessioni in modo che tutti voi saprete a che punto fermarvi. Considerate la possibilità di consultare i vostri figli per i regali delle feste. Si può involontariamente sovraccaricare i bambini e dare troppo peso alle cose materiali.
- Offritevi come baby-sitter quando non lavorate e quando possono avere bisogno di voi.
- Siate il centro di regolari riunioni familiari e di eventi festivi. Anche se comporta un grande sforzo e se l'evento è carico di emozione, il rituale e l'eccitazione di ogni incontro resterà nei ricordi dei bambini. Includete vecchi amici del passato dei vostri figli.
- Quando aiutate finanziariamente ed emotivamente, siate sensibili a quanto possa essere difficile per i vostri figli, ormai adulti, accettare una simile cosa – soprattutto per un genero o una nuora.
- Rispettate gli sforzi fatti dai vostri figli per impartire disciplina. Non sminuiteli. Non dite ai vostri figli cosa fare, soprattutto davanti ai nipoti, e non criticate i vostri figli su argomenti delicati. Ovviamente desiderate che i vostri nipoti vengano cresciuti alla perfezione, ma le vostre critiche sul modo in cui educano i figli possono fare tanto male quanto bene – o più male che bene – perché insidierete la loro fiducia in sé.
- Ascoltateli e consigliateli solo quando chiedono il vostro consiglio. Non cercate di istruire i nipoti o i figli. Potete offrire cose molto più importanti – consolazione, amore, esperienza, abbracci e un senso di forza e stabilità. Siate pronti a offrire tutto ciò a entrambe le generazioni.
- Quando siete lontani, tenetevi in contatto con cartoline e lettere, usando disegni e caratteri grandi che i bambini possano leggere. Le foto dei genitori da piccoli sono particolarmente gradite, come i biglietti d'auguri per i compleanni e i regali che si adattino agli stadi evolutivi e agli interessi del bambino.
- Utilizzate il telefono per salutare i nipotini e congratularvi per i loro piccoli successi. Le videocassette sono un buon metodo per colmare le distanze.
- La cosa migliore sono le visite regolari per brevi periodi. È sufficiente una visita di tre giorni. Aiutate nelle faccende domestiche e nel fare da baby-sitter. Cercate di portare l'intera famiglia in gita mentre siete lì.

- Fate i complimenti ai vostri figli quando stanno svolgendo bene il loro compito di genitori. Date loro una pacca sulla schiena.

La cosa migliore che mi è successa da nonno è stata la possibilità di avere con mia figlia un rapporto completamente nuovo. Adesso siamo due adulti, entrambi genitori, nella stessa posizione. Lei può vedere il piacere che provo nel constatare il modo in cui si prende cura dei suoi figli. Ha bisogno di me di tanto in tanto e io ne traggo immensa gioia. Avere un nipote è un miracolo, ma scoprire un nuovo rapporto con i propri figli è una cosa ancora più bella.

45

GLI AMICI

I genitori, i fratelli e la famiglia allargata forniscono la struttura di base su cui si può sviluppare la personalità del bambino. Con gli amici un bambino può esplorare diversi aspetti della propria personalità. Può utilizzare le amicizie come un porto sicuro in cui mettere alla prova diversi lati di sé oppure anche come specchio in cui riflettersi. Attraverso gli occhi incoraggianti di un amico può provare vari modi di comportarsi e nuove avventure, e nel farlo impara cose di sé. Impara anche come attirare e mantenere un amico. Le indispensabili concessioni reciproche di un'amicizia forniscono al bambino le opportunità di un rapporto alla pari che genitori e fratelli non possono dare. Un bambino senza amici è un bambino davvero sfortunato.

Primi amici

Quando i genitori possono iniziare a mettere il loro figlio a contatto con altri bambini al di fuori della famiglia? Durante il secondo anno di vita diventa importante per un bambino imparare a cavarsela con altri bambini della stessa età. Se vive in una famiglia numerosa o in un quartiere molto frequentato il bambino potrebbe avere già imparato aspetti come la condivisione, la rivalità, i dispetti e il tener testa a bambini più grandi o a un nuovo bambino. Ma, come si è detto nei capitoli precedenti, il tipo di rapporto che un bambino può instaurare con bambini di età differente dalla sua è diverso da quello che può creare in un gruppo di bambini della stessa età. I bambini più grandi tendono a proteggere, oppure a fare dispetti o a sopraffare i più piccoli. Nel sano rapporto alla pari tra bambini di 2 anni, i bambini imparano per prima cosa le reciproche concessioni che devono esserci in un rapporto di uguaglianza. Imparano i ritmi della reciprocità – quando dominare, e quando cedere. Questo è fondamentale per tutte le relazioni future anche quelle più importanti. Un bambino impara quali segnali implicano la necessità di mettersi in sottordine e quali la possibilità di capeggiare. Una volta imparati questi importanti segnali, ha in pratica imparato come mettersi in relazione con gli altri. Se non li impara, si ritrova isolato. A questa età i bambini richiedono i contatti con altri bambini e sono disponibili per le loro esigenze. È bellissimo osservare bambini di due anni mentre giocano. Se i genitori riescono a organizzare regolari gruppi di gioco composti da due-tre bambini di 2 anni, i piccoli impareranno a stare insieme reciprocamente in tutta sicurezza.

A questa età, l'apprendimento avviene tramite l'imitazione. Nel cosiddetto gioco parallelo, due bambini di 2 anni si scambiano le cose fianco a fianco senza apparentemente guardarsi mai (si vedere Capitolo 11). E tuttavia ogni bambino imita l'altro in una grande quantità di modi di comportarsi. Questa capacità di raccogliere e imitare intere sequenze del comportamento di un suo pari è tipica di questa età. Quando un bambino usa una fila di cubi per fare un ponte, l'altro farà lo stesso con un uguale numero di blocchi – usando persino movimenti simili. Ho visto bambini di due anni assorbire comportamenti del tutto nuovi da altri bambini della stessa età e realizzare compiti mai affrontati in precedenza.

L'aggressività

Che succede se i bambini di questa età non riescono ad andare d'accordo? Che succede se uno è troppo aggressivo e domina l'altro? Ne deriva un qualche vantaggio per ciascuno di loro? Non proprio. Per prima cosa i genitori di questi bambini così diversi tra loro inevitabilmente tenderanno a intromettersi per prendere le parti e non faranno altro che rinforzare il comportamento di ciascun bambino. I genitori del bambino più aggressivo cercheranno di fermare il figlio o saranno costretti a subire il risentimento degli altri genitori per quel comportamento aggressivo. Il bambino lo percepirà e, prendendo come eccessiva la reazione dei genitori, accrescerà la sua aggressività. I genitori del bambino timoroso e passivo lo spingeranno rabbiosamente a rispondere all'aggressività dell'altro in un momento in cui non è ancora in grado di farlo, oppure al contrario cercheranno di proteggerlo. In tutto questo la rabbia e il disagio dei suoi genitori aumenteranno il senso di inadeguatezza del bambino più debole. Ogni volta che i genitori di bambini di questa età si intromettono nel gioco dei loro figli, lo snaturano completamente, trasformandolo in una situazione da adulti. Si riduce in tal modo l'opportunità per i bambini di imparare l'uno dall'altro.

Se i bambini non riescono a correggere da soli lo squilibrio comportamentale che c'è fra loro, è opportuno trovare un altro bambino che abbia delle caratteristiche caratteriali più simili a quelle del proprio figlio. Se è possibile, è meglio trovare un compagno di giochi che sia adatto all'indole del proprio bambino. Se, per esempio, il proprio figlio è un bambino piuttosto tranquillo, pensieroso e sensibile, bisogna provare a trovarne uno con caratteristiche simili. Il bambino infatti imparerà molto di più da un suo pari età che sta imparando ad affrontare un comportamento simile al proprio, di quanto non farebbe se i genitori lo spingessero a essere più aggressivo e socievole. Quando i genitori esortano un bambino a rispondere all'aggressione subita o ad agire in modo diverso, il bambino lo percepisce come una disapprovazione del suo modo di essere. La sua immagine di sé ne soffre notevolmente.

Se il proprio figlio è aggressivo e impulsivo è il caso di cercarne uno come lui. Insieme riusciranno a spingere la loro attività fino a picchi frenetici, ma anche a trovare il modo per calmarsi – il tutto in pieno accordo. Impareranno a porsi dei limiti e ad avere reazioni eccessive ai loro impulsi istintivi. Dopo avere giocato insieme regolarmente due o tre volte la settimana, questi bambini diventeranno amici del cuore e impareranno su se stessi più di quanto un genitore possa mai insegnare loro.

Fare dispetti Cosa dire della tendenza a fare dispetti dei bambini più grandi? Perché i bambini proiettano la loro rabbia sugli altri? Alcuni cercano di risolvere in questo modo la rivalità in atto con i propri fratelli. Altri sono insicuri circa la propria capacità di instaurare un rapporto duraturo. Personalmente, cercherei di aiutare un bambino di questo tipo, facendogli capire che agli altri bambini non piace essere presi in giro. Rifiuteranno il bambino dispettoso e lo lasceranno da solo. Sebbene questo bambino potrà pensare che il suo comportamento sia il modo giusto per stabilire un contatto con gli altri, gli altri non gradiranno. Si potrebbe allora provare a lasciarlo giocare con un solo bambino e imparare in questo modo cos'è l'amicizia. Lo si può anche aiutare parlando con lui dei suoi sentimenti apparentemente irrisolvibili.

Bullismo Il "bullo" è un bambino insicuro. Potrebbe essere un individuo che non sa come gestire i propri sentimenti aggressivi. Tutti i bambini si allontanano da un bullo, e più si ritrova isolato dagli altri, sempre più diventa insicuro. Il suo bullismo diventa un tentativo fallimentare per nascondere la propria sensazione di vulnerabilità e debolezza. Da parte mia cercherei di sostenere la sua immagine e gli direi che esistono modi più accettabili per relazionarsi con i suoi pari. Se i bambini sono tendenzialmente crudeli, la loro crudeltà si manifesterà inevitabilmente quando non si sentono a proprio agio. Quando un bambino tocca un altro in un punto debole, il secondo per reazione si ribellerà. "Tu sei stupido", "Tu sei una femminuccia", oppure "Cammini come un elefante" sono tutte frasi che possono provenire da un bambino che lotta con se stesso per acquisire le proprie capacità. Bisogna allora cercare di comprendere e supportare i sentimenti del "bulletto", facendogli nel contempo sapere che il suo *comportamento* è inaccettabile.

Per aiutare il bambino vittima di azioni di bullismo o vittima di dispetti lo si può rassicurare sul fatto che tutti i bambini vengono provocati, e che la soluzione sta nell'imparare a prenderla nel modo giusto. Anche se non è facile comunicare tutto ciò a un bambino piccolo. "Tutti hanno un qualcosa di particolare con il quale devono imparare a convivere – può essere una voglia sulla pelle, la camminata zoppicante, i capelli troppo lisci o troppo ricci, la pelle nera o la pelle bianca. Bisogna imparare ad accettare le proprie caratteristiche di nascita. Gli altri ti provocano quando cercano di entrare in contatto con te. Cercano di capirti e di conoscerti. Se riesci a prenderla senza innervosirti, ti rispetteranno. E finirete con l'essere amici."

I genitori dovrebbero raramente intromettersi nei rapporti tra bambini. Minore è il coinvolgimento degli adulti, e più i bambini impareranno l'uno dell'altro – e di sé. Se un rapporto continua a essere sbilanciato e la sofferenza che ne deriva diventa troppo distruttiva, i genitori possono consigliare al figlio di cercare altri bambini. Ma il figlio potrebbe non voler seguire quel consiglio. Infatti spesso il rapporto che si è creato è troppo importante, anche se è sbilanciato.

Relazioni in evoluzione

I bambini si relazionano con altri bambini in modo diverso a seconda dell'età, e devono quindi risolvere diversi tipi di problemi.

Due-tre anni Come già detto, è il periodo del gioco parallelo, della presa di coscienza dei limiti, e dell'apprendimento reciproco del linguaggio.

Tre-sei anni È il periodo in cui mettono alla prova l'aggressività. I maschietti tendono a giocare in modo scatenato, aggredendosi l'un l'altro per fare la lotta e rotolarsi sul pavimento. Si minacciano reciprocamente mostrando i pugni, nonostante ciascuno sappia chi è il più forte. Nel frattempo apprendono aspetti della propria aggressività. Le bambine tendono a farsi reciprocamente dispetti. Imparano il comportamento provocatorio l'una dall'altra. Ridacchiano e sono spesso incredibilmente sciocche. A questa età il ruolo del genitore consiste nell'assicurarsi che per i propri figli ci sia l'opportunità per farsi dei veri compagni di gioco, e la possibilità per imparare come farsi degli amici, per poter giocare e relazionarsi con loro. Se in questa fascia di età il bambino viene isolato dagli altri, i genitori dovrebbero preoccuparsi seriamente e intervenire per cercare di aiutarlo. Questo è il momento in cui si deve imparare il compromesso con gli altri. Un bambino viziato o iperprotetto non ce la farà.

Sei-nove anni I bambini sviluppano amicizie profonde e si sentono distrutti quando un amico li abbandona a favore di un altro bambino. I maschietti formano piccoli gruppi e hanno uno o due amici intimi con i quali devono stare tutto il tempo. Anche le bambine hanno bisogno del loro piccolo gruppo. All'interno di questi gruppi i bambini escludono, corteggiano e tiranneggiano. Anche se i genitori si ritrovano a disapprovare il linguaggio scurrile, il bullismo e i dispetti che accompagnano la formazione di questi rapporti, si tratta di un periodo importante per l'apprendimento di sé di ogni bambino: imparerà come essere all'altezza della richiesta di intimità, come mettere alla prova quell'intimità e formare una profonda amicizia.

La qualità delle amicizie di un bambino è un buon indicatore per i genitori del suo sano e corretto sviluppo. I bambini sono gli indicatori più sensibili dei problemi in un altro bambino. Quando attraverso il comportamento di un bambino o dal resoconto dei genitori non riesco a essere sicuro della reale presenza di eventuali problemi in un bambino, allora lo osservo mentre si trova insieme ai suoi pari età oppure chiedo all'insegnante in che modo viene accettato dagli altri bambini. Un bambino che viene isolato dai gruppi di gioco o viene evitato a scuola trasmette sottili messaggi agli altri bambini – di ansia, insicurezza, o di inquietudine che gli adulti potrebbero non notare. I bambini non accettano queste conflittualità interiori in altri bambini: costituiscono una minaccia anche per loro. Quando dei bambini isolano un altro bambino i genitori dovrebbero prendere questo segnale come avvertimento dell'infelicità del figlio. Se il bambino è molto turbato, gli altri bambini possono mostrarsi solidali, comprensivi e persino protettivi fintanto che conserva la fondamentale capacità di fare amici indipendentemente dalla sua inquietudine. Quando un bambino non riesce a stabilire un contatto con altri bambini potrebbe essere affetto da un'insicurezza di base che necessita dell'attenzione dei genitori. I bambini riescono a distinguere tra chi ha sofferto molto oppure è temporaneamente turbato e chi non comunica a causa di problemi profondamente consolidati. I genitori dovranno prendere in seria considerazione questi segnali, per richiedere aiuto per il bambino e per dargli accesso al mondo di esperienze che gli altri bambini possono offrirgli.

46

ALTRE PERSONE CHE ACCUDISCONO IL BAMBINO

Lasciare un lattante o un bambino piccolo alle cure di estranei alla famiglia non è mai facile. Se il bambino può restare con uno dei genitori, un nonno o un cugino può essere più semplice, perché queste persone hanno dei buoni motivi per prestare particolari attenzioni al piccolo. Tuttavia è pur sempre complicato. I genitori saranno dispiaciuti a dovere dividere il bambino con un'altra persona. In molti dei capitoli precedenti abbiamo parlato della cosiddetta "custodia privilegiata" e della naturale competizione che si sviluppa. Questo sentimento competitivo per il bambino è una parte normale e inevitabile del volergli profondamente bene. "Si ricorderà di me? Potrò perdere una parte del suo affetto – soprattutto se l'altra persona è buona con lui?" I genitori proveranno una naturale gelosia, e soffriranno per il distacco. La loro sofferenza è accompagnata da tre atteggiamenti di difesa: rifiuto, proiezione dei propri sentimenti su altre persone e distacco dal prendersi cura del bambino. Queste posizioni difensive possono interferire nei rapporti tra i genitori e le altre persone che accudiscono il bambino, ma anche tra genitori e bambino. Se i genitori capiscono che sono naturali atteggiamenti difensivi – necessari per proteggersi in un momento particolarmente vulnerabile – possono vedere la situazione sotto un altro punto di vista e così evitare di assumere atteggiamenti ostili proprio nei riguardi della persona su cui devono fare assegnamento.

Cercare un ambiente affettuoso

Cosa possono fare i genitori che devono dividersi dal figlio per proteggere se stessi e il bambino dai problemi che ne potrebbero derivare? Siamo tutti consapevoli di quanto possa essere importante un ambiente favorevole per un bambino piccolo, e di come il distacco dai genitori sia di per sé traumatico. Qual è il momento migliore per farlo? Si possono alleviare gli effetti del distacco? Può un bambino piccolo abituarsi a più di una persona che si prende cura di lui senza perdere il principale attaccamento nei confronti dei genitori?

Per quanto ne sappiamo, la risposta all'ultima domanda è sì. Perfino un lattante "ricorderà" alcuni aspetti tipici dei genitori e svilupperà una serie di aspettative che dureranno e serviranno come "ricordo" per il rientro a casa dei genitori. Queste aspettative si sviluppano chiaramente nei primi tre-quattro mesi di vita. Quando madri e padri hanno partecipato con intensità alla vita del bambino nei primi mesi, il piccolo li ricorderà. Per mantenere saldo il rapporto, i genitori devono essere totalmente disponibili quando rientrano a casa dal lavoro ogni giorno, per far rivivere quegli aspetti importanti su cui il bambino conta.

Come già detto nei Capitoli 6 e 35, al Children's Hospital di Boston abbiamo osservato bambini di quattro mesi in situazione di assistenza giornaliera per un massimo di otto ore. Alternavano gli stati di veglia e di sonno con intensità ridotta, e non si mostravano mai fortemente coinvolti nei confronti degli assistenti. Quando, alla fine delle otto ore, arrivava un genitore, i bambini sembravano entrare in crisi, piangendo e lagnandosi. Qualcuno del personale diceva sempre "Non fa mai così con noi". Ovviamente no: il bambino conservava i suoi sentimenti importanti per i genitori.

Nel valutare il ricorso all'assistenza quotidiana presso centri specializzati o con una baby sitter in casa propria, i genitori dovranno fare attenzione alla coerenza del comportamento assistenziale, all'investimento emotivo da parte di chi si prende cura del bambino e alla capacità di ogni assistente di rispettare l'individualità del bambino. Di conseguenza le qualità più importanti in ogni assistente sono calore ed empatia. Rispetta ogni singolo bambino? Osservatelo mentre tiene in braccio il bambino per vedere se controlla i ritmi del bambino e adatta i propri a quelli di quest'ultimo. Si mostra sensibile alle varie necessità di cibo, cambio di pannolino, sonno e interazione giocosa di ogni singolo bambino?

Successivamente, sarebbe opportuno sapere se l'assistente riesce a essere disponibile anche con i genitori, coinvolgendoli. Dà ai genitori il tempo per riferire il comportamento del bambino la sera prima a casa? Quando i genitori vanno a prendere il bambino, si sofferma a raccontare loro la giornata del bambino? È difficile potere capire subito tutto questo. Ma se l'assistente sembra avere un atteggiamento critico sul fatto che i genitori lasciano il bambino alle sue cure tutto il giorno, allora è meglio cercare una persona che possa comprendere la loro angoscia e accetti le ragioni che li hanno spinti a ritornare a lavorare. Il tipo giusto di persona direbbe "Lo sa che il bambino sta per iniziare a camminare?" invece di dire "Oggi ha camminato con me!".

Se i genitori trovano una persona piena di calore e affettuosa, devono essere consapevoli che possono nascere sentimenti di competizione e devono cercare di risolverli discutendone di tanto in tanto. È meglio dare il proprio sostegno a questa persona, e non preoccuparsi se fa alcune cose in modo leggermente diverso da come le fanno loro. Un bambino può adattarsi a molti stili diversi e in tal modo può imparare a essere flessibile. Se i genitori rispettano i metodi di assistenza di chi si prende cura del bambino, anche il bambino lo farà mentre cresce.

Una persona a cui viene affidato un bambino deve essere ovviamente esperta dei processi evolutivi del bambino, non deve avere molte altre responsabilità e non deve avere troppi bambini da accudire. Per aspettarsi questo tipo di professionalità da un assistente è necessario che sia pagata adeguatamente. L'assistenza infantile di qualità non costa poco, né a mio parere dovrebbe: le prime esperienze sono fondamentali per formare il futuro del bambino. Dargli le migliori cure e il miglior ambiente diventa un investimento.

Tipi di assistenza

Assistenza in casa propria Se i genitori se lo possono permettere, l'assistenza a casa propria almeno per il primo anno di vita sarebbe la situazione ottimale per il bambino. Il piccolo può così restare nell'ambiente che gli è familiare. Il distacco dai genitori e il relativo scombussolamento di ogni mattina e di ogni sera possono essere in qualche modo rispettivamente meno brusco e meno frenetico. Ciò implica la necessità di trovare una persona davvero speciale. Deve offrire al bambino un'atmosfera di cui essere orgogliosi, rispettare i genitori e le loro famiglie. Deve avere abbastanza preparazione ed esperienza per comprendere il bambino, essere paziente e rispettosa e, soprattutto, avere spirito di adattamento. Deve essere pronta a rispondere alle emergenze o a saperle prevenire. Non dovrebbe essere abulica o al contrario troppo sbrigativa. Dovrebbe avere molta inventiva su cosa fare con il bambino tutto il giorno ed essere pronta a renderne partecipi i genitori.

Una bambinaia o un'aiutante deve essere affidabile e capace di dedicarsi al bambino con priorità assoluta. Non deve avere bambini piccoli o un marito ammalato a casa che possano avere bisogno di lei. Anche nelle situazioni migliori, è sempre meglio individuare una persona di riferimento in caso di emergenze, a meno che i genitori non possano gestire il proprio lavoro con molta flessibilità.

Assistenza in casa altrui Un'altra forma di assistenza viene offerta da donne che accudiscono a casa propria piccoli gruppi di bambini di età variabile da pochi mesi a tre-quattro anni. Nel secondo o terzo anno di età i bambini hanno bisogno di altri bambini con cui identificarsi e giocare. Possono quindi trarre beneficio da questo tipo di assistenza con altri piccoli, soprattutto quelli della stessa età. Una volta che venga creata una situazione ottimale, anche i bambini più piccoli ne trarranno beneficio. Hubert Montagner, uno dei più insigni ricercatori francesi sul comportamento infantile, possiede dei bellissimi filmati su lattanti di sette-nove mesi che imparano l'uno dall'altro cose sorprendenti su se stessi e sul mondo esterno. Questi neonati sviluppano ovviamente un profondo attaccamento reciproco. L'assistenza in casa o l'assistenza in altri gruppi può giovare ai bambini nel primo anno di vita, ma deve essere effettuata da persone estremamente esperte e che vi si dedicano con grande impegno.

L'assistenza quotidiana a casa della persona che assiste dipende completamente dalla qualità della persona che la effettua e dalla sua capacità di relazionarsi con i singoli bambini. Un rapporto di più di tre-quattro bambini per adulto è da considerarsi eccessivo. Più di quattro bambini per adulto è decisamente caotico. In questo caso può accadere che i bambini siano lasciati “da soli” o vengano parcheggiati di fronte alla TV. Il rapporto bambino/adulto e la personalità e l'indole dell'assistente sono i primi aspetti da tenere in considerazione quando i genitori scelgono questo tipo di assistenza, ma ce ne sono molti altri. Dato che queste organizzazioni di assistenza a domicilio vengono raramente controllate e sorvegliate, i genitori devono fare molta attenzione a quelle che sono le reazioni del bambino sottoposto a questo tipo di assistenza.

Sia nel caso che una sola persona presti la sua assistenza in casa del bambino, sia nel caso in cui in una situazione di assistenza domiciliare quotidiana ci sarà un solo assistente, i genitori devono essere sicuri della sua disponibilità. Se questa persona o qualcuno della sua famiglia si ammala, che si fa con il bambino?

L'assistenza in casa può essere una buona soluzione per i lattanti e i bambini fino a 2-3 anni, ma può anche creare diversi problemi. Dipende dai genitori controllare, prima e durante il periodo in cui vi fanno ricorso per il proprio bambino. Possono andare a trovare il bambino senza preavviso, e di tanto in tanto offrire il loro aiuto e poi osservare le tecniche, i ritmi e la sensibilità dell'assistente. E, soprattutto, osservare a fondo il bambino in cerca di eventuali segnali di trascuratezza o depressione.

Centri di assistenza giornaliera (nidi) Molti centri di assistenza giornaliera sono adesso in fase di accertamento per il rilascio dell'accreditamento.

Gli educatori dei centri di assistenza giornaliera devono essere ben addestrati, qualificati, attentamente controllati, pieni di calore umano e ben pagati. Il rapporto bambino/adulto non deve essere superiore a 3-4 in caso di lattanti, 4 a 1 in caso di bambini tra 1 e 2 anni, e 6-8 a in caso di bambini di 3-4 anni. In caso di malattia o di altre assenze gli educatori dovrebbero essere sostituiti da altri assistenti altrettanto qualificati.

L'atmosfera è importantissima: un centro in cui gli educatori sono contenti, lavorano in squadra e si divertono è la condizione ideale. I genitori possono verificare personalmente l'atmosfera, facendo attenzione se gli assistenti si radunano tutti in un angolo della stanza e lasciano i bambini da soli. Un rapporto di 3-4 bambini per educatore non va bene se tre educatori lasciano dodici bambini da soli. È il caso di cercare educatori che dimostrano di amare i bambini e che desiderano giocare con loro. Si deve osservare se si sdraiano sul pavimento per giocare. Mettono in atto azioni divertenti mentre cambiano il pannolino al bambino? Se ogni richiesta del bambino viene affrontata come una fastidiosa incombenza piuttosto che come opportunità di comunicare con il bambino, allora è il caso di fare attenzione. Chi ama i bambini risponde a ogni pianto o cambio di pannolino vivendolo come un'opportunità di interazione, e i bambini hanno bisogno di questo tipo di ambiente reattivo. Se un assistente è troppo sotto pressione o troppo distratto, il bambino lo capirà, si chiuderà in se stesso e diventerà depresso.

Controllare l'assistenza

Dopo avere trovato un assistente pieno di affetto o una situazione di assistenza giornaliera ben gestita, bisogna prestare attenzione al modo in cui il bambino reagisce. Il bambino è la migliore spia per comprendere l'atmosfera del luogo in cui riceve assistenza. Se appare felice e cresce fisicamente, i genitori possono essere sicuri di averlo affidato in buone mani. Naturalmente il bambino protesterà ogni volta che i genitori lo lasceranno e, come già detto, conserverà le sue proteste per il loro ritorno. È probabile che un bambino più grande "dica bugie" quando vorrà rivalersi sui suoi assistenti. I genitori non possono basarsi sempre su tutto quello che dice, ma possono basarsi sul suo modo di comportarsi. Io osserverei il bambino quando è al centro di assistenza, soprattutto in momenti critici come durante i pasti, quando è in cortile e durante il sonno. Andrei a trovarlo senza preavviso.

Si può imparare molto dall'osservazione dell'assistente e del bambino mentre sono insieme. Uno imita l'altro? Si adattano reciprocamente agli atteggiamenti fisici dell'altro, alle modalità sensoriali (visive, uditive, motorie) che piacciono all'altro? Quando il bambino chiude gli occhi, l'assistente ripete la stessa azione? I genitori che osservano, ricevono una buona impressione dalla loro interazione?

Un bambino piccolo è in grado di segnalare se si trova in un ambiente non adeguato e non soddisfacente. Tuttavia il suo comportamento potrebbe non riflettere in modo sufficientemente comprensibile l'esperienza negativa o di abuso a cui è sottoposto. Però potrebbe reagire in modo strano e non consueto quando i genitori parlano ad alta voce o alzano le mani, oppure potrebbe non farlo. Se gli si chiede se viene sculacciato o "toccato", il bambino risponderà nel modo in cui pensa che i genitori si aspettino. È difficile potere trarre una conclusione dal suo comportamento. Ma se il comportamento cambia e il bambino regredisce a un precedente stadio evolutivo, è necessario chiedersi perché. E se diventa depresso o introverso considererei la cosa molto seriamente. Tristezza, mancanza di reazione e ritardo nella risposta a stimoli positivi o negativi possono essere segnali di avvertimento. Se trasale quando gli si cambia il pannolino o si copre quando gli si cambiano i vestiti, il sospetto che ci sia qualcosa che non va si consolida sempre di più.

Bisogna valutare tali segnali con calma e attenzione. Con tutto quello che si sente oggigiorno è troppo facile reagire in modo eccessivo. Se il bambino regredisce a modalità comportamentali precedenti – perde l'abitudine dell'uso del vasino, si sveglia gridando la notte o comincia ad adottare comportamenti da bambino più piccolo – bisogna controllare e osservare attentamente per vedere se sono atteggiamenti transitori. In questo caso potrebbero essere dovuti al passaggio dalle cure dei genitori a quelle di persone estranee, o a un malessere momentaneo. Se invece permangono più a lungo, possono diventare causa di preoccupazione. I genitori dovrebbero segnalare questi cambiamenti al centro di assistenza e osservare se il personale si mostra interessato o si mette sulla difensiva.

Se un bambino è depresso e non cresce fisicamente – perde peso, appare triste o rifiuta il cibo – mi preoccuperei di più e chiederei una visita medica, riferendo però al medico anche le proprie impressioni sul centro.

Se si hanno motivi precisi per sospettare l'abuso fisico sul bambino, si può contattare il centro di riferimento per gli abusi sessuali sui minori della propria città. Ma è necessario essere il più possibile sicuri delle proprie accuse. È facile per un genitore sentirsi in colpa e proiettare questi sentimenti sugli assistenti, accusandoli immotivatamente.

Si riporta di seguito una lista di altre cose da controllare nel momento in cui si sceglie oppure si valuta un centro di assistenza per bambini.

- Il personale del centro è attento alla sicurezza dei bambini?
- Le emergenze sono previste e affrontate adeguatamente?
- Viene offerta una buona alimentazione?
- L'atmosfera è vivace, piacevole e divertente o tesa e triste?
- Quali sono i ritmi dell'alimentazione, del sonno e del cambio del pannolino? Appaiono basati sulle necessità dei bambini o su orari rigidi?
- Quando un educatore deve lasciare tre bambini per prendersi cura di uno solo, come si organizza?
- Vi sono segnali di attenzione personalizzata per ogni singolo bambino?
- Piacerebbe ai genitori stare in quel luogo?
- Il personale del centro o la persona che fornisce assistenza domiciliare come consiglia di effettuare il distacco dal bambino? I genitori possono restare per la prima settimana?
- I genitori possono andare a trovare il bambino in qualunque momento senza preavviso?
- I genitori riescono a parlare con l'assistente per spiegare le necessità del bambino al mattino quando lo accompagnano e ricevere un resoconto della sua giornata quando vanno a prenderlo?
- Come si comportano in caso di malattia dei bambini? Dopo quanto tempo consentono il ritorno di un bambino che ha avuto la febbre? (Dovrebbero essere tre giorni).
- Viene data eccessiva importanza all'insegnamento precoce? Io penso che un centro che ha rispetto per lo stadio di sviluppo psicoaffettivo del bambino ed è pronto a incoraggiarlo nei suoi limiti sia da preferire a uno che abbia un importante curriculum di centro di eccellenza.

Indipendentemente dalla fortuna o meno con cui i genitori possano scegliere una buona assistenza per i figli, noi tutti ci dobbiamo rendere conto che oramai circa il 50% dei genitori che lavorano e hanno bambini piccoli sono costretti a lasciare i propri figli all'assistenza di persone di cui né loro né io ci fideremmo di primo acchito – né lo farebbero le stesse persone in questione. Non c'è attualmente abbastanza disponibilità di assistenza di qualità a prezzo accettabile. Pensate a cosa significhi per dei genitori lasciare un bambino o un neonato nelle mani di persone insensibili o trasandate o delle quali temono che possano abusare, trascurare o molestare il bambino. Quanto incide questo sulla pena che una madre sente comunque nell'affidare il proprio figlio a un'altra persona? C'è la necessità di istituire fondi nazionali, statali e locali per migliorare e assicurare un'assistenza infantile di qualità. Altrimenti rischiamo di osservare metà di una nuova generazione crescere senza una assistenza piena di affetto e di attenzioni, con conseguenze che graveranno sull'intera generazione successiva.

47

IL MEDICO DEL VOSTRO BAMBINO

"Come posso fare perché il mio pediatra ascolti le mie domande? È una persona splendida ed è bravo nel diagnosticare le malattie dei miei bambini, ma non sembra nemmeno accorgersi che sono viva e quando gli faccio domande sullo sviluppo del mio bambino si comporta come se fossi deficiente", "Il mio pediatra o ignora le mie domande o mi risponde dicendo che mi preoccupo troppo. È vero, sono preoccupata, ma quale madre non lo è? Non dovrei aspettarmi da parte sua un aiuto nel crescere il mio bambino?"

Questo è il tipo di domande che mi capita di sentire abbastanza spesso da madri disperate. Le più audaci che esprimono queste preoccupazioni hanno una maggiore possibilità di trovare aiuto. Molti genitori oggi cercano disperatamente sostegno nel crescere i propri figli e non sanno a chi rivolgersi. In un periodo in cui anche i nonni lavorano e il resto della famiglia si trova spesso molto distante, i genitori ansiosi sentono la mancanza di altre fonti di consigli e sostegno. La figura a cui è probabile che si rivolgano è il pediatra, il medico di famiglia o l'infermiera professionale che hanno mostrato interesse al benessere fisico del bambino. I genitori sperano di trovare una simile attenzione anche per la salute mentale del bambino.

La formazione professionale del pediatra

I medici vengono educati secondo modelli puramente... medici – di malattia e tecnologia. I quattro anni di università sono zeppi di cognizioni di basi scientifiche, di patologie e dei relativi trattamenti. La formazione pediatrica è piena di tecnologia e di un sempre maggior numero di malattie, mentre generalmente poca attenzione è dedicata allo sviluppo del bambino e alle preoccupazioni dei genitori. A pochi pediatri viene insegnato come instaurare rapporti con i genitori e con i bambini. I medici di base, che si prendono cura di tutti i membri di una famiglia, sono molto più convinti dell'importanza di questi rapporti. Poiché numerosi pediatri hanno scelto questa specializzazione perché amano i bambini, potrebbero vivere la partecipazione dei genitori come un'intromissione nel loro lavoro. Molti accusano inconsciamente i genitori per tutto ciò che ritengono sbagliato nei confronti dei bambini. Questa accusa può essere il risultato delle loro preoccupazioni verso i bambini e della loro incapacità di risolvere tutti i problemi. Una preparazione sui problemi evolutivi tipo quella che ho descritto nell'introduzione li può aiutare a comprendere meglio le esperienze dei genitori. Coloro che hanno una simile preparazione scopriranno che la soddisfazione che deriva dalla creazione di un rapporto prezioso con i genitori rende la professione pediatrica molto più gratificante.

Poiché, al momento, pochi pediatri ricevono questa formazione, si sentono spesso a disagio quando i genitori pongono loro domande sul comportamento e sulle emozioni. Alcuni di loro potrebbero fare ricorso alle esperienze personali passate: "Mia moglie (o mio marito) e io abbiamo scoperto questo" oppure "I miei bambini hanno superato questo problema quando avevano tre anni. Aspettate con calma che passi e non preoccupatevi". Oppure potrebbero in un certo senso respingere le richieste dei genitori con frasi tipo "Non preoccupatevi. Supereranno questo momento". Sebbene queste risposte siano modi per dire "Veramente non lo so", sono solitamente anche espressioni di interesse da parte del medico, modi per cercare di dare aiuto.

La scelta del medico per il vostro bambino

1. Per prima cosa, controllate le credenziali del medico. Ha ricevuto adeguata formazione, e ha accesso a un buon ospedale? È disponibile quando ne avete bisogno? Ha copertura assicurativa? Molti medici si organizzano in poliambulatori, in modo che almeno uno sia sempre disponibile. Anche se voi ne preferite uno in particolare, sarà certamente più importante avere qualcuno di turno che sia disponibile. Pochi medici sono disposti a stare a disposizione per le chiamate notturne tutti i giorni. Se il vostro pediatra è qualificato e disponibile, allora siete a metà strada dalla condizione ottimale.
2. Avete riflettuto su chi tra un pediatra oppure un medico di base qualificato nel prestare assistenza primaria ad adulti e anche a bambini, sia più adatto alle necessità della vostra famiglia?
3. Vi siete informati con altri sulla personalità del medico? Uno dei modi migliori per scoprire se voi e il medico andrete "d'accordo" è ricorrere al pettegolezzo. Vi sembra che piaccia agli amici che voi stimate? Potete telefonargli in studio e chiedergli se è disposto a ricevervi per un primo incontro. A molti medici non piace essere "esaminati", mentre ad altri non dà alcun fastidio. Per quanto mi riguarda ho sempre preferito che i futuri pazienti fossero informati su di me e chiedessero di incontrarmi. Ciò dà anche a me la possibilità di essere sicuro di potere lavorare con loro. Il rapporto genitori-medico è reciproco. Ogni parte deve rispettare l'altra ed essere pronta a risolvere i problemi quando il rapporto entra in un momento difficile.
4. Come detto in precedenza, un numero sempre maggiore di pediatri riceve oggi formazione sugli aspetti evolutivi del bambino. Queste persone insegnano solitamente in centri medici e gestiscono reparti per la valutazione e per un primo intervento in caso di problemi, fisici o psicologici. Se vi preoccupa non ricevere risposte dal vostro medico, potete prendere in considerazione di rivolgervi a uno di questi centri che si occupano dello sviluppo infantile o contattare un referente tramite il vostro medico per chiedere e ricevere consigli ad intervalli regolari. Ciò può completare sul piano psicologico quanto fatto dal vostro medico in termini di consigli sulla salute fisica.

5. Molti poliambulatori pediatrici offrono oggi il vantaggio della presenza di un'infermiera professionale o di uno psicologo infantile che possono essere d'aiuto in caso di "problemi" comportamentali. In tal caso, organizzate degli incontri periodici per fare visitare il bambino e avere risposta alle domande accumulate. L'opportunità di conoscere e osservare il bambino li metterà in grado di aiutarvi nel prendere decisioni. Se il poliambulatorio non è fornito delle due figure professionali citate, consigliate ai pediatri i vantaggi che potrebbero ricavare assumendo un'infermiera professionale specializzata nel settore pediatrico, che possa rispondere a domande di routine, dare consigli sullo sviluppo del bambino ed essere fonte di sostegno facilmente disponibile.

Scegliere un medico di riferimento vi eviterà di dovere fare affidamento su personale relativamente meno qualificato del pronto soccorso più vicino, che non conosce né voi né il vostro bambino. Effettuare controlli regolari presso un medico di fiducia significa che questa persona conoscerà voi e il vostro bambino e capirà se qualcosa non va per il verso giusto, e nei momenti critici potrà trarre vantaggio dalla lunga conoscenza di voi e del vostro bambino.

Quando è il caso di cambiare

Che succede se il rapporto con il vostro medico si incrina? Personalmente, capisco quando sta accadendo nei miei confronti quando i genitori cominciano ad arrivare tardi alle visite o a saltare diversi appuntamenti. Quando succede chiedo loro di venire per discutere specificatamente la nostra perduta sintonia o concordo sul fatto che potrebbero trovarsi meglio da qualche altra parte. È un modo doloroso di rompere il rapporto, ma è meglio per il bambino che avvenga piuttosto che mantenere un rapporto ambiguo in cui nessuno di noi si trova più a suo agio. Il benessere del bambino è davvero l'obiettivo del rapporto con il pediatra, e presto o tardi una intesa precaria non farà certo gli interessi migliori del piccolo.

Se, comunque, volete provare a risolvere i problemi, chiedete un incontro speciale per un consulto. Quando entrate, ricordatevi che il medico può essere sulla difensiva e sarà sensibile al fatto che non siete soddisfatti. Fate sapere al medico che lo rispettate e lo ammirate. Forse potreste andare incontro al medico scusandovi per il fatto di avere bisogno di più di quello che il dottore aveva ritenuto giusto. Poi fate del vostro meglio per spiegare le vostre necessità. State cercando di conoscere meglio il medico e di farvi conoscere meglio perché possa aiutarvi con il bambino. Avete entrambi l'interesse del bambino come obiettivo comune, e potrete realizzarlo tramite la comprensione reciproca, altrimenti è proprio il caso di scegliere un altro dottore. Una domanda che vale sempre la pena che vi facciate è se avete fatto la vostra parte per fare funzionare il rapporto. Se la risposta è positiva ma non ha funzionato, allora è meglio mettersi nelle mani di un altro medico, prima che il bambino ne possa soffrire.

Costruire un buon rapporto

Esistono molti modi per instaurare un rapporto che funzioni bene. Uno dei più importanti per entrambi i futuri genitori è incontrare il medico durante la gravidanza. Potrebbero discutere i loro desideri e obiettivi prima della nascita del bambino. Io trovo che la visita prenatale sia un'opportunità meravigliosa per conoscerci reciprocamente con i genitori. In seguito, possiamo iniziare le visite con il bambino come se fossimo vecchi amici.

È importante che entrambi i genitori vengano al controllo ogni volta che sia possibile. Anche se alcuni mariti possono sentirsi a disagio e praticamente non dicono nulla, in realtà possono sentirsi una parte del lavoro di squadra. Il medico sarà contento della presenza di entrambi i genitori: la possibilità di conoscere ambedue è una grossa fortuna.

Cercate di scoprire quando il medico è più disponibile, e qual è l'orario di visita. Se l'ambulatorio ha un'infermiera che risponde alle domande di minore importanza, fatene ricorso il più possibile. Ma se l'infermiera non soddisfa i vostri bisogni, glielo direi apertamente, chiedendole di farvi ritelefonare dal medico. Spiegatele che siete più in ansia del solito per motivi giustificabili o inspiegabili e che avete bisogno di parlare direttamente con il medico. Se l'infermiera non dovesse capire, mi chiederei perché e continuerei ad insistere educatamente.

In genere molti medici amano fondamentalmente la dipendenza dei genitori e non si dispiacciono di dovere rispondere a richieste ragionevoli di aiuto e consiglio. Se lo si chiama in momenti opportuni o gli si consente di scegliere l'ora per richiamare, non sarà per loro un fastidio. Ma bisogna riservare le chiamate notturne per le vere emergenze. Personalmente ho destinato un orario per le telefonate ogni mattina, in cui sono disponibile a qualunque tipo di domanda, da quelle meno importanti a quelle più gravi. Questo mi toglie un motivo di tensione. Se i genitori riescono a trattenere le preoccupazioni minori fino a quell'ora, io provo rispetto per loro e loro per me. Sviluppiamo in tal modo una fiducia di base reciproca che sarà di grande aiuto nei momenti più difficili.

Il medico di vostro figlio deve essere disponibile a dare spiegazioni su ogni problema o su ogni terapia e io darei a lui o a lei la possibilità di sapere che voi volete sapere tutto ciò che è possibile. I medici non danno tutte le informazioni perché (1) temono che i genitori possano farne cattivo uso, (2) desiderano proteggere i genitori o (3) non sono sicuri della diagnosi. In un rapporto veramente affiatato e partecipe un medico deve essere sincero con i genitori, in ogni caso.

I genitori possono chiedere al medico di suggerire loro cosa fare per prevenire alcune particolari situazioni: "Come posso trattarlo quando comincia a respirare affannosamente?", "Quanto devo aspettare prima di intervenire?", "C'è qualcosa che posso fare per prevenire questi ricorrenti mal d'orecchie? Odio curarli quando diventano più gravi".

Le domande sui consigli da seguire devono essere adeguate alle conoscenze del medico e alla sua disponibilità di discuterle con i genitori. I pediatri preparati e interessati agli aspetti evolutivi dei bambini possono apprezzare questo tipo di rapporto. Essi possono essere miniere d'oro per dare un sostegno e per offrire anche consigli su come prevenire certi problemi. Altri medici possono essere bravissimi nel gestire i problemi fisici del bambino ma possono trovarsi in difficoltà e quindi assumere un atteggiamento difensivo nel gestire i problemi legati allo sviluppo psicologico. In questo caso, come si è detto, è opportuno fare ricorso ad altre fonti e non arrabbiarsi per ciò che il medico non è in grado di dare. Si potrebbe mettere a rischio la possibilità di avere da lui le migliori cure mediche possibili per le patologie fisiche.

La cosa più importante di tutte è che il bambino senta che quello è il "suo" medico. Io penso che l'esperienza più gratificante della mia professione sia avere un bambino che voglia vedermi e che si fidi del fatto che io possa aiutarlo con la sua malattia. Posso considerare realizzata la mia giornata lavorativa quando un bambino mi telefona di persona o quando una madre mi dice "Emily ha voluto che io la chiamassi per scoprire cosa fare con questo problema". Ogni malattia ha anche un aspetto psicosomatico. Un bambino si spaventa quando c'è qualcosa in lui che non va. Se riesce a pensare che il "suo medico" saprà cosa fare proverà un senso di fiducia e di convinzione nelle proprie capacità di affrontare la malattia. Tutte le volte che prescrivo farmaci o do suggerimenti a un bambino che abbia quattro anni o più, mi assicuro di renderlo partecipe delle istruzioni, perché desidero che sappia cosa stiamo facendo e perché. Dopo la guarigione, cerco di dirgli "Vedi, noi (tu, tua mamma, tuo papà e io) sapevamo cosa fare e adesso tu stai meglio!" Ciò implica che il bambino ha avuto una parte nel controllo della malattia, e proverà meno ansia nella successiva occasione.

Il rapporto medico-bambino

Le visite di routine sono per me occasioni per instaurare un rapporto con il bambino – come pure per migliorare quello con i suoi genitori. Come già detto, non mi aspetto mai che un bambino dai nove mesi ai tre anni di età lasci le braccia della madre per la visita. Rispettando la necessità del bambino di stare vicino a un genitore, il piccolo capisce che lo rispetto. Non lo guardo dritto in faccia né gli chiedo che mi accetti. In questa fase della visita mi avvicino gradualmente a lui, utilizzando una bambola o un orsacchiotto o i suoi genitori per mostrargli quello che farò a lui dopo pochi secondi – con il fonendoscopio, l'otoscopio, visitando loro la gola, la pancia, e così via. Quando sarà arrivato il suo momento, avrà visto tutte le manovre. Io gli avrò osservato il viso e il corpo in cerca del suo permesso. Quando si rilassa, significa che mi ha accettato ed è pronto. Pesare il bambino in braccio alla madre è un altro segno di rispetto. È facile sottrarre il peso della madre, e stabilire in tal modo l'esatto peso del bambino.

Faccio enormi sforzi, come detto precedentemente, per far sì che i bambini desiderino venire nel mio studio – l'ho riempito di giochi, di un acquario, di una struttura in cui possano arrampicarsi, di una collezione di minerali, e di lecca lecca da dare come ricompensa. I bambini vedono tutto ciò come miei tentativi per essere un alleato. Quando, una volta nel mio studio, lasciano i loro genitori per giocare liberamente, capisco che mi hanno accettato.

Sono sempre alla ricerca di modi per creare un rapporto speciale con un bambino piccolo. Quando arriva nel mio studio, lo osservo per vedere se è a suo agio. Se ha paura di me, lo rispetto. Non guardo mai in faccia un bambino preoccupato. Aspetto finché non mostra il desiderio di lasciare il grembo dei genitori. Quando adocchia i giocattoli, io spingo uno dei camion verso la sua direzione, con cautela. Ma faccio in modo che non mi colga mai mentre lo guardo. Quando inizia a giocare con il camion, ne spingo un altro vicino. Se alza gli occhi per guardarmi posso ricambiare lo sguardo verso la sua direzione, ma sempre senza osare guardarlo dritto in faccia. Per tutto il tempo parlo con i genitori, quindi in realtà non sto impiegando del tempo supplementare nel tentativo di consolidare il nostro rapporto.

Quando sarà arrivato il momento di visitarlo, ci ritroveremo a spingere i camion l'uno verso l'altro scambiandoceli. Se è pronto, riusciamo a scambiare commenti sui camion. Mentre lo visito *seduto sulle gambe dei genitori*, lo esorto ad auscultare il mio torace e a visitarmi. Condividiamo un'esperienza che conosce. Sa anche che rispetto la sua privacy e la sua ansia naturale per la visita. Prepariamo il terreno per un lungo rapporto futuro.

Con il bambino nel mio studio, faccio commenti sul suo comportamento e sul modo in cui gioca. Sa che lo capisco. Ascolta. Tutto ciò di cui i suoi genitori e io dobbiamo discutere viene detto in sua presenza, e cerco di pronunciarlo in termini che possa capire. Niente segreti! Lo preparo per fargli un'iniezione e lo incoraggio a piangere e a proteggersi. Quando è tutto finito, gli faccio i complimenti per come si è comportato bene.

Quando un bambino cresce, a quattro, cinque e sei anni, lo esorto a fare domande e a telefonarmi. Per il momento non lo farà ancora. Ma a sei, sette anni sì. Possiamo discutere tra di noi la sua malattia. Quando cresce ancora, e lascerà che lo visiti da solo potremo scambiarci confidenze senza la presenza di terze persone. Se ha ancora bisogno dei suoi genitori, rispetto la sua necessità. Ma anche quando i suoi genitori sono presenti, io parlo con *il bambino*.

A quattro, cinque e sei anni, non chiedo mai al bambino di togliere le mutandine. Le tiro giù il tempo necessario per controllare la zona dei genitali, ma so quanto possa risultare invadente in questo periodo visitare quella parte del corpo. Per lo stesso motivo, non uso uno speculum vaginale quando visito le adolescenti.

Visitare la gola con un abbassalingua è un'altra manipolazione intrusiva. Riesco a vedere bene il nasofaringe se il bambino imita il mio "Ahh", e posso utilizzare un cucchiaio o uno strumento meno simbolico per controllare le pareti della bocca.

In età preadolescenziale preferisco incontrare i bambini da soli. Ascolto e controllo eventuali indizi di preoccupazioni profonde. Potrebbero non essere disposti a condividerle, ma so che esistono. Oggi i preadolescenti devono affrontare le scelte di droga e sesso in un periodo in cui non riescono ancora a capirle pienamente. Se riescono a parlarne con me, posso dare loro alcune idee della realtà di questi problemi e posso offrire il mio sostegno quando la pressione dei loro pari comincia a rendere più difficile la scelta da fare.

Spesso, dopo una domanda o un tentativo di confidenza, il bambino timidamente fa di no con la testa. Posso allora dirgli "La tua testa dice no, ma i tuoi occhi dicono sì. Puoi dirmi a chi dei due devo credere?" poi cerco di stare zitto per ascoltare. Aspettare di avere una risposta da un preadolescente o un adolescente richiede enorme pazienza e molti tentativi vani. Ma loro sanno che io sono dalla loro parte. Quando crescono, mi mostrano quanto hanno apprezzato questo approccio affettuoso.

Come detto nel Capitolo 14, credo nell'importanza di partecipare al bambino stesso tutto quello che conosco sulla sua malattia. Il mio obiettivo è di aiutarlo ad assumere un ruolo attivo nel combatterla. Se può telefonarmi o parlare con me e ricevere ed eseguire i miei consigli, questa lezione gli rimarrà impressa. Quando guarisce, posso congratularmi con lui: "Vedi che sapevi cosa fare – e ha funzionato!"

Durante la visita di un bambino in età scolare, cerco sempre di fargli domande sulla scuola, del tipo:

"Come si chiama la tua maestra?" Non risponde.
"È femmina o maschio?"
"È femmina, scemo."
"Ti fa domande?"
"Certo."
"Sai rispondere?"
"Qualche volta."
"Hai mai paura?"
"Uh huh."

"Cosa fai?"
"Grido." Questo mi dice molto.
"Hai un amico del cuore?" Non risponde.
"È un bambino o una bambina?"
"Una bambina, scemo."
"Si chiama Andrea?"
"No, si chiama Susie."
"A Susie piace andare dal medico?"
"No."
"Scommetto che Susie non parla neanche con il suo medico." Ride.

A questo punto possiamo iniziare a comunicare, non con le parole, ma attraverso il gioco e i gesti.

Quando inizia a svestirsi, mi piace poterlo aiutare. Se mi permette di togliergli scarpe e calze, è segno di intimità. Ogni volta che un bambino mi permette di aiutarlo a togliersi i vestiti, rimarrà verosimilmente mio amico.

A ogni visita, cerco di aprirmi uno spiraglio nella vita dei miei pazienti. Cerco di parlare dei fratelli, dei maestri, degli amici intimi, della scuola. Quando arrivano a un'età in cui possono praticare sport o suonare uno strumento, parliamo dei loro interessi. Non vado alla ricerca di informazioni per curiosità personale e cerco di farlo capire con domande per me interessanti ma non invadenti. Mi interessa instaurare un rapporto e fargli sapere che mi occupo di loro come persone. Annoto nelle mie schede tutti gli argomenti a cui sono interessati. Se riesco a fare di questa occasione un ponte sulla visita successiva, riesco a spianare la strada del nostro rapporto.

Queste visite sono di per sé dei *Touchpoints*. Se riesco a fare in ognuna un passo verso una maggiore intimità, il bambino comincerà a vedermi come persona "sua". Questo è il mio obiettivo.

Desidero potere stare da solo con un bambino di otto-nove anni per almeno parte della visita. Desidero che si fidi di me al punto da parlarmi della scuola, del mal di testa, del mal di pancia, delle paure e delle amicizie.

All'età di undici o dodici anni, desidero instaurare un tipo di rapporto che mi consentirà di parlare della sua nascente sessualità. Ne è informato? Posso rispondere a qualunque sua domanda che vorrà pormi, dopo averne già parlato con i genitori?

A scuola, parlano di droghe? Le conosce? Possiamo discutere ogni sua domanda? Trovo che i problemi che preoccupavano gli adolescenti quindici anni fa rappresentano le preoccupazioni dei preadolescenti di oggi. Mal di testa, mal di pancia e assenze da scuola sono coperture per queste preoccupazioni. Se una persona giovane si fida di me, potrò sentire commenti del tipo "So che dovrò presto affrontare il problema di sesso e droga, e neanche so cosa siano!" Desidero ascoltare le sue preoccupazioni. Desidero essere qualcuno con cui possa condividerle. Non gli farò domande, ma potremo discutere dei modi per far fronte alle pressioni che vive.

Questi primi dialoghi mi permetteranno di offrirgli un posto sicuro per le sue domande adolescenziali: sull'uso di droghe, sui rischi di contagio dell'AIDS, e sulla pressione esercitata dai suoi pari età che è oggigiorno così pesante per gli adolescenti. I primi *Touchpoints* del nostro rapporto ci hanno preparato a condividere i periodi di stress e compensano tutti i precedenti sforzi fatti insieme.

Poco tempo fa ho visto una paziente quattordicenne i cui primi anni di scuola erano stati molto tormentati. La ragazza ha gravi problemi di apprendimento e ha dovuto sempre frequentare classi speciali. Come capita spesso, ha finalmente imparato a gestire le sue menomazioni, e non è più necessaria la presenza di un insegnante di sostegno.

"Lilly, sono così fiero di te! Hai lottato con tanta forza e hai finalmente superato quei problemi di apprendimento che ti affliggevano!"

Gli occhi le si riempirono di lacrime: "Dottor B., dice davvero?" Questa breve comunicazione è valsa tutti gli sforzi che abbiamo fatto nel costruire il nostro rapporto.

Quando deve andare in ospedale, diventa ancora più importante che un medico spieghi al bambino i motivi e le procedure che si devono seguire. Abbiamo scoperto che preparare i bambini al ricovero in ospedale, che sia breve o prolungato, allevia l'ansia durante la degenza (si veda Capitolo 25). L'essere preparato riduce i tempi di guarigione del bambino e riduce la conseguente reazione e i sintomi di ansia successivi. Molti genitori temono così tanto il distacco e il trauma da avere bisogno dell'aiuto di un medico per affrontarli prima ancora di preparare il bambino. Naturalmente penso che i pediatri debbano insistere affinché i genitori accompagnino il bambino in ospedale e restino con lui il più possibile. Anche se sarà curato da diversi specialisti, io vado sempre a trovarlo, anche per informarmi sulle terapie e sulla malattia.

Nell'esercizio della mia professione, la migliore gratificazione per me alla fine di una giornata piena di impegni viene dal sentire la risata di gioia di un bambino mentre entra correndo per vedere me e i miei giocattoli che gli sono familiari. A questo punto so che abbiamo iniziato bene.

Condividere le responsabilità

Esorterei tutti i genitori a cercare di favorire questo tipo di rapporto fiducioso e rispettoso tra il bambino e il suo medico. Dovete però anche fare la vostra parte. Non serve entrare nello studio dicendo "Sta per mettersi a piangere" oppure "Odia venire in visita dal dottore". Ciò indebolirà certamente gli sforzi fatti dal bambino e dal medico per cercare reciprocamente di farcela. Provate piuttosto a preparare in anticipo il bambino rassicurandolo su quello che potrebbe succedere durante l'incontro. Ricordategli che sarete con lui, che si tratta del suo medico e che lui desidera essere suo amico. Il medico sa come aiutarlo quando sta bene e quando sta male. È sempre per me sorprendente il constatare come l'aver imparato ad avere fiducia nel proprio medico favorisca lo sviluppo dell'autostima del bambino.

Collaborare con un pediatra è un lavoro reciproco su come apprendere ciò che si può – e non si può – ottenere l'uno dall'altro. È necessario che dimostriate rispetto, e sarete ricambiati con rispetto. Avete entrambi lo stesso obiettivo: fare in modo che il bambino cresca sano, capace e sicuro di sé!

bibliografia

Abrams, Richard S. *Will It Hurt the Baby? The Safe Use of Medications during Pregnancy and Breastfeeding*. Reading, Mass.: Addison-Wesley, 1990.

Alexander, Terry Pink. *Make Room for Twins*. New York: Bantam Books, 1987.

Ames, Louise Bates, et al. *The Gesell Institute's Child from One to Six*. New York: Harper and Row, 1979.

Ames, Louise Bates e Juan Chase. *Don't Push Your Preschooler*. New York: Harper and Row, 1981.

Bowlby, John. *Attachment and Loss*. 3 voll. New York: Basic Books, 1969-1980.

Baron, Naomi. *Growing Up with Language*. Reading, Mass.: Addison-Wesley, 1992.

Boston Children's Hospital. *The New Child Health Encyclopedia: The Complete Guide for Parents*. New York: Delacorte Press/Lawrence, 1987.

Brazelton, T. Berry. *Going to the Doctor*. Reading, Mass.: Addison-Wesley/Lawrence, 1996.

— *Infants and Mothers*. New York: Delacorte Press/Lawrence, 1983.

— *Neonatal Behavioral Assessment Scale.* 2° ed. Philadelphia: Lippincott, 1984.

— *On Becoming a Family*. Ed. riv. New York: Delacorte Press/Lawrence, 1992.

— *Toddlers and Parents*. Ed. riv. New York: Delacorte Press/Lawrence, 1989.

— *To Listen to a Child.* Reading, Mass.: Addison-Wesley/Lawrence, 1984.

— *Working and Caring*. Reading, Mass.: Addison-Wesley/Lawrence, 1985.

Brazelton, T. Berry e Bertrand G. Cramer. *The Earliest Relationship*. Reading, Mass.: Addison-Wesley/Lawrence, 1990.

Brooks, Joae Graham e membri dello staff del Boston Children's Hospital. *No More Diapers!* Ed. riv. New York: Delta/Lawrence, 1991.

Brown, Roger. *A First Language*. Cambridge, Mass.: Harvard University Press, 1973.

Bruner, Jerome. *Child's Talk: Learning to Use Language*. New York: Norton, 1985.

Bruner, Jerome, A. Jolly e K. Sylva. *Play: Its Role in Development*. New York: Penguin, 1946.

Chess, Stella e Alexander Thomas. *Know Your Child*. New York: Basic Books, 1987.

Cramer, Bertrand G. *The Importance of Being Baby*. Reading, Mass.: Addison-Wesley/Lawrence, 1992.

Dixon, Suzanne e Martin Stein, a cura di. *Encounters with Children*. St. Louis: Mosby-Year Book, 1987.

Dunn, Judy e Robert Plonim. *Separate Lives: Why Siblings Are So Different*. New York: Basic Books, 1990.

Erikson, Erik. *Childhood and Society*. New York: Norton, 1950.

Featherstone, Helen. *A Difference in the Family: Life with a Disabled Child*. New York: Basic Books, 1980.

Feinbloom, Richard I. *Pregnancy, Birth and the Early Months*. 2° ed. Reading, Mass.: Addison-Wesley/Lawrence, 1992.

Ferber, Richard. *Solve Your Child's Sleep Problem*. New York: Simon & Schuster, 1986.

Fraiberg, Selma M. *The Magic Years*. New York: Scribner's, 1959.

Galinsky, Ellen. *The Six Stages of Parenthood.* Reading, Mass.: Addison-Wesley/Lawrence, 1987.

Gilman, Lois. *The Adoption Resource Book.* Ed. riv. New York: Harper and Row, 1987.

Goodman, Joan. *When Slow Is Fast Enough.* Prefazione di Robert Coles. New York: Guilford Press, 1992.

Greenspan, Stanley e Nancy Thorndike Greenspan. *First Feelings.* New York: Viking, 1985.

Grollman, Earl. *Explaining Death to Children.* Boston: Beacon Press, 1964.

Holt, John. *Learning All the Time.* Reading, Mass.: Addison-Wesley/Lawrence, 1989.

Hopson, Darlene P. e Derek S. Hopson. *Different and Wonderful: Raising Black Children in a Race-Conscious Society.* Prefazione di Alvin F. Poussaint. New York: Simon & Schuster, 1992.

Huggins, Kathleen. *The Nursing Mother's Companion.* Ed. riv. Boston: Harvard Common Press, 1990.

Kagan, Jerome. *The Nature of the Child.* New York: Basic Books, 1984.

Klaus, Marshall H. e John Kennell. *Parent-Infant Bonding.* St. Louis: Mosby, 1982.

Klaus, Marshall H. e Phyllis H. Klaus. *The Amazing Newborn.* Reading, Mass.: Addison-Wesley/Lawrence, 1985.

Klaus, Marshall H., John Kennell e Phyllis H. Klaus. *Mothering the Mother: How a Doula Can Help You Have a Shorter, Easier and Healthier Birth.* Reading, Mass.: Addison-Wesley/Lawrence, 1993.

Konner, Melvin. *Childhood.* Boston: Little, Brown, 1991.

Leach, Penelope. *Babyhood.* New York: Knopf, 1976.

LeShan, Eda. *Learning to Say Goodbye: When a Parent Dies.* Boston: Atlantic Monthly Press, 1986.

Mahler, Margaret, Fred Pine e Anni Bergman. *The Psychological Birth of the Human Infant.* New York: Basic Books, 1975.

Manginello, Frank e Theresa Digeronimo. *Your Premature Baby.* New York: Wiley & Sons, 1991.

Nelson, Katherine, a cura di. *Narratives from the Crib.* Cambridge, Mass.: Harvard University Press, 1989.

Nilsson, Lennart. *A Child Is Born*. Testo di Lars Hamberger. New York: Delacorte Press/Lawrence, 1990.

Plaut, Thomas H. *Children with Asthma*. 2° ed. Amherst, Mass.: Pedipress, 1989.

Rosen, M. *Stepfathering*. New York: Ballantine Books, 1987.

Sammons, W. e J. Lewis. *Premature Babies: A Different Beginning*. St. Louis: Mosby, 1986.

Schorr, Lisbeth e Daniel Schorr. *Within Our Reach: Breaking the Cycle of Disadvantage*. New York: Doubleday, 1989.

Spock, Benjamin e Michael B. Rothenberg. *Dr. Spock's Baby and Child Care*. New York: Pocket Books, 1985.

Stallibrass, Alison. *The Self-Respecting Child*. Introduzione di John Holt. Reading, Mass.: Addison-Wesley/Lawrence, 1989.

Stern, Daniel. *The First Relationship*. Cambridge, Mass.: Harvard University Press, 1977.

Treyber, Edward. *Helping Your Child with Divorce*. New York: Pocket Books, 1985.

Turecki, Stanley. *The Difficult Child*. New York: Bantam Books, 1985.

Viorst, Judith. *Necessary Losses*. New York: Simon & Schuster, 1986.

Wallerstein, Judith e Sandra Blakeslee. *Second Chances: Men, Women, and Children a Decade after Divorce*. New York: Ticknor & Fields, 1990.

Whiting, Beatrice e Carolyn Pope Edwards. *Children of Different Worlds: The Formation of Social Behavior*. Cambridge, Mass.: Harvard University Press, 1988.

Winnicott, D.W. *Babies and Their Mothers*. Introduzione di Benjamin Spock. Reading, Mass.: Addison-Wesley/Lawrence, 1988.

— *The Child, the Family and the Outside World*. Introduzione di Marshall H. Klaus. Reading, Mass.: Addison-Wesley/Lawrence, 1987.

— *Talking to Parents*. Introduzione di T. Berry Brazelton. Reading, Mass.: Addison-Wesley/Lawrence, 1993.

Zigler, Edward e Mary Lang. *Child Care Choices*. New York: Free Press, 1991.

indice

Finito di stampare nel maggio 2017 presso
Grafica Veneta - via Malcanton, 2 - Trebaseleghe (PD)

Rizzoli
LIBRI

ISBN 978-88-17-09490-0